古典文獻研究輯刊

十 編

潘美月・杜潔祥 主編

第 **4** 冊

陳振孫之文學及其《直齋書錄解題》集錄考證（三）

何廣棪 著

國家圖書館出版品預行編目資料

陳振孫之文學及其《直齋書錄解題》集錄考證（三）／何廣
棪 著－－初版－－台北縣永和市：花木蘭文化出版社，2010
〔民 99〕
282 面；19×26 公分
（古典文獻研究輯刊 十編；第 4 冊）
ISBN：978-986-254-142-5（精裝）
1.（宋）陳振孫 2.學術思想 3.中國文學 4.私藏目錄
5.研究考訂 6.南宋
018.8524   99001855

ISBN - 978-986-254-142-5

9 789862 541425

古典文獻研究輯刊
十 編 第四冊

ISBN：978-986-254-142-5

陳振孫之文學及其《直齋書錄解題》集錄考證（三）

作　　者　何廣棪
主　　編　潘美月　杜潔祥
總 編 輯　杜潔祥
企劃出版　北京大學文化資源研究中心
出　　版　花木蘭文化出版社
發 行 所　花木蘭文化出版社
發 行 人　高小娟
聯絡地址　台北縣永和市中正路五九五號七樓之三
　　　　　電話：02-2923-1455／傳真：02-2923-1452
網　　址　http://www.huamulan.tw 信箱 sut81518@ms59.hinet.net
印　　刷　普羅文化出版廣告事業
初　　版　2010 年 3 月
定　　價　十編 20 冊（精裝）新台幣 31,000 元

陳振孫之文學及其《直齋書錄解題》集錄考證（三）

何廣棪　著

溪園集十卷

《溪園集》十卷，蘄春吳億大年撰。其父擇仁為尚書。億仕至靜江倅，居餘干，_{廣棪案：元抄本、盧校本作「餘汗」，誤。}有溪園佳勝。

> 廣棪案：《宋史》卷二百八〈志〉第一百六十一〈藝文〉七〈別集類〉著錄：「吳億《溪園自怡集》十卷。」即此書。億，《宋史》無傳。《宋詩紀事》卷五十六「吳億」條載：「億字大年，蘄春人，仕至靜江倅，有《溪園集》。」《全宋詞》「吳億」條載：「億字大年，蘄春人。父擇仁，官尚書。億於南渡初爲靖江倅，居餘干。著有《溪園自怡集》。」均可參證。

世傳其「樓雪初銷」詞，為建康帥晁謙之作。

> 案：曾慥《樂府雅詞拾遺》卷上有億詞〈燭影搖紅_{上晁共道}〉曰：「樓雪初消，麗譙吹罷單于晚。使君千炬起班春，歌吹香風暖。十里珠簾盡捲。正人在、蓬壺閬苑。賣薪買酒，立馬傳觴，昇平重見。　　誰識鼇頭，去年曾侍傳柑宴。至今衣袖帶天香，行處氤氳滿。已是春宵苦短。且莫遣、歡遊意懶。細聽歸路，璧月光中，玉簫聲遠。」謙之，《宋史》無傳。《宋詩紀事》卷四十二「晁謙之」條載：「謙之字恭道。居信州。紹興間以敷文閣直學士知建康。」可參證。恭道即共道。

于湖集四十卷

《于湖集》四十卷，中書舍人歷陽張孝祥安國撰。

> 廣棪案：《讀書附志》卷下〈別集類〉四著錄：「《于湖居士文集》四十卷。」陸世良《宣城張氏信譜傳》亦謂「詩詞雄麗，尤工古調，有《于湖集》四十卷。」與此同。孝祥字安國，歷陽烏江人。孝宗時除中書舍人。陸世良另撰有〈張安國傳〉，《宋史》卷三百八十九〈列傳〉第一百四十八亦有傳，多據世良〈張安國傳〉。

甲戌冠多士，出思陵親擢，秦相孫壎遂居其下。秦忌惡之，以他事下其父子大理獄。明年秦亡，上既素眷，不五年登法從。

> 案：思陵，指高宗。〈張安國傳〉載：「孝祥字安國，歷陽烏江人，籍之七代孫，邵之從子也。讀書一過目不忘，下筆頃刻數千言。年十六領鄉

書，再舉冠里選，紹興二十四年，廷試第一。策問師學淵源，秦熺之子塤與曹冠皆力攻程氏專門之學，孝祥獨不攻。考官魏師遜已定塤冠多士，孝祥次之，曹冠又次之。高宗讀策，皆檜、熺語，於是擢祥第一，而塤第三，御筆批云：『議論確正，詞翰爽美，宜以爲第一。』在廷百官，莫不歎羨，都人士爭錄其策而求識面。授承事郎、簽書鎮東軍節度判官。先是，上之抑塤而擢孝祥也，秦檜已怒，既知孝祥乃祁之子，祁與胡寅厚，檜數憾寅。且唱第後，曹泳揖孝祥於殿廷以請婚，孝祥不答，泳〔憾〕（撼）之。於是風言者誣祁有反謀，詔繫獄。會檜死，上郊祀之二日，魏良臣密奏散獄釋罪，遂以孝祥爲祕書省正字。故事，殿試第一人，次舉始召，孝祥第甫一年，得召由此。」均可參證。

阜陵尤眷之。不幸不得年，死時財四十餘。上嘗<small>廣棪案：《文獻通考》作「常」。</small>**有「用不盡」**<small>廣棪案：據〈張安國傳〉，應作「用才不盡」。</small>**之歎。**

　　案：阜陵即孝宗。〈張安國傳〉載：「請祠，會以疾終卒。孝宗惜之，有用才不盡之歎。進顯謨直學士致仕，年三十八。」《宋史》孝祥本傳同。惟此段文字似有錯簡，疑當作：「請祠，進顯謨閣直學士致仕，年三十八。會以疾終卒。孝宗惜之，有用才不盡之歎。」考〈宣城張氏信譜傳〉載：「公諱孝祥，字安國，學者稱爲于湖先生。……紹興甲戌<small>（廿四年，1154）</small>廷試擢進士第一，時年二十有三。……乾道五年己丑<small>（1169）</small>偶不豫，遂力請祠侍親，疏凡數上。帝深惜之，進顯謨閣直學士致仕。……庚寅<small>（六年，1170）</small>冬，疾復作，遂卒。……帝聞之，惜其有用才不盡之歎。」足證〈張安國傳〉文字有顛倒錯亂也。又紹興甲戌，孝祥二十三歲；而卒年爲乾道庚寅冬，以西元計算已屬 1171 年，則其卒謂三十九或四十均可。《宋史》本傳據〈張安國傳〉，作三十八，顯誤。

其文翰皆超逸天才也。

　　案：〈張安國傳〉載：「孝祥俊逸，文章過人，尤工翰墨，嘗親書奏箚，高宗見之，曰：『必將名世。』」《宋史》本傳同。《讀書附志》著錄：「《于湖居士文集》四十卷。右張孝祥字安國之文也。安國，歷陽人。紹興甲戌大魁多士，明年入館，浸登清華，至中書舍人，出典藩郡。孝宗皇帝嘗有用不盡之歎。安國筆法妙天下，希弁伯祖伯崇得其詩，曰：『趙侯富貴種，而有巖壑姿。同姓古所敦，早晚躡天墀。』又云：『德高欲余作字，

醉中不能謹也。安國書。』德高乃伯祖字也。」可參證。

南軒集三十卷

《南軒集》三十卷，侍講廣漢張栻敬夫撰。魏忠獻公浚之長子。

廣校案：《讀書附志》卷下〈別集類〉三著錄：「《高軒先生文集》四十四卷。右張宣公栻字敬夫之文也。朱文公校定而爲之〈序〉。然〈紫巖龜圖〉、跋語之類，皆不載於《集》中。」而《宋史》卷二百八〈志〉第一百六十一〈藝文〉七〈別集類〉著錄：「張栻《南軒文集》四十八卷。」卷數均與《解題》不同。考《四庫全書總目》卷一百六十一〈集部〉十四〈別集類〉十四著錄：「《南軒集》四十四卷，_{浙江鮑士恭家藏本。}宋張栻撰。栻字敬夫，廣漢人。丞相浚之子。以蔭補官。孝宗時歷左司員外郎，除祕閣修撰，終於荊湖北路安撫使。事蹟具《宋史‧道學傳》。栻歿之後，其弟杓裒其故藁四巨編，屬朱子論定。朱子又訪得四方學者所傳數十篇，益以平日往還書疏，編次繕寫。未及藏事，而已有刻其別本流傳者。朱子以所刻之本多早年未定之論，而末年談經論事，發明道要之語，反多所佚遺。乃取前所蒐輯，參互相校，斷以栻晚歲之學，定爲四十四卷。併詳述所以改編之故，弁於書首。即今所傳淳熙甲辰本也。」是則四十四卷本乃朱子改編之淳熙甲辰本，四十八卷乃流傳之別本，而直齋所得者則一不完之本也。栻字敬夫，丞相浚之子。孝宗時兼侍講。《宋史》卷四百二十九〈列傳〉第一百八十八〈道學〉三有傳。

當孝宗朝，以任子不賜第入西掖者，韓元吉、劉孝韙，其入經筵則栻也。

案：《宋史翼》卷十四〈列傳〉第十四〈韓元吉〉載：「嘗赴詞科不利，以蔭爲處州龍泉縣主簿。」《宋史紀事》卷五十六「劉孝韙」條載：「孝韙字正夫。乾、淳間以門蔭仕，累官直祕閣，提舉兩浙常平，除直徽猷閣。」而《宋史》栻本傳載：「兼侍講，除左司員外郎。講《詩‧葛覃》，進說：『治生於敬畏，亂起於驕淫。使爲國者每念稼穡之勞，而其后妃不忘織紝之事，則心不存者寡矣。』因上陳祖宗自家刑國之懿，下斥今日興利擾民之害。上歎曰：『此王安石所謂「人言不足恤」者，所以爲誤國也。』」是入經筵者張栻也。

王司業集二十卷

《王司業集》二十卷，_{館臣案：《文獻通考》作三十卷。}國子司業宛丘王澈致君撰。建炎初，其家避亂，_{廣棪案：《文獻通考》作「避狄」，元抄本、盧校本同。}沿汴南下，澈年十一，偶小泊登岸，敵_{廣棪案：《文獻通考》作「虜」。}適至，亟解維不暇顧，遂失之。在金_{廣棪案：《文獻通考》作「虜」。}十年，間關得歸。

廣棪案：此書〈宋志〉未著錄，惟周必大《周文忠公集》卷五十二〈序〉有〈王致君司業文集序〉，所序即此書。其〈序〉曰：「志氣不強不足以言文，學問不博不足以言文。司業王君，吾能言之。志氣強者也，學問博者也，故其文章贍而不失之泛，嚴而不失之拘，議論馳騁于千百載之上，而究極於四方萬里之遠。其爲歌詩，慷慨憂時，而比興存焉。他文閎辯該貫，直欲措諸事業，所謂援古證今，黼黻其辭，特餘事耳。既沒之十九年，嗣子中行類遺編，成二十卷，求予爲〈序〉。君諱澈，字致君，世家宛丘。生十有一歲，當建炎戊申，北兵破陳，爲其所俘。轉徙河朔者十年，戎馬中編簡蕩然，僅得《春秋左氏傳》、班固《西漢書》，晝夜誦之，一字不遺。和議成，間道歸。其父尙書公於浙東，父母兄弟相見已，即提書入太學，益從師友盡讀諸子百家，日萬餘言，遂擢進士第。凡中原所親歷，平昔所講畫，敵已在其目中。又從知己視師荊襄，然後南北形勝，表裡洞達，落筆輒數千言，舉天下事如指諸掌。孝宗奇之。擢御史諫官，將行其言。旋出爲二千石部刺史，而簡注不衰。迨淳熙四年爲少司成，選迓敵使，方嚮於用。年六十而卒，其所抱負百未一究也。予與君家契且舊，每悲君之不遇，既敍其文，復紀其平生大略如此。後有君子爲國惜才者，必將歎息於斯焉。慶元二年十月十五日具位，周某序。」可參考。王澈，《宋史》亦無傳。惟樓鑰《攻媿集》卷九十〈行狀〉有〈國子司業王公行狀〉，所記澈生平事蹟甚詳。云：「公諱澈，字致君，姓王氏，上世居大名，蓋三槐晉公之別派。會河決，遷墳墓于洛，高祖贈吏部尙書軫徙于陳宛丘。建炎南渡，待制再爲戶部侍郎，終工部尙書，寓居越之餘姚，今遂爲餘姚人。公幼警悟絕人，書一讀輒不忘。建炎二年，金人破宛丘，公年十一被擄，能以婉言脫禍至幽燕。久之曾調發騷動，脫身走河朔，復歸宛丘，日爲南向計，嘗默寫舊所記《論》、《孟》、《六經》、《爾雅》，教受汝穎間。時作歌詩，蓋未嘗一飯忘君親也。紹興

八年，中原戍兵有自拔而南者，公與之俱，遂達行在所。」可參證。

其父，工部尚書俣也。 <small>廣棪案：《文獻通考》無「也」字。</small>

案：〈國子司業王公行狀〉載：「父俣，左中大夫，充敷文閣待制，致仕
贈光祿大夫。」「俱」字乃「俣」之誤。汪藻《浮溪集》卷九〈外制〉有
〈胡舜陟胡唐老姚舜朋王俣各降兩官制〉，此〈制〉所提及之王俣，即遂
之父。《宋人傳記資料索引》有王俣資料，曰：「王俣，字碩夫，其先大
名人，徙宛丘，南渡後家餘姚。政和進士，歷陞兩浙計度轉運使。秦檜
專國，俣居家二十八年。檜死，起知明州，除工部尚書。俣節行剛方，
為中興名臣。」可參證。

既歸，入太學，登癸未科，

案：〈國子司業王公行狀〉載：「自是益耽玩書史，一試入太學，在諸生
間已知名。……隆興改元，中進士第。」考隆興元年，歲次癸未，是歲
遂登科。

為諫官、御史，歷麾節，終于少司成。

案：〈國子司業王公行狀〉載：「明年（隆興三年）赴計院，上問北方人材于
尹侍御穡，尹以公對。忽有旨引見，公奏對雍容，上喜曰：『早晚當用卿。』
退除御史臺主簿。越七日，遷監察御史。……十一月，擢右正言，……除
吏部郎官供職。一日，力求外補，除直祕閣知鄂州。尋以母老丐祠，主管
台州崇道觀。乾道三年，除知台州，會永嘉闕守，執政以海溢之後艱其選，
擬試郡有績效者五人。上曰：『近嘗令王某守台州未行，此良吏也。』遂除
知溫州。……四年，改荊湖南路提舉常平茶鹽公事。丁內艱，服除，提舉
福建路常平茶事。……九年丐歸，主管台州崇道觀。淳熙改元，除荊湖路
轉運判官。明年入對，……遂留為吏部郎官。三年遷軍器監。……四年，……
至九月，遂除國子司業。公在學校久，士子素所欽服。人情翕然，謹守規
繩，始終如一。公嘗得暍疾，至是復作謁告，未滿求致其事，遂以五年二
月二十八日，終于官舍，享年六十有二。」可參證。

浮山集十六卷

《浮山集》十六卷，左朝請大夫江都仲并彌性撰。

廣棪案：《宋史》卷二百八〈志〉第一百六十一〈藝文〉七〈別集類〉著錄：「仲并《浮山集》十六卷。」與此同。并字彌性，揚州江都人。《宋史翼》卷二十八〈列傳〉第二十八〈文苑〉三有傳，未載曾除左朝請大夫。

紹聖壬子進士。

案：《宋史翼》仲并本傳載：「紹興壬子進士，累官平江府學教授。」壬子，紹興二年（1132）。

晚丞光祿寺，得知蘄州。并嘗倅湖，籍中有所盼，為作〈生朝青詞〉，好事者傳誦之，遂漏露，坐謫官，其〈訓詞〉略曰：「爾為瀆侮之詞，曾弗廣棪案：《文獻通考》作「不」。知畏天，其知畏吾法乎？」吾鄉前輩能道其事如此。

案：《宋史翼》仲并本傳載：「言者希（秦）檜意，劾并前通判湖州日，為籍中聲妓楊韻作生朝，設醮〈青詞〉，降三官。自是棲遲閒退者二十年。孝宗初元，擢光祿丞，知蘄州終。著有《浮山集》十六卷。《繫年要錄》」，參周必大《平園集》、陳振孫《書錄解題》、《玉照新志》。」可參證。然《四庫全書總目》卷一百五十八〈集部〉十一〈別集類〉十一著錄：「《浮山集》十卷，《永樂大典》本。宋仲并撰。并字彌性，江都人。《宋史·藝文志》載并《浮山集》十六卷，而不為立傳。其事蹟遂無可考。惟周必大《平園集》有所作并〈集序〉，稱并以紹興壬子擢進士第。甲寅以丞相朱勝非等論薦，改京秩，尋補外去。後三年丁巳，復以張浚薦，召至闕，為秦檜所阻，改倅京口。自是閒退者二十年。孝宗即位，擢光祿丞，出知蘄州。所紀歷官本末頗詳。然考《集》中〈謝宰相啟〉有『黌序初除』語，則嘗為教官。又〈原弊錄序〉自稱『監臨猥局』，則嘗為監場官。又多與平江、淮西、南安、建康、湖州諸守臣代作表啟，則嘗歷佐諸郡。而必大〈序〉俱未之及，殆以其無關出處略之也。必大又稱并力排王氏之說，惟孔、孟是師。其初任京秩時，王居正所草〈制詞〉，亦有學知是非邪正之襃。而陳振孫《書錄解題》乃稱其官湖倅時，為籍中妓作〈生朝青詞〉，坐是謫官。與其素行不相類，頗不可解。考《集》中〈陳情啟〉有『旁觀下石，仇家謗傷』之語，意其即指是事歟？又《集》中有〈回孟郡王姻禮書〉，郡王，隆祐太后之姪孟忠厚也。《宋史·外戚傳》稱忠厚與秦檜為僚壻，而檜實陰忌之。又稱檜當國，親姻攀援以進，忠厚獨與之忤。王

明清《揮塵錄》稱吳械爲忠厚草表，因忤秦檜，謫判泉州。然則并之見惡於檜，殆以孟氏姻黨之故，故竟以微罪坐廢也。」則以《解題》所載爲籍中妓作〈生朝青詞〉，乃仇家謗傷，可參考。

小醜集十二卷、續集三卷

《小醜集》十二卷、《續集》三卷，直祕閣眉山任盡言元受撰。

　　廣棪案：《宋史》卷二百八〈志〉第一百六十一〈藝文〉七〈別集類〉著錄：「任正言《小醜集》十二卷，又《續集》五卷。」〈宋志〉作「正言」，誤；又《續集》作五卷，與《解題》異。盡言字元受，眉山人，《宋史翼》卷二十八〈列傳〉第二十八〈文苑〉三有傳，未云直秘閣。

元符諫官伯雨之孫，

　　案：《宋史翼》盡言本傳載：「任盡言字元受，右正言伯雨之孫。」考伯雨，《宋史》卷三百四十五〈列傳〉第一百四載：「任伯雨字德翁，眉州眉山人。……使者上其狀，召爲大宗正丞，甫至，擢右正言。時徽宗初政，納用讜論，伯雨首擊章惇。」元符，哲宗年號，凡三年。或伯雨除右正言在元符三年，故《解題》稱爲「元符諫官」。

紹興從臣申先之子。

　　案：《宋元學案》卷九十九〈蘇氏蜀學略·司戶家學〉「庶官任先生盡言」條載：「任盡言，字元受，華亭人，象先之子。」《宋史》卷三百四十五〈列傳〉第一百四〈任伯雨〉載：「長子象先，登世科，又中詞學兼茂舉，有司啓封，見爲黨人子，不奏名，調秦州戶曹掾。聞父謫，棄官歸養。王安中辟燕山宣撫幕，勉應之，道引疾還，終身不復仕。申先以布衣特起至中書舍人。」是象先，伯雨長子；而申先，伯兩次子，盡言父也。

乙卯廣棪案：《文獻通考》闕「乙卯」二字。甲科，仕為太常寺主簿，終于閩憲。

　　案：莊仲方《南宋文範作者考》上載：「任盡言字元受，眉山人。元符諫官伯雨之孫。與兄質言同舉高宗紹興五年進士，仕太常寺主簿，官終閩憲。論事慷慨。著《小醜集》，今佚。」乙卯，即紹興五年。惟《宋史翼》盡言本傳作「紹興二年進士第」，誤。

拙齋集二十二卷

《拙齋集》二十二卷，校書郎侯官林之奇少穎撰。之奇學于呂本中，而太史祖謙學于之奇。其登第當紹興辛未，年已四十，未幾即入館。方鄉用，而得末疾。

> 廣棪案：此書〈宋志〉未著錄。之奇，《宋史》卷四百三十三〈列傳〉第一百九十三〈儒林〉三載：「林之奇字少穎，福州侯官人。紫微舍人呂本中入閩，之奇甫冠，從本中學。時將試禮部，行次衢州，以不得事親而反。學益力，本中奇之，由是學者踵至。中紹興二十一年進士第，調莆田簿，改尉長汀，召為祕書省正字，轉校書郎。……以痺疾乞外，由宗正丞提舉閩舶，參帥議，遂以祠祿家居，自稱拙齋。東萊呂祖謙嘗受學焉。淳熙三年，卒，年六十有五。」莊仲方《南宋文範作者考》上亦載：「林之奇字少穎，號拙齋，侯官人。官至宗正丞。辭祿家居，受業於呂本中，以授呂祖謙，著述甚富，有《尚書全解》、《拙齋全集》。」可參證。

霜傑集三十卷

《霜傑集》三十卷，德興董穎仲達撰。紹興初人。從汪彥章、徐師川游。

> 廣棪案：此書〈宋志〉未著錄。《宋元學案補遺》卷二十五〈龜山學案補遺・師川門人〉「學正董先生穎」條載：「董穎字仲達，德興人。紹興初從汪彥章、徐師川遊，著有《霜傑集》三十卷。《直齋書錄解題》。梓材謹案：《萬姓統譜》言先生以高第官學正，學識醇正朱文公嘗敘其《集》云。」彥章即汪藻，《宋史》卷四百四十五〈列傳〉第二百四〈文苑〉七有傳，著有《浮溪集》。師川即徐俯，《宋史》卷三百七十二〈列傳〉第一百三十一有傳。史稱：「內侍鄭諶識俯於江西，重其詩，薦於高宗。胡直孺在經筵，汪藻在翰苑，迭薦之，遂以俯為右諫議大夫。」可悉汪、徐情誼。

彥章為作〈序〉。

> 案：《浮溪集》卷十七〈序跋〉十四，闕此〈序〉，恐已佚。《宋人傳記資料索引》載：「董穎，字仲達，德興人。宣和元年進士，官學正。紹興初從汪藻、徐俯遊。有《霜傑集》三十卷。朱熹嘗敘之。」謂朱熹作〈序〉，蓋據《萬姓統譜》也。

妙筆集_{廣棪案：應作「妙峰集」。}四十卷

《妙筆集》四十卷，_{館臣案：《文獻通考》「妙筆」作「妙峰」。　廣棪案：元抄本同，《四庫全書》本誤。}中書舍人福清林遹述中撰。元符三年甲科。苗、劉之變，在西掖不失節，思陵嘉之。終龍圖閣直學士。

　　廣棪案：此書〈宋志〉未著錄，林遹，《宋史》亦無傳。《宋元學案補遺》卷三十五〈陳鄒諸儒學案補遺・附錄〉「舍人林先生□」條載：「林□，官中書舍人。方維揚播遷，繼以武林多故，如風濤然，天下寒心。自先生一去，天下翕然知尊君戴上。曾不浹辰，克翦大憝，乾清坤夷，宗廟如故。天下公議謂是時微先生倡大義，社稷幾殆。大駕移狩東越，復以舍人起先生。頃之，以選抗節番禺，陛辭之日，上念曩節，制詔進直龍圖，以褒寵忠藎。元符閒，正言鄒浩以諫獲罪，遷新州，先生時為太學諸生，毅然出餞國門之外。時謂自徐晦送楊臨賀以來，數百年惟李師中送唐介，與先生三人而已。《胡澹庵集》。」「林□」，即林遹也。《宋人傳記資料索引》載：「林遹，字述中，福清人。元符三年進士，建炎中再為中書舍人，終大中大夫、龍圖閣學士，知廣州，贈少師。有《妙峰集》。」均可參證。

鄮峰真隱漫錄五十卷

《鄮峰真隱漫錄》五十卷，丞相文惠公四明史浩直翁撰。

　　廣棪案：《宋史》卷二百八〈志〉第一百六十一〈藝文〉七〈別集類〉著錄：「史浩《真隱漫錄》五十卷。」即此書。浩字直翁，明州鄞縣人。孝宗時為右丞相，寧宗登極，賜謚文惠。《宋史》卷三百九十六〈列傳〉第一百五十五有傳。

誃癡符二十卷

《誃癡符》二十卷，御史臨海李庚子長撰。

　　廣棪案：此書〈宋志〉未著錄。庚，《宋史》無傳。考陳耆卿《赤城志》卷三十三〈人物門〉二〈本朝・仕進・進士科〉「紹興十五年劉章榜」條載：「李庚，臨海人，字子長，歷御史臺主簿、監察御史、兵部郎中，繼奉祠，

提舉江東常平，知南劍、撫二州，後知袁州，未上卒。有集號《訬癡符》，樓參政鑰爲之〈序〉。」可參證。

「**訬**」之義，衒鬻也。市人鬻物於市，誇號之，曰「**訬**」。原註：去聲。廣棪案：《文獻通考》無原註。此三字本出《顏氏家訓》，以譏無才思而流布醜拙者，以名其《集》，示謙也。庚，乙丑進士，以湯鵬舉薦辟入臺，家藏書甚富。

案：樓鑰《攻媿集》卷五十二〈序‧訬癡符序〉載：「客有以書一編示余曰：『此赤城李公察院所爲詩文，名曰《訬癡符》。公亡矣，莫曉其名書之意。』余曰：『公於書無不讀，此名殆不苟也。海邦貨魚於市者，夸謬其美，謂之訬魚。雖微物亦然，字書以爲訬，衒賣也。顏黃門之推作《家訓》，曰：「吾見世人至無才思，自謂清華，流布醜拙，亦已眾矣。江南號爲『訬癡符』。」公之意，蓋出於此，特謙辭耳。』公諱庚，子長其字也。少年筆力絕人，始爲長沙尉，一時帥守部使者傾待之，皆以牋翰委。公從容泛應，無不曲當。時余伯父揚州爲漕使，公首以長牋進謁，有曰：『衰懷錯落，有秋風鱸鱠之思；舊學荒涼，無春草池塘之夢。』伯父一見擊賞，延爲賓客，不復以寮吏遇之。湯公參政，時帥湖南，後爲中司，遂辟公檢法官，遷六察爲郎而歸。自此三數十年間，僅一再以麾節出級，不得爲文字官，以展究所長，識者恨之。余倅丹丘，始得拜公之門。公方買屋近郊，古木交陰，庭草錯列，若隱士居。聚書數萬卷於樓上，閉門不與人通。老矣，猶沈酣其中，里閭罕識其面。間與人接，雖微賤必與之抗禮。後生有以經史叩請，隨即響答。詩文晚益高，時出一篇，即日傳誦，哀挽之作，尤爲悽惋，眞可以泣鬼神也。公之子澎因求余序其首，余度公所著甚多，猶有遺著，更搜故藁，盡出而行於世，以慰其平生筆硯之功，則箕裘可以不墜矣。陳子高克，台人也，詩名已久，而所傳不多。公嘗盡得其遺逸者板行於江右，視舊殆過倍蓰，而子高之詩益顯，公亦將以此望於後人乎？然讀此編者，亦足以知公之所存矣！」可參證。觀樓〈序〉，則知直齋《解題》中所釋「訬」字之義，乃一依樓攻媿者。乙丑，紹興十五年。

梯雲集二十五卷

《梯雲集》二十五卷，中書舍人資川趙逵莊叔撰。

廣棪案：《宋史》卷二百八〈志〉第一百六十一〈藝文〉七〈別集類〉著錄：「趙逵《棲雲集》二十五卷，《黃策集》四十卷。」逵字莊叔，其先秦人，八世祖處榮徙蜀，家於資川。高宗時除中書舍人。《宋史》卷三百八十一〈列傳〉第一百四十有傳。謂「有《棲雲集》三十卷。」卷數與〈宋志〉不同。疑書名應作「《棲雲集》」，《解題》誤。

辛未大魁。有氣節。四十一歲卒。

案：《宋史》逵本傳載：「趙逵字莊叔，其先秦人，八世祖處榮徙蜀，家於資州。逵讀書數行俱下，尤好聚古書，考歷代興衰治亂之迹，與當代名人鉅公出處大節，根窮底究，尚友其人。紹興二十年，類省奏名，明年對策，論君臣父子之情甚切，擢第一。時秦檜意有所屬，而逵對獨當帝意，檜不悅。……既就職，未嘗私謁，檜意愈恨。……逵賡御製〈芝草詩〉，有『皇心未敢晏安圖』之句，檜見之怒曰：『逵猶以為未太平耶？』又謂逵曰：『館中祿薄，能以家來乎？』逵曰：『親老不能涉險遠。』檜徐曰：『當以百金為助。』逵唯唯而已。又遣所親申前言，諷逵往謝，逵不答，檜滋怒，欲擠之，未及而死。……二十六年，遷著作郎，尋除起居郎。入謝，帝又曰：『秦檜炎炎，不附者惟卿一人。』逵曰：『臣不能效古人抗折權姦，但不與之同爾，然所以事宰相禮亦不敢闕。』又曰：『受陛下爵祿而奔走權門，臣不惟不敢，亦且不忍。』……逵以疾求外，帝命國醫王繼先視疾，不可為矣。卒年四十一。帝為之抆淚嘆息。逵嘗自謂：『司馬溫公不近非色，不取非財，吾雖不肖，庶幾慕之。』」可參證。辛未，紹興二十一年。

海陵集三十二卷

《海陵集》三十二卷，同知樞密院廣棪案：《文獻通考》闕「樞」字，元抄本、盧校本同。海陵周麟之茂振撰。乙丑進士，戊辰詞科。既執政，被命使金亮，廣棪案：《文獻通考》作「虜亮」。辭行得罪，去。

廣棪案：《宋史》卷二百八〈志〉第一百六十一〈藝文〉七〈別集類〉著錄：「周麟之《海陵集》二十三卷。」所著錄卷數與《解題》不同，未知孰是？麟之字茂振，海陵人，紹興三十年除同知樞密院。《宋史翼》卷十三〈列傳〉第十三載：「周麟之字茂振，海陵人。《館閣錄》作江寧人。紹興

十五年進士，治《春秋》，授武進尉。十八年正月，應博學宏詞合格，除左修職郎。……二十九年爲翰林學士修國史兼侍讀，權刑部侍郎，充金奉表哀謝使。金主亮喜其辨利，錫賚加厚，燕之二日。……三十年，……四月，上書『玉堂』二大字賜之，除同知樞密院事。明年，金亮將叛盟，充奉表稱賀使，乃上疏曰，……疏入，上大怒。右司諫梁仲敏、殿中侍御史杜莘老劾其懷姦避事，罷與宮觀。仲敏、莘老再上章論之，責授左朝散大夫、秘書少監，分司南京，筠州居住。《要錄》一百九十。」可參證。乙丑，紹興十五年；戊辰，紹興十八年。

胡獻簡詞垣草四卷

《胡獻簡詞垣草》四卷，禮部尚書會稽胡沂周伯撰。

　　廣棪案：此書〈宋志〉未著錄。沂字周伯，紹興餘姚人。紹興五年進士甲科。乾道八年，以待制除太子詹事，尋復拜給事中，進禮部尚書並兼領詹事，又改侍讀。淳熙元年卒，年六十八。諡獻肅。《宋史》卷三百八十八〈列傳〉第一百四十七有傳。疑書名應作《胡獻肅詞垣草》，直齋誤記。

介庵集十卷

《介庵集》十卷，左司郎官趙彥端德莊撰。

　　廣棪案：《宋史》卷二百八〈志〉第一百六十一〈藝文〉七〈別集類〉著錄：「趙彥端《介庵集》十卷，又《外集》三卷、《介庵詞》四卷。」彥端，《宋史》無傳《宋詩紀事》卷八十五「趙彥端」條載：「彥端字德莊，魏王廷美七世孫。乾道、淳熙間以直寶文閣知建寧府，終左司郎官，有《介菴集》。」其生平詳見韓元吉《南澗甲乙稿》卷二十一〈墓誌銘・直寶文閣趙公墓誌銘〉，惟稱除左司郎中。

乾、淳間名士也，嘗宰餘干。

　　案：〈直寶文閣趙公墓誌銘〉載：「坐衢州帳歷稽期，削兩秩。德莊恬弗辯，以小疾，主管台州崇道觀。餘干號佳山水，所居最勝，日與賓客觴詠自怡，好事者以爲有曠達之風。」可參證。

趙忠定，其邑人，初冠多士。德莊在朝，往謁謝，德莊語之曰：「謹勿以一魁先置胸中。」可謂名言。

　　案：《宋元學案補遺》卷四十六〈玉山學案補遺・趙氏講友〉「縣令趙先生彥端」條載：「趙彥端字德莊，故餘干令，因家焉。與忠定父兄游。忠定初登第，謁先生。先生語之曰：『謹毋以一魁實胸中。』又曰：『士大夫多爲富貴誘壞。』又曰：『今日于上前得一二語獎諭，明日于宰相處得一二語襃拂，往往喪其所守者多矣。』忠定拱手曰：『謹受教。』《學園餘力》。」忠定，趙汝愚也。《宋史》卷三百九十二〈列傳〉第一百五十一有傳。

石湖集一百三十六卷

《石湖集》一百三十六卷，參政吳郡范成大致能廣棪案：《文獻通考》作「至能」。撰。

　　廣棪案：《宋史》卷二百八〈志〉第一百六十一〈藝文〉七〈別集類〉著錄：「范成大《石湖居士文集》，卷亡。又《石湖別集》二十九卷、《石湖大全集》一百三十六卷。」是《解題》所著錄者與《石湖大全集》爲同一書。成大字致能，吳郡人。孝宗時拜參知政事。《宋史》卷三百八十六〈列傳〉第一百四十五有傳。謂：「成大素有文名，尤工於詩。上嘗命陳俊卿擇文士掌內制，俊卿以成大及張震對。自號石湖，有《石湖集》、《攬轡錄》、《桂海虞衡集》行于世。」

初以起居郎使金，廣棪案：《文獻通考》作「使虜」。附奏受書事，抗金主廣棪案：《文獻通考》作「抗虜」。於其殿陛間，歸而廣棪案：《文獻通考》作「歸時」。益被上眷，以至柄用。

　　案：《宋史》成大本傳載：「(孝宗)隆興再講和，失定受書之禮，上嘗悔之。遷成大起居郎，假資政殿大學士，充金祈請國信使。國書專求陵寢，蓋泛使也。上面諭受書事，成大乞併載書中，不從。金迎使者慕成大名，至求巾幘效之。至燕山，密草奏，具言受書式，懷之入。初進國書，詞氣慷慨，金君臣方傾聽，成大忽奏曰：『兩朝既爲叔姪，而受書禮未稱，臣有疏。』摺笏出之。金主大駭，曰：『此豈獻書處耶？』左右以笏標起之，成大屹不動，必欲書達。既而歸館所，金主遣伴使宣旨取奏。成大之未起也，金庭紛然，太子欲殺成大，越王止之，竟得全節而歸。除中

書舍人。初，上書崔寔《政論》賜輔臣，成大奏曰：『御書《政論》，意在飭綱紀，振積敝，而近日大理議刑，遞加一等，此非以嚴致平，乃酷也。』上稱為知言。張說除簽書樞密院事，成大當制，留詞頭七日不下，又上疏言之，說命竟寢。」可參證。

石湖在太湖之濱，姑蘇臺之下，去城十餘里。面湖為堂，號鏡天閣，又一堂扁「石湖」二字，阜陵宸翰也。今日就荒毀，更數年，恐無復遺跡矣。頃_{廣棪案：《文獻通考》無「頃」字。}**一再過之，為之慨然。**

案：《讀書附志》卷上〈地理類〉「《攬轡錄》二卷」條曰：「成大，字至能，_{廣棪案：應作「致能」。}吳縣人。紹興二十四年進士，使金歸，除中書舍人。淳熙五年，參知政事。自號石湖。孝宗皇帝御書二字以賜之。」考明錢穀《吳都文粹續集》卷十七有范成大〈御書石湖二大字跋〉云：「淳熙八年三月庚戌制書，擢臣居守金陵。閏六月丁亥朝行在所。庚寅辭後殿，翼日既望，詔錫清燕苑中。皇帝親御翰墨，大書『石湖』二字以賜。天縱聖能，游藝超絕，典則高古，如伏羲畫；體勢奇逸，如神禹碑。日光雲章，垂耀縑素，環列改觀，禁籞動色。臣驚定喜極，不知忭蹈。昧死奉觴，上千萬歲壽。奉寶書以出，越五日，至於石湖藏焉。石湖者，具區東匯，自為一壑，號稱嘉山水。臣少長釣游其間，結茆種木，久已成趣。春秋時，吳臺其陰，越城其陽，登臨訪古，往跡具在。汙茉露蔓，千七百餘年，莫有過而問者。今猥以臣故，徹聞高清，天光溥臨，燕及荒野。繇開闢來，未覩斯盛。裴度、李德裕皆唐宗臣，綠野平泉，亦聲震當代。揆今所蒙無傳焉。何物么麼，獨冒寵赫，百身萬殞，莫能負戴，臣蒲柳早秋，仕無補益。縣官尚晼晚不休，奸止足之戒，則將上累隆知，俯愧初服，臣用是懼。冀幸少日遂賜骸骨，歸老湖上，宿衛奎壁，與山川之神，暨猿鶴松桂，同在昭回中。一介姓名，亦因是不朽。使後世知臣屬厭榮祿，得全於桑榆，以無辱君賜，則陛下丕顯休命，不委於草莽，庶幾報恩之萬一。臣既摩刻扁榜，又被之琬琰以傳，且附著臣之自敘云爾。七月朔，端明殿學士、中大夫、知建康軍府事，兼管內勸農事，提轄本府界，界分諸鋪，遞差充江南東路安撫使，馬步軍都摠管，兼營田使，兼行宮留守，吳縣開國伯，食邑七百戶，賜紫金魚袋，臣范成大拜手稽首謹書。」可參考。又《中國古今地名大辭典》載：「石湖，在江蘇吳縣盤門西南十里，界吳縣吳江間，范蠡所經入五湖者。諸

峰映帶，風景絕勝。宋范成大因越來溪故址，小築臺榭。孝宗書『石湖』二字賜之，成大因自號石湖。」均可參證。阜陵即孝宗。

周益公集二百卷、年譜一卷、附錄一卷

《周益公集》二百卷、《年譜》一卷、《附錄》一卷，丞相益文忠公_{廣棪}案：《文獻通考》作「文忠益公」。盧陵周必大子充撰。一字洪道。廣棪案：《文獻通考》作「弘道」。

廣棪案：《宋史》卷二百八〈志〉第一百六十一〈藝文〉七〈別集類〉著錄：「周必大《詞科舊藁》三卷、又《掖垣類藁》七卷、《玉堂類藁》二十卷、《政府應制藁》一卷、《歷官表奏》十二卷、《省齋文藁》四十卷、《別藁》十卷、《平園續藁》四十卷、《承明集》十卷、《奏議》十二卷、《雜著述》二十三卷、《書藁》十五卷、《附錄》五卷。」合共一百九十八卷，應有散佚。必大字子充，一字洪道，其先鄭州管城人。祖詵，宣和中倅盧陵，因家焉。紹興二十年第進士。淳熙十四年二月拜右丞相。十六年拜左丞相。光宗即位，拜少保、益國公。慶元四年薨，年七十有九。贈太師，諡文忠。《宋史》卷三百九十一〈列傳〉第一百五十有傳。

其家既刊《六一集》，故此《集》編次一切視其凡目，其間有《奉詔錄》、《親征錄》、《龍飛錄》、《思陵錄》，凡十一卷。以其多及時事，託言未刊，人莫之見。鄭子敬守吉，募工人印得之，余在莆田借錄為全書，然猶_{廣棪案：《文獻通考》無「猶」字。}漫其數十處。

案：《四庫全書總目》卷一百五十九〈集部〉十二〈別集類〉十二著錄：「《文忠集》二百卷，_{浙江鮑士恭家藏本。}宋周必大撰。必大有《玉堂雜記》，已著錄。是《集》即史所稱《平園集》者是也。開禧中，其子綸所手訂。以其家嘗刻《六一集》，故編次一遵其凡例，為《省齋文藁》四十卷、《平園續藁》四十卷、《省齋別藁》十卷、《詞科舊藁》三卷、《掖垣類藁》七卷、《玉堂類藁》二十卷、《政府應制藁》一卷、《歷官表奏》十二卷、《奏議》十二卷、《奉詔錄》七卷、《承明集》十卷、《辛巳親征錄》一卷、《龍飛錄》一卷、《歸盧陵日記》一卷、《閒居錄》一卷、《泛舟游山錄》三卷、《乾道庚寅奏事錄》一卷、《壬辰南歸錄》一卷、《思陵錄》一卷、《玉堂雜記》三卷、《二老堂詩話》二卷、《二老堂雜誌》五卷、《唐昌玉蕊辨證》

一卷、《近體樂府》一卷、《書藁》三卷、《箚子》十一卷、《小簡》一卷。其《年譜》一卷，亦綸所編。又以〈祭文〉、〈行狀〉、〈諡誥〉、〈神道碑〉等別爲《附錄》四卷終焉。陳振孫謂初刻時以《奉詔錄》、《親征錄》、《龍飛錄》、《思陵錄》十一卷所言，多及時事，託言未刊。鄭子敬守吉時，募工人印得之。世始獲見完書。今雕本久佚，止存鈔帙。而《玉堂雜記》、《二老堂雜誌》等編，世亦多有別本單行者，已各著於錄。茲《集》所載，則依原書編次之例，仍爲錄入，以存其舊第焉。」可參證。子敬即鄭寅，鄭僑子，《宋史》無傳。《宋詩紀事補遺》卷之六十八「鄭寅」條載：「字子敬，仙遊人，以父任補官，歷知吉州。端平初，召爲左司郎中，權樞密院副都承旨，出知漳州卒。」是子敬知吉州時，募工人印此書。吉州即廬陵郡。

益公自號平園叟。

案：《宋史》必大本傳載：「自號平園老叟，著書八十一種，有《平園集》二百卷。」可參證。

渭南集三十卷、劍南詩藁、續藁八十七卷

《渭南集》三十卷、_{館臣案：《文獻通考》作二十卷。} 廣棪案：《文獻通考》作「三十卷」，館臣誤。**《劍南詩藁》、《續藁》八十七卷，華文閣待制山陰陸游務觀撰。**

廣棪案：《宋史》卷二百八〈志〉第一百六十一〈藝文〉七〈別集類〉著錄：「陸游《劍南續藁》二十一卷，又《渭南集》五十卷。」所著錄卷數與《解題》不同。游字務觀，越州山陰人。《宋史》卷三百九十五〈列傳〉第一百五十四有傳，謂嘉泰三年修孝宗、光宗《兩朝實錄》及《三朝史》成，升寶章閣待制。與《解題》稱「華文閣待制」不同。考《文獻通考》卷五十四〈職官考〉八載：「華文閣_{學士、直學士、待制}。慶元二年置，藏孝宗御製。學士等官並十五年置。」又載：「寶章閣_{學士、直學士、待制}。寶慶二年置，藏寧宗御製，置學士等官。」慶元，爲寧宗年號，慶元僅六年，無十五年，《通考》所載「十」字衍。五年爲西元一一九九年。嘉泰亦寧宗年號，三年爲西元一二〇三年。而寶慶則理宗年號，二年爲西元一二二六年。是嘉泰三年寶章閣猶未置，足證《宋史》游本傳之「寶章閣待制」

乃「華文閣待制」之誤。

左丞佃之孫。

案：《宋詩紀事》卷五十三「陸游」條載：「游字務觀，越州山陰人。佃之孫，宰之子，以蔭補登仕郎。」考佃字農師，徽宗時除尙書右丞，轉左丞。《宋史》卷三百四十三〈列傳〉第一百二有傳。

紹興末召對，賜出身。

案：《宋史》游本傳載：「陸游字務觀，越州山陰人。年十二能詩文，蔭補登仕郎。鎖廳薦送第一，秦檜孫塤適居其次，檜怒，至罪主司。明年，試禮部，主司復置游前列，檜顯黜之，由是爲所嫉。檜死，始赴福州寧德簿，以薦者除敕令所刪定官。時楊存中久掌禁旅，游力陳非便，上嘉其言，遂罷存中。中貴人有市北方珍玩以進者，游奏：『陛下以「損」名齋，自經籍翰墨外，屏而不御。小臣不體聖意，輒私買珍玩，虧損聖德，乞嚴行禁絕。』應詔言：『非宗室外家，雖實有勳勞，毋得輒加王爵。頃者有以師傅而領殿前都指揮使，復有以太尉而領閤門事，瀆亂名器，乞加訂正。』遷大理寺司直兼宗正簿。」可參證。

隆興初為樞密院廣棪案：《文獻通考》作「密院」，無「樞」字。**編修官，鄉用矣，坐漏泄省中語，皋陵以為反復，斥遠之。**

案：《宋史》游本傳載：「孝宗即位，遷樞密院編修官兼編類聖政所檢討官。史浩、黃祖舜薦游善詞章，諳典故，召見，上曰：『游力學有聞，言論剴切。』遂賜進士出身。入對，言：『陛下初即位，乃信詔令以示人之時，而官吏將帥一切玩習，宜取其尤沮格者，與眾棄之。』……時龍大淵、曾覿用事，游爲樞臣張燾言：『覿、大淵招權植黨，熒惑聖聽，公及今不言，異日將不可去。』燾遽以聞，上詰語所自來，燾以游對。上怒，出通判建康府，尋易隆興府。言者論游交結臺諫，鼓唱是非，力說張浚用兵，免歸。久之，通判夔州。」可參證。

後以夔倅入蜀，益自放肆，不護細行，自號放翁。在蜀九年乃歸。晚由嚴陵召為南宮舍人。

案：《宋史》游本傳載：「范成大帥蜀，游爲參議官，以文字交，不拘禮法，人譏其頹放，因自號放翁。後累遷江西常平提舉。江西水災，奏：『撥義倉振濟，檄諸郡發粟以予民。』召還，給事中趙汝愚駁之，遂與祠。

起知嚴州，過闕，陛辭，上諭曰：『嚴陵山水勝處，職事之暇，可以賦詠自適。』再召入見，上曰：『卿筆力回斡甚善，非他人可及。』除軍器少監。」據《宋史》則游由嚴陵召除者乃軍器少監，非南宮舍人。

將內禪，益公^{廣棪案：《文獻通考》作「周益公」。} **薦直**^{廣棪案：《文獻通考》「直」}上有「其」字。**北門，上終不用。**

案：今人于北山《陸游年譜》載：「一一八九　淳熙十六年　己酉　六十五歲　正月，學士院缺員額，周必大薦務觀可任，孝宗不許。」與《解題》所記者為同一事。

及韓氏用事，游既挂冠久矣，有幼子澤不逮，為侂胄作〈南園記〉，起為大蓬。以^{廣棪案：《文獻通考》「以」上有「遂」字。}**次對再致仕。嘉定庚午，年八十六而終。**

案：《宋史》游本傳載：「(紹熙)三年，書成，遂升寶章閣待制，致仕。游才氣超逸，尤長於詩。晚年再出，為韓侂胄撰〈南園閱古泉記〉，見譏清議。朱熹嘗言：『其能太高，迹太近，恐為有力者所牽挽，不得全其晚節。』蓋有先見之明焉。嘉定二年卒，年八十五。」考游有子七人，第七子為陸子聿。又嘉定庚午為三年。有關游之卒年，歷來頗多聚訟。于北山《陸游年譜》考之甚詳，曰：「務觀卒年，《宋史》本傳作嘉定二年，年八十五。《山陰陸氏族譜》：『寧宗嘉定二年己巳十二月二十九日卒，年八十五；(與令人)合葬五雲鄉盧家塢。至今崇祀鄉賢。四川夔州亦立祠祀焉。』所載逝世年月，與《宋史》本傳合而更具體，似可從。陳振孫、錢大昕兩家卒于八十六歲說，據夏曆計，非是。〔按〕務觀卒年向有兩說。一說謂卒于宋寧宗嘉定二年，年八十五，以《宋史》本傳為代表，張淏《寶慶會稽續志》、趙翼《陸放翁年譜》從之；一說謂卒于嘉定三年，年八十六，以陳振孫《直齋書錄解題》為代表(陳氏亦有時謂年八十五卒，自相矛盾)，方回《瀛奎律髓》、錢大昕《陸放翁先生年譜》從之。錢氏復有考證，謂據『殘暑纔屬爾，新春又及茲』，『嘉定三年正月後，不知幾度醉春風』詩句，以為陳氏八十六歲說『蓋得其實』；《宋史》本傳八十五歲說『殆考之未審爾』。用蓋、殆二詞，仍有推測未定之意。本譜初版，據《山陰陸氏族譜》，亦主八十五歲說，對陳、錢二說，置之存疑。頃讀務觀晚年弟子蘇泂《泠然齋詩集》卷六〈金陵雜興二百首〉(第十六首)，有云：『三山摻別是前年，除夜還家翁已仙。少

小知憐今老矣，每因詩句輒潸然。』此詩第二句七字，實可爲八十五歲說之力證。此除夜，定爲嘉定二年除夜；如指三年除夜，以務觀之勤于寫詩，一年中存詩豈僅有六、七首之理？蘇氏詩作之可貴，在于：（一）與務觀爲姻親。其外祖孫綜與務觀爲中表，二人自幼過從，情好甚篤。（二）與務觀爲近鄰。洞曾有詩說：『結屋清鏡濱。』（清鏡，指鑑湖，鑑湖亦名鏡湖。）『頗幸結屋今連閣。』（三）蘇氏親從務觀學詩，當務觀晚年家居時，過從甚密（與務觀諸子亦相稔），其言當可信。歷史人物生卒年代，倘遇中西曆跨年情況，即較複雜。故務觀卒年，從夏曆計，應書：嘉定二年；以公曆計，應書：一二一〇（一月廿六日）。〔按〕《族譜》志務觀卒于十二月二十九日（是年十二月爲小建，二十九日即除夕），核以洞詩『除夜還家翁已仙』，尚未敢確定。據詩意，務觀當卒于除夕稍前（約在臘月下旬數日中），洞始有恨不及見之感歎。然即非除夕，《族譜》所記，亦大體近是。頃復得《山陰梅湖陸氏譜》及手抄本《世德堂陸氏宗譜》，病卒年月日與《山陰陸氏族譜同》。」是則游之卒年，應從《宋史》。

游才甚高，幼爲曾吉父廣校案：「吉父」應作「吉甫」，據《宋史》本傳。惟「父」、「甫」，二字古通用。**所賞識。詩爲中興之冠，他文亦佳，而詩最富，至萬餘篇，古今未有，故文與詩別行。**

案：曾幾字吉甫，諡文清，其先贛州人，徙河南府。《宋史》卷三百八十二〈列傳〉第一百四十一有傳。考《渭南文集》卷十四〈呂居仁集序〉，中云：「公平生所爲詩，既已孤行於世。嗣孫祖平又盡裒他文凡若干首，爲若干卷，而屬某爲〈序〉。某自童子時讀公詩文，願學焉。稍長，未能遠遊，而公捐館舍。晚見曾文清公，文清謂某：『君之詩淵源殆自呂紫微，恨不一識面。』某於是尤以爲恨。則今得託名公《集》之首，豈非幸歟？慶元二年九月既望，中大夫、提舉建寧府武夷山沖佑觀，山陰陸某謹序。」是則《解題》所云爲曾幾賞識者，殆指此。劉克莊《後村詩話·前集》卷二曰：「近歲詩人，雜博者惟對仗，空疏者窘材料，出奇者費搜索，縛律者少變化。惟放翁記問足以貫通，力量足以驅使，才思足以發越，氣魄足以陵暴，南渡而後，故當爲一大宗。」所評與直齋相近。

渭南者，封渭南縣伯。

案：考《渭南文集》卷第二十一〈仁和縣重修先聖廟記〉，末署「（開禧）

三年正月戊寅，太中大夫、寶謨閣待制致仕，渭南縣開國伯，食邑八百戶，賜紫金魚袋陸某記。」又《劍南詩稿》〈恩封渭南伯唐詩人趙嘏爲渭南尉當時謂之趙渭南後來將以予爲陸渭南乎戲作長句〉云：「老向人閒久倦遊，君恩乞與渭川秋。虛名定作陳驚坐，好句眞慙趙倚樓。棧豆十年霑病馬，烟波萬里著浮鷗。就封他日輕裘去，應過三峰處處留。」是游曾封渭南縣開國伯之證。

復齋制表二卷

《復齋制表》二火，刑部侍郎王秬嘉叟撰。初寮安中之孫，紹興、乾道間名士也，陸放翁與之厚善。

廣棪案：《宋史》卷二百八〈志〉第一百六十一〈藝文〉七〈別集類〉著錄：「王秬《復齋制表》一卷。」所著錄卷數不同。秬，《宋史》無傳。《宋元學案補遺》卷一〈安定學案補遺・文肅門人〉「侍郎王先生秬」條載：「王秬字嘉叟，號復齋，中山故家也。官刑部侍郎。以李文肅之高第，受知於張忠獻公，而周旋乎陳正獻、虞忠肅、劉忠肅、張忠簡、胡忠簡、汪玉山、王梅溪、張于湖閒，目接南渡諸賢，耳逮北方餘論。其發爲論諫，忠忱惻怛，如首言金必敗盟，忠獻必可用，俘虜必不可遣，張說必不可本兵，皆言人所難。《魏鶴山集》。梓材謹案：先生為初寮之孫，著有《復齋制表》二卷。《直齋書錄解題》云：『紹興、乾道間名士也，陸放翁與善。』」又《附錄》載：「程雪樓〈題王氏遺書〉曰：『嘉叟從張魏公遊，人品自不待論，翰墨猶犖犖有奇氣。』」《宋詩紀事》卷五十一「王秬」條載：「秬字嘉叟，安中孫。寓居泉南。紹興閒官至刑部侍郎。」均可參證。王安中字履道，中山陽曲人。有《初寮集》七十六卷，傳于世。《宋史》卷三百五十二〈列傳〉第一百一十一有傳。

盤洲集八十卷

《盤洲集》八十卷，丞相文惠公鄱陽洪适景伯撰。

廣棪案：《宋史》卷二百八〈志〉第一百六十一〈藝文〉七〈別集類〉著錄：「洪适《盤洲集》八十卷。」與此同。适字景伯，番易人。宋孝宗時爲丞

相，卒諡文惠。《宋史》卷三百七十三〈列傳〉第一百三十二附其父〈洪皓〉。

忠宣之長子。方奉使時，文惠甫十三歲，後與其弟遵同中壬戌宏博科。本名造，後改焉。又三年乙丑，弟邁繼之，世號三洪。

案：《宋史》适本傳載：「适字景伯，皓長子也。幼敏悟，日誦三千言。皓使朔方，适年甫十三，能任家事。以皓出使恩，補修職郎。紹興十二年，與弟遵同中博學宏詞科。高宗曰：『父在遠方，子能自立，此忠義報也，宜升擢。』遂除敕令所刪定官。後三年，弟邁亦中是選，由是三洪文名滿天下。」可參證。

其自淮東總領入為太常少卿，一年而入右府，又半年而拜相，然在位僅三閱月，為林安宅所攻而去。嘗一帥越，閒居十六年而終。

案：《宋史》适本傳載：「升尚書戶部郎中，總領淮東軍馬錢糧。……遷司農少卿。隆興二年二月，召貳太常兼權直學士院。……乾道元年五月，遷翰林學士，仍兼中書舍人。……六月，除端明殿學士，簽書樞密院事。……八月，拜參知政事。……十二月，拜尚書右僕射、同中書門下平章事兼樞密使。未幾，春霖，适引咎乞退，林安宅抗疏論适，既而臺臣復合奏。三月，除觀文殿學士、提舉江州太平興國宮。尋起知紹興府、浙東安撫使。再奉祠。淳熙十一年薨，年六十八，諡文惠。适以文學聞望，遭時遇主，自兩制一月入政府，又四閱月居相位，又三月罷政，然無大建明以究其學。家居十有六年，兄弟鼎立，子孫森然，以著述吟詠自樂，近世備福鮮有及之。」可參證。「入右府」者，指簽書樞密院事。

小隱集七十卷

《小隱集》七十卷，樞密文安公洪遵景嚴撰。

廣校案：《宋史》卷二百八〈志〉第一百六十一〈藝文〉七〈別集類〉著錄：「洪遵《小隱集》七十卷。」遵字景嚴。孝宗時拜同知樞密院事，卒諡文安。《宋史》卷三百七十三〈列傳〉第一百三十二附〈洪皓〉。

其進用最先于兄弟，而得年不永，薨於淳熙元年。

案：據《宋史》，适，遵於紹興十二年同中博學宏詞科，适除敕令所刪定官。遵中魁選，賜進士出身，擢秘書省正字。中興以來，詞科中選即入

館自邁始。邁，紹興十五年始中第，授兩浙轉運司幹辦公事，入爲敕令所刪定官。遵薨於淳熙元年十一月，年五十有五，僅得中壽。

野處類藁一卷

《野處類藁》一卷，_{館臣案：《文獻通考》作二卷。} 廣棪案：元抄本、盧校本亦作二卷。翰林學士文敏公洪邁景盧撰。

　　廣棪案：《宋史》卷二百八〈志〉第一百六十一〈藝文〉七〈別集類〉著錄：「洪邁《野處猥藁》一百四卷，又《瓊野錄》三卷。」《類藁》、《猥藁》，應同爲一書。邁字景盧，皓之季子，乾道十三年九月拜翰林學士，卒諡文敏。《宋史》卷三百七十三〈列傳〉第一百三十二附〈洪皓〉。

其全集未見。

　　案：據〈宋志〉，《野處猥藁》凡一百四卷，直齋所藏僅一卷，故云未見其全集也。

誠齋集一百三十三卷

《誠齋集》一百三十三卷，寶謨閣學士文節公廬陵楊萬里廷秀撰。

　　廣棪案：《宋史》卷二百八〈志〉第一百六十一〈藝文〉七〈別集類〉著錄：「楊萬里《江湖集》十四卷，又《荊溪集》十卷、《西歸集》八卷、《南海集》八卷、《朝天集》十一卷、《江西道院集》三卷、《朝天續集》八卷、《江東集》十卷、《退休集》十四卷。」合共八十六卷，遠未及《解題》著錄之卷數。考繆荃孫《藝風堂藏書續記》卷六〈詩文〉第八上著錄：「《誠齋集》一百三十三卷，_{影宋鈔本，}宋楊萬里撰。首有劉煒叔〈序〉，卷末有嘉定元年春三月男長孺編次，端平元年夏五月門人羅端良校正。每半葉十行，行十九字。一至七爲《江湖集》，八至十二爲《荊谿集》，十三至十四爲《西歸集》，十五至十八爲《南海集》，十九至二十四爲《朝天集》，廿五、廿六爲《江西道院集》，二十七至三十爲《朝天續集》，三十一至三十五爲《江東集》，三十六至四十二爲《退休集》，詩總四十二卷。四十三、四十四爲〈賦〉，四十五爲〈辭操〉，四十六、四十七爲〈表〉，四十八爲〈箋〉，四十九至六十一爲〈啓〉，六十二爲〈疏〉，六

十三至六十八爲〈書〉，六十九、七十爲〈奏對〉、〈箚子〉，七十一至七十六爲〈記〉，七十七至八十三爲〈序〉，八十四至八十六爲〈心學論〉，〈六經論〉、〈聖德論〉。八十七至八十九爲〈千慮策〉，九十爲〈程試論〉，九十一至九十四爲〈庸言〉，九十五爲〈解〉，九十六爲〈雜著〉，冊文、牒議、策問。九十七爲〈雜著〉詞、疏、箴、銘、贊、樂府。九十八至一百爲〈題跋〉，一百一爲〈祭文〉，一百二、一百三爲〈文〉，一百四至一百十一爲〈尺牘〉，一百十二爲〈東宮勸讀錄〉，一百十三爲〈淳熙薦士錄〉，一百十四爲〈詩話〉，一百十五至一百十七爲〈傳〉，一百十八、一百十九爲〈行狀〉，一百二十、一百二十一爲〈碑〉，一百二十二至一百二十二爲〈墓表〉、〈志銘〉，一百三十三〈附錄〉，歷官告、詞諡告終焉。」是此《集》宋鈔本一百三十三卷猶存也。萬里字廷秀，吉州吉水人。開禧二年升寶謨閣學士，卒諡文節。光宗時嘗爲書「誠齋」二字，學者稱誠齋先生。《宋史》卷四百三十三〈列傳〉第一百九十二〈儒林〉三有傳。

當淳熙末爲大蓬，論思陵配饗不合，去。

案：《宋史》萬里本傳載：「(淳熙十四年)遷祕書少監。會高宗崩，孝宗欲行三年喪，創議事堂，命皇太子參決庶務。萬里上疏力諫，且上太子書，言：『天無二日，民無二王。一履危機，悔之何及？與其悔之而無及，孰若辭之而不居。願殿下三辭五辭，而必不居也。』太子悚然。高宗未葬，翰林學士洪邁不俟集議，配饗獨以呂頤浩等姓名上。萬里上疏詆之，力言張浚當預，且謂邁無異指鹿爲馬。孝宗覽疏不悅，曰：『萬里以朕爲何如主！』由是以直祕閣出知筠州。光宗即位，召爲祕書監。」可參證。惟大蓬乃秘書監官名，孝宗時，萬里僅爲秘書少監。

及韓侂胄用事，召之，卒不至。自次對遷至學士，聞開禧出師，不食而死。

案：《宋史》萬里本傳載：「萬里爲人剛而褊。孝宗始愛其才，以問周必大，必大無善語，由此不見用。韓侂胄用事，欲網羅四方知名士相羽翼，嘗築南園，屬萬里爲之〈記〉，許以掖垣。萬里曰：『官可棄，〈記〉事不可作也。』侂胄恚，改命他人。臥家十五年，皆其柄國之日也。侂胄專僭日益甚，萬里憂憤，怏怏成疾。家人知其憂國也，凡邸吏之報時政者

皆不以告。忽族子自外至,遽言侂胄用兵事。萬里慟哭失聲,亟呼紙書曰:『韓侂胄姦臣,專權無上,動兵殘民,謀危社稷。吾頭顱如許,報國無路,惟有孤憤!』又書十四言別妻子,筆落而逝。」可參證。

自作〈江湖集序〉曰:「予少作有詩千餘篇,至紹興壬午皆焚之。」大概江西體也。今所存曰《江湖集》者,蓋學后山及半山及唐人者。館臣案:「自作〈江湖集序〉」以下一段原本脫去,今據《文獻通考》增入。 廣棪案:元抄本、盧校本同。

案:楊振麟〈誠齋集跋〉云:「〈詩集自序〉云:『少作千餘篇悉焚之,今所存者自紹興壬午始。其後或官於外,或仕於朝,或退處於家,隨所履之地而取以名集,就所咏之題而詳以紀年。』公詩可作年譜觀也。公之著作,本乎道德,發爲文章,同時如朱晦菴、張南軒、周平園諸公,莫不推服。其文集散逸者姑闕之,校對未詳者姑置之,惟《詩集》全刊無遺。」萬里〈荆溪集自序〉云:「予之詩始學江西諸君子,既又學后山五字律,既又學半山老人七字絕句,晚乃學絕句於唐人,學之愈力,作之愈寡,嘗與林謙之屢歎之。謙之云:『擇之之精,得之之艱,又欲作之之不寡乎?』之官荆溪,嘗以告曰:『作詩忽若有寤。』於是辭謝唐人及王、陳江西諸君子,皆不敢學,而後欣如也。」可參證。後山,陳師道;半山,王安石也。

程文簡集二十卷

《程文簡集》二十卷,吏部尚書新安程大昌泰之撰。

廣棪案:《宋史》卷二百八〈志〉第一百六十一〈藝文〉七〈別集類〉著錄:「《程大昌文集》二十卷。」與此同。大昌字泰之,徽州休寧人。孝宗時累遷權吏部尚書。《宋史》卷四百三十三〈列傳〉第一百九十二〈儒林〉三有傳。新安即徽州休寧。

每卷分上下,其實四十卷也。博學,長於攷究,著述甚多,皆傳于世。

案:《宋史》大昌本傳載:「大昌篤學,於古今事靡不考究。有《禹貢論》、《易原》、《雍錄》、《易老通言》、《考古編》、《演繁露》、《北邊備對》,行於世。」可參證。

樵隱集十五卷

《樵隱集》十五卷，信安毛开平仲撰。禮部尚書友之子。負才傲世，仕止州倅。

> 廣校案：《宋史》卷二百八〈志〉第一百六十一〈藝文〉七〈別集類〉著錄：「毛开《樵隱集》十五卷。」與此同。开，《宋史》無傳。《宋詩紀事》卷四十九「毛开」條載：「开字平仲，三衢人。友之子。仕止宛陵、東陽二州倅。有《樵隱集》。」信安即三衢。开父友，《宋史翼》卷二十〈列傳〉第二十〈循吏〉三有傳，載：「毛友字達可，西安人。少游太學，與郡人馮熙載、盧襄，號三俊。擢進士第。崇寧間守鎮江，方臘已殘睦，歙，監司猶不以實聞。友奏言之，朱勔怒其張皇。友遂監觀，其〈謝表〉曰：『兩郡生靈已罹非命，一道使者猶謂無他。』陳瓘聞之，以書譽於親舊曰：『蔽遮江淮，阻遏賊勢，斯人有助也。』《宏治衢州府志》。」惟未記友除禮部尚書。

與尤遂初厚善，臨終以書別之，囑以志墓。延之既為〈銘〉，又序其《集》。

> 案：尤遂初即尤袤，字延之，常州無錫人。嘗取孫綽〈遂初賦〉以自號，光宗書扁賜之。《宋史》卷三百八十九〈列傳〉第一百四十八有傳。袤有《梁谿集》五十卷，已久佚。《四庫全書》本《梁谿遺稿》僅一卷，無〈毛开墓誌〉及〈樵隱集序〉。

梁谿集五十卷

《梁谿集》五十卷，禮部尚書錫山尤袤延之撰。

> 廣校案：袤字延之，常州無錫人。《宋史》卷三百八十九〈列傳〉第一百四十八有傳，未載其除禮部尚書。〈傳〉載：「袤有《遂初小藁》六十卷、《內外制》三十卷。」與此非同一書。《四庫全書總目》卷一百五十九〈集部〉十二〈別集類〉十二著錄：「《梁谿遺藁》一卷，兩淮馬裕家藏本。宋尤袤撰。袤有《遂初堂書目》，已著錄。《宋史》袤本傳載所著《遂初小藁》六十卷、《內外制》三十卷。陳振孫《書錄解題》載《梁谿集》五十卷。今竝久佚。國朝康熙中，翰林院侍講長洲尤侗，自以為袤之後人，因裒輯遺詩，編為此本。蓋百分僅存其一矣。厲鶚作《宋詩紀事》，即據此本為主，而別摭《三朝北盟會編》所載〈淮民謠〉一首、《茅山志》所載〈庚子歲除前一日遊茅

山〉一首、《荊溪外紀》所載〈游張公洞〉一首、《揚州府志》所載重〈登斗野亭〉一首、《郁氏書畫題跋記》所載〈題米元暉瀟湘圖〉二首、《後村詩話》所載逸句四聯。而『去年江南荒』兩聯,即〈淮民謠〉中之語,前後複出。良由瑣碎捃拾,故失於檢校,知其散亡已甚,不可復收拾也。方回嘗作〈袤詩跋〉,稱『中興以來,言詩必曰尤、楊、范、陸。誠齋時出奇峭。放翁善爲悲壯。公與石湖,冠冕佩玉,端莊婉雅。』則袤在當時,本與楊萬里、陸游、范成大竝駕齊驅。今三家之《集》皆有完本,而袤〈集〉獨湮沒不存。蓋文章傳不傳,亦有幸不幸焉。然即今所存諸詩觀之,殘章斷簡,尚足與三家抗行。以少見珍,彌增寶惜,又烏可以殘賸棄歟?」可參考。袤〈傳〉又載:「嘉定五年,謚文簡。子棐、槩。孫焴,禮部尚書。」疑除禮部尚書者乃尤焴,《解題》誤記。

家有遂初堂,藏書爲近世冠。

案:《解題》卷八〈譜牒類〉著錄:「《遂初堂書目》一卷,錫山尤氏尙書袤延之,淳熙名臣,藏書至多,法書尤富。嘗爐於火,今其存亡幾矣。」可參證。

鄭景望集三十卷

《鄭景望集》三十卷,宗正少卿永嘉鄭伯熊景望撰。

廣棪案:《宋史》卷二百八〈志〉第一百六十一〈藝文〉七〈別集類〉著錄:「《鄭伯熊集》三十卷。」即此書。伯熊字景望,永嘉人。高宗時除宗正少卿。《宋史翼》卷十三〈列傳〉第十三有傳。

歸愚翁集二十六卷

《歸愚翁集》二十六卷,秀州判官鄭伯英景元撰。

廣棪案:《宋史》卷二百八〈志〉第一百六十一〈藝文〉七〈別集類〉著錄:「《鄭伯英集》二十六卷。」與此同。伯英字景元,除秀州判官。《宋史翼》卷十三〈列傳〉第十三附〈鄭伯熊〉。載有《歸愚翁集》二十六卷。

近世永嘉學者推二鄭。

案：《宋史翼》伯熊本傳載：「鄭伯熊字景望，永嘉人。與其弟伯英齊名，人稱爲大鄭公、小鄭公。」可參證。

伯熊，紹興乙丑進士，自隆興初爲館職、王府、東宮，官至少司成、宗正，鄉用矣，廣棪案：《文獻通考》作「宗正卿，用矣。」每小不合，輒乞去，卒於建寧守。

案：《宋史翼》伯熊本傳載：「紹興十五年進士，歷黃巖尉、婺州司戶。隆興初，召試正字，太常博士，出爲福建提舉。魏王判宣州，南面坐，受屬吏，進謁幕府，進箚子，亦坐而可否之。及伯熊除王府司馬，遂以箚子開說謙德未光，嫌疑之際，或駭視聽。又判罷吏。羊縮再役，伯熊引吏人年滿歸農，不得再應募條法。不聽，遂自劾去，改江西提刑，奉祠。起知婺州，入爲吏部郎官，兼太子侍讀，歷國子司業、宗正少卿。方嚮用矣，每小不合，輒乞去。以直龍圖閣知甯國府，移知建寧卒。後諡文肅。」可參證。

伯英癸未甲科第四人，以親養，三十年不調，竟不出。二人皆豪傑之士也。

案：《宋史翼》伯熊本傳載：「弟伯英字景元，資性俊健，果決慷慨，論事憤發。思得其志，必欲盡洗紹聖以來弊政，復還祖宗之舊，非隨時默默爲祿仕者也。隆興元年進士第四人，伯熊喜而笑曰：『子一日先我矣。』然伯英性剛，自度不能俯仰于時，甫任秀州判官，遂以親老乞養。奉祠三十年不調，竟不起。當事亦畏其氣岸，幸其自重不出，無能害己爲幸，不復徵也。晚而朝議，將以司幹處之。伯英笑曰：『此尤官也，吾方議當省之，而身居之邪？』竟以疾辭。論者以伯熊兄弟，性行雖不同，然並爲豪傑之士。」可參證。

晦庵集一百卷、紫陽年譜三卷

《晦庵集》一百卷、《紫陽年譜》三卷，待制侍講文公新安朱熹元晦撰。

廣棪案：《宋史》卷二百八〈志〉第一百六十一〈藝文〉七〈別集類〉著錄：「《朱熹前集》四十卷、《後集》九十一卷、《續集》十卷、《別集》二十四卷。」與《解題》著錄者非同一書。熹字元晦，一字仲晦，徽州婺

源人。寧宗即位,除煥章閣待制、侍講。諡曰文。《宋史》卷四百二十九〈列傳〉第一百八十八〈道學〉三有傳。其〈傳〉謂熹「平生爲文凡一百卷」,與《解題》同。

《年譜》,昭武李方子公晦所述,其門人也。

案:吳洪澤編《宋人年譜集目》著錄:「朱熹(1130~1200),《朱文公年譜》一卷,(存),宋李方子編。《朱子文集大全類編》本附,《紫陽書院志》卷五。按:《直齋書錄解題》載《紫陽年譜》三卷,李方子編,該《譜》在明嘉靖年間已失傳。此《譜》僅一卷,題李方子編,當非原譜。」是現存李方子編《朱文公年譜》一卷本,已非《紫陽年譜》三卷之舊。方子字公晦,昭武人。《宋史》卷四百三十〈列傳〉第一百八十九〈道學〉四有傳。

習庵集十二卷

《習庵集》十二卷,戶部侍郎曾逮仲躬撰。文清公幾之子。

廣梭案:《宋史》卷三百八十二〈列傳〉第一百四十一〈曾幾〉載:「曾幾字吉甫,其先贛州人,徙河南府。……乾道二年卒,年八十二,諡文清。……二子:逢仕至司農卿,逮亦終敷文閣待制。而逢最以學稱。」《宋元學案》卷二十九〈震澤學案・震澤門人・附錄〉「侍郎曾習庵先生逮」條載:「曾逮,字仲躬,河南人,文清公幾次子也。累官戶部侍郎。嘗從信伯受業,其記信伯之言曰:『師不專在傳授,友不專在講習。精神氣貌之間,自有相激發處,是爲善親師友者。』逮因觀〈鄉黨〉一篇所記動容周旋,然後知群弟子所以事夫子,用是道也。學者稱爲習庵先生。有《習庵集》十二卷。」均可參證。

東萊呂太史集十五卷、別集十六卷、外集五卷、附錄三卷

《東萊呂太史集》十五卷、《別集》十六卷、《外集》五卷、《附錄》三卷,著作郎東萊呂祖謙伯恭撰。

廣梭案:《宋史》卷二百八〈志〉第一百六十一〈藝文〉七〈別集類〉著錄:「《呂祖謙集》十五卷,又《別集》十六卷、《外集》五卷、《附錄》三卷。」與此同。祖謙字伯恭,東萊人。孝宗時除著作郎。《宋史》卷四

百三十四〈列傳〉第一百九十三〈儒林〉四有傳。

其弟祖儉編錄。凡家範、尺牘之類，總_{廣棪案：《文獻通考》作「編」。}**之《別集》；策問、宏詞、程文之類，總之《外集》；年譜、遺事則見《附錄》。**

案：《宋史》卷四百五十五〈列傳〉第二百一十四〈忠義〉十載：「呂祖儉字子約，祖謙之弟也，受業祖謙如諸生。監明州倉，將上，會祖謙卒。部法半年不上者為違年，祖儉必欲終朞喪，朝廷從之，詔違年者以一年為限，自祖儉始。」考《四庫全書總目》卷一百五十九〈集部〉十二〈別集類〉十二著錄：「《東萊集》四十卷，_{兩淮馬裕家藏本。}宋呂祖謙撰。祖謙有《古周易》，已著錄。其生平詩文，皆祖謙歿後，其弟祖儉及從子喬年先後刊補遺藁，釐為《文集》十五卷。又以家範、尺牘之類為《別集》十六卷。程文之類為《外集》五卷。年譜、遺事則為《附錄》三卷。又《附錄拾遺》一卷。即今所傳之本也。」可參證。惟《四庫全書》本多《附錄拾遺》一卷。

太史，曾文清外孫，

案：曾文清即曾幾，字吉甫，其先贛州人，徙河南府。乾道二年卒，年八十二，諡文清。《宋史》卷三百八十二〈列傳〉第一百四十一有傳。考祖謙父名大器，《宋史》無傳。《宋元學案》卷三十六〈紫微學案·紫微家學〉「倉部呂先生大器」條載：「呂大器，字治先，弸中子，紫微從子，累官尚書倉部郎，東萊之父也。兄弟四人，曰大倫，字時敍；大猷，字允升；大同，字逢吉。築豹隱堂以講學，汪文定公稱之，嘗謂呂奉議時敍貧甚，閒廢日久，可惜。而尤愛逢吉，謂其所講釋者，莫非前言往行之要。蓋皆有得于家學者也。治先為曾文清公壻，兼得其傳。兄弟中惟逢吉夭。」是祖謙乃曾幾外孫之證。

隆興癸未鎖廳甲科，宏詞亦入等。仕未達，得末疾，奉祠，年財四十五，卒于淳熙辛丑。

案：《宋史》祖謙本傳載：「呂祖謙字伯恭，尚書左丞好問之孫也。……初，蔭補入官，後舉進士，復中博學宏詞科，調南外宗教。丁內艱，居明招山，四方之士爭趨之。除太學博士，時中都官待次者例補外，添差教授嚴州，尋復召為博士兼國史院編修官、實錄院檢討官。……召試館職。……越三年，除秘書郎、國史院編修官、實錄院檢討官。……遷著作郎，以末疾請祠歸。……詔除直秘閣。時方重職名，非有功不除，中

書舍人陳騤駁之。孝宗批旨云：『館閣之職，文史爲先。祖謙所進，採取精詳，有益治道，故以寵之，可即命詞。』騤不得已草制。尋主管沖祐觀。明年，除著作郎兼國史院編修官。卒，年四十五。諡曰成。」可參證。隆興癸未爲元年（1163），淳熙辛丑爲八年（1181），是祖謙鎖廳甲科時僅十八歲。

平生著述皆略舉端緒，未有成書者，學者惜之。

案：《宋史》祖謙本傳載：「祖謙學以關、洛爲宗，而旁稽載籍，不見涯涘。心平氣和，不立崖異，一時英偉卓犖之士皆歸心焉。少卞急，一日，誦孔子言『躬自厚而薄責於人』，忽覺平時忿憊渙然冰釋。朱熹嘗言：『學如伯恭方是能變化氣質。』其所講畫，將以開物成務，既臥病，而任重道遠之意不衰。居家之政，皆可爲後世法。修《讀詩記》、《大事記》，皆未成書。考定《古周易》、《書說》、《閫範》、《官箴》、《辨志錄》、《歐陽公本末》，皆行于世。」可參證。

大愚叟集十一卷

《大愚叟集》十一卷，太府寺丞呂祖儉子約撰。祖謙弟也。

廣棪案：《宋史》卷二百八〈志〉第一百六十一〈藝文〉七〈別集類〉著錄：「呂祖儉《大愚集》十一卷。」與此同。祖儉字子約，祖謙弟也。寧宗即位，除太府丞。《宋史》卷四百五十五〈列傳〉第二百一十〈忠義〉十有傳。

慶元初上封事，論救祭酒李祥，謫高安以沒。寓居大愚寺，故以名《集》。

案：《宋史》祖儉本傳載：「時韓侂胄寖用事，正言李沐論右相趙汝愚罷之。祖儉奏：『汝愚亦不得無過，然未至如言者所云。』侂胄怒曰：『呂寺丞乃預我事邪？』會祭酒李祥、博士楊簡皆上書訟汝愚，沐皆劾罷之。祖儉乃上封事曰：『陛下初政清明，登用患良，然曾未踰時，朱熹老儒也，有所論列，則亟使之去；彭龜年舊學也，有所論列，亦亟許之去；至於李祥老成篤實，非有偏比，蓋眾聽所共孚者，今又終於斥逐。臣恐自是天下有當言之事，必將相視以爲戒，鉗口結舌之風一成而未易反，是豈國家之利邪？』又曰：『今之能言之士，其所難非在於得罪君父，而在忤意權勢。古以臣所

知者之，難莫難於論災異，然言之而不諱者，以其事不關於權勢也。若乃御筆之降，廟堂不敢重違，臺諫不敢深論，給、舍不敢固執，蓋以其事關貴倖，深慮乘間激發而重得罪也。故凡勸導人主事從中出者，蓋欲假人主之聲勢，以漸竊威權耳。比者聞之道路，左右嬖御，於黜陟廢置之際，間得聞者，車馬輻湊，其門如市，恃權怙寵，搖撼外庭。臣恐事勢浸淫，政歸倖門，不在公室，凡所薦進皆其所私，凡所傾陷皆其所惡，豈但側目憚畏，莫敢指言，而阿比順從，內外表裏之患，必將形見。臣因李祥獲罪而深及此者，是豈矯激自取罪戾哉？實以士氣頹靡之中，稍忤權臣，則去不旋踵。私憂過計，深慮陛下之勢孤，而相與維持宗社者寖寡也。』疏既上，束檐待罪。有旨：呂祖儉朋比罔上，安置韶州。中書舍人鄧馹繳奏，祖儉罪不至貶。御筆：『祖儉意在無君，罪當誅，竄逐已為寬恩。』會樓鑰進讀呂公著元祐初所上十事，因進曰：『如公著社稷臣，猶將十世宥之，前日太府寺丞呂祖儉以言事得罪者，其孫也。今投之嶺外，萬一即死，聖朝有殺言者之名，臣竊為陛下惜之。』上問：『祖儉所言何事？』然後知前日之行不出上意。侂胄謂人曰：『復有救祖儉者，當處以新州矣。』眾莫敢出口。有謂侂胄曰：『自趙丞相去，天下已切齒，今又投祖儉瘴鄉，不幸或死，則怨益重，曷若少徙內地。』侂胄亦悟。祖儉至廬陵，將趨嶺，得旨改送吉州。遇赦，量移高安。二年卒，詔令歸葬。」可參證。

千巖擇藁七卷、外編三卷、續編四卷

《千巖擇藁》七卷、《外編》三卷、《續編》四卷，知峽州三山蕭德藻東夫撰。嘗宰烏程，後遂家焉。楊誠齋序其《集》曰：「近世詩人若范石湖之清新，尤梁谿之平淡，陸放翁之敷腴，蕭千巖之工緻，皆余所畏也。」

廣棪案：《宋史》卷二百八〈志〉第一百六十一〈藝文〉七〈別集類〉著錄：「蕭德藻《千巖擇藁》七卷，又《外編》三卷。」而闕《續編》四卷。《宋史翼》卷二十八〈列傳〉第二十八〈文苑〉三載：「蕭德藻字東夫，福建閩清人。紹興二十一年進士，初調湖州烏程令，遂家焉。歷知峽州，終福建安撫司參議。德藻長於詩，造語苦硬頓挫，而極其工。與范成大尤袤、陸游齊名，官湖湘時，楊萬里一見獎異。嘗曰：『近世詩人，若范石湖之清新，尤梁谿之平淡，陸放翁之敷腴，蕭千巖之工緻，皆余所畏

也。』德藻所居屏山，千巖競秀，故自號千巖老人云。著有《千巖擇稿》。《書錄解題》，參楊萬里《薦士錄·千巖擇稿序》。」可參證。

濟溪老人遺藁一卷

《濟溪老人遺藁》一卷，通判明州濟源李迎彥將撰。

　　廣棪案：此書〈宋志〉未著錄，李迎，《宋史》亦無傳。《宋元學案》卷三十二〈周許諸儒學案·浮沚門人〉「通守李濟溪先生迎」條載：「李迎，字彥將，濟源人也。累官安撫司機宜文字、通判明州。晚寓苕上。嘗自贊曰：『三仕三已，應緣而進。一丘一壑，倦遊而歸。』其高致如此。先生爲永嘉周浮沚先生壻，因得聞伊洛之說。其居苕上，□□招提中，日手鈔聖賢治心養性之學。有《濟溪老人遺稿》一卷，周益公序之，又表其墓。補。」可參證。

永嘉周浮沚先生之壻，與先大父爲襟袂。

　　案：周必大《平園續稿》卷三十五〈朝奉大夫迎墓表〉載：「父弼儒，右中奉大夫，直秘閣致仕，贈少師。……妻令人周氏，永嘉名士周行己恭叔之女。恭叔官京師，與秘閣善。君未弱冠，風度凝遠，能文辭，善談論，故以女歸之。」行己即浮沚。《解題》卷十七〈別集類〉中著錄：「《浮沚先生集》十六卷、《後集》三卷，秘書省正字永嘉周行己恭叔撰。十七入太學，有盛名，師事程伊川。元祐六年進士，爲博士太學，以親老歸，教授其鄉，再入爲館職，復出作縣。永嘉學問所從出也，鄉人至今稱周博士。〈集序〉，林越撰，言爲秘書郎，則不然。先祖妣，先生之第三女，先君子其自出也，故知其本末。所居謝池坊，有浮沚書院。」是直齋之祖所娶者爲行己第三女，故與迎爲襟袂也。

《集》中有送先君子赴戊子秋試詩，首句「籍甚人言《易》已東」，蓋先君治《易》故也。

　　案：《宋詩紀事》卷六十「李迎」條載：「迎字彥將，濟源人，通判明州。有《濟溪老人遺藁》。句：籍甚人言《易》已東。」迎《集》已佚，僅存佚句。直齋父生平無可考。

《集序》周益公作。

案：此〈集序〉未見載《四庫全書》本《文忠集》卷五十二〈序〉一、卷五十三〈序〉、卷五十四〈序〉三、卷五十五〈序〉四，殆散逸矣。

訴庵集四十卷

《訴庵集》四十卷，館臣案：《文獻通考》「訴庵」作「沂庵」。 廣棪案：元抄本、盧校本亦作「沂庵」，疑《解題》誤。新津任淵子淵撰。紹興乙丑類試第一人，仕至潼川憲。嘗註山谷、后山詩，行於世。新津有天社山，故稱天社任淵。

廣棪案：此〈集〉，〈宋志〉未著錄，任淵，《宋史》無傳。傅增湘《宋蜀文輯存作者考》載：「任淵字子淵，新津人。紹興十五年四川類試第一。仕至潼川提刑。著有《注山谷後山詩》及《沂庵集》四十卷。」可參證。考《宋史藝文志補・集部・別集類》著錄：「任淵《黃太史精華錄》八卷、《內集注》二十卷。字子淵，新津人。」而未著錄有注後山詩。《解題》卷二十〈詩集類〉下著錄：「《注黃山谷詩》二十卷、《注后山詩》六卷，新津任淵子淵注。鄱陽許尹爲〈序〉。大抵不獨注事，而兼注意，用功爲深。二〈集〉皆取前集。陳詩以魏衍〈集記〉冠焉。」是《宋史藝文志補》有所闕略也。

方舟集五十卷、後集二十卷

《方舟集》五十卷、《後集》二十卷，資陽李石知幾撰。石有盛名於蜀。少嘗客蘇符尚書家。紹興末爲學官，乾道中爲郎，歷臺節，皆以論罷。趙丞相雄，其鄉人也，素不善石，石以是晚益困，其〈自敘〉云「宋魋、魯倉今猶古」也。

廣棪案：此書〈宋志〉未著錄。李石，《宋史》亦無傳。《宋史翼》卷二十八〈列傳〉第二十八〈文苑〉三載：「李石字知幾，資州人。進士高第，蜀人稱爲方舟先生。紹興末，以趙逵薦，任太學博士。太學生芝草，學官方賀。石獨以爲兵兆，坐斥爲成都學官，就學者如雲，閩越之士萬里而來，刻石題諸生名幾及千人，蜀學之盛，古今鮮儷。累官知黎州。乾道中，召爲都官，爲言者論罷。趙雄，其鄉人也，驟貴，石以晚輩視之，

不與通書。久之，起守眉州，除成都路轉運判官，十日而罷。趙雄秉政，
石遂不復出。及王淮爲相，與石有學官之舊，自書近詩數十以寄，筆勢
傾欹，殆不可辨。淮憐之，方議除官，而石卒。石好學，能屬文，少從
蘇符游，其淵源出於蘇氏。詩文皆以閎肆跌宕見長。著有《方舟集》五
十卷，《後集》十卷，今存十二卷。《朝野雜記》，參鄧椿《畫繼》、《資州志》。」
可參證。此《集·自敘》不見《四庫全書》本《方舟集》。

歸愚集二十卷

《歸愚集》二十卷，吏部侍郎葛立方常之撰。勝仲之子，丞相邲之父也。
　　廣棪案：《宋史》卷二百八〈志〉第一百六十一〈藝文〉七〈別集類〉著
　　錄：「葛立方《歸愚集》二十卷。」與此同。今僅宋本九卷。清光緒間盛
　　宣懷參考《播芳大全》、《臨安志》、《韻語陽秋》，爲《補遺》一卷，凡十
　　卷。盛宣懷有〈跋〉云：「右《歸愚集》十卷，宋葛立方撰。立方字常之，
　　江陰人。紹興八年進士，官至尚書左司郎中。《宋史》於〈葛宮傳〉附見
　　名字，事蹟不詳。常之世席華膴，置身館閣，文筆爾雅，爲世所推。初
　　以忤秦檜，得罪後又爲言者所劾，遂不復出。志趣亦頗高，《江陰志》稱
　　其著《歸愚集》二十卷、《韻語陽秋》二十卷、《外判》五卷、《西疇筆畊》
　　五十卷、《方輿別志》二十卷。今惟《歸愚集》、《韻語陽秋》二書尚存。
　　然《歸愚集》本二十卷，今所存十卷，據宋本止存九卷，弟四卷、弟五
　　卷、弟六卷、弟七卷均律詩，弟九卷賦、騷、銘文，弟十卷、弟十一卷
　　均外制，弟十三卷表、啓。後人另以詞一卷屬入，作爲十卷。《四庫簡明
　　目錄》有此書，而《總目》則無之，當時不收，恐是館臣誤遺，未必以
　　殘缺見棄。觀《馮太師集》三十卷，止膳前十二卷，而亦收入，可以執
　　此例彼。傳鈔改爲自一至十，若爲完善而不知其編次不合，門類亦不全，
　　不能掩也。茲據翰林院底本，及勞季言夜宋本校定上板，又輯《播芳大
　　全》、《臨安志》、《韻語陽秋》爲《補遺》一卷附益之。光緒丙申五月，
　　武進盛宣懷跋。」《宋史》卷三百三十三〈列傳〉第九十二《葛宮》載：
　　「葛宮字公雅，江陰人。……子勝仲，孫立方，皆以學業至侍郎，世爲
　　儒家。」同書卷四百四十五〈列傳〉第二百四〈文苑〉七載：「葛勝仲字
　　魯卿，丹陽人。……子立方，官至侍從。孫邲，爲右相。」案：侍從乃

侍郎之誤，右相乃左相之誤。考同書卷三百八十五〈列傳〉第一百四十四〈葛邲〉載：「葛邲字楚輔，其先居丹陽，後徙吳興。世以儒學名家，高祖密至邲，五世登科第，大父勝仲至邲，三世掌詞命。……紹熙四年，拜左丞相。」是立方曾祖密，祖宮，父勝仲，子邲也。周麟之《海陵集》卷十六〈外制〉有〈葛立方除吏部侍郎〉，曰：「天官之有大小宰，首冠六卿。吏部之有文武銓，同分兩選。思得清通之彥，助予綜覈之公。具官某，學世其家，器優於用，早儲喬松之令望，嘗歷握蘭之顯曹。昨去周行，久紆雋望。迨闢至公之路，盡收遺野之賢。召以名郎，登于宰士。糾違省闥，實多詳整之稱；結好鄰邦，不負光華之遣。肆圖嘉績，亟眞從班。爾能使法行，而無阻格之私，吏畏而絕姦欺之弊，斯乃稱職，往其懋功。可。」是立方曾除吏部侍郎之證。

以郎官攝西掖，忤秦相得罪。更化召用，言者又以為附會沈該，罷去，遂不復起。

案：《宋詩紀事》卷四十五「葛立方」條載：「立方字常之，丹陽人，徙吳興。勝仲之子。紹興八年進士，隆興間官至吏部侍郎。有《西疇筆耕》、《韻語陽秋》、《歸愚集》。」繆荃孫〈葛立方傳〉載：「葛立方字常之，江陰人。《中興館閣錄》八。勝仲子。《書錄解題》。紹興八年《吳興志》。黃公度榜同進士出身，治書。紹興十七年六月，除正字。《館閣錄》八。 《館閣錄》五：『紹興十八年六月〈賢妃潘氏輓祭文〉正字葛立方撰。十一月一日臣僚言：欲乞遇上辛日祀感生帝，并依本朝舊制，大祀樂章報祕書省修撰，有旨從之。〈降神大安之樂四曲〉，正字葛立方撰。十九年六月，除校書郎。《館閣錄》八。 《館閣錄》五：紹興十九年十一月一日，〈恭和御製郊祀喜晴詩〉，校書郎葛立方一首；〈恭進郊祀大禮慶成詩〉，校書郎葛立方一首；〈□蜡祭百神東蜡大明正位帝神農氏配后稷氏配歲星以下從祀諸神祝辭〉，校書郎葛立方撰。二十一年六月，為考功員外郎。《館閣錄》八。以吏部侍郎攝西掖，忤秦相得罪，更化加用。《書錄解題》。按立方以紹興二十一年六月為考功員外郎。秦檜以二十五年七月薨。二十六年閏十月，以尚左司郎中充賀大金生辰使，其得罪秦相及召用，當在此數年間。二十六年閏十月，為尚書左司郎中，充賀大金生辰使。《繫年要錄》一百七十五。言者又以為附會沈該，罷去，遂不復起。《書錄解題》。歸休於吳興，汎金溪上。〈韻語陽秋自序〉。暇日率同志挐小舟，載魚鼈鰕蠏，命比邱誦法作梵唄，捨之溪中。立方博極羣書，以文章名一世。暇日嘗著《韻語陽秋》。沈恂〈韻語陽秋序〉。二十卷。《四庫提要》。

《歸愚集》二十卷，《外判》五卷、《西疇策耕》五十卷、《方輿別志》二十卷、《江陰志》。子邸、郊。《宋史·郊傳》。」可參考。

綺川集十五卷

《綺川集》十五卷，太常寺主簿歸安倪俛文舉撰。紹興八年進士。

廣棪案：《宋史》卷二百八〈志〉第一百六十一〈藝文〉七〈別集類〉著錄：「倪文舉《綺川集》十五卷。」與此同。倪俛，《宋史》無傳。洪适《盤洲文集》卷二十三〈外制〉五有〈倪俛太常寺主簿制〉曰：「簿令雖卑，奉常蓋禮樂所自出。有列其間，則與聞稽古制作之事，它寺不可同年而語也。爾強學好修，久率多士，俾造禋祀，益觀所長。」是俛嘗除太常寺主簿。《宋元學案》卷四十〈橫浦學案·橫浦門人〉「常簿倪綺川先生俛」條載：「倪俛，字文舉，雲濠案：稱一作俛。歸安人。受業橫浦先生之門，而與芮祭酒友善。祭酒嘗曰：『文舉，吾藥石友也。』補。梓材謹案：先生紹興八年進士，官太常寺主簿。著有《綺川集》十五卷。」可參證。橫浦，張九成也。

齊齋之父。

案：齊齋，倪思號。思字正甫，湖州歸安人。《宋史》卷三百九十八〈列傳〉第一百五十七有傳。

象山集二十八卷、外集四卷

《象山集》二十八卷、《外集》四卷，知荊門軍金谿陸九淵子靜撰。

廣棪案：《宋史》卷二百八〈志〉第一百六十一〈藝文〉七〈別集類〉著錄：「陸九淵《象山集》二十八卷，又《外集》四卷。」與此同。九淵字子靜，金谿人。光宗即位，差知荊門軍。《宋史》卷四百三十四〈列傳〉第一百九十三〈儒林〉四有傳。

與其兄九齡子壽，乾淳間名士也。

案：《宋史》卷四百三十四〈列傳〉第一百九十三〈儒林〉四〈陸九齡〉載：「陸九齡字子壽。⋯與弟九淵相為師友，和而不同，學者號『二陸』。」

考袁燮、傅子雲《象山先生年譜》曰：「先生與復齋_{廣棪案：九齡號復齋。}齊名，稱爲江西二陸，以比河南二程。」均足參證。

象山在貴溪，結茅其上，與士友講學，山形如象，故名。

案：楊簡〈象山集序〉曰：「有宋撫州金谿陸先生，字子靜，嘗居貴溪之象山，四方學者畢至，尊稱之曰象山先生。」《象山先生年譜》曰：「應天山實龍虎山之本，罔高五里，其形如象，遂名之曰象山。先生既居精舍，又得勝處爲方丈，及部勒群山閣，又作圓菴。學徒各來結廬，相與講習，於是稱先生爲象山先生。」可資參證。

施正憲集六十七卷、外集二卷

《施正憲集》六十七卷、《外集》二卷，_{館臣案：《外集》，《文獻通考》作三卷。}_{廣棪案：元抄本、盧校本亦作《外集》三卷。}**知樞密院廣信施師點聖與撰。**

廣棪案：《宋史》卷二百八〈志〉第一百六十一〈藝文〉七〈別集類〉著錄：「《施正憲遺藁》二卷。」疑《遺藁》二卷即《外集》二卷，〈宋志〉著錄闕《集》六十七卷。師點字聖與，上饒人。孝宗乾道十四年知樞密院事，《宋史》卷三百八十五〈列傳〉第一百四十四有傳。其《傳》載：「有《奏議》七卷、《制藁》八卷、《東宮講議》五卷、《易說》四卷、《史識》五卷、《文集》八卷。」凡三十七卷。與《解題》著錄卷數不同，或《解題》之「六十七」乃「三十七」之訛也。

其在政府六年，上眷未衰，慨然勇退引去不可回。識者壯其決。

案：《宋元學案補遺》卷六十九〈滄洲諸儒學案補遺〉上〈南塘師承〉「附錄」載：「陳直齋《書錄解題》曰：『聖與在政府六年，上眷未衰，慨然勇退。有識者壯其決。趙南塘汝談，其壻也。』」即據《解題》。《宋史》師點本傳亦載：「紹熙二年，除知隆興府、江西安撫使。師點嘗謂諸子曰：『吾平生仕宦，皆任其升沉，初未嘗容心其間，不枉道附麗，獨人主知之，遂至顯用。夫人窮達有命，不在巧圖，惟忠孝乃吾事也。』」然未載及師點「慨然勇退」事。

趙南塘汝談，其壻也，為序其《集》而傳之。

案：《宋史》卷四百一十三〈列傳〉第一百七十二〈趙汝談〉載：「趙汝

談字履常，生而穎悟，年十五，以大父恩補將仕郎。登淳熙十一年進士第。丞相周必大得其文異之，語參知政事施師點曰：『是子他日有大名于世。』」未載汝談爲師點壻。

適齋類稿八卷

《適齋類稿》八卷，奉新袁去華定卿撰。館臣案：《文獻通考》作「宣卿」。廣校案：元抄本、盧校本亦作「宣卿」。紹興乙丑進士，改官知石首縣而卒。善為歌詞，嘗賦〈長沙定王臺〉，見稱於張安國，為書之。

> 廣校案：此書〈宋志〉未著錄。去華，《宋史》無傳。《全宋詞》「袁去華」條載：「去華字宣卿，奉新人。紹興十五年（1145）進士。善化知縣，又知石首縣。有《袁宣卿詞》一卷。」紹興乙丑，即十五年。《全宋詞》載去華〈水調歌頭·定王臺〉曰：「雄跨洞庭野，楚望古湘州。何王臺殿，危基百尺自西劉。尚想霓旌千騎，依約入雲歌吹，屈指幾經秋。歎息繁華地，興廢兩悠悠。　　登臨處，喬木老，大江流。書生報國無地，空白九分頭。一夜寒生關塞，萬里雲埋陵闕，耿耿恨難休。徙倚霜風裏，落日伴人愁。」張安國，《宋史》無傳。胡宿《文恭集》卷十四〈外制〉有〈朱逵楊若沖並可大理寺丞張安國可衛尉寺丞制〉載：「敕某等：夫薦任之開，所以拔能吏；攷法之舉，所以勸庶工。以爾等或治曲臺之經，或藉舊門之蔭，預籌幕府，獲佩縣章。亦參法律之曹，竝宣郡邑之力，交章以薦，終課而還，質諸有司，應乃褒典。用爲刑讞之屬，寵以宿衛之丞。胥日異恩，彌飭廉矩。」是安國嘗除衛尉寺丞。

梅溪集三十二卷、續集五卷

《梅溪集》三十二卷、《續集》五卷，館臣案：「《梅溪集》」下原本無卷數，今據《文獻通考》補正。詹事樂清王十朋龜齡撰。

> 廣校案：《宋史》卷二百八〈志〉第一百六十一〈藝文〉七〈別集類〉著錄：「王十朋《南游集》二卷，又《後集》一卷。」《四庫全書總目》卷一百五十九〈集部〉十二〈別集類〉十二著錄：「《梅溪集》五十四卷，兵部侍郎紀昀家藏本。宋王十朋撰。」所著錄者均與《解題》不同。《四庫全書總目》

曰：「是《集》爲正統五年溫州教授何瓚所校，知府劉謙刻之，黃淮爲〈序〉。
凡《奏議》五卷，而冠以〈廷試策〉。《前集》二十卷，《後集》二十九卷，
而附以汪應辰所作〈墓誌〉。後有紹熙壬子其子宣教郎聞禮〈跋〉，稱《文
集》合前後竝《奏議》五十四卷。與此本合。而《文獻通考》作《梅溪集》
三十二卷、《續集》五卷，并劉珙之〈序〉。今無此〈序〉，卷數更多寡不符。
應辰〈墓誌〉則稱《梅溪前後集》五十卷。與此本亦不相應。疑珙所序者
初藁，應辰所誌者晚年續增之藁，而此本則十朋沒後其子聞詩、聞禮所編
次之定藁也。觀應辰稱《尚書》、《春秋》、《論語》、《孟子講義》皆未成書，
而此本《後集》第二十七卷中載《春秋》、《論語講義》數條，則爲蒐輯續
入明矣。」可參考。十朋字龜齡，溫州樂清人，孝宗時除太子詹事。《宋史》
卷三百八十七〈列傳〉第一百四十八有傳。

丁丑大魁

案：《宋史》十朋本傳載：「秦檜死，上親政，策士，諭考官曰：『對策中
有陳朝政切直者，並置上列。』十朋以『權』爲對，大略曰：『攬權者，
非欲衡石程書如秦皇，傳餐聽政如隋文，彊明自任、不任宰相如唐德宗，
精於吏事、以察爲明如唐宣宗，蓋欲陛下懲既往而戒未然，威福一出於
上而已。嘗有鋪翠之禁，而以翠羽爲首飾者自若，是豈法令不可禁乎？
抑宮中服澣濯之化，衣不曳地之風未形於外乎？法之至公者莫如選士，
名器之至重者莫如科第。往歲權臣子孫、門客類竊巍科，有司以國家名
器爲媚權臣之具，而欲得人可乎？願陛下正身以爲本，任賢以爲助，博
采兼聽以收其效。』幾萬餘言。上嘉其經學淹通，議論醇正，遂擢爲第
一。學者爭傳誦其策，以擬古晁、董。」可參證。丁丑，紹興二十七年。

立朝剛正。

案：十朋立朝剛正，《宋史》卷三百八十七〈列傳〉第一百四十六〈史臣論〉
曰：「十朋、吳芾、良翰、莘老相繼在臺府，歷詆姦倖，直言無隱，皆事上
忠而自信篤，足以當大任者，惜不盡其用焉。」可見其剛正之一斑。

劉珙作〈序〉。館臣案：末句原本脫去，今據《文獻通考》增入。　廣棪案：元抄
本、盧校本「劉珙作〈序〉」作「《正集》未有」。盧校注：館校云「《梅溪集》下原本
無卷數」，與此「《正集》未有」正合。《通考》見其《正集》，故具著其卷數，又改
此句云「劉珙作〈序〉」。

案：珙字共父，《宋史》卷三百八十六〈列傳〉第一百四十五有傳。其所撰〈序〉，《文獻通考》卷二百四十〈經籍考〉六十七〈集別集〉載之，曰：「公始以諸生對策廷中，一日數萬言，被遇太上皇帝，親擢冠多士。取其言行之。及，佐諸侯入冊府事，今上於初潛，又皆以忠言直節有所裨補，上亦雅敬信之。登極之初，即召以爲侍御史，納用其說。公知上意以必復土疆、必雪讎恥爲己任，其所言者，莫非修德、行政、任賢、討軍之實，而於分別邪正之際，尤致意焉。平居無所嗜好，顧喜爲詩，渾厚質直，懇惻條暢，如其爲人。不爲浮靡之文，論事取極己意，然其規模宏闊，骨骼開張，出入變化，俊偉神速，世之盡力於文字者，往往反不能及。其他片言半簡，雖或出於脫口肆筆之餘，亦無不以仁義忠孝爲歸，而皆出於肺腑之誠。然非有所勉強慕傚而爲之也。蓋其所稟於天者，純乎陽德剛氣，是以其心光明正大，舒暢洞達，無所隱蔽，而見於事業文章，一皆如此。海內有志之士，聞其名，誦其言，觀其行，而得其心，無不斂袵心服。至於小人，雖以一時趨向之殊，或敢巧爲謗訕，然其極口，不過以爲迂闊近名，不切時務，至其大節之偉然者，則不能有以毫髮點污也。」可參考。《四庫全書總目》謂「今無此〈序〉」，蓋未細檢《文獻通考》耳！

酒隱集三卷

《酒隱集》三卷，宣州司理趙育去病撰。其父鼎臣承之，號竹隱畸士者也。

廣棪案：《宋史》卷二百八〈志〉第一百六十一〈藝文〉七〈別集類〉著錄：「趙育《酒隱集》三卷。」與此同。育，《宋史》無傳。其父鼎臣，《宋史》亦無傳。《宋詩紀事》卷三十二「趙鼎臣」條載：「鼎臣字承之，衛城人。自號葦溪翁。元祐進士。宣和中，以右文殿修撰知鄧州，召爲太府卿。有《竹隱畸士集》。」考《宋史》卷二百八〈志〉第一百六十一〈藝文〉七〈別集類〉著錄：「趙鼎臣《竹隱畸士集》四十卷。」

四六類藁三十卷

《四六類藁》三十卷，起居郎熊克子復撰。

廣棪案：此書〈宋志〉未著錄。克字子復，建寧建陽人。孝宗時除起居
郎兼直學士院。《宋史》卷四百四十五〈列傳〉第二百四〈文苑〉七有傳。

皆四六應用之文也，亦無過人者。

案：《宋元學案補遺》卷四十三〈劉胡諸儒學案補遺‧附錄〉「翰林熊先
生克」條載：「熊克字子復，建陽人。獨善先生蕃之子。著書有《九朝通
略》、《中興小曆》、《官制新典》、《帝王經譜》。壻王克勤狀其行實曰：『文
有顏延之錯綵之工，史有陳壽敘事之長，牧民得曹參清靜之旨，制行適
徐公通介之常。』《姓譜》。」直齋評克四六之文，顯與王克勤言「文有顏
延之錯綵之工」迥異，蓋克勤以壻作〈行狀〉，不免揄揚過實也。

克以王丞相季海薦驟用。王時在樞府，趙溫叔當國，莫知其所從來，頗
疑其由徑，沮之，而上意鄉之，不能回也。

案：王季海即王淮，婺州金華人。淳熙八年，拜右丞相兼樞密事，後拜
左丞相。《宋史》卷三百九十六〈列傳〉第一百五十五有傳。是克之被薦
用在淳熙八年。趙溫叔即趙雄，資州人。淳熙五年十一月，拜右丞相。《宋
史》克本傳載：「克幼而魁秀，既長，好學善屬文，郡博士胡憲器之，曰：
『子學老於年，他日當以文章顯。』紹興中進士第，……嘗以文獻曾覿，
覿持白于孝宗，孝宗喜之，內出御筆，除直學士院。宰相趙雄甚異之，
因奏曰：『翰苑清選，熊克小臣，不由論薦而得，無以服眾論，請自朝廷
召試，然後用之。』上曰：『善。』乃以為校書郎，累遷學士院權直。上
御選德殿，召諭曰：『卿制誥甚工，且有體，自此燕閒可論治道。』克自
以見知於上，數有論奏。」可參證。

拙庵雜著三十卷、外集四卷

《拙庵雜著》三十卷、《外集》四卷，工部侍郎東平趙磻老渭師撰。門
下侍郎野之姪。以婦翁歐陽懋待制澤入仕，從范石湖使金。虞丞相并父
亦薦之，遂擢用知臨安。坐殿司招兵事，謫饒州。

廣棪案：此書〈宋志〉未著錄，磻老，《宋史》無傳。潛說友《咸淳臨安
志》卷四十八〈秩官〉六載：「（淳熙）三年丙申，趙磻老是日（三月初三日）
以朝散郎直秘閣、兩浙運副除直敷文閣知。因修垂拱殿，除直徽猷閣。

又車駕幸學，轉朝奉大夫。五月十二日，磻老除秘閣修撰。四年丁酉二月，除權工部侍郎兼知。十一月初七日，磻老罷。」《宋人傳記資料索引》載：「趙磻老，字渭卿，東平人，居吳江。以婦翁歐陽懋澤入仕，孝宗朝，以書狀官隨范成大使金，擢正言。遷知楚州，入爲太府寺丞。淳熙三年由兩浙轉運副使知臨安府，除秘閣修撰，權工部侍郎，坐事謫饒州。有《拙庵雜著》三十卷，《外集》四卷。」可參證。趙野，開封人。靖康初爲門下侍郎。《宋史》卷三百五十二〈列傳〉第一百一十一有傳。

雙溪集二十卷

《雙溪集》二十卷，知郴州東陽曹冠宗臣撰。由舍選登甲科，坐爲秦壎假手，奪官，再赴廷試，得初品。

廣棪案：此書〈宋志〉未著錄。冠，《宋史》無傳。《宋詩紀事補遺》卷四十六「曹冠」條載：「字宗元，東陽人，以鄉貢入太學。秦檜以諸孫師事之。登紹興中進士，廷唱第二，擢太常博士，兼檢正諸房公事。檜死，口口去官。孝宗時，有言許再試，又登乾道己丑進士，知彬州，轉朝奉大夫，賜金紫致仕。著有《寓言》等書。」《全宋詞》「曹冠」條亦載：「冠字宗臣，號雙溪居士，東陽人。居秦檜門下，教其孫壎。爲十客之一。紹興二十四年（1154），與壎同登甲科。二十五年（1155），自平江府府學教授擢國子錄。尋除太常博士兼權中書門下檢正諸房公事。秦檜死，放罷。尋被論駁放科名。乾道五年（1169），再應舉中第。淳熙元年（1174），臨安府通判改任太常寺主簿，被論罷新任。紹熙初，仕至郴州守。有《燕喜詞》。」均可參證。《宋詩紀事補遺》之「知彬州」，乃「知郴州」之誤。

止齋集五十三卷

《止齋集》五十三卷，館臣案：《文獻通考》作五十二卷。 廣棪案：元抄本、盧校本亦作五十二卷。中書舍人永嘉陳傅良君舉撰。

廣棪案：《宋史》卷二百八〈志〉第一百六十一〈藝文〉七〈別集類〉著錄：「陳傅良《止齋集》五十二卷。」《解題》作五十三卷，實五十二卷之訛。傅良字君舉，溫州瑞安人。寧宗即位，召爲中書舍人兼侍讀、直

學士院、同實錄院修撰。《宋史》卷四百三十四〈列傳〉第一百九十三〈儒林〉四有傳。

三山本五十卷。

案：丁丙《善本書室藏書志》卷三十〈集部〉九著錄：「《止齋先生文集》二十八卷，明嘉靖刊本。《止齋集》，一為五十卷，稱三山本，蔡幼學所刊；一為五十二卷，曹叔遠所編，溫州教授徐鳳刊於永嘉郡齋。兩本並刊於嘉定間，而蔡刻稍後不見流傳，傳者惟曹本耳。」考蔡幼學字行之，溫州瑞安人。年十八，試禮部第一。是時陳傅良有文名于太學，幼學從之游。《宋史》卷四百三十四〈列傳〉第一百九十三〈儒林〉四有傳。三山，即福州。《中國古今地名大辭典》曰：「三山，福建省城名。曾鞏〈道山亭記〉：『城中凡有三山，東曰九仙，西曰閩山，北曰越山。故郡有三山之名。』」幼學於嘉定初，曾「除龍圖閣待制，知泉州，徙泉州，徙建康府、福州，進福建路安撫使。」三山本或刊於其徙福州，進福建路安撫使時。

水心集二十八卷、拾遺一卷、別集十六卷

《水心集》二十八卷、《拾遺》一卷、《別集》十六卷，吏部侍郎永嘉葉適正則撰。

廣棪案：《讀書附志》卷下〈別集類〉三著錄：「《水心先生文集》二十八卷。右葉適字正則之文也，門人趙汝讜序而刻之。水心，其自號云。」《宋史》卷二百八〈志〉第一百六十一〈藝文〉七〈別集類〉著錄：「《葉適文集》二十八卷。」所著錄與《讀書附志》同。惟與《解題》相較，均闕《拾遺》一卷、《別集》十六卷。適字正則，溫州永嘉人。寧宗時曾權吏部侍郎。《宋史》卷四百三十四〈列傳〉第一百九十三〈儒林〉四有傳。

淮東本無〈拾遺〉，編次亦不同。《外集》者，前九卷為制科進卷，後六卷號「外藁」，皆論時事，末卷號「後總」，專論買田贍兵。

案：張金吾《愛日精廬藏書志》卷三十一〈集部‧別集類〉著錄：「《水心先生別集》十六卷抄本。從子謙姪藏舊抄本影寫。宋葉適撰。適有《水心文集》二十八卷、《拾遺》一卷、《別集》十六卷，俱著錄《直齋書錄解題》。此即《別集》十六卷也。陳振孫曰：『《別集》，前九卷為制科進卷，後六卷號「外

稿」，皆論時事，末卷號「後總」，專論買田贍兵。』均與此合，其爲原本無疑。明正統中，處州推官黎諒重編適《集》二十九卷，今世行本是也。其自識曰：『嘗求全書，竟不可得。』又曰：『訪求遺本，無有存者。』則原《集》之佚久矣。更四百年，原本復出，豈書之顯晦有時耶？抑適之精靈實有以呵護之也。」瞿鏞《鐵琴銅劍樓藏書目錄》卷第二十一〈集部〉三〈別集類〉三著錄：「《水心先生別集》十六卷，舊鈔本。題龍泉葉適撰。此書傳本絕稀，見陳氏《書錄》、趙氏《讀書附志》，分卷俱合，迺當時原本，黎氏所未見也。卷首有季振宜印、滄葦、季振宜藏書諸朱記。」是適《拾遺》一卷已佚，而《別集》十六卷猶幸有舊抄本存霄壤間。

丘文定集十卷、拾遺一卷

《丘 廣棪案：《文獻通考》作「邱」，下同。文定集》十卷、《拾遺》一卷，樞密江陰丘崈宗卿撰。

　　廣棪案：《宋史》卷二百八〈志〉第一百六十一〈藝文〉七〈別集類〉著錄：「《丘崈文集》十卷。」闕《拾遺》一卷。崈字宗卿，江陰軍人。寧宗時拜同知樞密院事。《宋史》卷三百九十八〈列傳〉第一百五十七有傳。

隆興癸未進士第三人。其文慷慨有氣，而以吏能顯，故其文不彰。 廣棪案：《文獻通考》作「章」。元抄本、盧校本同。

　　案：《宋史》崈本傳載：「丘崈字宗卿，江陰軍人。隆興元年進士，爲建康府觀察推官。丞相虞允文奇其才，奏除國子博士。孝宗論允文舉自代者，允文首薦崈。有旨賜對，遂言：『恢復之志不可忘，恢復之事未易舉，宜甄拔實才，責以內治，遵養十年，乃可議北向。』」隆興癸未即隆興元年（1163），與史合。《宋史》本傳又載：「（韓）侂冑誅，以資政殿學士知建康府，尋改江淮制置大使兼知建康府。淮南運司招輯邊民二萬，號『雄淮軍』，月廩不繼，公肆剽劫，崈乃隨『雄淮』所屯，分隸守臣節制，其西路則同轉運使張穎揀刺爲御前武定軍，以三萬人爲額，分爲六軍，餘汰歸農，自是月省錢二十八萬緡，米三萬四千石。武定既成軍伍，淮西賴其力。以病丐歸，拜同知樞密院事。卒，諡忠定。崈儀狀魁傑，機神英悟。嘗慷慨謂人曰：『生無以報國，死願爲猛將以滅敵。』其忠義性然也。」是崈固以吏能顯者也。

趙忠定集十五卷、奏議十五卷

《趙忠定集》十五卷、《奏議》十五卷，丞相福公趙汝愚子直撰。別本總為一集，亦三十卷。

> 廣棪案：此書〈宋志〉未著錄。汝愚字子直。孝宗時右丞相，卒賜諡忠定，理宗時進封福王。《宋史》卷三百九十二〈列傳〉第一百五十一有傳。其〈傳〉謂汝愚「所著詩文十五卷、《太祖實錄舉要》若干卷、《類宋朝諸臣奏議》三百卷」。所云詩文十五卷者，即《趙忠定集》十五卷也，惟本傳闕載《奏議》十五卷。《文獻通考》卷二百四十一〈經籍考〉六十八〈集別集〉「《趙忠定集》十五卷、《奏議》十五卷」條載雁湖李氏〈書後〉：「丞相餘干趙公，秉正履度，即之凜然。至形於篇章，則思致清麗逸發，雖古今能文辭者有不逮。而世顧鮮知者，非繇德業之巨，器能之偉，所以詞華見沒邪？」是汝愚與丘崈略同，殆以德業、器能見重於時，而詞華不彰於世也。

龍川集四十卷、外集四卷

《龍川集》四十卷、《外集》四卷，永康陳亮同父撰。廣棪案：《文獻通考》作「同甫」。

> 廣棪案：《宋史》卷二百八〈志〉第一百六十一〈藝文〉七〈別集類〉著錄：「《陳亮集》四十卷，又《外集》四卷。」是《外集》四卷者乃詞作也。亮字同父，婺州永康人。《宋史》卷四百三十六〈列傳〉第一百九十五〈儒林〉六有傳。

少入太學，嘗三上孝廟書，召詣政事堂，宰相無宏度，迄報罷。後以免廣棪案：《文獻通考》作「後病免」。舉為癸丑進士第一，未祿而卒。所上書論本朝治體本末源流，一時諸賢未之及也。亮才甚高而學駁，其與朱晦翁往返書，所謂「金銀銅鐵混為一器」者可見矣。平生不能詩，《外集》皆長短句，極不工而自負，以為經綸之意具在是，尤不可曉也。

> 案：《四庫全書總目》卷一百六十二〈集部〉十五〈別集類〉十五著錄：「《龍川文集》三十卷，浙江巡撫採進本。宋陳亮撰。亮有《三國紀年》，已著錄。亮與朱子友善，故構陷唐仲友於朱子，朱子不疑。然才氣雄毅，

有志事功，持論乃與朱子相左。羅大經《鶴林玉露》記『朱子告亮之言曰：「凡眞正大英雄，須是戰戰兢兢，從薄冰上履過去。」蓋戒其氣之銳也。』岳珂《桯史》又記『呂祖謙歿，亮爲文祭之，有「孝弟忠信，常不足以趨天下之變；而材術辨智，常不足以定天下之經」語。朱子見之，大不契。遺書娶人，詆爲怪論。亮聞之，亦不樂，他日〈上孝宗書〉曰：「今世之儒士，自謂得正心誠意之學者，皆風痹不知痛癢之人也。」蓋以微諷晦翁，晦翁亦不訝也』云云。足見其負氣傲睨，雖以朱子之盛名，天下莫不攀附，亦未嘗委曲附和矣。今觀《集》中所載，大抵議論之文爲多。其才辨縱橫，不可控勒，似天下無足當其意者。使其得志，未必不如趙括、馬謖狂躁償輡。但就其文而論，則所謂開拓萬古之心胸，推倒一時之豪傑者，殆非盡妄。與朱子各行其志，而始終愛重其人，知當時必有取也。《宋名臣言行錄》謂其在孝宗朝六達帝廷，上書論大計。今《集》中獨有〈上孝宗四書〉，及〈中興論〉。考《宋史》所載亦同。又《言行錄》謂垂拱殿成，進賦以頌德，又進〈郊祀慶成賦〉，今《集》中均不載。葉適〈序〉謂亮《集》凡四十卷。今是《集》僅存三十卷，蓋流傳既久，已多佚闕，非復當時之舊帙。以世所行者祗有此本，故仍其卷目，著之於錄焉。」可參證。

葉適廣棪案：《文獻通考》作「葉正則」，元抄本、盧校本同。**未遇時，亮獨先識之，後為〈集序〉及〈跋〉皆含譏誚，識者以為議。**

案：《文獻通考》卷二百四十一〈經籍考〉六十八〈集別集〉「《龍川集》四十卷、《外集》四卷」條載：「水心葉氏〈集序〉曰：『同甫文字行於世者，〈酌古論〉、〈陳子課藁〉、〈上皇帝三書〉，最著者也。子沆聚他作爲若干卷以授予。初天子得同甫所上〈書〉，驚異累日，以爲絕出。使執政召問，當從何處下手，將由布衣徑唯諾殿上，以定大事，何其盛也。然而詆訕交起，竟用空言羅織成罪，再入大理獄幾死，又何酷也。使同甫晚不登進士第，則世終以爲狼疾人矣！嗚呼悲夫！同甫其果有罪於世乎？天乎？余知其無罪也。同甫其果無罪於世乎？世之好惡未有不以情者，彼於同甫何獨異哉？雖然，同甫爲德不爲怨，自厚而薄責人，則疑若以爲有罪焉可矣。同甫既修皇帝王霸之學，上下二千餘年，考其合散，發其祕藏，見聖賢之精微常流行於事物，儒者失其指，故不足以開物成務。其說皆今人所未講。朱公元晦意有不與，而不能奪也。呂公伯恭退

居金華，同甫閒往視之，極論至夜，呂公歎曰：「未可以世爲不能用，虎
帥以聽，誰敢犯予同甫！」亦頗慰意焉。余最鄙且鈍，同甫微言，十不
能解一二，獨以爲可教者。病眊十年，耗忘盡矣！今其遺文大抵班班具
焉，覽者詳之而已。』」觀葉〈序〉所論，於同甫似未嘗譏誚也。

軒山集十卷

《軒山集》十卷，樞密使獻肅公濡須王藺謙仲撰。淳熙乙未，駕幸太學，
藺爲武學諭，在班列中，人物偉然，上一見奇之，自是擢用，馴_{廣棪案：}
_{《文獻通考》「馴」上有「不由邑最，徑爲察官」八字，元抄本、盧校本同。}**至執政。**
其在經帷，論官僚攀附而登輔佐者，挾數用術，道諛濟私，陳義凜然。
嘉定以來，其子孫不敢求仕，亦不敢請謚，至端平乃得謚。

廣棪案：此書〈宋志〉未著錄。《宋史》卷三百八十六〈列傳〉第一百四
十五〈王藺〉載：「王藺字謙仲，廬江人。乾道五年，擢進士第。爲信州
上饒簿、鄂州教授、四川宣撫司幹辦公事，除武學諭。孝宗幸學，藺迎
法駕，立道周，上目而異之，命小黃門問知姓名，由是簡記。遷樞密院
編修官，輪對，奏五事，讀未竟，上喜見顏色。明日，諭輔臣曰：『王藺
敢言，宜加獎擢。』除宗正丞，尋出守舒州。陛辭，奏疏數條，皆極言
時事之未得其正者，上曰：『卿議論峭直。』尋出手詔：『王藺鯁直敢言，
除監察御史。』一日，上袖出幅紙賜之，曰：『比覽陸贄〈奏議〉，所陳
深切，今日之政恐有如德宗之弊者，可思朕之闕失，條陳來上。』藺即
對曰：『德宗之失，在於自用遂非，疑天下士。』退即上疏，陳德宗之弊，
并及時政闕失，上嘉納之。遷起居舍人，言：『朝廷除授失當，臺諫不悉
舉職，給、舍始廢繳駁，內官、醫官、藥官賜予之多，遷轉之易，可不
思警懼而正之乎？』上竦然曰：『非卿言，朕皆不聞。磊磊落落，惟卿一
人。』除禮部侍郎兼吏部。嘗因手詔『謀選監司，欲得剛正如卿者，可
舉數人』。即奏舉潘時、鄭矯、林大中等八人，乞擢用。會以母憂去。服
除，召還爲禮部尚書，進參知政事。光宗即位，遷知樞密院事兼參政，
拜樞密使。光宗精屬初政，藺亦不存形迹，除目或自中出，未愜人心者，
輒留之，納諸御坐。或議建皇后家廟，力爭以爲不可，因應詔上疏『願
陛下先定聖志』，條列八事，疏入，不報。中丞何澹論之，以罷去。起帥

闥，易鎮蜀，皆不就。後領祠，帥江陵。寧宗即位，改帥湖南。臺臣論
罷，歸里奉祠。七年薨。藺盡言無隱，然嫉惡太甚，同列多忌之，竟以
不合去。有《奏議》傳于世。」可參證。考淳熙乙未爲二年。嘉定，寧
宗年號。端平，理宗年號。蓋以藺嫉惡太甚，同列多忌，故其子孫於寧
宗朝既不敢求仕，亦不敢請謚也。藺有《軒山集》十卷，眞德秀《西山
文集》卷三十九有〈跋王樞使軒山集〉，曰：「樞密相濡須王公，以精忠
勁節際遇阜陵，片言悟意，遂定君臣之契。不十年間，參和鼎鉉，獨幹
斗樞。明暬駿烈，爲一時名輔弼之最。嘉定更化，初諸老聚在闕庭，多
能道公秉政時事。某後假守洪、潭，又皆公故鎮，拊地流風，遺績猶有
存者。心誠鄉之，獨恨未得其平生遺文，讀之以自壯。紹定四年，公之
子通判汀州杅以《軒山集》來示。其詔告溫醇，得王言體；表章詩什，
寫出肎臆，不待藻飾，而辭義煥然。蓋公之爲人，英邁卓犖，軒豁明白，
故其詩文往往似之。彼世之琱章刻句，自以爲工且麗者，方之蔑矣。然
公文之偉尤在奏議，顧不見《集》中，豈以言論峻切，似彰時政之闕故
邪？嗚呼！不觀歐、余、王、蔡之諫疏，無以知仁皇如天之盛德。方乾
道、淳熙間，眾賢攢于朝，直言屬於耳，此孝宗之所以聖也。然則公之
奏議弗傳，可乎？故筆之編末以竢。」可參考。

合齋集十六卷

《合齋集》十六卷，祕書少監永嘉王柟木叔撰。

　　廣棪案：此書〈宋志〉未著錄。柟字木叔，號合齋。寧宗時除祕書少監。《宋
　　史翼》卷十四〈列傳〉第十四有傳。其〈傳〉云：「尤工於文，所著有《王
　　秘書詩文集》共二十卷。」考《宋元學案》卷五十二〈艮齋學案・艮齋門
　　人〉「祕監王合齋先生柟」條載：「雲濠案：《謝山學案劄記》，《王合齋集》
　　十六卷、《詩》四卷。」是〈傳〉作二十卷，殆合《詩》四卷而言也。

乾道丙戌進士。

　　案：《宋史翼》柟本傳載：「王柟字木叔，號合齋，故順州人。石晉以其
　　地入契丹，徙永嘉。乾道丙戌進士，爲婺州推官。」丙戌，乾道二年也。

在永嘉諸老最爲先登。其容貌偉然，襟韻灑然，雖不以文自鳴，而諸老

皆推敬之。

案：《宋史翼》枏本傳載：「少與永嘉諸公同學，及仕于台，寮屬如尤遂初、樓攻媿，以及彭子復、王應之輩，皆相砥礪。崖峭孤特，不輕狥物。」可供參證。

兼山集四十卷

《兼山集》四十卷，端明殿學士劍門黃裳文叔撰。

廣棪案：《宋史》卷二百八〈志〉第一百六十一〈藝文〉七〈別集類〉著錄：「《黃裳集》六十卷。」即此書，惟卷數不同。裳字文叔，隆慶府普成人。年四十九卒，贈資政殿學士，《宋史》卷三百九十三〈列傳〉第一百五十二有傳。考樓鑰《攻媿集》卷九十九〈誌銘〉有〈端明殿學士致仕贈資政殿學士黃公墓誌銘〉，載：「公諱裳，字文叔，其先出江夏，唐晚徙梓之安泰。六世祖曰文友，……文友生皐，皐生弇，弇生椗，是爲公祖，壻何氏，始籍隆慶之普成。……公連三歲病瘖，至是，以積憂故，瘖雖損而他疾乘之。九月二十四日，卒不起。方疾亟，命子弟秉筆口占遺表，大抵不異前奏意。曰：『陛下好爲之。』上大驚詫傷悼，即日批出，除公端明殿學士致仕，他恩禮悉依執政。朝廷上下聞公死，皆撫手相弔，以爲國之不幸也。丞相爲上言，至泣下不能已，遂贈公資政殿學士，所以賵卹之加厚。」是劍門即隆慶府。又裳初以端明殿學士致仕，卒贈資政殿學士。《解題》與《宋史》各有所據也。〈宋志〉本傳又載：「有《王府春秋講義》及《兼山集》。」是裳《集》固稱《兼山集》也。

在嘉邸最久，備盡忠益。

案：《宋史》裳本傳載：「遷嘉王府翊善，……裳久侍王邸，每歲誕節，則陳詩以寓諷。初嘗製渾天儀、輿地圖，侑以詩章，欲王觀象則知進學，如天運之不息，披圖則思祖宗境土半陷於異域而未歸。其後又以王所講三經爲詩三章以進。王喜，爲置酒，手書其詩以賜之。王嘗侍宴宮中，從容爲光宗誦〈酒誥〉曰：『此黃翊善所教也。』光宗詔勞裳，裳曰：『臣不及朱熹，熹學問四十年，若召置府寮，宜有裨益。』光宗嘉納。裳每勸講，必援古證今，即事明理，凡可以開導王心者，無不言也。」嘉王即寧宗。

甲寅御極，未及大用，病不能朝，士論惜之。

　　案：《宋史》黃裳本傳載：「寧宗即位，裳病不能朝，改禮部尚書。尋兼侍讀，力疾入謝。……遂口占遺表而卒，年四十九。上聞之驚悼，贈資政學士。……嘉定中，謙忠文。」可參證。甲求，宋光宗紹熙五年；翌年始爲宋寧宗慶元元年。

攻媿集一百二十卷

《攻媿集》一百二十卷，廣棪案：盧校注：聚珍版百十二卷。**參政四明樓鑰大防撰。**

　　廣棪案：《宋史》卷二百八〈志〉第一百六十一〈藝文〉七〈別集類〉著錄：「《樓鑰文集》一百二十卷。」與此同。鑰字大防，明州鄞縣人。寧宗時，除端明殿學士，簽書樞密院事，升同知，進參知政事。《宋史》卷三百九十五〈列傳〉第一百五十四有傳。其〈傳〉曰：「鑰文辭精博，自號攻媿主人，有〈集〉一百二十卷。」與《解題》及〈宋志〉合。

隆興癸未省試考作賦魁，以犯諱當黜，知舉洪文安遵奏收實末甲首。館臣案：原本「實」字下闕，今據《文獻通考》校補。　廣棪案：《文獻通考》作「實三甲首」。

　　案：《宋史》鑰本傳載：「隆興元年，試南宮，有司偉其辭藝，欲以冠多士。策偶犯舊諱，知貢舉洪遵奏，得旨以冠末等。投贄謝諸公，考官胡銓稱之曰：『此翰林才也。』」可參證。隆興癸未，孝宗隆興元年（1163）也。

　　案：《宋史》裳本傳載：「寧宗即位，裳病不能朝。改禮部尚書，尋兼侍讀。力疾入謝。奏曰：『……。』又引魏徵十漸以爲戒，懇懇數千言。又奏言：『陛下近日所爲頗異前日，除授之際，大臣多有不知，臣聞之憂甚而病劇。』蓋是時韓侂胄已潛弄威柄，而宰相趙汝愚未之覺，故裳先事言之。及疾革，時時獨語，曰：『五年之功，無使一日壞之，度吾已不可爲，後之君子必有能任其責者。』遂口占遺表而卒，年四十九。上聞之驚悼，贈資政殿學士。」可參證。甲寅，紹熙五年，時光宗不豫，寧宗御極也。

齊齋甲藁二十卷、乙藁十五卷、翰林前藁二十卷、後藁二卷、掖垣詞草二十卷、兼山論著三十卷、附益五卷、年譜一卷

《齊齋甲藁》二十卷、《乙藁》十五卷、《翰林前藁》二十卷、《後藁》二卷、《掖垣詞草》二十卷、《兼山論著》三十卷、《附益》廣棪案：《文獻通考》作「《附錄》」，元抄本同。五卷、《年譜》一卷，禮部尚書歸安倪思正父撰。

> 廣棪案：《宋史》卷二百八〈志〉第一百六十一〈藝文〉七〈別集類〉著錄：「倪思《奏議》二十六卷，又《歷官表奏》十卷、《翰林奏草》一卷、《翰林前藁》二十卷、《翰林後藁》二卷。」《宋元學案》卷四十〈橫浦學案・倪氏家學〉「文節倪齊齋先生思」條後全祖望謹案：「所著《齊齋甲乙稿》、《兼山集》及經解、雜著等，共四百一十三卷，今多不傳。」所著錄均與《解題》不同。思字正甫，湖州歸安人。寧宗時除禮部尚書。《宋史》卷三百九十八〈列傳〉第一百五十七有傳。

丙戌進士，戊戌宏詞。受知阜陵，蚤登禁直。紹熙間遂位法從，立朝剛介不苟合。

> 案：《宋史》思本傳載：「乾道二年進士，中博學宏詞科。累遷祕書郎，除著作郎兼翰林權直。光宗即位，典冊與尤袤對掌。故事，行三制並宣學士。上欲試思能否，一夕併草除公師四制，訓詞精敏，在廷誦歎。」丙戌即乾道二年。思之立朝剛介不苟合，《宋元學案》「文節倪齊齋先生思」條載：「先生孤行一意。其在乾、淳間，不為周益公所喜。趙忠定公嘗稱先生為真侍講，而先生亦以事忤之。陳止齋、章茂獻，皆其所不咸也。朱子入朝，君子傾心歸之，先生亦落落，人頗疑之。及其為周、趙、朱三公〈制詞〉，極其獎許，乃知其無私。慶元之召為吏部也，佗胄亦以先生故，與諸君不甚相得，意欲援之以自助，遣弟仰胄道意，先生謝之，是以有太平之謫。及再起，乃大忤以去，葉公水心極嘆之。補」可參證。

慶元、嘉定，屢召屢出，嘗言「與其為有瑕執政，寧為無瑕從官」，由是名重天下。

> 案：《宋元學案補遺》卷四十〈橫浦學案補遺・倪氏家學〉「補文節倪齊齋先生思・附錄」載杜清獻〈跋倪文節遺奏〉曰：「道喪俗弊，士氣日卑，數十年來卓然以風節自見，磊落如公者，不能以一二數。當淳、紹間，駸駸

嚮用。未幾屢踣屢起。正嘉定更化，召用諸老，濟濟在庭，而公獨危言激論，落落不合，自此一斥不復。屏居十年，閉門著書，暇日棹扁舟，策短杖，賦詩酌酒，幾與世相忘者。至其親稿遺奏，愛君一念，至死不忘。八柄四維之論，氣不少懾，所言未形之患，無一不酬。使公之志得於時，豈有二三十年漸染壞爛，不可收拾若是。其可痛哉！」可參證。

端平初，詔以先朝遺直，得諡文節。

案：《宋史》本傳載：「嘉定十三年卒，諡文節。」《宋元學案》「文節倪齊齋先生思」條載：「十三年卒，遺表乞收爵祿賞罰之八柄，張禮義廉恥之四維，聞者悲之。諡文節。」是《宋史》與《宋元學案》均以嘉定十三年卒賜諡，《解題》或另有所據。考端平，理宗年號，疑倪思至此時始得諡。

晦巖集十二卷

《晦巖集》十二卷，祕書丞鹽官沈清臣正卿撰。

廣棪案：此書〈宋志〉未著錄。清臣字正卿，鹽官人，居烏程。孝宗淳熙十六年三月遷祕書丞。《宋史翼》卷十四〈列傳〉第十四有傳。《宋元學案》卷四十〈橫浦學案・橫浦門人〉「祕監沈晦巖先生清臣」條雲濠案：「先生所著有《晦巖集》十二卷。」與此同。

嘗為國子錄，有薦于朝，欲得召試，執政有發笑者曰：「安有張子蓋女婿，而可為館職者乎？」遂罷。

案：《宋元學案》「祕監沈晦巖先生清臣」條載：「沈清臣，字正卿，鹽官人也。紹興丁丑進士，官國子錄。有薦之召試者，執政或發笑曰：『安有張子蓋女婿可為館職者！』遂罷，先生憤之。」可參證。張子蓋，張俊從子。《宋史》卷三百六十九〈列傳〉第一百二十六附〈張俊〉。〈張俊傳〉載：「南渡後，俊握兵最早，屢立戰功，與韓世忠、劉錡、岳飛並為名將，世稱張、韓、劉、岳。然濠、壽之役，俊與錡有隙，獨以楊沂中為腹心，故有濠梁之劫。岳飛冤獄，韓世忠救之，俊獨助檜成其事，心術之殊也，遠哉！帝於諸將中眷俊特厚，然警敕之者不絕口。自淮西入見，則教其讀〈郭子儀傳〉；召入禁中，戒以毋與民爭利，毋興土木。」又〈張子蓋傳〉載：「子蓋從俊征討藕塘、柘皋，雖多奏功，未能出諸將右，惟海州

一捷可稱云。」執政或以此而輕清臣。

欲為奇節以蓋之，會王希呂為諫官，上書力言其不可，孝宗大怒，時相虞允文惡沈介，下清臣大理，風使引介，不從，謫封州。

案：《宋元學案》「祕監沈晦巖先生清臣」條載：「會以歸正人、王希呂為諫官，先生上書言其不可，語侵宰相，孝宗大怒。時虞允文惡沈介，乃下先生于理，風使引之，先生不可，謫封州，益勵風節。」可參證。

晚乃召用，勸孝宗力行三年喪。

案：《宋元學案》「祕監沈晦巖先生清臣」條載：「晚乃召為敕令局刪定官。孝宗欲行三年之喪，執政大臣皆主易月之說，諫官謝諤、禮官尤袤心知其不可，而莫敢盡言，先生疏陳六事：其一謂：『三年終制，本之《禮經》行之，陛下不必以滿廷之說，有所回惑。』其一謂：『群臣請陛下還內之期，方下禮官集議。臣以為當俟梓宮發引，始還大內。』其一謂：『金人會慶節使，三省、密院引明肅升遐故事，請陛下見之。吏部尚書蕭燧以既罷百官慶壽，恐難以見使人，但可于小祥後二日引見于德壽宮素幄，是調停之說也，已有詔從之矣。竊考仁宗時嘗使契丹，遭鹵有喪，至柳河而還，鹵王不見也。夷狄尚知有禮，中原乃不如邪？況陛下居喪，與明肅時事體不同。望斷自宸衷，勿牽群議。』上大以為然。是日，先生所奏八千餘言，展讀甚久，知閣張嶷奏已展正，引例隔下，先生奏讀如初。移時，嶷云簡之，上目留先生，令弗卻。又良久，嶷奏進膳，先生正色謂曰：『所言乃大事！』讀竟，乃退。孝宗喜曰：『卿十年去國，今不枉矣！』于是命就館，津遣金使，卻其書幣，金使感嘆而去。其後雖以群臣五上表請還內，孝宗勉從之，于小祥後二日還內，設素幄奏事，而三年之喪遂定。及大祥，群臣三上表，引〈康誥〉冕服出應門語，請御殿，詔許于祔廟後行之。先生疏言：『陛下當堅持前此內殿聽政之旨。祔廟後御殿，終為非禮。將來祔廟畢日，豫降御筆，截然示以終喪之志，杜絕輔臣來章，勿令再有陳請，力全聖孝，以刑四海。』上嘉納之。及祔畢，竟如先生所請，罷御殿禮，且斷群臣之請。論者謂是時儒臣林立，莫能成帝志，而力破滿朝淺薄之說者，庶寮一人而已。」可參證。

為翊善嘉邸，以直諒稱。

案：《宋元學案》「祕監沈晦巖先生清臣」條載：「尋充嘉王府翊善，以直

諒稱。尋遷祕書監。」可參證。考《宋元學案》稱清臣遷祕書監,《解題》記其任官為祕書丞。《宋史翼》據《中興館閣錄》亦謂「(淳熙)十六年三月遷祕書丞」,疑《宋元學案》誤也。

初從張無垢學,後居霅川。自嶺南歸,開門受_{廣棪案:《文獻通考》作「授」。}_{盧校注:「『受』,新《通考》改『授』。」}**徒,動以聖賢自命,效禪門入室規式,與其徒問答,下語不契,輒使再參,頗為人所譏。**

案:《宋元學案》「祕監沈晦巖先生清臣」條載:「光宗即位,先生以舊學在朝,趙忠定公倚之,宵人側目,被章去。黨論起,有造為先生告人之言曰:『相公乃壽皇養子。』又言先生嘗告忠定曰:『外間軍民皆推戴公。』禍且岌岌,先生講學如故。尋卒。先生少學于橫浦,既自嶺南歸,遷居霅上,甚以師道自重。獨其與門生問答,一語不契,輒使再參,頗近禪門,蓋亦橫浦佞佛之傳。同時如玉山、忠甫,皆能幹師門之蠱,惜先生之澄汰未盡也。然大節則不媿于聖人之徒矣。」可參證。

靜安作具十四卷、別集十卷

《靜安作具》十四卷、《別集》十卷,清江徐得之思叔撰。與其子筠孟堅同甲辰進士。

廣棪案:此書〈宋志〉未著錄。得之,字思叔,臨江人,《宋史》卷四百三十八〈列傳〉第一百九十七〈儒林〉八附其兄〈徐夢莘〉,載:「得之字思叔,淳熙十年舉進士。部使者以廉吏薦,以通直郎致仕。安貧樂分,不貪不躁。著《左氏國紀》、《史記年紀》,作《具敝篋筆略》、《鼓吹詞》、《郴江志》。」筠,《宋史》無傳。《宋元學案》卷五十二〈止齋學案·止齋門人〉「知州徐先生筠」條載:「徐筠,字孟堅,清江人。進士,知金州。《周禮微言》十卷,記其所聞于止齋者。嘗述止齋之言曰:『《周禮》綱領有三,養君德,正紀綱,均國勢。鄭氏《註》誤有三,以漢儒之書釋《周禮》,以《司馬法》之兵制釋田制,以漢官制之襲秦者比《周官》。』補。」《宋人傳記資料索引》:「徐筠字孟堅,清江人,得之長子。登淳熙十一年進士,累官知金州。著有《周禮微言》十卷、《漢官考》四卷、《姓氏源流考》七十卷、《修水志》十卷。」考甲辰為淳熙十一年,《宋史》誤。

次子天麟仲祥亦乙丑甲科。

案：《宋史》得之本傳載：「天麟字仲祥，開禧元年進士。調撫州教授，歷湖廣總領所幹辦公事、臨安府教授、浙西提舉常平司幹官、主管禮兵部架閣、宗學諭、武學博士。輪對，言人主當持心以敬。奉祠仙都觀，通判惠、潭二州，權英德府，權發遣廣西轉運判官。所至興學明教，有惠政。著《西漢會要》七十卷、《東漢會要》四十卷、《漢兵本末》一卷、《西漢地理疏》六卷、《山經》三十卷。既謝官，作亭蕭灘之上，畫嚴子陵像而事之。」乙丑，開禧元年。

其家長於史學。

案：《宋史‧徐夢莘傳》載：「夢莘恬於榮進，每念生於靖康之亂，四歲而江西阻訌，母襁負亡去，得免。思究見顛末，乃網羅舊聞，會稡同異，為《三朝北盟會編》二百五十卷，自政和七年海上之盟，訖紹興三十一年完顏亮之斃，上下四十五年，凡曰敕、曰制、誥、詔、國書、書疏、奏議、記序、碑志，登載靡遺。帝聞而嘉之，擢直秘閣。夢莘平生多所著，有《集補》，有《會錄》，有《讀書記志》，有《集醫錄》，有《集仙錄》，皆以『儒榮』冠之。其嗜學博文，蓋孜孜焉死而後已者。開禧元年秋八月，卒，年八十二。夢莘弟得之，從子天麟。」是清江徐氏長於史學也。

定齋集四十卷

《定齋集》四十卷，寶謨閣直學士蔡戡定夫撰。

廣棪案：此書〈宋志〉未著錄。《四庫全書總目》卷一百六十〈集部〉十三〈別集類〉十三著錄：「《定齋集》二十卷，《永樂大典》本。宋蔡戡撰。……《集》本四十卷，乃紹定三年其季子戶部郎官總領四川財賦廙所刊，眉山李埴為〈序〉。見於陳振孫《書錄解題》。今據《永樂大典》所載者，蒐採彙集，竝集歷代名臣奏議得所未載者二十篇，互相訂正，釐為二十卷。較諸原目，十殆得其五矣。」是此《集》猶存二十卷。戡字定夫，福建仙遊人。開禧初，韓侂胄當國，戡請老，以寶謨閣直學士致仕。《宋史翼》卷十四〈列傳〉第十四有傳。

君謨四世孫，丙戌甲科。

案：《宋史翼》戢本傳載：「祖伸，父洸。戢以蔭補建康府溧陽縣尉。乾道二年登進士科。丙戌，乾道二年。君謨，蔡襄字，《宋史》卷三百二十〈列傳〉第七十九有傳。考《宋史翼》卷九〈列傳〉第九〈蔡伸〉載：「蔡伸，字申道。祖襄，《宋史》有傳。父明，官寶義郎，開封府士曹。伸生三歲而孤，稍長，與兄佃、仙入太學，俱有聲，時號三蔡。」是襄生明，明生伸，伸生洸，洸生戢。戢乃襄之四世孫。

東江集十卷

《東江集》十卷，丞相臨海謝深甫子肅撰。

　　廣棪案：此書〈宋志〉未著錄。深甫字子肅，台州臨海人。寧宗慶元時拜右丞相。《宋史》卷三百九十四〈列傳〉第一百五十三有傳。《宋詩紀事》卷五十三「謝深甫」條載：「深甫字子肅，臨海人。乾道二年進士，累官知樞密院兼參知政事，拜右丞相。以少傅致仕。理宗朝，以孫女爲皇后，追封魯王，諡惠正。有《東江集》。」可參證。

小山雜著八卷

《小山雜著》八卷，廣棪案：元抄本此條在「《東江集》」條前。知樞密院龍泉何澹自然撰。

　　廣棪案：此書〈宋志〉未著錄。澹字自然，處州龍泉人。寧宗時知樞密院。《宋史》卷三百九十四〈列傳〉第一百五十三有傳。《宋人傳記資料索引》載：「何澹，字自然，處州龍泉人。乾道二年進士。寧宗時累官知樞密院。澹美姿容，善談論，少年取科第，急於榮進，阿附權奸，斥逐善類，主僞黨之禁。其後凶黨俱逐，澹則以早退倖免，優遊散地幾二十年。有《小山集》。」疑《小山集》與《小山雜著》爲同一書。

慈谿甲藁二十卷

《慈谿甲藁》二十卷，寶謨閣直學士慈谿楊簡敬仲撰。

　　廣棪案：此書〈宋志〉未著錄。簡字敬仲，慈谿人。理宗即位，進寶謨

閣直學士，賜金帶。《宋史》卷四百七〈列傳〉第一百六十六有傳。其〈傳〉
曰：「簡所著有《甲稿》、《乙稿》、《冠記》、《昏記》、《喪禮家記》、《家祭
記》、《釋菜禮記》、《石魚家記》，又有《己易》、《啓蔽》等書。」是簡除
《慈谿甲稿》外，著作甚富贍。

鈍齋集六十卷

《鈍齋集》六十卷，著作郎唐安_{廣棪案：《文獻通考》闕「唐安」二字。}楊濟
濟道撰。淳熙五年進士。京鏜帥蜀，上巳出邀，濟為樂語，首云：「三
月三日，豈無水邊麗人；一詠一觴，亦有山陰禊事。」又云：「良辰美
景，賞心樂事，四者難并；崇山峻嶺，脩竹茂林，群賢畢至。」一時傳
誦。京為相，召入館權郎，出知果州而終。_{廣棪案：《文獻通考》作「以終」。}
廣棪案：此書〈宋志〉未著錄。濟，《宋史》無傳。《宋詩紀事》卷五十五
「楊濟」條載：「濟字濟道。淳熙五年進士，歷著作郎，出知果州。有《鈍
齋集》。」至京鏜，字仲遠，豫章人。《宋史》卷三百九十四〈列傳〉第一
百五十三有傳。其〈傳〉載：「四川闕帥，以鏜為安撫制置使兼知成都府。
鏜到官，首罷征斂，弛利以予民。瀘州卒殺太守，鏜擒而斬之，蜀以大治。
召為刑部尚書。寧宗即位，甚見尊禮，由政府累遷為左丞相。」是則鏜帥
蜀在光宗時，其為相在寧宗時。由此亦可推知楊濟為樂語，及其入館權郎
與出知果州之歲月矣。魏了翁《鶴山集》卷五十三〈序〉有〈楊濟道鈍齋
集序〉，曰：「江出徼外，至岷山，其氣清淑以舒。士生其間，矜行義，多
才觀。文人秀士，肩項相望。鈍齋楊侯最後出，才思華贍，頡頏前修，公
卿侯牧，屬治牋記，名章麗藻，泉激電發。余雖生晚，猶及與之接，且知
其得又不專在語言文字間也。方小人託偽學之名，排擯異己，侯較藝南宮，
胡紘為主舉，怙長茂惡，莫之敢攖。侯據正無所撓。余時入承大問，聞其
事而偉之。未幾，權臣使人恌君，將寘諸言路，君謝不可，至為歌詩以見
志。蓋自是不得久居中矣。士生斯世，將以宅天衷而奠人極，非以記覽詞
章，矜多鬪靡為悅者也。本之則無纖能，小惠蔓詞以相挺，此如蟪菌之感
人耳目，倏然而腐草朽壤矣。侯之子鉉、銓，將以侯平生所為文鋟諸木，
而屬書其篇首，乃不果辭。侯名某，字濟道，嘗長右掖兼吏部郎，歷漢東
太守，終潼川路轉運判官。」可參考。

周氏山房集二十卷、後集二十卷

《周氏山房集》二十卷、《後集》二十卷，祕書省正字吳郡周南南仲撰。

> 廣棪案：《宋史》卷二百八〈志〉第一百六十一〈藝文〉七〈別集類〉著錄：「周南《山房集》五卷。」與《解題》著錄卷數不同，又闕《後集》二十卷。周南字南仲，平江人。開禧三年召試館職，未明言除祕書省正字。《宋史》卷三百九十四〈列傳〉第一百五十三附〈黃度〉。平江即吳郡。

南有聲學校，庚戌登甲科，而仕不偶，再入館，再罷，以殿廷所授文林郎終焉。

> 案：《宋史》周南本傳載：「周南字南仲，平江人。年十六，游學吳下，視時人業科舉，心陋之。從葉適講學，頓悟捷得。爲文詞，雅麗精切，而皆達於時用，每以世道興廢爲己任。登紹熙元年進士第，爲池州教授。會（黃）度以言忤當路，御史劾度，并南罷之。度與南俱入僞學黨。開禧三年，召試館職。南對策詆權要，言者劾南，罷之，卒于家。南端行拱立，尺寸有程準。自賜第授文林郎，終身不進官，兩爲館職，數月止。既絕意當世，弊衣惡食，挾書忘晝夜，曰：『此所以遣吾老，俟吾死也。』」可參證。庚戌，即光宗紹熙元年（1190）。

二松集十八卷

《二松集》十八卷，館臣案：《文獻通考》「二松」作「三松」，《宋史·藝文志》不載。 廣棪案：盧校注：「余僅見四六抄本。《桯史》載其〈淳熙內禪頌〉，贍蔚典麗，然不果進。誠齋謂其史論有遷、固之風，其古文有韓、柳之則，其詩句有蘇、黃、后山之味。至于四六，踵六一、東坡之步武，超然絕塵，崛奇層出，自汪彥章、孫仲益諸公而下不論也。成都帥幕歸後，即不出。」廬陵王子俊才臣撰。周益公、楊誠齋客，以廣棪案：《文獻通考》「以」上有「各」字。列薦補官入蜀，爲成都帥幕。

> 廣棪案：此書〈宋志〉未著錄。子俊，《宋史》無傳。《宋詩紀事》卷五十七「王子俊」條載：「子俊字才臣，號格齋，廬陵人。周益公、楊誠齋之客，以薦官成都帥幕，有《三松集》。」《宋人傳記資料索引》載：「王子俊，字才臣，一字巨臣，號格齋，吉水人，大臨子。安丙帥蜀，嘗辟爲制置使屬官。撰有《格齋四六》，其文典雅流麗，足驂駕汪藻、孫覿。

又有《三松集》。」均可參證。

橫堂小集十卷

《橫堂小集》_{廣棪案：元抄本、盧校本「堂」作「塘」。}十卷，右司郎中福清林栯子長撰。

廣棪案：此書〈宋志〉未著錄。栯，《宋史》無傳。梁克家《淳熙三山志》卷二十八〈人物類〉三〈科名〉載：「(紹興) 二十一年_{辛未}楊逵榜。林栯，_{字景安，長溪人，終迪功郎。}」《宋詩紀事》卷五十「林栯」條載：「栯字子長，一字景安。長溪人。紹興二十一年進士，秦檜之壻。官右司郎中，有《橫堂小集》。」可參證。考福清，今福建福清縣；長溪，今福建霞浦縣；未知孰是。

潔齋集二十六卷、後集十三卷

《潔齋集》二十六卷、《後集》十三卷_{館臣案：《後集》，《文獻通考》作十二卷。}
_{廣棪案：盧校注「聚珍版《絜齋集》二十四卷，從《永樂大典》中抄出。」}禮部侍郎四明袁燮和叔撰。

廣棪案：此書〈宋志〉未著錄。燮字和叔，慶元府鄞縣人。寧宗嘉定時除禮部侍郎兼侍讀，學者稱絜齋先生。《宋史》卷四百〈列傳〉第一百五十九有傳。《宋元學案》卷七十五〈潔齋學案·呂陸門人〉「正獻袁絜齋先生燮」條，雲濠案：「先生伯子喬，嘗錄家庭所聞，為〈絜齋家塾書鈔〉十卷，《四庫》收入經部，釐為十二卷。又《絜齋集》二十四卷。」可參證。雲濠案語謂《絜齋集》二十四卷，殆據聚珍版本言之。

北山集略十卷

《北山集略》十卷，直龍圖閣三山陳孔碩膚仲撰。全集未傳。

廣棪案：此書〈宋志〉未著錄。孔碩，《宋史》無傳。《宋元學案》卷六十九〈滄洲諸儒學案上·晦翁門人〉「修撰陳北山先生孔碩、陳先生孔夙合傳」條載：「陳孔碩，字膚仲，侯官人。祖禧、父衡，皆為晦翁所稱許。先生少即以聖賢自期。既從南軒、東萊學，後偕其兄孔夙事晦翁。著《中

庸大學解》、《北山集》，學者稱爲北山先生。官祕閣修撰。子韠，從葉水心遊。」可參證。然《宋元學案》謂孔碩官祕閣修撰，與《解題》不同，未知孰是。或孔碩先除祕閣修撰，後直龍圖閣，故二書各有所據也。

育德堂外制集八卷、內制集三卷

《育德堂外制集》八卷、《內制集》三卷，兵部尚書永嘉蔡幼學行之撰。

廣棪案：《宋史》卷二百八〈志〉第一百六十一〈藝文〉七〈別集類〉著錄：「蔡幼學《育德堂集》五十卷。」是〈宋志〉所著錄者爲全集，故較《解題》卷數爲多。幼學字行之，溫州瑞安人。嘉定時，權兵部尚書。《宋史》卷四百三十四〈列傳〉第一百九十三〈儒林〉四有傳。

成童穎異，從同郡陳傅良君舉學治《春秋》，年十七，試補上庠，首選，陳反出其下。明年，陳改用賦，冠監舉，而幼學爲經魁。又明年，省闈先多士，而傅良亦爲賦魁。一時師弟子雄視場屋，莫不歆艷。廣棪案：《文獻通考》作「歆羨」。

案：《宋史》幼學本傳載：「蔡幼學字行之，溫州瑞安人。年十八，試禮部第一。是時，陳傅良有文名于太學，幼學從之游。月書上祭酒芮燁及呂祖謙，連選拔，輒出傅良右，皆謂幼學之文過其師。」《宋元學案補遺》卷五十三〈止齋學案補遺・止齋門人〉「補文懿蔡先生幼學」條「附錄」載：「初止齋聲價喧踶，老舊莫敢齒列。公稚甚，獨相與雁行立比。三年，芮國瑞、呂伯恭連選拔，輒出止齋右，皆謂文過其師矣！」均可參證。止齋，陳傅良號。

止安齋集十八卷

《止安齋集》十八卷，太府寺丞三山陳振震亨撰。

廣棪案：此書〈宋志〉未著錄。振，《宋史》無傳。《宋人傳記資料索引》載：「陳振，字震亨，晚自號止安居士，福州人，襄之後。父遵出贅李衡女，因家崑山。振性至孝，以祿不逮養，刻木爲親像，每飯必祭。急義樂善，好汲引後進。爲文簡健高雅，無宋季陋習。登紹熙進士，官至太府寺丞，知永、瑞二州，致仕卒。有《文集》五十卷。」足供參證。惟

所著錄《文集》之卷數較《解題》爲多。

西山集五十六卷

《西山集》五十六卷，參政浦城真德秀希元撰。

廣棪案：《宋史藝文志補·集部·別集類》著錄：「眞德秀《西山文集》五十五卷。」所著錄卷數略異。德秀字景元，後更希元，建之浦城人。理宗時拜參知政事。《宋史》卷四百三十七〈列傳〉第一百九十六〈儒林〉七有傳。其〈傳〉謂：「所著《西山甲乙藁》、《對越甲乙集》、《經筵講義》、《端平廟議》、《翰林詞草四六》、《獻忠集》、《江東救荒錄》、《清源雜志》、《星沙集志》。」其《西山甲乙稿》，應即此書。

平齋集三十二卷

《平齋集》三十二卷，翰林學士於潛洪咨夔舜俞撰。

廣棪案：此書〈宋志〉未著錄。咨夔字舜俞，於潛人。理宗時拜翰林學士。《宋史》卷四百六〈列傳〉第一百六十五有傳。《四庫全書總目》卷一百六十二〈集部〉十五〈別集類〉十五著錄：「《平齋文集》三十二卷，編修汪如藻家藏本。宋洪咨夔撰。咨夔有《春秋傳》，已著錄。是《集》經筵進講及制誥之文居多，詩歌雜著僅十之三。咨夔官御史時，忠言讜論，力陳時弊，略見於《宋史》本傳。而《集》中不錄其奏疏，或避人焚草之意歟？考史稱咨夔爲嘉定二年進士。而厲鶚《宋詩紀事》據《咸淳臨安志》謂嘉定無二年牓，因斷爲元年。今考《集》中〈題陶崇詩〉卷云：『某與宗山同壬戌進士。』案嘉定以戊辰改元，其年爲己巳。若壬戌則實嘉泰二年。史特誤『泰』爲『定』，鶚未詳考，而以咨夔爲嘉定元年進士，非也。又謝枋得《疊山集》末附錄〈贈行〉諸詩，有洪平齋七律一首。核其時代，與咨夔殊不相及。《宋詩紀事》別出『洪平齋』一條，不以入咨夔條下，是則考之爲審矣。」可參證。

退庵集十五卷

《退庵集》十五卷，提轄文思院龍泉陳炳撰。

廣棪案：此書〈宋志〉未著錄。炳，《宋史》無傳。《淳熙三山志》卷三十〈人物類〉五〈科名〉載：「乾道八年壬辰黃定榜。陳炳，禾之子，字宜之，終朝請郎，提轄文思院。乃擢自戶部侍郎，除顯謨閣待制，出帥鄉邦也。」可參證。

梅軒集十二卷

《梅軒集》十二卷，奉化丞山陰諸葛興仁叟撰。

廣棪案：此書〈宋志〉未著錄。興，《宋史》無傳。《宋詩紀事》卷六十一「諸葛興」條載：「興字仁叟，會稽人。嘉定元年進士。為彭澤、奉化兩丞。嘗作〈會稽九頌〉，有《梅軒集》。」可參證。

遁思遺藁六卷、事監韻語三卷

《遁思遺藁》六卷、《事監韻語》三卷，永康呂皓子陽撰。「遁思」，其庵名，後溪劉光祖德修為作〈記〉。當淳熙中投匭救父兄之難，朝奏上，夕報「可」，一時非辜，盡得清脫。其書辭甚偉，然非孝廟聖明，安能照覆盆之下哉？

廣棪案：此書〈宋志〉未著錄。皓，或作浩，《宋史》無傳。《宋元學案補遺》卷七十九〈邱劉諸儒學案補遺·林氏門人〉「文學呂雲溪先生皓」條載：「呂皓字子陽，永康人也。其兄約，為龍川門人三傑之一。先生少師林大中，友龍川、東萊，以出粟賑濟，受知于倉使朱文公，薦諸朝。補郡文學。淳熙中，舉上禮部。會父兄為仇家誣陷，逮繫大理獄。先生叩匭上書，理其冤，願納官贖罪。且言：『無使聖世男子，不及漢一女子緹縈，為歿身憾。』翌日，下都堂議。宰相白無例。帝曰：『此義事也，焉用例。』由是其父兄與連坐五十餘人皆得釋。遂絕意仕進，隱居桃巖山講學。父母繼歿，茹蔬廬墓以終喪。割上腴，置義莊，以贍族人；義塾以教子弟。別為小廩貯粟，以收鄰里之棄兒。當路以遺逸、孝友交薦于朝，皆不起。作〈雲溪逸叟傳〉以見志。《金華徵獻略》。梓材謹案：『先生名，《黃文獻集》作浩，迪功郎師愈之仲子，仇家搆飛語，中其兄約，而連及迪功父子。同時與龍川俱下天獄云。』」《南宋文範作者考》下載：「呂皓字子陽，永康人。

學於林大中，以出粟賑濟，爲朱子所薦，補郡文學。父兄爲仇家誣構，逮繫大理，皓叩甌上書鳴冤。孝宗特釋之。再試禮部不第，遂隱居。郡守交薦，皆不起。有《遁思遺稿》、《事監韻語》今佚。」均可參證。至劉光祖，字德修，簡州陽安人。《宋史》卷三百九十七〈列傳〉第一百五十六有傳。其〈傳〉末曰：「趙汝愚稱光祖論諫激烈似蘇軾，懇惻似范祖禹，世以爲名言。所著《後溪集》十卷。」故《解題》稱「後溪劉光祖」。《宋史》傳末史臣論曰：「劉光祖盛名與〈涪州學記〉並傳穹壤，世之人何憚而不爲君子也！」可悉其爲人梗概。光祖所撰〈遁思庵記〉，恐佚。

劉汝一進卷十卷

《劉汝一進卷》十卷，諫議大夫吳興劉度汝一撰。

　　廣棪案：此書〈宋志〉未著錄。度字汝一，長興人。孝宗即位，陳《春秋》正始之道，自宗正擢諫議大夫。《宋史翼》卷十三〈列傳〉第十三有傳。

度嘗應大科，此其所業也。策曰《傳言》、論曰《鑑古》，各二十五篇。

　　案：《宋史翼》度本傳載：「劉度字汝一，長興人。自爲布衣，修潔博習，葉夢得、汪藻皆以賢良方正薦。周益公〈劉諫議集序〉。紹興十五年進士。談鑰《吳興志》。除從事郎、楚州州學教授。」是度應大科，應爲紹興十五年。其〈傳〉又載：「有《傳言》、《鑑古》五十篇，《雜文》三十卷，藏於家。談〈志〉引《舊編》。」可參證。

唯室兩漢論一卷

《唯室兩漢論》一卷，吳郡陳長方齊之撰。紹興八年進士。

　　廣棪案：《宋史》卷二百三〈志〉第一百五十六〈藝文〉二〈史鈔類〉著錄：「《唯室先生兩漢論》一卷，陳長方。」是此書應屬史鈔類，直齋誤置別集類。考《宋史藝文志補・集部・別集類》著錄：「陳長方《唯室文集》十四卷，今四卷，〈附錄〉一卷。」直齋未見《文集》。長方字齊之，福建閩縣人，紹興八年擢進士。《宋史翼》卷二十三〈列傳〉第二十三〈儒林〉一有傳。其〈傳〉載：「陳長方字齊之，福建閩縣人。父佚。長方少孤，奉母客吳中，依外祖太僕寺卿林旦以居，杜門勵學，家貧不能置書，借鈔至數千卷。聞

著作王蘋得程顥兄弟之傳，遂以父佚遺訓爲請，蘋器重之。一日讀《論語》，至『參乎！吾道一以貫之。』喟然歎曰：『《六經》之書，淵深浩博，無踰此一言矣。』因榜所居曰『唯室』。」可參證。長方，張昶《吳中人物志》卷六亦有傳，蓋以其「奉母客吳中」，故《解題》亦誤以爲吳郡人。

鼎論三卷、時議一卷

《鼎論》三卷、《時議》一卷，三山何萬一之撰。隆興元年進士。仕爲都司，知漳州。

廣棪案：此書〈宋志〉未著錄。萬，《宋史》無傳。《解題》卷一〈易類〉著錄：「《易辨》三卷、《淵源錄》三卷，右司郎中三山何萬一之撰。其爲《辨》三十三篇，大抵多與先儒異。《淵源錄》者，蓋其爲《易》解未成書，僅有〈乾〉、〈坤〉二卦而已。萬，癸未進士高第，受知阜陵，官至右司郎中，知漳州以沒。」同書卷五〈雜史類〉著錄：「《長樂財賦志》十六卷，知漳州長樂何萬一之撰。往在鄞學，訪同官薛師雍子然，几案間有書一編，大略述三山一郡財計，而累朝詔令申明沿革甚詳。其書雖爲一郡設，於天下實相通。問所從得，薛曰：『外舅陳止齋修《圖經》，欲以爲〈財賦〉一門，後緣卷帙多，不果入。』因借錄之，書無標目，以意命之曰《三山財計本末》。及來莆田，爲鄭寅子敬道之，鄭曰：『家有何一之《長樂財賦志》，豈此耶？』復借觀之，良是。其間亦微有增損，末又有《安撫司》一卷。併鈔錄附益爲全書。」《宋人傳記資料索引》載：「何萬字一之，長樂人。治《易》兼詩賦，隆興元年木待問榜進士。歷秘書郎、著作佐郎、著作郎。淳熙四年六月罷。」均可資參證。癸未爲孝宗隆興元年（1174）。三山，即長樂。

治述十卷

《治述》十卷，從政郎鄭湜紹熙元年撰進。按：丙戌榜有三山鄭湜溥之，是年已爲祕書郎，面對劄子，剴切通練，于今傳誦。此當別是一廣棪案：《文獻通考》闕「一」字。鄭湜耶？

廣棪案：此書〈宋志〉未著錄。鄭湜，南宋時有二人，《宋史》均無傳。《宋元學案》卷九十七〈慶元黨案・慶元黨禁〉「文肅鄭補之先生湜」

條載：「鄭湜，字溥之，福州人。光宗即位，爲祕書郎。因轉對，首乞盡事親之道，以全帝王之大孝，慶元初，權直學士院。時趙忠定汝愚罷相，去知福州，先生草制，坐無貶辭免。<small>參《姓譜》。</small>謝山〈答臨川論慶元黨籍鄭湜帖〉曰：『昨問慶元黨籍之第七人鄭湜，《宋史》無傳。愚攷《福建通志》，湜，字溥之，<small>一字補之。</small>閩縣人也。乾道中，成進士。光宗時，官祕書郎，所陳皆讜論。慶元初，以起居郎權直學士院。趙忠定公罷相，湜草制，有持危定傾、任忠竭節語，韓侂胄以其爲褒詞，大怒，出知本州。後爲刑部侍郎，隸名黨籍。卒，謚文蕭。』」此即《解題》所云之「三山鄭湜溥之」。丙戌榜，指孝宗乾道二年中進士。《宋元學案補遺》卷九十七〈慶元黨案補遺・慶元黨禁〉「<small>補</small>文蕭鄭補之先生湜」條載：「梓材謹案：先生于光宗初爲祕書郎。時又有鄭湜，字里未詳。光宗紹熙元年官從政郎，進《治術》十卷，爲十先生奧論之一。《辟疆園宋文選》載其〈君體論〉一篇，秀水莊氏《南宋文範》錄其〈國體論〉三篇。」是撰《治述》之鄭湜，當別是一人。《治述》，或作《治術》，未知孰是。

廬山雜著一卷

《廬山雜著》一卷，知南康軍錢聞詩撰。

廣棪案：《宋史》卷二百八〈志〉第一百六十一〈藝文〉七〈別集類〉著錄：「《錢聞詩文集》二十八卷，又《廬山雜著》三卷。」聞詩，《宋史》無傳。《宋元學案補遺》卷四十九〈晦翁學案補遺下・晦翁私淑〉「知軍錢先生聞詩」條載：「錢聞詩字子言，吳都人。淳熙辛丑代文公知南康軍，有興建之功。」《宋詩紀事》卷五十六「錢聞詩」條載：「聞詩字子言，成都人。淳熙中知南康軍。有《廬山雜著》。」足資考證。辛丑爲孝宗淳熙八年（1181）。文公即朱熹。惟聞詩之籍貫，一作吳都，一作成都，未知孰是。

閑靜治本論五卷、將論五卷

《閑靜治本論》五卷、《將論》五卷，知樞密院廣陵張巖肖翁撰。

廣棪案：此書〈宋志〉未著錄。巖字肖翁，大梁人，徙家揚州，紹興末

渡江，居湖州。開禧二年（1206），知樞密院。《宋史》卷三百九十六〈列傳〉第一百五十五有傳。《宋元學案補遺》卷九十七《慶元學案補遺·附攻慶元道學者》「補參政張閱靜巖」條載：「張巖字□□，號閱靜老人，官至參知政事。附錄：魏鶴山序《閱靜老人文集》曰：『盡閱公之出處，蓋自早歲于趙忠定公、朱文公，咸知師慕。其策進士也，孜孜于《中庸》之書，其贈陳膚仲，亦眷眷于伊洛之學。始自植立蓋若此，而卒不能盡如其志也。』」一作閑靜，一作閱靜，未知孰是。今考《鶴山大全集》卷五十三有〈閱靜老人文集序〉，疑作閱靜爲是。

閨秀集二卷

《閨秀集》二卷，建安徐氏撰。徐林稺山之從姑，祥符敕頭。館臣案：唐時舉宏詞第一謂之敕頭，原本「敕」訛作「初」，又脫去「頭」字，今據《文獻通考》改正。奭之姪孫女，嫁括蒼祝璣，璣爲部使者。有子曰永之，嘗知滁州。

廣棪案：《吳中人物志》卷八載：「祝璣妻，侍郎徐稚山妹。敏慧能詩，而賦尤工。其詩清平沖淡，蕭然出塵，自成一家。有《閨秀集》二卷。」可參證。《吳中人物志》謂徐氏爲稚山妹，其夫名「璣」，與《解題》不同。考徐林，《宋人傳記資料索引》載：「徐林字稚山，一作稺山，自號硯山居士，吳縣人，師回孫。少有特操，登宣和三年進士，與王黼有連，不肯附麗。紹興初上書言事，召對改官，累官至龍圖閣直學士。生平慕鄭樵，每聞其言論，必手錄之。卒年八十餘。」徐奭，《宋人傳記資料索引》載：「徐奭（？～1030），字武卿，甌寧人。大中祥符五年舉進士第一。試〈鑄鼎象物賦〉，爲時所重。天聖初爲兩浙轉運使，蘇州多水患，奭築石隄，架橋梁，民樂其便，詔書褒美。天聖八年四月召知開封府，九月暴卒。」至祝璣與祝永之，《宋史》均無傳，事蹟無可考。

詩集類上廣棪案：盧校本作五十二〈詩集類〉上。注曰：「有元本，多脫漏。」

凡無他文而獨有詩，及雖有他文而詩集復獨行者，別爲一類。

阮步兵集四卷

《阮步兵集》四卷，魏步兵校尉陳留阮籍嗣宗撰。其題皆曰〈詠懷〉。首卷四言十三篇，餘皆五言，八十篇，通爲九十三篇。

廣棪案：《隋書》卷三十五〈志〉第三十〈經籍〉四〈集〉著錄：「魏步兵校尉《阮籍集》十卷，_{梁十三卷《錄》一卷。}」《崇文總目》著錄同。_{錢東垣輯釋本。}《舊唐書》卷四十七〈志〉第二十七〈經籍〉下〈丁部集錄・別集類〉二著錄：「《阮籍集》五卷。」《新唐書》卷六十〈志〉第五十〈藝文〉四〈丁部集錄・別集類〉著錄同。《通志》卷六十九〈藝文略〉第七〈別集〉一〈魏〉著錄：「《步兵校尉阮籍集》十三卷。」《郡齋讀書志》卷第十七〈別集類〉上著錄：「《阮籍集》十卷。」〈宋志〉著錄同。是《隋書》等著錄此《集》卷數無作四卷者。蓋《解題》此《集》所收僅其〈詠懷詩〉也。籍字嗣宗，陳留尉氏人。《三國志》卷二十一〈王衛二劉傅傳〉第二十一載：「〈阮〉瑀子籍，才藻艷逸，而倜儻放蕩，行己寡欲，以莊周爲模則。官至步兵校尉。」《晉書》卷四十九〈列傳〉第十九有傳。其〈傳〉謂：「籍能屬文，初不留思。作〈詠懷詩〉八十餘篇，爲世所重。」是僅計其五言八十餘篇，而未及四言十三篇。近人逯欽立《先秦漢魏晉南北朝詩》，其〈魏詩〉卷十〈阮籍〉載：「黃節曰：『阮步兵〈詠懷詩〉五言八十二首，余已爲之注。其四言〈詠懷詩〉十三首，據近人丁福保所編《全三國詩》云：「按《讀書敏求記》謂阮嗣宗〈詠懷詩〉行世本，惟五言詩八十首。朱子儋取家藏舊本刊於存餘堂，多四言〈詠懷〉十三首云云。」余歷訪海上藏書家，都無朱子儋本，今所存四言詩僅三首耳。據丁氏之言，則僅存〈天地〉、〈月明〉、〈清風〉三首。余亦未見朱子儋本，惟舊藏潘璁本，乃明崇禎間翻嘉靖刻者，有嘉靖癸卯陳德文〈序〉，有崇禎丁丑潘璁〈序〉。分上下兩卷，四言詩十三首，其一至三與丁氏刻同，其四至十三，則丁氏所未見者。意與朱子儋本必無大異，或且潘本在朱

本之前也。因並取而注釋之。注有見於五言詩內者不重出。』逯案，潘本、朱本《阮集》今皆不易見。即用黃氏所校潘本比勘之。」今逯書所錄阮籍〈詠懷詩〉，其四言者十三首，其五言者八十二首，通爲九十五首，較《解題》所言，其五言多二首。

《文選》所收十七篇而已。

案：《文選》卷二十三〈詠懷〉收阮嗣宗〈詠懷詩〉十七首。李善注曰：「五言。顏延年曰：『說者阮籍在晉之代，常慮禍患，故發此詠耳。』」其詩題下標「顏延年、沈約等注」。是《文選》阮籍〈詠懷詩〉十七首，皆顏、沈注，而李善注引用之矣。

宋武帝集一卷

《宋武帝集》一卷，孝武駿也。

廣棪案：《隋書》卷三十五〈志〉第三十〈經籍〉四〈集〉著錄：「《宋武帝集》十二卷，梁二十卷，《錄》一卷。」《新唐書》卷六十〈志〉第五十〈藝文〉四〈丁部集錄·別集類〉著錄：「《宋武帝集》二十卷。」《通志》著錄同。《隋書》等所著錄均其全集。武帝諱裕，字德輿，小名寄奴，彭城縣綏輿里人，漢高帝弟楚元王交之後。《宋書》卷一〈本紀〉第一、二、三與《南史》卷一〈宋本紀〉上第一有傳。惟《解題》所著錄之撰人作「孝武駿」。駿字休龍，小字道民，宋文帝第三子。《宋書》卷六〈本紀〉第六、《南史》卷二〈宋本紀〉中第二有傳。考嚴可均《全上古三代秦漢三國六朝文》，其〈全宋文〉卷一爲「武帝」，稱有《集》二十卷；卷五爲「孝武帝」，稱有《集》三十一卷。是武帝與孝武帝各自有集。此《宋武帝集》一卷，應爲劉裕撰，《解題》作「孝武」，應誤。

梁簡文帝集五卷

《梁簡文帝集》五卷，簡文帝綱也。按：〈隋志〉八十五卷，唐已缺五卷。

廣棪案：《隋書》卷三十五〈志〉第三十〈經籍〉四〈集〉著錄：「《梁簡文帝集》八十五卷，陸罩撰，並錄。」《舊唐書》卷四十七〈志〉第二十七

〈經籍〉下〈丁部集錄‧別集類〉二著錄：「《梁簡文帝集》八十卷。」〈新唐志〉同。是《解題》所述據〈隋〉、〈唐志〉。簡文帝諱綱，字世纘，小字六通，梁高祖第三子。《梁書》卷四〈本紀〉第四、《南史》卷八〈梁本紀〉下第八有傳。

《中興書目》止存一卷，詩百篇，又缺其三首。

案：《中興館閣書目‧集部‧別集類》著錄：「《梁簡文帝集》一卷。《直齋書錄解題》卷十九。」趙士煒輯考本。考《宋史》卷二百八〈志〉第一百六十一〈藝文〉七〈別集類〉著錄：「《梁簡文帝集》一卷。」與《中興館閣書目》同，或即據《中興館閣書目》也。

今五卷皆詩，總二百四十四篇。

案：《先秦漢魏晉南北朝詩‧梁詩》卷二十至二十二，所收簡文帝詩凡二百七十餘首。

梁元帝詩一卷

《梁元帝》詩一卷，即湘東王繹。

廣校案：《隋書》卷三十五〈志〉第三十〈經籍〉四〈集〉著錄：「《梁元帝集》五十二卷。《梁元帝小集》十卷。」《舊唐書》卷四十七〈志〉第二十七〈經籍〉下〈丁部集錄‧別集類〉二著錄：「《梁元帝集》五十卷。《梁元帝集》十卷。」〈新唐志〉、《通志‧藝文略》著錄同。然所著錄者皆其全集。元帝諱繹，字世誠，小字七符，高祖第七子。天監十三年封湘東郡王。《梁書》卷五〈本紀〉第五、《南史》卷八〈梁本紀〉下第八有傳。《先秦漢魏晉南北朝詩‧梁詩》卷二十五收梁元帝蕭繹詩，凡一百二十三首。

謝惠連集一卷

《謝惠連集》一卷，宋司徒參軍謝惠連撰。《本集》五卷，今惟詩二十四首。

廣校案：《隋書》卷三十五〈志〉第三十〈經籍〉四〈集〉著錄：「宋司徒參軍《謝惠連集》六卷，梁五卷，《錄》一卷。」《新唐書》卷六十〈志〉第

五十〈藝文〉四〈丁部集錄・別集類〉著錄：「《謝惠連集》五卷。」《郡齋讀書志》、〈宋志〉著錄同。是此《集》初作六卷，梁後作五卷，而直齋所藏者爲一卷，詩僅二十四首，則屬一不全之本。惠連，元嘉七年爲司徒彭城王劉義康法曹參軍，《宋書》卷三十五〈列傳〉第十三，《南史》卷十九〈列傳〉第九均附其父〈謝方明〉有傳。

惠連得名早，輕薄多尤累，故仕不顯，死時財三十七歲。

案：《宋書》惠連本傳載；「子惠連，幼而聰敏，年十歲，能屬文，族兄靈運深相知賞，事在〈靈運傳〉。本州辟主簿，不就。惠連先愛會稽郡吏杜德靈，及居父憂，贈以五言詩十餘首，文行於世。坐被徙廢塞，不豫榮伍。尚書僕射殷景仁愛其才，因言次白太祖：『臣小兒時，便見世中有此文，而論者云是謝惠連，其實非也。』太祖曰：『若如此，便應通之。』元嘉七年，方爲司徒彭城王義康法曹參軍。是時義康治東府城，城塹中得古冢，爲之改葬，使惠連爲祭文，留信待成，其文甚美。又爲〈雪賦〉，亦以高麗見奇。文章並傳於世。十年，卒，時年三十七。既早亡，且輕薄多尤累，故官位不顯。」可參證。至惠連之卒歲，中華書局標點本《宋書》改作二十七，其所作注曰：「『二十七』各本並作『三十七』，據《文選》〈雪賦〉注引《宋書》改。按惠連父謝方明任會稽郡在景平末，以元嘉三年卒官。又〈謝靈運傳〉載元嘉初何長瑜在會稽教惠連讀書，則惠連是時當不出二十歲。至元嘉十年，惠連卒，時年當二十七歲，故稱『早亡』。」可參考。

劉孝綽集一卷

《劉孝綽集》一卷，梁秘書監彭城劉孝綽撰。

廣棪案：《隋書》卷三十五〈志〉第三十〈經籍〉四〈集〉著錄：「梁廷尉卿《劉孝綽集》十四卷。」《通志》著錄同。《舊唐書》卷四十七〈志〉第二十七〈經籍〉下〈丁部集錄・別集類〉二著錄：「《劉孝綽集》十一卷。」《新唐書》卷六十〈志〉第五十〈藝文〉四〈丁部集錄・別集類〉著錄：「《劉孝綽集》十二卷。」是直齋所得者乃其詩集。孝綽，彭城人。梁武帝大同間除秘書監。《梁書》卷三十三〈列傳〉第二十七有傳，《南史》卷三十九〈列傳〉第三十九附〈劉勔〉。

宋僕射勔之孫。

案:《梁書》孝綽本傳載:「劉孝綽字孝綽,彭城人,本名冉。祖勔,宋司空忠昭公。父繪,齊大司馬霸府從事中郎。」可參證。

本傳稱《文集》數十萬言,今所存止此。

案:《梁書》孝綽本傳云:「孝綽辭藻為後進所宗,世重其文,每作一篇,朝成暮遍,好事者咸諷誦傳寫,流聞絕域。《文集》數十萬言,行於世。」可參證。

又言兄弟及群從子姪,當時有七十人,並能屬文,近古未有。

案:《梁書》孝綽本傳載:「孝綽兄弟及群從諸子姪,當時有七十人,並能屬文,近古未之有也。」可參證。

其三妹亦並有才學,適徐悱者,文尤清拔,所謂劉三娘者也。

案:《梁書》孝綽本傳載:「其三妹適琅邪王叔英、吳郡張嵊、東海徐悱,並有才學;悱妻文尤清拔。悱,僕射徐勉子,為晉安郡,卒,喪還京師,妻為祭文,辭甚悽愴。勉本欲為哀文,既覩此文,於是閣筆。」《南史》孝綽本傳載:「其三妹,一適琅邪王叔英,一適吳郡張嵊,一適東海徐悱,並有才學。悱妻文尤清拔,所謂劉三娘者也。悱為晉安郡卒,喪還建鄴,妻為祭文,辭甚悽愴。悱父勉本欲為哀辭,及見此文,乃閣筆。」均可參證。

今《玉臺集》中有悱妻詩。

案:《玉臺集》即徐陵《玉臺新詠》,其書卷六「徐悱妻劉令嫻」項下載〈答外詩〉二首。其一云:「花庭麗景斜,蘭牖輕風度。落日更新妝,開簾對春樹。鳴鸝葉中響,戲蝶花間鶩。調瑟本要懽,心愁不成趣。良會誠非遠,佳期今不遇。欲知幽怨多,春閨深且暮。」其二云:「東家挺奇麗,南國擅容輝。夜月方神女,朝霞喻洛妃。還看鏡中色,比豔自知非。摛辭徒妙好,連類頓乖違。智夫雖已麗,傾城未敢希。」可參考。

柳吳興集一卷

《柳吳興集》一卷,梁吳興太守河東柳惲文暢撰。僅有十八首。

廣棪案:《秘書省續編到四庫闕書目》卷二〈集類‧別集〉著錄:「《柳惲

詩》一卷，闕。輝按：陳《錄‧詩集類》作《柳吳興集》一卷，云：『吳興太守柳惲文暢撰，僅有十八首。』」葉德輝考證本。可參證。惲字文暢，河東解人。天監二年爲吳興太守。六年，徵爲散騎常侍，遷左民尙書。八年，復爲吳興太守。爲政清靜，民吏懷之。《梁書》卷二十一〈列傳〉第十五有傳，《南史》卷三十八〈列傳〉第二十八附〈柳元景〉。

徐孝穆集一卷

《徐孝穆集》一卷，陳太子太傅東海徐陵孝穆撰。

　　廣棪案：《隋書》卷三十五〈志〉第三十〈經籍〉四〈集〉著錄：「陳尙書左僕射《徐陵集》三十卷。」兩〈唐志〉、《通志》著錄同。《崇文總目》卷五〈別集類〉一著錄：「《徐陵文集》二卷。鑑按：〈舊唐志〉、〈通志略〉並三十卷。」《宋史》卷二百八〈志〉第一百六十一〈藝文〉七〈別集類〉著錄：「《徐陵詩》一卷。」是《解題》所著錄者與〈宋志〉同。陵字孝穆，東海郯人。陳後主即位，遷左光祿大夫、太子少傅。《陳書》卷二十六〈列傳〉第二十、《南史》卷六十二〈列傳〉第五十二附〈徐摛〉。《解題》作「太子太傅」，誤。

本傳稱其文喪亂散失，存者二十卷。今惟詩五十餘篇。

　　案：《陳書》陵本傳載：「自有陳創業，文檄軍書及禪授詔策，皆陵所製，而〈九錫〉尤美。爲一代文宗，亦不以此矜物，未嘗詆訶作者。其於後進之徒，接引無倦。世祖、高宗之世，國家有大手筆，皆陵草之。其文頗變舊體，緝裁巧密，多有新意。每一文出手，好事者已傳寫成誦，遂被之華夷，家藏其本。後逢喪亂，多散失，存者三十卷。」是其證。《解題》謂「存者二十卷」，疑乃「三十卷」之誤。

江總集一卷

《江總集》一卷，陳尙書令考城江總總持撰。

　　廣棪案：《新唐書》卷六十〈志〉第五十〈藝文〉四〈丁部集錄‧別集類〉著錄：「《江總集》二十卷。」《宋史》卷二百八〈志〉第一百六十一〈藝文〉七〈別集類〉著錄：「《江總集》七卷。」《解題》著錄作一卷，乃其

詩集，詩收近百首。總字總持，濟陽考城人。後主時除尙書令。《陳書》
卷二十七〈列傳〉第二十一有傳，《南史》卷三十六〈列傳〉第二十六附
〈江夷〉。

**總在陳為太子詹事，以宮禁為長夜之飲。及後主即位，當權任，日為艷
詩，君臣昏亂，以至亡國。**

案：《陳書》總本傳載：「天嘉四年，以中書侍郎徵還朝，直侍中省。累遷
司徒右長史，掌東宮管記，給事黃門侍郎，領南徐州大中正。授太子中庶
子、通直散騎常侍，東宮、中正如故。遷左民尙書，轉太子詹事，中正如
故。以與太子爲長夜之飲，養良娣陳氏爲女，太子微行總舍，上恕免之。……
總篤行義，寬和溫裕。好學，能屬文，於五言七言尤善；然傷於浮豔，故
爲後主所愛幸。多有側篇，好事者相傳諷翫，于今不絕。後主之世，總當
權宰，不持政務，但日與後主遊宴後庭，共陳暄、孔範、王（瑗）〔瑳〕等
十餘人，當時謂之狎客。由是國政日頹，綱紀不立，有言之者，輒以罪斥
之，君臣昏亂，以至于滅。」可參證。

入隋，為上開府。

案：《陳書》總本傳載：「禎明二年，進號中權將軍。京城陷，入隋，爲
上開府。開皇十四年，卒於江都，時年七十六。」可參證。

〈唐志〉：《集》三十卷，廣棪案：盧校本作二十卷。**《中興書目》七卷，今
惟存詩近百首云。**

案：《陳書》總本傳載：「有《文集》三十卷，竝行於世焉。」〈新唐志〉
著錄作二十卷。《解題》誤。《中興館閣書目·集部·別集類》著錄：「《江
總集》七卷。《書錄解題》十九。」趙士煒輯考本。則與〈宋志〉著錄同。

陰鏗集一卷

《陰鏗集》一卷，陳散騎常侍南平陰鏗子堅撰。

廣棪案：《隋書》卷三十五〈志〉第三十〈經籍〉四〈集〉著錄：「陳鎮南
府司馬《陰鏗集》一卷。」《通志》、《郡齋讀書志》著錄同。鏗字子堅，
南平人，世祖時除員外散騎常侍。《陳書》卷三十四〈列傳〉第二十八〈文
學〉附〈阮卓〉、《南史》卷六十四〈列傳〉第五十四附〈陰子春〉。其〈傳〉

曰:「有《文集》三卷,行於世。」與〈隋志〉等不同。

財三十餘篇。杜子美云:「李侯有佳句,往往似陰鏗。」今考之,未見鏗之所以似太白者。太白固未易似也,子美云爾,殆必有說。

　　案:《郡齋讀書志》卷第十七〈別集類〉上著錄:「《陰鏗集》一卷。右陳陰鏗字子堅,幼聰慧,五歲能誦詩賦,日千言。及長,博涉史傳,尤善五言詩。徐陵言之於世祖,使賦安樂宮,援筆立成。累遷散騎常侍。有《集》三卷,〈隋志〉已亡其二,今所存者十數詩而已。杜少陵嘗贈李太白詩,有云:『李侯有佳句,往往似陰鏗。』今觀斯《集》,白蓋過之遠矣,甫之慎許,可乃如此。」可參證。

薛道衡集一卷

《薛道衡集》一卷,隋內史侍郎河東薛道衡玄卿撰,詩凡十九篇。本〈集〉三十卷,所存止此。大抵隋以前文集存全者亡幾,多好事者於類書中鈔出,以備家數也。廣棪案:《文獻通考》以下有「史言道衡每至構文,必隱空齋,蹋壁而臥,聞戶外人聲便怒。其沈思如此」五句,《四庫》本闕。

　　廣棪案:《隋書》卷三十五〈志〉第三十〈經籍〉四〈集〉著錄:「司隸大夫《薛道衡集》三十卷。」兩〈唐志〉、《通志》著錄同。是《解題》謂「本《集》三十卷」,殆據〈隋志〉也。道衡字玄卿,河東汾陰人。晉王廣愛其才,授內史侍郎。《隋書》卷五十七〈列傳〉第二十二有傳,《北史》卷三十六〈列傳〉第二十四附〈薛辯〉。其〈傳〉謂:「有《集》七十卷,行於世。」所記不同。

杜必簡集一卷

《杜必簡集》一卷,唐著作郎襄陽杜審言必簡撰。

　　廣棪案:《舊唐書》卷四十七〈志〉第二十七〈經籍〉下〈丁部集錄・別集類〉二著錄:「《杜審言集》十卷。」〈新唐志〉、《通志》著錄同。《郡齋讀書志》卷第十七〈別集類〉上著錄:「《杜審言集》一卷。」《宋史》卷二百八〈志〉第一百六十一〈藝文〉七〈別集類〉著錄:「《杜審言詩》一卷。」應與此同。是審言《集》另有十卷本。審言字必簡,襄州襄陽

人。卒，詔贈著作郎。《舊唐書》卷一百九十上〈列傳〉第一百四十一上〈文苑〉上附〈杜易簡〉、《新唐書》卷二百一〈列傳〉第一百二十六〈文藝〉上有傳。

工部之祖也。唐初沈、宋以來，律詩始盛行，然未以平側失眼為忌。審言詩雖不多，句律極嚴，無一失粘者，甫之家傳有自來矣。然遂欲衙官屈、宋，則不可也。

案：《舊唐書》審言本傳載：「次子閑。閑子甫，別有〈傳〉。」是甫乃審言之孫。《舊唐書》又載：「審言，進士舉，初為隰城尉。雅善五言詩，工書翰，有能名。然恃才謇傲，甚為時輩所嫉。乾封中，蘇味道為天官侍郎，審言預選，試判訖，謂人曰：『蘇味道必死。』人問其故，審言曰：『見吾判，即自當羞死矣！』又嘗謂人曰：『吾之文章，合得屈、宋作衙官；吾之書跡，合得王羲之北面。』其矜誕如此。」是乃《解題》所本。考《郡齋讀書志》著錄：「《杜審言集》一卷。右唐杜審言必簡也。襄陽人。預之後裔。擢進士，恃高才以傲世。對武后賦〈歡喜詩〉，后歎重其文。與李嶠、崔融、蘇味道為『文章四友』。《集》有詩四十餘篇而已。」是直齋所得之《杜必簡集》一卷所收詩亦四十餘篇。《皕宋樓藏書志》卷六十八〈集部・別集類〉二著錄：「《杜審言集》二卷，明初活字本，葉石君舊藏。唐杜審言撰。」其下引楊萬里〈序〉曰：「襄陽杜審言字必簡，嘗為吉州司戶。今戶曹趙君彥清旁搜遠撼，得其詩四十三首，將刻棗以傳好事，且以為戶廳之寶玉大弓，屬余序之。余觀必簡之詩，若『牽絲紫蔓長』，即其孫甫『水荇牽風翠帶長』之句；若『雲陰送晚雷』，即『雷忽送千峰雨』之句也；『風光新柳報，宴賞落花催』，即『星霜玄鳥變，身世白駒催』之句也。余不知祖孫之相似，其有意乎？抑亦偶然乎？至如『往來花不廢，新舊雪仍殘』；如『日氣抱殘虹』，如『愁思看春不當春，明年春色倍還人』；如『飛花攪獨愁』，皆佳句也。三世之後，莫之與京，宜哉！乾道庚寅冬十月甲辰，廬陵楊萬里序。」丁丙《善本書室藏書志》卷二十四〈集部〉三著錄：「《杜審言集》二卷，明刊本。前有乾道庚寅廬陵楊萬里序云：『襄陽杜審言字必簡，嘗為吉州司戶曹。趙君彥清旁蒐遠撼，得其詩四十三首，將刻棗以傳好事，且為戶廳寶玉大弓，屬余序之云云。』」按審言，京兆人，預之遠裔，甫之祖也。咸亨元年進士，為隰城尉，恃才傲世，坐事貶吉州司戶。及武后召還，令賦〈歡喜

詩〉，稱旨，授著作郎，修文館直學士。有《集》十卷，今不存，但傳詩
四十餘篇。天一閣范氏、海源閣楊氏《書目》均載此書，楊乃宋刻也。」
可參考。是《杜審言集》，海源閣曾藏宋刻，而明刊本作二卷。

薛少保集一卷

《薛少保集》一卷，唐太子少保河東薛稷嗣通撰。

廣棪案：《新唐書》卷六十〈志〉第五十〈藝文〉四〈丁部集錄·別集類〉
著錄：「《薛稷集》三十卷。」〈通志略〉著錄同。是《解題》所著錄者爲
其詩集，僅一卷。稷字嗣通，蒲州汾陰人。睿宗時除太子少保。《舊唐書》
卷七十三〈列傳〉第二十三、《新唐書》卷九十八〈列傳〉第二十三均附
〈薛收〉。

稷，道衡曾孫，

案：《新唐書》稷本傳載：「稷字嗣通，道衡曾孫。」可參證。

魏徵外孫。

案：《舊唐書》本傳載：「稷外祖魏徵家富圖書，多虞、褚舊跡，稷銳精
模倣，筆態遒麗，當時無及之者。」是稷爲魏徵外孫。

喬知之集一卷

《喬知之集》一卷，唐右司郎喬知之撰。

廣棪案：《舊唐書》卷四十七〈志〉第二十七〈經籍〉下〈丁部集錄·別
集類〉二著錄：「《喬知之集》二十卷。」〈新唐志〉、〈通志略〉著錄同。
是《解題》所著錄者乃其詩集。知之，同州馮翊人，武則天時，除右補
闕，遷左司郎中。《舊唐書》卷一百九十中〈列傳〉第一百四十中〈文苑〉
中有傳。《解題》作「右司郎」，疑誤。

天授中爲酷吏所陷死。《集》中有〈綠珠怨〉，蓋其所由以致禍也。

案：《舊唐書》知之本傳載：「喬知之，同州馮翊人也。父師望，尚高祖
女廬陵公主，拜駙馬都尉，官至同州刺史。知之與弟侃、備，並以文詞
知名。知之尤稱俊才，所作篇詠，時人多諷誦之。則天時，累除右補闕，

遷左司郎中。知之有侍婢曰窈娘，美麗善歌舞，為武承嗣所奪。知之怨
惜，因作〈綠珠篇〉以寄情，密送與婢，婢感憤自殺。承嗣大怒，因諷
酷吏羅織誅之。」可參證。

孟襄陽集三卷

《孟襄陽集》三卷，唐進士孟浩然撰。

　　廣校案：《新唐書》卷六十〈志〉第五十〈藝文〉四〈丁部集錄・別集類〉
著錄：「《孟浩然詩集》三卷，弟浩然。宜城王士源所次，皆三卷也。士源別為七類。」
《郡齋讀書志》卷第十七〈別集類〉上著錄：「《孟浩然詩》一卷，右唐
孟浩然也。襄陽人。工五言詩，隱鹿門山，年四十，乃遊京師。一日，
諸名士集祕省聯句，浩然句曰：『微雲淡河漢，疏雨滴梧桐。』眾皆欽服。
張九齡、王維雅稱道之。維私邀入禁林，遇玄宗臨幸，浩然匿牀下，維
以聞。上曰：『素聞其人』。因召見，命自誦所為詩，至『不才明主棄』
之句，上曰：『不求進而誣朕棄人。』命放歸。所著詩二百一十首。宜城
處士王士源序次為三卷，今併為一，又有天寶中韋絟序。」《宋史》卷二
百八〈志〉第一百六十一〈藝文〉七〈別集類〉著錄：「《孟浩然詩》三
卷。」《祕書省續編到四庫闕書目》卷二〈集類・別集〉著錄：「《孟浩然
別集》一卷。」輝按：〈新唐志〉有《孟浩然詩集》三卷，〈宋志〉、《崇文
目》：《孟浩然詩》三卷，《晁志》：《孟浩然詩》一卷，《陳錄・詩集類》：
《孟襄陽集》三卷。」葉德輝考證本。《崇文總目》實未著錄此書。是此書
或作三卷，又作一卷。浩然，襄州襄陽人。《舊唐書》卷一百九十下〈列
傳〉第一百四十下〈文苑〉下、《新唐書》卷二百三〈列傳〉第一百二十
八〈文藝〉下有傳。《舊唐書》稱其「年四十來遊京師，應進士不第，還
襄陽」，是《解題》稱「唐進士」固誤矣。

宜城王士源序之，凡二百十八首，分為七類。

　　案：王士源〈序〉曰：「孟浩然字浩然，襄陽人也。骨貌淑清，風神散朗。
救患釋紛，以立義表，灌蔬藝竹，以全高尚。交游之中，通脫傾蓋，機警
無匿。學不為儒，務掇菁藻；文不按古，匠心獨妙；五言詩，天下稱其盡
美矣。間遊祕省，秋月新霽，諸英華賦詩作會，浩然句曰：『微雲淡河漢，
疏雨滴梧桐。』舉坐嗟其清絕，咸閣筆不復為繼。丞相范陽張九齡、侍御

史京兆王維、尙書侍郎河東裴朏、范陽盧僎、大理評事河東裴總、華陰太守鄭倩之、守河南獨孤策，率與浩然爲忘形之交。山南採訪使、本郡守昌黎韓朝宗，謂浩然間代清律，寘諸周行，必詠穆如之頌。因入秦，與偕行，先揚于朝，與期約日引謁。及期，浩然會寮友文酒講好甚適，或曰：『子與韓公預諾而忘之，無乃不可乎？』浩然叱曰：『僕已飲矣，身行樂耳，遑恤其他。』遂畢席不赴，由是間罷。既而浩然亦不之悔也，其好樂忘名如此。士源他時嘗筆讚之曰：『導漾挺靈，寔生楚英，浩然清發，亦其自名。』開元二十八年，王昌齡遊襄陽，時浩然疾疹發背且愈，相得歡甚，浪情宴謔，食鮮疾動，終於治城南園，年五十有二。子曰儀甫。浩然文不爲仕，佇興而作，故或遲；行不爲飾，動以求眞，故似誕；遊不爲利，期以放性，故常貧。名不繼于選部，聚不盈于擔石，雖屢空不給而自若也。士源幼好名山，行年十八，首事陵山，踐止恆嶽，咨求通玄丈人。又過蘇門，問道隱者元知運。太行採藥，經王屋小有洞太白。習隱訣終南，修《亢倉子》九篇。天寶四載徂夏，詔書徵謁京邑，與冢臣八座討論，山林之士靡至，始知浩然物故。嗟哉！未祿于代，史不必書，安可哲蹤妙韻從此而絕？故詳問文者，隨述所論，美行嘉聞，十不紀一。浩然凡所屬綴，就輒毀棄，無復編錄，常自歎爲文不逮意也。流落既多，篇章散逸，鄉里購採不有其半，敷求四方，往往而獲。既無他事，爲之傳次，遂使海內衣冠搢紳經襄陽思覯其文，蓋有不備見而去，惜哉！今集其詩二百一十八首，分爲四卷。詩或缺逸未成，而製思清美，及他人酬贈，咸錄次而不棄耳。宜城王士源撰。」可參考。士源所編次者凡四卷。

太常卿韋縚為之重〈序〉。

案：韋縚〈序〉曰：「宜城王士源者，藻思清遠，深鑒文理，常遊山水，不在人間，著《亢倉子》數篇，傳之於代。余久在集賢，常與諸學士命此子不可得見。天寶中，忽獲《浩然文集》，乃士源爲之〈序傳〉。詞理卓絕，吟諷忘疲，書寫不一，紙墨薄弱。昔虞坂之上，逸駕與駑駘俱疲；吳竈之中，孤桐與樵蘇共爨。遇伯樂與伯喈，遂騰聲於千古。此詩若不遇王君，乃十數張故紙耳；然則王君之清鑒，豈減孫、蔡而已哉！余今繕寫，增其條目，復貴士源之清才，敢重述於卷首。謹將此本送上秘府，庶久而不泯，傳芳無窮。天寶九載正月初三日，特進、行太常卿、禮儀使、集賢院修撰、上柱國、沛國郡開國公，韋縚敘。」可參考。

崔顥集一卷

《崔顥集》一卷，唐司勳員外郎崔顥撰。

廣棪案：《新唐書》卷六十〈志〉第五十〈藝文〉四〈丁部集錄・別集類〉
著錄：「《崔顥詩》一卷，汴州人，才俊無行，娶妻不愜即去之者三四，歷司勳員外郎。」
〈宋志〉著錄同。顥，《舊唐書》卷一百九十下〈列傳〉第一百四十下〈文
苑〉下、《新唐書》卷二百三〈列傳〉第一百二十八〈文藝〉下有傳，累官
至司勳員外郎。

開元十年進士。才俊無行，

案：《舊唐書》顥本傳載：「崔顥者，登進士第，有俊才，無士行，好蒲博
飲酒。及遊京師，娶妻擇有貌者，稍不愜意，即去之，前後數四。累官司
勳員外郎。天寶十三年卒。」《新唐書》顥本傳載：「崔顥者，亦擢進士第，
有文無行。好蒲博，嗜酒。娶妻惟擇美者，俄又棄之，凡四五娶。終司勳
員外郎。初，李邕聞其名，虛舍邀之。顥至獻詩，首章曰：『十五嫁王昌。』
邕叱曰：『小兒無禮！』不與接而去。」可參證。至顥登第之年，兩《唐書》
無記。辛文房《唐才子傳》卷一「崔顥」條載：「顥，汴州人。開元十一年
源少良下及進士第。」疑《解題》「十」字下脫「一」字。

〈黃鶴樓〉詩盛傳於世。

案：顥〈黃鶴樓〉詩云：「昔人已乘黃鶴去，此地空餘黃鶴樓。黃鶴一去
不復返，白雲千載空悠悠。晴川歷歷漢陽樹，芳草萋萋鸚鵡洲。日暮鄉
關何處是？煙波江上使人愁。」《唐才子傳》卷一「崔顥」載：「後遊武
昌，登黃鶴樓，感慨賦詩。及李白來，曰：『眼前有景道不得，崔顥題詩
在上頭。』無作而去，為哲匠斂手云。」是此詩已盛傳於世之證。

祖詠集一卷

《祖詠集》一卷，唐祖詠撰。開元十二年進士。

廣棪案：《新唐書》卷六十〈志〉第五十〈藝文〉四〈丁部集錄・別集類〉
著錄：「《祖詠詩》一卷。」〈宋志〉同。祖詠，兩《唐書》無傳。《唐才
子傳》卷一「祖詠」載：「詠，洛陽人。開元十二年杜綰榜進士。有文名。
殷璠評其詩：『剪刻省靜，用思尤苦。氣雖不高，調頗凌俗。』足『稱為

才子也』。少與王維爲吟侶。維在濟州，寓官舍，〈贈祖三〉詩有云：『結交三十載，不得一日展。貧病子既深，契闊余不淺。』蓋亦流落不偶，極可傷也。後移家歸汝墳間別業，以漁樵自終。有詩一卷，傳於世。」可參證。

崔國輔集一卷

《崔國輔集》一卷，唐集賢直學士禮部員外郎崔國輔撰。

廣棪案：《新唐書》卷六十〈志〉第五十〈藝文〉四〈丁部集錄・別集類〉著錄：「《崔國輔集》卷亡。應縣令舉，授許昌令，集賢直學士、禮部員外郎。坐王鉷近親，貶竟陵郡司馬。」〈通志略〉同。《宋史》卷二百八〈志〉第一百六十一〈藝文〉七〈別集類〉著錄：「《崔國輔詩》一卷。」是此書應作一卷。國輔，兩《唐書》無傳。《唐才子傳》卷二有傳，謂國輔「累遷集賢直學士、禮部郎中」，證之〈新唐志〉，《唐才子傳》作「禮部郎中」，疑誤。

開元十三年進士，應縣令舉，爲許昌令。天寶中加學士，後以王鉷近親坐貶。

案：《唐才子傳》國輔本傳載：「國輔，山陰人。開元十四年嚴迪榜進士，與儲光羲、綦毋潛同時舉縣令。累遷集賢直學士、禮部郎中。天寶間，坐是王鉷近親，貶竟陵司馬。」可參證。

詩凡二十八首。臨海李氏本。後又得石林葉氏本，多六首。

案：《唐才子傳》國輔本傳載：「有文及詩，婉孌清楚，深宜諷詠。樂府短章，古人有不能過也。」可見其文學成就。臨海李氏，指李庚；石林葉氏，指葉夢得。李、葉本均佚。今人萬競君有《崔國輔詩注》，一九八二年十月上海古籍出版社印行。

綦毋潛集一卷

《綦毋潛集》一卷，唐待制集賢院南康綦毋潛孝通撰。南康，今贛州。

廣棪案：《新唐書》卷六十〈志〉第五十〈藝文〉四〈丁部集錄・別集類〉著錄：「《綦毋潛詩》一卷，字孝通。開元中，繇宜壽尉入集賢院待制，遷右拾遺，

終著作郎。」〈宋志〉同。潛，兩《唐書》無傳。《唐才子傳》卷二〈綦母
潛〉載：「潛，字孝通，荊南人。開元十四年嚴迪榜進士及第，授宜壽尉。
遷右拾遺，入集賢院待制。復授校書，終著作郎。與李端同時。詩調『屹
崒峭蒨，足佳句，善寫方外之情』，『歷代未有，荊南分野，數百年來，
獨秀斯人。』後見兵亂，官況日惡，挂冠歸隱江東別業，王維有詩送之，
曰：『明時久不達，棄置與君同。天命無怨色，人生有素風。』一時文人
咸賦詩祖餞，甚榮。有《集》一卷行世。今人周本淳《唐才子傳校正》
曰：「《直齋書錄解題》十九：『《綦母潛集》一卷，唐待制集賢院南康綦
母潛孝通撰。南康，今贛州。』疑辛氏因『荊南分野』之語，定爲荊南，
失之於泛。《唐詩紀事》卷二十未言籍貫。」是潛應爲南康人。

儲光羲集五卷

《儲光羲集》五卷，唐監察御史魯國儲光羲撰。與崔國輔、綦母潛皆同
年進士，天寶末任偽官，貶死。

　　廣棪案：《新唐書》卷六十〈志〉第五十〈藝文〉四〈丁部集錄・別集類〉
著錄：「《儲光羲集》七十卷。」〈通志略〉同。《宋史》卷二百八〈志〉
第一百六十一〈藝文〉七〈別集類〉著錄：「《儲光羲集》二卷。」所著
錄卷數均與《解題》異。《郡齋讀書志》卷第十七〈別集類〉上著錄：「《儲
光羲集》五卷。右唐儲光羲也。魯人。登開元十四年進士第，嘗爲監察
御史。後從安祿山偽署。賊平，貶死。」則與《解題》同。光羲，兩《唐
書》無傳。《唐才子傳》卷一〈儲光羲〉載：「光羲，兗州人。開元十四
年嚴迪榜進士。有詔中書試文章。嘗爲監察御史，值安祿山陷長安，輒
受偽署。賊平後自歸，貶死嶺南。工詩，『格高調逸，趣遠情深，削盡常
言。挾〈風〉、〈雅〉之道，養浩然之氣。』覽者猶聽〈韶〉、〈濩〉音，
先洗桑、濮耳，庶幾乎賞音也。有《集》七十卷，《正論》十五卷，《九
經分義疏》二十卷，並傳。」是《唐才子傳》亦謂有《集》七十卷。

顧況為〈集序〉。

　　案：況，蘇州人。以校書郎徵，遷著作郎，後貶饒州司戶，有《文集》二
十卷。《新唐書》卷一百三〈列傳〉第八十有傳。所撰〈儲光羲集序〉云：
「聖人賢人皆鍾運而生，述聖賢之意，亦鍾運盛衰矣。開元十四年，嚴黃

門知考魯國儲公，進士高第，與崔國輔員外、綦毋潛著作同時。其明年，
擢常建少府、王龍摽昌齡，此數人者皆當時之秀，而侍御聲價隱隱轔轢諸
子，其文篇賦論凡七十卷，雖無雲雷之會，意氣相感，而扶危急病，綽有
賢達之風。挾身虜庭，竟陷危邦，士生不融，何以言命。然窺其鴻黃窈邃
之氣、金石管磬之聲，如登瑤臺而進玉府。靈篇邃宇，景物寥映，綠流翠
草，嘉禾瑞鳥，不足稱珍。嗣息曰溶，亦鳳毛駿骨，恐墜先志，泝洄千里，
泣拜告予云：『我先人與王右丞伯仲之懽也，相國縉雲嘗以〈序〉冠編次，
會縉雲之謫亡焉，後輩據文之士，風流不接，故小子獲忝操簡。伏懼魂遊
無方，嗤責造次，茫茫古道，不見來者，豈以龍戰害乎鹿門，齊竽競吹，
燕石爭寶。』嗚呼！薄遊之士，未躋一峰，已伐其峻，登闉風者，乃知邐
迆昏明，掩翳將盡，復通之若是乎？殷璠云：『儲公詩格高調逸，趣遠情深，
削盡常言，挾風雅之迹，道得浩然之氣。〈遊茅山詩〉云：「山門入松柏，
天路涵虛空。」又〈華清宮詩〉云：「山開鴻蒙色，天轉招搖星。」此例數
百句，已略見《荊揚集》，不復廣引。』璠嘗觀公《正論》十五卷，《九義
外義疏》卷<small>廣校案：此句應作「《九經分義疏》二十卷」。</small>言博理當，寔可謂經國之
大材。《欒城遺言》云：『儲光羲詩高處似陶淵明，平處似王摩詰。』著作
郎顧況撰。」可參考。

常建集一卷

《常建集》一卷，唐盱眙尉常建撰。

　　廣校案：《新唐書》卷六十〈志〉第五十〈藝文〉四〈丁部集錄・別集類〉
　　著錄：「《常建詩》一卷，<small>肅、代時人。</small>」〈宋志〉同。《郡齋讀書志》卷第十
　　七〈別集類〉上著錄：「《常建集》一卷。右唐常建也。開元十五年進士。
　　歐陽永叔嘗愛『竹徑通幽處，禪房花木深』之句，乃建詩也。」可參證。
　　建，兩《唐書》無傳。《唐才子傳》卷二〈常建〉載：「建，長安人。開元
　　十五年與王昌齡同榜登科。大曆中，授盱眙尉。」所記宦歷與《解題》同。

王江寧集一卷

《王江寧集》一卷，唐龍標尉江寧王昌齡少伯撰。與常建俱開元十四年

進士。二十二年選宏辭，超絕群類。為汜水尉，不護細行，貶龍標。世亂還里，為刺史閭丘曉_{廣校案}廣校案：《文獻通考》作「閭邱曉」。所殺。為詩緒密而思清。

廣校案：《新唐書》卷六十〈志〉第五十〈藝文〉四〈丁部集錄・別集類〉著錄：「《王昌齡集》五卷。」《通志略》同。《郡齋讀書志》卷第十七〈別集類〉上著錄：「《王昌齡詩》六卷。右唐王昌齡少伯也。江寧人。開元十五年進士，為校書郎，又中宏詞科。不謹細行，貶龍標尉。以世亂，歸鄉里，為刺史閭丘曉所殺。昌齡工詩，縝密而思清，時謂王江寧云。」又《宋史》卷二百八〈志〉第一百六十一〈藝文〉七〈別集類〉著錄：「《王昌齡集》十卷。」均著錄卷數與《解題》不同。昌齡，兩《唐書》均有傳。《舊唐書》卷一百九十下〈列傳〉第一百四十下〈文苑〉下〈王昌齡〉載：「王昌齡者，進士登第，補秘書省校書郎。又以博學宏詞登第，再遷汜水縣尉。不護細行，屢見貶斥，卒。昌齡為文，緒微而思清。有《集》五卷。」《新唐書》卷二百三〈列傳〉第一百二十八〈文藝〉下〈王昌齡〉載：「昌齡字少伯，江寧人。第進士，補祕書郎。又中宏辭，遷汜水尉。不護細行，貶龍標尉。以世亂還鄉里，為刺史閭丘曉所殺。張鎬按軍河南，兵大集，曉最後期，將戮之，辭曰：『有親，乞貸餘命。』鎬曰：『王昌齡之親欲與誰養？』曉默然。昌齡工詩，緒密而思清，時謂王江寧云。」是《郡齋讀書志》與《解題》所述多據兩《唐書》。惟昌齡登第之年，或作開元十四年，或作十五年。孫猛《郡齋讀書志校證》云：「《書錄解題》卷十九云昌齡『與常建俱開元十四年進士』，按《文苑英華》卷七〇三顧況〈監察御史儲公集序〉曰：『開元十四年，嚴黃門知考功，以魯國儲公進士高第，與崔國輔員外、綦毋潛著作同時。其明年，擢第常建少府、王龍標。此數人皆當時之秀。』《唐才子傳》卷二云：『開元十五年李嶷榜進士。』據此，《書錄解題》誤。」孫氏所考可信。

李頎集一卷

《李頎集》一卷，唐李頎撰。開元二十三年進士。

廣校案：《新唐書》卷六十〈志〉第五十〈藝文〉四〈丁部集錄・別集類〉著錄：「《李頎詩》一卷，_{並開元進士第。}」頎，兩《唐書》無傳。《唐才子

傳》卷二〈李頎〉載：「頎，東川人。開元二十三年賈季麟榜進士及第，調新鄉縣尉。性疏簡，厭薄世務，慕神仙，服餌丹砂，期輕舉之道。結好塵喧之外，一時名輩，莫不重之。工詩，『發調既清，修辭亦秀；雜歌咸善，玄理最長』。多爲放浪之語，足可『震蕩心神』。『惜其偉才，只到黃綬。故其論道家，往往高於眾作。』有《集》今傳。」可參證。

崔曙集一卷

《崔曙集》一卷，唐崔曙撰。開元二十六年進士狀頭。

　　廣棪案：《秘書省續編到四庫闕書目》卷二〈集類・別集〉著錄：「《崔曙詩》一卷，闕。輝按：陳《錄・詩集類》：『《崔曙集》一卷。』《遂初目》亦作集。」葉德輝考證本。惟此《集》仍存。陳伯海、朱易安合編《唐詩書錄》第三編〈別集〉著錄：「崔曙《崔曙集》一卷。明銅活字《唐人詩集》印本、明朱警輯《唐百家詩・初唐二十一家》本、明黃貫曾輯《唐詩二十六家》本、明刻《唐人四集》本、明刻《唐五十家集》本、清初《唐詩二十家》抄本、1981 年 8 月上海古籍出版社《唐五十家詩集》影印明銅活字本。」可證。曙，兩《唐書》無傳。計有功《唐詩紀事》卷第二十「崔曙」條載：「曙，開元二十六年登進士第。」可參證。

杜工部集注三十六卷

《杜工部集注》三十六卷，蜀人郭知達所集九家注。世有稱東坡《杜詩故事》者，隨事造文，一一牽合，而皆不言其所自出。且其辭氣首末若 廣棪案：《文獻通考》無「若」字。出一口，蓋妄人依託以欺亂流俗者，書坊輒勒入《集注》中，殊敗人意，此本獨削去之。福清曾噩子肅刻板五羊漕司，最 廣棪案：《文獻通考》「最」上有「字大可考」四字，盧校本作「字大宜老」。為善本。

　　廣棪案：《四庫全書總目》卷一百四十九〈集部〉二〈別集類〉二著錄：「《九家集註杜詩》三十六卷，內府藏本。宋郭知達編。知達，蜀人。前有〈自序〉，作於淳熙八年。又有曾噩〈重刻序〉，作於寶慶元年。噩據《書錄解題》作字子肅，閩清人。凌迪知《萬姓統譜》則作字噩甫，閩縣人。

慶元中尉上高，復遷廣東漕使。與陳振孫所記小異。振孫與疅同時。迪
知所敘又與〈序〉中結銜合。未詳孰是也。宋人喜言杜詩，而註杜詩者
無善本。此書集王洙、宋祁、王安石、黃庭堅、薛夢符、杜田、鮑彪、
師尹、趙彥材之註，頗爲簡要。知達〈序〉稱屬二三士友隨是非而去取
之。如假託名氏，撰造事實，皆刪削不載。陳振孫《書錄解題》亦曰：『世
有稱《東坡事實》者，_{案當作《老杜事實》。}隨事造文，一一牽合，而皆不言
其所自出。且其詞氣首末出一口，蓋妄人偽託以欺亂流俗者。書坊輒鈔
入《集註》中，殊敗人意。此本獨削去之』云云。與〈序〉相合，知其
別裁有法矣。振孫稱疅刊版五羊漕司，字大宜老，_{案『宜老』謂『宜乎老眼』，}
_{刻本或作『可考』，非。}最爲善本。此本即疅家所初印，字畫端勁而清楷，宋
版中之絕佳者。振孫所言，固不爲虛云。」可參證。有關稱蘇軾《老杜
事實》之依託，宋、明人亦多有論及之者。萬曼《唐集敘錄》「《杜工部
集》」條云：「再有一種，就是托名蘇軾的《老杜事實》，或稱《杜詩釋事》
_{（見《集注杜工部詩姓氏》），}宋人所謂『假坡注』是也。洪邁《容齋隨筆》云：
『蜀本刻《杜集》，以《老杜事實》爲東坡所作，遂以入注，殊誤後生。』
朱熹〈跋集注杜詩〉云：『其所引《東坡事實》者，非蘇公作，聞之長老，
乃閩中鄭印尚明偽爲之。所引皆無根據，反用杜詩見句增減爲文，而傳
其前人名字，託爲其語，至有時世先後，顛倒失次者，舊嘗考之，知其
決非蘇公書也。』又陳鵠《西塘集·耆舊續聞》九云：『世有偽作東坡注
杜詩，內有〈遭田父泥飲〉篇，「欲起時被肘」，云「孔文舉就里人飲，
夜深而歸，家人責其遲，曰：欲命駕，數被肘。」工部選詩要妙，胸中
無國子監書者，不可讀其書，此大疏脫處，不知國子監能有幾書，亦何
嘗有此書也。……後以語容齋，遂共發一笑。』這個偽蘇注的確實是貽
誤後生，仇兆鰲在《杜詩凡例》中記云：『古人本無是事，特因杜句而緣
飾首尾，假撰事實，前代楊用修力辯其謬妄，邵國寶、焦弱侯注，往往
誤引，凌氏《五車韻瑞》援作事實，張邍可又據《韻瑞》以證杜詩，忽
增某史某傳，輾轉附會矣。』這個本子也沒有單本流傳，從陳鵠所舉的
例來看，的確是荒謬可笑的。」可參考。知達，生平無可考。疅，《宋史
翼》卷二十二〈列傳〉第二十二〈循吏〉五有傳。疅刻此書，其原刊清
時尚存。《鐵琴銅劍樓藏書目錄》卷第十九〈集部〉一〈別集類〉著錄：
「《新刊校定集注杜詩》三十六卷，_{宋刊本。}宋郭知達編。據《四庫提要》

有淳熙八年知達〈自序〉，寶慶元年曾噩〈重刊序〉。此本二〈序〉已佚，詩分體編次目中有注，新添者陳氏《書錄》謂福清曾噩刻板五羊漕司，載爲善本，即此書也。原本缺卷十九、廿五、廿六、三十五、三十六，鈔補全。每卷後有『寶慶乙酉廣東漕司鋟板』一行，『朝議大夫、廣東路轉運使曾噩，承議郎、前通判韶州軍州事劉鎔，潮州州學賓辛安中，進士陳大信同校勘』四行。每半葉九行，行十六字，注字同。朗、徵、樹、構、敦字俱闕筆。《容齋隨筆》云：『蜀本刻《杜集》，以《老杜事實》爲東坡所作，遂以入注，殊誤後生。』云云。此本但取王文公、宋景文、黃豫章、王原叔、薛夢符、杜時可、鮑文虎、師民瞻、趙彥材，凡九家；而不取僞蘇注，其鑒裁有識矣。字體端勁，雕鏤精善，尤宋板之最佳者。」可與《解題》相參證。

門類杜詩二十五卷

《門類杜詩》二十五卷，稱東萊徐宅居仁編次，未詳何人。

廣棪案：《唐集敍錄》「《杜工部集》」條曰：「注釋本外，宋人還有一種分類本，陳振孫《直齋書錄解題》云：『《門類杜詩》二十五卷，稱東萊徐宅居仁編次，未詳何人。』徐宅居仁，由於不詳其人，所以這個《門類杜詩》編成的年代也無從查考。」宅，《宋史》無傳。考《宋會要輯稿》第九十九冊〈職官〉六八之一八載：「（大觀三年）（1109）七月三日，膳部員外郎張宏、駕部員外郎徐宅放罷。宏，宋喬年所薦，宅詔事喬年故也。」同書第一百十五冊〈選舉〉二〇之二〇載：「（乾道四年）（1168）八月五日，國子監發解，命監察御史李簡能監試，國子司業程大昌，吏部員外李季浩、鄭伯熊，考試祕書郎李木，國子博士陳損，國子正潘叔憲，太學正陳駿，幹辦行在諸軍審計司徐宅，主管官告院徐大忠，點檢試卷。考功郎中張敦實，別院考試國子錄鄭汝諧，太學錄沈清臣點檢試卷。」同書同冊〈選舉〉二一之一載：「（淳熙元年）（1174）八月五日，國子監發解，命監察御史陳升卿監試。國子司業兼權禮部侍郎戴幾先、戶部員外郎周濤、將作少監兼權禮部郎官姚宗之考試。刑部郎中徐宅、太常博士許蒼舒、祕書省著作佐郎鄭僑、太學博士章謙、國子正袁說友、權監左藏東庫錢宇並點檢試卷。宗正少卿顏度別試所考試。太府寺丞元伯源、太學錄樓

鍔並檢試卷。」同書第一百七十八冊〈兵〉一三之三一載：「(淳熙二年閏九月)(1175)二十八日宰執進呈：『昨茶寇自湖北入湖南、江西，侵犯廣東，已措置勦除，理宜黜陟。』上曰：「辛棄疾捕寇有方，雖不無過，當然可謂有勞，宜優加旌賞。汪大猷身爲帥守，督捕玩寇，不可無罰。廣東提刑林光朝不肯避事，躬督摧鋒軍以遏賊鋒，志甚可嘉。初謂其人物懦緩，臨事乃能如此，宜與進職。湖北提刑徐宅盜發，所部措置乖方，宜加責罰。於是詔江西提刑辛棄疾除祕閣修撰，廣東摧鋒軍統制路海、路鈐、黃進掩殺賊徒，不致侵犯海落，階宦除正任刺史。特轉行遙郡團練使林光朝特進職一等。江西提刑錢佃，軍前督運錢糧不闕，除祕閣脩撰。前湖北提刑徐宅追三官。前江西帥臣汪大猷落職，送南康軍居住。」綜上所引，則徽宗大觀三年任駕部員外郎之徐宅，與孝宗乾道四年任幹辦行在諸軍審計司、淳熙元年任刑部郎中、淳熙二年任湖北提刑之徐宅應非同一人。蓋二人前後相距凡六、七十年。疑東萊徐宅居仁乃徽宗時人，如爲孝宗時人之徐宅，與直齋時代相隔匪遙，或不致「未詳何人」也。是則《門類杜詩》應編成於北宋徽宗時或略後。

類集詩史三十卷

《類集詩史》三十卷，莆陽方醇道溫叟編。

廣桉案：《宋史》卷二百八〈志〉第一百六十一〈藝文〉七〈別集類〉著錄：「方醇道《類集杜甫詩史》三十卷。」即爲同一書。醇道，《宋史》無傳。鄭岳《莆陽文獻傳》卷二十一載：「方醇道，興化人，次彭子。知南劍州，以清儉自持。」可知其梗概。

王季友集一卷

《王季友集》一卷，唐王季友撰。

廣桉案：《宋史》卷二百八〈志〉第一百六十一〈藝文〉七〈別集類〉著錄：「《王季友詩》一卷。」與此同。季友，兩《唐書》無傳。《唐詩紀事》卷第二十六「王季友」條載：「季友，肅、代間詩人也。錢考功起有〈贈季友赴洪州幕下〉詩云：『列郡皆用武，南征所從誰？諸侯重才略，見子

如瓊枝。』乃知季友曾遊江西之幕。」《唐才子傳》卷第四有〈王季友傳〉。

元結《篋中集》有季友詩二首，今此《集》有七篇，而《篋中》二首不在焉。

> 案：元結《篋中集》成於乾元三年，錄沈千運、王季友、于逖、孟雲卿、張彪、趙微明、元季川七人之詩，凡二十四首。其中王季友詩二首爲〈別李季友〉與〈寄韋子春〉。其〈別李季友〉云：「栖鳥不戀枝，喈喈在同聲。行子遲出戶，依依主人情。昔時霜臺鏡，醜婦羞爾形。閉匣二十年，皎潔常獨明。今日照離別，前途白髮生。」其〈寄韋子春〉云：「出山秋雲曙，山木已再春。食我山中藥，不憶山中人。山中誰余密，白髮惟相親。雀鼠晝夜無，知我廚廩貧。依依北舍松，不厭吾南鄰。有情盡棄捐，土石爲同身。」是此《集》闕此二首。

杜詩所謂「酆城客子王季友」者，意即其人耶？

> 案：《唐詩紀事》卷第二十六「王季友」條載：「子美爲季友作〈可歎行〉云：『近者抉眼去其夫，河東女兒身姓柳。丈夫正色動引經，酆城客子王季友。豫章太守高帝孫，引爲賓客敬頗久。時危可致眞豪傑，二人得置君側否？』」考《唐才子傳》季友本傳載：「季友，河南人。暗誦書萬卷，論必引經。家貧賣屐，好事者多攜酒就之。其妻柳氏，疾季友窮醜，遣去。來客酆城，洪州刺史李公，一見傾敬，即引佐幕府。」所記與杜詩合。是杜詩爲季友而作也。

陶翰集一卷

《陶翰集》一卷，唐禮部員外郎丹陽陶翰撰。

> 廣棪案：《新唐書》卷六十〈志〉第五十〈藝文〉四〈丁部集錄·別集類〉著錄：「《陶翰集》，卷亡。潤州人，開元禮部員外郎。」〈通志略〉同。《宋史》卷二百八〈志〉第一百六十一〈藝文〉七〈別集類〉著錄：「《陶翰詩》一卷。」應與此同。

開元十八年進士，次年鴻詞。廣棪案：《文獻通考》作「宏詞」。

> 案：《唐才子傳》卷第二〈陶翰〉載：「翰，潤州人。開元十八年崔明允下進士及第，次年中博學宏辭，與鄭昉同時。官至禮部員外郎。爲詩詞

筆雙美，『既多興象，復備風骨，三百年以前，方可論其裁製。』大為當時所稱。今有《集》相傳。」可參證。

秦隱君集一卷

《秦隱君集》一卷，唐處士秦系公緒撰。

　　廣棪案：《新唐書》卷六十〈志〉第五十〈藝文〉四〈丁部集錄‧別集類〉
著錄：「《秦系詩》一卷。」《宋史》卷二百八〈志〉第一百六十一〈藝文〉
七〈別集類〉著錄：「秦系《秦隱君詩》一卷。」與《解題》同。系字公
緒，越州會稽人。《新唐書》卷一百九十六三〈列傳〉第一百二十一〈隱
逸〉有傳。

系自天寶間有詩名。藩鎮奏辟，皆不就。嘗隱越之剡、泉之南安，至貞
元中，年八十餘，不知所終。

　　案：《新唐書》系本傳載：「秦系字公緒，越州會稽人。天寶末，避亂剡
溪，北都留守薛兼訓奏為右衛率府倉曹參軍，不就。客泉州，南安有九
日山，大松百餘章，俗傳東晉時所植，系結廬其上，穴石為研，注《老
子》，彌年不出。刺史薛播數往見之，歲時致羊酒，而系未嘗至城門。姜
公輔之謫，見系輒窮日不能去，築室與相近，忘流落之苦。公輔卒，妻
子在遠，系為葬山下。張建封聞系之不可致，請就加校書郎。與劉長卿
善，以詩相贈答。權德輿曰：『長卿自以為五言長城，系用偏師攻之，雖
老益壯。』其後東度秣陵，年八十餘卒。南安人思之，為立子亭，號其
山為高士峯云。」可參證。

此本南安所刻，余又廣棪案：《文獻通考》無「又」字。嘗於宋次道《寶刻叢
章》得其逸詩二首，書冊廣棪案：盧校本「冊」作「策」。末。

　　案：《鐵琴銅劍樓藏書目錄》卷第十九〈集部〉一〈別集類〉著錄：「《秦
隱君詩集》一卷，影鈔宋本。唐秦公緒撰。隱君有詩名於天寶間，避亂居
剡川，後隱於泉之南安山，不知所終。呂夏卿嘗錄其詩而傳之。宋紹興
間有張端刻本，此即其本影寫者，有夏卿〈序〉及端〈跋〉。」是則《解
題》所謂南安刻本者，或即紹興間張端所刻本也。宋次道即宋敏求，所
編《寶刻叢章》一書，《解題》卷十五〈總集類〉有著錄，曰：「《寶刻叢

章》三十卷，宋敏求次道以四方碑刻詩文，集爲此編。多有別集中所逸者。」直齋輯得隱君逸詩二首，即據此書。

岑嘉州集八卷

《岑嘉州集》八卷，唐嘉州刺史南陽岑參撰。

廣棪案：《新唐書》卷六十〈志〉第五十〈藝文〉四〈丁部集錄‧別集類〉著錄：「《岑參集》十卷。」〈通志略〉、《郡齋讀書志》、〈宋志〉著錄同。疑《解題》所著錄者乃不全之本。參，兩《唐書》無傳。參，南陽人，累官爲嘉州刺史，《唐才子傳》卷第三有傳。

文本之曾孫。館臣案：《唐書》，岑參乃岑文本之曾孫。原本脫「文本」二字，今補正。**天寶三載進士，爲補闕左史郎官，與杜甫唱和。**

案：《新唐書》卷七十二中〈表〉第十二中〈宰相世系〉二中載：「參，庫部郎中、嘉州都督。」所記仕履不同。父、祖無可考。所記曾祖「文本，字景仁，相太宗」。《郡齋讀書志》卷第十七〈別集類〉上著錄：「《岑參集》十卷。右唐岑參，南陽人。文本裔孫。天寶三年進士，累官補闕、起居郎，出爲嘉州刺史。杜鴻漸表置幕府，爲職方郎中兼侍御史，罷，終於蜀。參博覽史籍，尤工綴文，屬辭清尚，用心良苦，其有所得，往往超拔孤秀，度越常情。每篇絕筆，人競傳諷。至德中，裴薦、杜甫等嘗薦其『識度清遠，議論雅正，佳名早立，時輩所仰，可以備獻替之官』云。集有杜確序。」可參證。

李嘉祐集一卷

《李嘉祐集》一卷，唐台州刺史李嘉祐從一撰。

廣棪案：《新唐書》卷六十〈志〉第五十〈藝文〉四〈丁部集錄‧別集類〉著錄：「《李嘉祐詩》一卷，別名從一，袁州、台州二刺史。」《崇文總目》錢東垣輯釋本、〈宋志〉同。惟《郡齋讀書志》卷第十七〈別集類〉上著錄：「《李嘉祐詩》二卷。」是此《集》宋時有分二卷者。嘉祐，兩《唐書》無傳，《唐才子傳》卷第三有傳。

天寶七載進士。亦號《臺閣集》。李肇稱其「水田飛白鷺，夏木囀黃鸝」之句，王維取之以為七言。今按此《集》無之。

> 案：《唐才子傳》「李嘉祐」載：「嘉祐字從一，趙州人。天寶七年楊譽榜進士。爲祕書正字。以罪謫南荒。未幾何，有詔量移爲鄱陽宰，又爲江陰令，後遷台、袁二州刺史。」計有功《唐詩紀事》卷第二十一「李嘉祐」載：「字從一。上元中嘗爲台州刺史，大曆間刺袁州。李肇記『漠漠水田飛白鷺，陰陰夏木囀黃鸝』之句，本嘉祐詩，而《集》中不見。」丁丙《善本書室藏書志》卷二十四〈集部〉三著錄：「《李嘉祐集》二卷，明活字本，何夢華藏書。東山席氏得影宋本《臺閣集》於吳郡柳僉家，刊入《百家唐詩》，題『袁州刺史李嘉祐字從一』。前有建炎三年正月郡守陽夏謝克家〈序〉，云：『按嘉祐上元中嘗爲台州刺史，大曆間又刺袁州。今袁州之詩多在，顧天台山水奇秀，略無連絕發揮之可恨也。李肇記王維「漠漠水田飛白鷺，陰陰夏木囀黃鸝」之句，本於嘉祐，而卷中亦不復見。然《中興間氣集》，若南薰可錄無遺，則當時所傳止此，其放失多矣。』云云，蓋克家亦刺台州，以後守而表揚前徽，因爲刻之。此活字本例刪序跋，并分體分卷，然詩則一篇不闕，仍《臺閣集》也。」可參證。

皇甫冉集一卷

《皇甫冉集》一卷，館臣案：《唐書‧藝文志》作三卷。唐左補闕丹陽皇甫冉茂政撰。與其弟曾齊名。

> 廣棪案：《新唐書》卷六十〈志〉第五十〈藝文〉四〈丁部集錄‧別集類〉著錄：「《皇甫冉詩集》三卷，字茂政，潤州丹陽人，祕書少監、集賢院脩撰彬姪也。天寶末無錫尉，避難居陽羨，後爲左金吾衛兵曹參軍、左補闕，與弟曾齊名。曾，字孝常，歷侍御史，坐事貶徙舒州司馬，陽翟令。」《郡齋讀書志》卷第十七〈別集類〉上著錄：「《皇甫冉詩》二卷。右唐皇甫冉茂政也。丹陽人。天寶十五年進士，爲無錫尉，歷拾遺、補闕，卒。與弟曾齊名，當時比張氏景陽、孟陽云。」〈宋志〉亦作二卷。是此書卷數，各書著錄至不一致。冉，《新唐書》卷二百二〈列傳〉第一百二十七〈文藝〉中附〈蕭穎士〉，載：「皇甫冉字茂政，十歲便能屬文，張九齡歎異之。與弟曾皆善詩。天寶中，踵登進士，授無錫尉。王縉爲河南元帥，表掌書記。遷累右補闕，卒。」可參證。

《集》有獨孤及〈序〉。

案：《全唐文》卷三百八十八載獨孤及〈唐故左補闕安定皇甫公集序〉，
其文曰：「五言詩之源，生於〈國風〉，廣於〈離騷〉，著於李、蘇，盛於
曹、劉，其所自遠矣。當漢魏之間，雖以樸散爲器，作者猶質有餘而文
不足，以今揆昔，則有朱絃疏越、太羹遺味之歎。歷千餘歲，至沈詹事、
宋考功，始裁成六律，彰施五色。使言之而中倫，歌之而成聲。緣情綺
靡之功，至是乃備。雖去雅寖遠。其麗有過於古者，亦猶路戭出於土鼓，
篆籀生於鳥跡也。沈、宋既歿，而崔司勳顥、王右丞維復崛起於開元、
天寶之間，得其門而入者，當代不過數人，補闕其人也。補闕諱冉，字
茂政，元晏先生之後，銀青光祿大夫澤州刺史諱敬德之曾孫，朝散大夫
饒州樂平縣令諱价之孫，中散大夫潭州刺史諱顗之子。十歲能屬文，十
五歲而老成，右丞相曲江張公深所歎異，謂清穎秀拔，有江、徐之風。
伯父祕書少監彬尤器之，自是令聞休暢，舉進士第一。歷無錫縣尉、左
金吾兵曹。今相國太原公之推轂河南也，辟爲書記。大曆二年遷左拾遺，
轉右補闕，奉使江表，因省家至丹陽。朝廷虛三署郎位以待君之復，不
幸短命，年方五十四而歿。嗚呼惜哉！君忠恕廉恪，居官可紀，孝友恭
讓，自內形外，言必依仁，交不苟合，得喪喜慍，罕見於容。故覩君述
作，知君所尙，以景命不永，斯文未臻其極也。蓋存於遺札者，凡三百
有五十篇。其詩大略以古之比興，就今之聲律，涵詠〈風〉、〈騷〉，憲章
顏、謝。至若麗曲感動，逸思奔發，則天機獨得，有非師資所獎。每舞
雩詠歸，或金谷文會，曲水修禊，南浦愴別，新聲秀句，輒加於常時一
等，才鍾於情故也。君母弟殿中侍御史曾，字孝常，與君同稟學詩之訓，
君有誨誘之助焉。既而麗藻競爽，盛名相亞，同乎聲者方之景陽、孟陽。
孝常既除喪，懼遺製之墜於地也，以及與茂政前後爲諫官，故銜痛編次，
以論撰見託，遂著其始終，以冠於篇。」可供參考。

皇甫曾集一卷

《皇甫曾集》一卷，唐侍御史皇甫曾孝常撰。天寶十二載進士。兄冉，
後曾三載登第。

廣棪案：《宋史》卷二百八〈志〉第一百六十一〈藝文〉七〈別集類〉著

錄：「《皇甫曾詩》一卷。」應與此同爲一書。曾，《新唐書》卷二百二〈列傳〉第一百二十七〈文藝〉中附〈蕭穎士〉，載：「曾字孝常，歷監察御史。其名與冉相上下，當時比張氏景陽、孟陽云。」《唐才子傳》卷第三〈皇甫曾〉載：「曾，字孝常，冉之弟也。天寶十二年楊儇榜進士。善詩，出王維之門，與兄名望相亞，當時以比張氏景陽、孟陽。協居上品，載處下流；侍御，補闕，文詞亦然。體制清緊，華不勝文，爲士林所尙。仕歷侍御史；後坐事貶舒州司馬，量移陽翟令。有《詩》一卷，傳於世。」可參證。考《郡齋讀書志》卷第十七〈別集類〉上著錄：「《皇甫冉詩》二卷。右皇甫冉茂政也。丹陽人。天寶十五年進士。」是《解題》謂冉後三載登第，不誤。

郎士元集一卷

《郎士元集》一卷，唐郢州刺史中山郎士元君胄撰。天寶十五載進士。寶應中選畿縣官，蕭宗詔_{廣棪案：盧校本無「蕭宗詔」三字。}試中書，補渭南尉，歷拾遺、刺史。_{館臣案：《唐書》，士元於寶應元年選畿縣官，詔試中書，補渭南尉，歷拾遺、郢州刺史。原本脫誤，今改正。}

廣棪案：《新唐書》卷六十〈志〉第五十〈藝文〉四〈丁部集錄·別集類〉著錄：「《郎士元詩》一卷，_{字君胄，中山人。寶應元年，選畿縣官，詔試中書，補渭南尉，歷拾遺、郢州刺史。}」《郡齋讀書志》卷第十七〈別集類〉上著錄：「《郎士元詩》一卷。右唐郎士元字君胄，中山人。天寶十五年進士，爲郢州刺史。與錢起俱有詩名，而士元尤更清雅。時朝廷公卿出牧奉使，若兩人無詩祖行，人以爲愧。」惟《宋史》卷二百八〈志〉第一百六十一〈藝文〉七〈別集類〉著錄：「《郎士元詩》二卷。」疑〈宋志〉誤。士元，兩《唐書》無傳。《唐才子傳》卷第三〈郎士元〉載：「士元，字君胄，中山人也。天寶十五載盧庚榜進士。寶應初，選京畿縣官。詔試政事中書，補渭南尉。歷左拾遺，出爲郢州刺史。與員外郎錢起齊名。時朝廷自丞相以下，出牧奉使，無兩君詩文祖餞，人以爲愧，其珍重如此。二公體調，大抵欲同，就中郎君稍更閑雅，逼近康樂，珠聯玉映，不覺成編，掩映時流，名不虛矣。有別業在半日吳村，王季友、錢起等皆見題詠，每誇勝絕。《詩集》今傳於世。」可參證。

包何集一卷

《包何集》一卷，唐起居舍人延陵包何幼嗣撰。館臣案《唐書》，包何字幼嗣。原本作幼正，今改正。　廣棪案：《文獻通考》「幼嗣」作「幼正」，誤。何，融之子，與弟佶齊名。

　　廣棪案：《秘書省續編到四庫闕書目》卷二〈集類‧別集〉著錄：「《包何詩》一卷，闕。陳《錄‧詩集類》同。」可參證。考《新唐書》卷六十〈志〉第五十〈藝文〉四〈丁部集錄‧別集類〉著錄：「《包融詩》一卷，潤州延陵人。歷大理司直。二子何、佶齊名，世稱『二包』。何字幼嗣，大歷起居舍人。」何，兩《唐書》無傳。《唐才子傳》卷第三〈包何〉載：「何，字幼嗣，潤州延陵人，包融之子也。與弟佶俱以詩鳴，時稱『二包』。天寶七年楊譽榜及第。曾師事孟浩然，授格法。與李嘉祐相友善。大歷中，仕終起居舍人。詩傳者可數。蓋流離世故，卒多素辭，大播芳名，亦當時望族也。」可參考。

包佶集一卷

《包佶集》一卷，唐秘書監包佶撰。天寶六載進士，兄何後一年。

　　廣棪案：佶字幼正。《宋史》卷二百八〈志〉第一百六十一〈藝文〉七〈別集類〉著錄：「《包幼正詩》一卷。」即此書。佶，兩《唐書》無傳。《唐才子傳》卷第三〈包佶〉載：「佶，字幼正。天寶六年楊護榜進士。累遷秘書監。劉晏治財，奏為汴東兩稅使。及晏罷，以佶為諸道鹽鐵等使。未幾，遷刑部侍郎、太常少卿，拜諫議大夫，御史中丞。居官謹確，所在有聲。佶天才贍逸，氣宇清深，心醉古經，神和大雅，詩家老斲輪也。與劉長卿、竇叔向諸公皆莫逆之愛。晚歲沾風痹之疾，辭寵樂高，不及榮利。卒封丹陽郡公。有《詩集》行於世。」可參證。何，天寶七年楊譽榜及第，是後佶一年也。

錢考功集十卷

《錢考功集》十卷，唐考功員外郎吳興錢起撰。天寶十載進士。世所傳〈湘靈鼓瑟〉詩斷句用鬼語者，即其試作也。廣棪案：《文獻通考》闕以上

各句。

廣棪案：《新唐書》卷六十〈志〉第五十〈藝文〉四〈丁部集錄·別集類〉著錄：「《錢起詩》一卷。」《崇文總目》錢東垣輯釋本、《通志·藝文略》著錄同。《宋史》卷二百八〈志〉第一百六十一〈藝文〉七〈別集類〉著錄：「《錢起詩》十二卷。」是此書卷數有一卷、十卷、十二卷之別。起，《舊唐書》卷一百六十八〈列傳〉第一百一十八附〈錢徽〉，《新唐書》卷二百八〈列傳〉第一百二十八〈文藝〉下附〈盧綸〉。《舊唐書》載：「錢徽字蔚章，吳郡人。父起，天寶十年登進士第。起能五言詩。初從鄉薦，寄家江湖，嘗於客舍月夜獨吟，遽聞人吟於庭曰：『曲終人不見，江上數峰青。』起愕然，攝衣視之，無所見矣，以爲鬼怪，而志其一十字。起就試之年，李暐所試〈湘靈鼓瑟詩〉題中有『青』字，起即以鬼謠十字爲落句，暐深嘉之，稱爲絕唱。是歲登第，釋褐秘書省校書郎。大曆中，與韓翃、李端輩十人，俱以能詩，出入貴遊之門，時號『十才子』，形於圖畫。起位終尚書郎。」《新唐書》載：「起，吳興人。天寶中舉進士，與郎士元齊名，時語曰：『前有沈、宋，後有錢、郎。』終考功郎中。」《郡齋讀書志》卷第十七〈別集類〉上著錄：「《錢起詩》二卷。右唐錢起，徽之父也。吳郡人。天寶中舉進士。初，從鄉薦，客舍月夜，聞人哦於庭曰：『曲終人不見，江上數峰青。』起攝衣從之，無所見矣。及就試，詩題乃〈湘靈鼓瑟〉也。起即以鬼謠十字爲落句，主文李暐深嘉之，擢置高第，釋褐授校書郎，終考功。與郎士元齊名，時曰『前有沈、宋，後有錢、郎』。惟起乃吳興人，終功郎中。《舊唐書》、《郡齋讀書志》作吳郡人，《舊唐書》又謂「起位終尚書郎」，皆誤也。

蜀本，作《前》、《後集》十三卷。

案：余嘉錫《四庫提要辨證》卷二十〈集部〉一〈別集類〉「《錢仲文集》十卷」條曰：「案《起集》除〈唐志〉、〈讀書志〉著錄外，《崇文總目》、卷六十一《通志·藝文略》均作一卷，《宋史·藝文志》作十二卷，惟《直齋書錄解題》卷十七作十卷，且云『蜀本作《前》、《後集》十三卷』。《苕溪漁隱叢話》後集卷十七引《夷白堂小集》宋鮑慎由撰。慎由，元祐六年進士，見《書錄解題》卷十七。云：『錢起考功詩，世所藏本皆不同，宋次道舊有五卷，王仲至續爲八卷，號爲最完，然如「牛羊上山小，煙火隔雲深」，「鳥道掛疎雨，人家戀夕陽」，「窮通戀明主，耕桑亦近郊」，「長樂鐘聲

花外近，龍池柳色雨中深」，此等句皆當時相傳爲警絕，而八卷無之，知其所遺多矣。」鮑慎由所舉諸聯，乃《中興間氣集》所盛稱者，今十卷中皆有之，當爲最完之本。嘗試論之，錢起詩集在兩宋時當有四本，二卷者蓋即一卷本所分，五卷、八卷者各爲一本，此三本皆不傳。十卷之本，既爲慎由所未見，蓋其出最後，當爲南宋人所重編。陳振孫言蜀本作十三卷，而不言文字有異，當即一本，編次不同耳。〈宋志〉作十二卷，疑係傳寫之誤，《提要》謂後人分二卷爲十卷，未必然也。」是余氏以蜀刊十三卷本，與此十卷爲同一本，僅「編次不同」，細味《解題》所述，其言可信。

韓翃集五卷

《韓翃集》五卷，唐中書舍人韓翃君平撰。天寶十三載進士。廣棪案：《文獻通考》闕以上兩句。

　　廣棪案：《新唐書》卷六十〈志〉第五十〈藝文〉四〈丁部集錄·別集類〉著錄：「《韓翃詩集》五卷。」《郡齋讀書志》卷第十七〈別集類〉上著錄：「《韓翃詩》五卷。右唐韓翃君平也。南陽人。天寶十三年進士，淄青侯希逸、宣武李勉相繼辟幕府。俄以駕部郎中知制誥，終於中書舍人。翃詩興致繁富，朝野重之。」可參證。翃字君平，官終中書舍人。《新唐書》卷二百二〈列傳〉第一百二十六〈文藝〉下附〈盧綸〉，另《唐才子傳》卷第四有傳，謂翃「天寶十三載楊紘榜進士」。

以「春城飛花」句受知德宗。廣棪案：《文獻通考》「以」字上有「翃」字。

　　案：《唐詩紀事》卷第三十「韓翃」條載：「侯希逸鎮淄青，翃爲從事。後罷府閑居十年，李勉鎮夷門，辟爲幕屬。時韓已遲暮，不得意，多家居。一日夜將半，客叩門急，賀曰：『員外除駕部郎中知制誥。』翃愕然曰：『誤矣。』客曰：『邸報制誥闕人，中書兩進名，不從，又請之，曰：「與韓翃。」』時有同姓名者，爲江淮刺史。又具二人同進，御批曰：『春城無處不開花，寒食東風御柳斜。日暮漢宮傳蠟燭，青煙散入五侯家。』又批曰：『與此韓翃。』客曰：『此員外詩耶？』翃曰：『是也。是不誤矣。』時建中初也。」《唐才子傳》翃本傳亦載：「翃，字君平，南陽人。天寶十三載楊紘榜進士。侯希逸素重其才，至是，表佐淄青幕

府。罷，閑居十年。及李勉在宣武，復辟之。德宗時，制誥闕人，中書兩進除目，御筆不點。再請之，批曰：『與韓翃。』時有同姓名者爲江淮刺史，宰相請孰與，上復批曰：『「春城無處不飛花」韓翃也。』俄以駕部郎中知制誥，終中書舍人。翃工詩，興致繁富，如芙蓉出水，一篇一詠，朝士珍之。比諷深於文房，筋節成於茂政，當時盛稱焉。有〈詩集〉五卷，行於世。」是翃以〈寒食〉詩受知唐德宗。

顧況集五卷

《顧況集》五卷，唐著作郎吳郡顧況逋翁撰。至德二載進士。皇甫湜作〈序〉。廣棪案：《文獻通考》闕以上三句。湜嘗言吾自爲顧況作〈序〉，未嘗許他人。況在唐蓋爲人推重也。《集》本十五卷，館臣案：《唐書・藝文志》作二十卷。今止五卷，不全。

廣棪案：《新唐書》卷六十〈志〉第五十〈藝文〉四〈丁部集錄・別集類〉著錄：「《顧況集》二十卷。」《郡齋讀書志》卷第十七〈別集類〉上著錄：「《顧況集》二十卷。右唐顧況字逋翁，蘇州人。至德二年，江東進士。善爲歌詩，性詼諧。德宗時，柳渾輔政，以祕書郎召況。況素善李泌，及泌相，自謂當得達官，久之，遷著作郎。及泌卒，有調笑語，貶饒州司戶，卒。〈集〉有皇甫湜〈序〉。」足資參證。《宋史》卷二百八〈志〉第一百六十一〈藝文〉七〈別集類〉著錄：「《顧況集》十五卷。」是則此《集》分十五卷、二十卷二種，直齋所得僅五卷，至不全。況，《舊唐書》卷一百三十下〈列傳〉第八十附〈李泌〉。《唐才子傳》卷第三「顧況」載：「況字逋翁，蘇州人。至德二年，天子幸蜀，江東侍郎李希言下進士。」與《解題》同。皇甫湜字持正，《新唐書》卷一百七十六〈列傳〉第一百一附〈韓愈〉。湜所撰〈唐故著作郎顧況集序〉曰：「吳中山泉氣狀，英淑怪麗，太湖異石，洞庭朱實，華亭清唳，與虎邱天竺諸佛寺，均號秀絕。君出其中間，翕輕清以爲性，結泠汰以爲質，煦鮮榮以爲詞，偏於逸歌長句。駿發踔屬，往往若穿天心，出月脇，意外驚人語，非尋常所能及，最爲快也。李白、杜甫已死，非君將誰與哉？君字逋翁，諱況，以文入仕，其爲人類其詞章。常從韓晉公於江南，爲判官，驟成其磊落大績；入佐著作，不能慕順，爲眾所排。爲江南郡丞累歲，脫麋無復北意。起屋於茅山，意飄然若將續古

三仙，以壽九十卒。混以童子見君揚州孝感寺，君披黃衫，白絹帢頭，眸子瞭然，炯炯清立，望之眞白圭振鷺也。既接歡然，以我爲揚雄、孟子，顧恨不及見，三十年於茲矣。知音之厚，曷嘗忘諸？去年從丞相涼公襄陽，有曰顧非熊生者在門，訊之，即君之子也。出君之《詩集》二十卷，泣請余發之。涼公適移莅宣武軍，余裝歸洛陽，諾而未副。今又稔矣。生來速文，乃題其《集》之首爲〈序〉。」其〈序〉於況，可謂推崇備至。

嚴維集一卷

《嚴維集》一卷，唐秘書郎山陰嚴維正文撰。至德二載辭藻宏麗科。

　　廣棪案：《新唐書》卷六十〈志〉第五十〈藝文〉四〈丁部集錄・別集類〉著錄：「《嚴維詩》一卷，字正文，越州人，秘書郎。」〈宋志〉同。維，兩《唐書》無傳。《唐才子傳》卷第三〈嚴維〉載：「維，字正文，越州人。初隱居桐廬，慕子陵之高風。至德二年，江淮選補使侍郎崔渙下以詞藻宏麗進士及第，以家貧親老，不能遠離，授諸暨尉，時已四十餘。後歷祕書郎。嚴中丞節度河南，辟佐幕府。遷餘姚令。仕終右補闕。維少無宦情，懷家山之樂，以業素從升斗之祿，聊代耕耳。詩情雅重，挹魏、晉之風，鍛鍊鏗鏘，庶少遺恨。一時名輩，孰匪金蘭？《詩集》一卷，今傳。」可參證。

韋蘇州集十卷

《韋蘇州集》十卷，唐韋應物，京兆人，天寶時爲三衛，後作洛陽丞、京兆府功曹，知滁、江二州。召還，或媚其進媒孽之計，出爲蘇州刺史。詩律自沈、宋以後日益靡嫚，鎪章刻句，揣合浮切，雖音韻諧婉，屬對麗密，而閑雅平淡之氣不存矣。獨應物之詩，馳驟建安以還，得其風格云。

　　廣棪案：《新唐書》卷六十〈志〉第五十〈藝文〉四〈丁部集錄・別集類〉著錄：「《韋應物詩集》十卷。」《郡齋讀書志》、〈宋志〉著錄同。應物，兩《唐書》無傳。《唐詩紀事》卷第二十六「韋應物」條載：「周逍遙公夐之後，待價生令儀，令儀生鑾，鑾生應物。其詩言天寶時扈從遊幸事，

疑爲三衛。永泰中，任洛陽丞、京兆府功曹。大曆十四年，自鄠縣令制除櫟陽令，以疾辭不就。建中二年，由比部員外郎出刺滁州，改刺江州，追赴闕，改左司郎中。貞元初，歷蘇州；罷守，寓蘇臺永定精舍。」《郡齋讀書志》卷第十七〈別集類〉上著錄：「《韋應物集》十卷。右唐韋應物，京兆人。周逍遙公夐之後。左僕射扶陽公待價生令儀，令儀生鑾，鑾生應物。天寶時，爲三衛。永泰中，任洛陽丞、京兆府功曹。大曆十四年，自鄠縣制除櫟陽令，稱疾辭歸。建中二年，授比部郎中，守滁州。居頃之，改江州。召還，擢左司郎中。或娼其進，媒蘗之，出爲蘇州刺史。性高潔，鮮食寡欲，所居焚香除地而坐。詩律自沈、宋以後日益靡曼，鎪章刻句，揣合浮切，雖音韻婉諧，屬對麗密，而嫻雅平淡之氣不存矣。獨應物之詩馳驟，建安以還，得其風格云。」《唐才子傳》卷第四〈韋應物〉載：「應物，京兆人也。尙俠，初，以三衛郎事玄宗，及崩，始悔，折節讀書。爲性高潔，鮮食寡欲，所居必焚香掃地而坐，冥心象外。天寶時，扈從遊幸。永泰中，任洛陽丞，遷京兆府功曹。大曆十四年，自鄠縣令制除櫟陽令，以疾辭歸，寓善福寺精舍。建中二年，由前資除比部員外郎，出爲滁州刺史。居頃之，改江州刺史，追赴闕，改左司郎中。或娼其進，媒蘗之。貞元初，又出爲蘇州刺史。大和中，以太僕少卿兼御史中丞，爲諸道鹽鐵轉運江淮留後，罷居永定，齋心屛除人事。……論曰：詩律自沈、宋之下日益靡嫚，鎪章刻句，揣合浮切；音韻婉諧，屬對藻密；而閑雅平淡之氣不存矣。獨應物馳驟，建安以還，各有風韻，自成一家之體。清深雅麗，雖詩人之盛，亦罕其倫，甚爲時論所右，而風情不能自已。如〈贈米嘉榮〉、〈杜韋娘〉等作，皆杯酒之間，見少年故態，無足怪矣。有《集》十卷，今傳於世。」可供參證。惟《解題》所述，多據晁《志》檃括。

耿湋集二卷

《耿湋集》二卷，<small>廣棪案：《文獻通考》作一卷。盧校注：「《通考》作一卷。」</small>唐右拾遺河東耿湋撰。寶應二年進士。

廣棪案：《新唐書》卷六十〈志〉第五十〈藝文〉四〈丁部集錄·別集類〉著錄：「《耿湋詩集》二卷。」《郡齋讀書志》卷第十七〈別集類〉上著錄：

「《耿緯詩》二卷。右唐耿緯。寶應元年進士，爲左拾遺。」孫猛《郡齋讀書志校證》曰：「《極玄集》卷上『耿湋』名下注云：『寶應二年進士』，《書錄解題》卷十九、《唐才子傳》卷四亦云湋爲寶應二年進士。《唐詩紀事》卷三十同原本。徐松《唐登科記考》卷十據《唐才子傳》定爲寶應二年洪源榜進士，又云寶應元年停貢舉，若此，則《郡齋讀書志》『元年』當爲『二年』之誤。」是耿湋或作耿緯，惟《郡齋讀書志》作「寶應元年進士」則誤。《宋史》卷二百八〈志〉第一百六十一〈藝文〉七〈別集類〉著錄：「《耿緯詩》三卷。」其卷數與《解題》不同。湋，兩《唐書》無傳。《新唐書》卷二百三〈列傳〉第一百二十八〈文藝〉下〈盧綸〉：「綸與吉中孚、韓翃、錢起、司空曙、苗發、崔峒、耿緯、夏侯審、李端皆能詩，齊名，號『大曆十才子』。……湋，右拾遺。」與《解題》同。《唐詩紀事》卷第三十「耿湋」條載：「湋，寶應元年進士，爲左拾遺。詩有『家貧僮僕慢，官罷友朋疏』。世多傳之。」所載登第之年，又稱湋爲「左拾遺」，均與《郡齋讀書志》同誤。《唐才子傳》卷第四〈耿湋〉載：「湋，河東人也。寶應二年洪源榜進士，與古之奇爲莫逆之交。初，爲大理司法，充括圖書使來江、淮，窮山水之勝。仕終左拾遺。詩才俊爽，意思不群。似湋等輩，不可多得。《詩集》二卷，今傳。」可參證。

《登科記》一作「緯」。

　　案：徐松《登科記考》卷十載：「唐代宗睿文孝彥武皇帝寶應二年癸卯，進士二十七人：洪源、古之奇、耿緯、杜黃裳、高郢、鄭錫、喬琳。」是《登科記考》作耿緯。

司空文明集二卷

《司空文明集》二卷，唐虞部郎中京兆司空曙文明撰。

　　廣棪案：《新唐書》卷六十〈志〉第五十〈藝文〉四〈丁部集錄‧別集類〉著錄：「《司空曙詩集》二卷。」與此同。曙，《新唐書》卷二百三〈列傳〉第一百二十八〈文藝〉下附〈盧綸〉載：「曙字文初，廣平人。從韋皋於劍南，終虞部郎中。」《唐詩紀事》卷三十「司空曙」條載：「曙字文初，廣平人。登進士第，從韋皋於劍南。貞元中，爲水部郎中，終虞部郎中。」《唐才子傳》卷第四〈司空曙〉載：「曙，字文明，廣平人也。磊落有奇

才，韋皋節度劍南，辟致幕府。授洛陽主簿，未幾，遷長林縣丞。累官左拾遺，終水部郎中。與李約員外至交。性耿介，不干權要，家無甔石，晏如也。嘗病中不給，遣其愛姬，亦自流寓長沙。遷謫江右，多結契雙林，暗傷流景。〈寄暕上人詩〉云：『欲就東林寄一身，尚憐兒女未成人。柴門客去殘陽在，藥圃蟲喧秋雨頻。近水方同梅市隱，曝衣多笑阮家貧。深山蘭若何時到？羨與閑雲作四鄰。』閑園即事，高興可知。屬調幽閑，終歸調暢。如新華笑日，不容熏染。鏘鏘美譽，不亦宜哉！有《詩集》二卷，今傳。」曙之字，或作文初，或作文明，未知孰是？或初字文初，後更文明也。

別本一卷，財數篇。

案：《宋史》卷二百八〈志〉第一百六十一〈藝文〉七〈別集類〉著錄：「《司空文明集》一卷。」應即此本。

李端集三卷

《李端集》三卷，唐杭州司馬趙郡李端撰。大曆五年進士。

廣校案：《新唐書》卷六十〈志〉第五十〈藝文〉四〈丁部集錄‧別集類〉著錄：「《李端詩集》三卷。」《郡齋讀書志》、《宋志》著錄同。端，《舊唐書》卷一百六十三〈列傳〉第一百一十三附其子〈李虞仲〉，載：「李虞仲字見之，趙郡人。祖震，大理丞。父端，登進士第，工詩。大曆中，與韓翃、錢起、盧綸等文詠唱和，馳名都下，號『大曆十才子』。時郭尚父少子曖尚代宗女昇平公主，賢明有才思，尤喜詩人，而端等十人，多在曖之門下。每宴集賦詩，公主坐視簾中，詩之美者，賞百縑。曖因拜官，會十子曰：『詩先成者賞。』時端先獻，警句云：『薰香荀令偏憐小，傅粉何郎不解愁。』主即以百縑賞之。錢起曰：『李校書誠有才，此篇宿構也。願賦一韻正之，請以起姓為韻。』端即襞牋而獻曰：『方塘似鏡草芊芊，初月如鉤未上弦。新開金埒教調馬，舊賜銅山許鑄錢。』曖曰：『此愈工也。』起等始服。端自校書郎移疾江南，授杭州司馬而卒。」《新唐書》卷二百三〈列傳〉第一百二十八〈文藝〉下〈盧綸〉亦載：「端，趙州人。始，郭曖尚昇平公主，主賢明有才思，尤招納士，故端等多從曖游。曖嘗進官，大集客，端賦詩最工，錢起曰：『素為之，請賦起姓。』

端立獻一章，又工于前，客乃服，主賜帛百。後移疾江南，終杭州司馬。」
《郡齋讀書志》卷第十七〈別集類〉上著錄：「《李端司馬集》三卷。右
唐李端，趙州人。大曆五年進士，爲校書郎。卒官杭州司馬。郭曖尙昇
平公主，賢明，招納士類，故端等皆客之。嘗座上賦詩，奇甚，主大加
稱歎。錢起曰：『素爲之，請賦起姓。』端立獻一章云：『新開金埒看調
馬，舊錫銅山許鑄錢。』錢起乃服。主喜，厚賜之。」均可參證。端，《唐
才子傳》卷第四亦有傳，生平事迹更翔贍。

盧綸集十卷

《盧綸集》十卷，唐戶部郎中河東盧綸允言撰。綸與吉中孚、錢起、韓
翃、司空曙、苗發、崔峒、耿湋、夏侯審、李端皆有詩名，號大曆十才
子。

　　廣棪案：《新唐書》卷六十〈志〉第五十〈藝文〉四〈丁部集錄‧別集類〉
　　著錄：「《盧綸詩集》十卷。」與《解題》同。《郡齋讀書志》卷第十七〈別
　　集類〉上著錄：「《盧綸詩》一卷。右唐盧綸與吉中孚、錢起、韓翃、司
　　空曙、苗發、崔峒、耿湋、夏侯審、李端皆有詩名，號『大曆十才子』。
　　綸字允言，累舉進士，不第。」〈宋志〉亦作一卷。綸，《舊唐書》卷一
　　百六十三〈列傳〉第一百一十三附其子〈盧簡辭〉，載：「盧簡辭字子策，
　　范陽人，後徙家于蒲。祖翰。父綸，天寶末舉進士，遇亂不第，奉親避
　　地於鄱陽，與郡人吉中孚爲林泉之友。大曆初，還京師，宰相王縉奏爲
　　集賢學士、秘書省校書郎。王縉兄弟有詩名於世，縉既官重，凡所延辟，
　　皆辭人名士，以綸能詩，禮待逾厚。會縉得罪，坐累。久之，調陝府戶
　　曹、河南密縣令。建中初，爲昭應令。朱泚之亂，咸寧王渾瑊充京城西
　　面副元帥，乃拔綸爲元帥判官、檢校金部郎中。貞元中，吉中孚爲翰林
　　學士、戶部侍郎，典邦賦，薦綸于朝。會丁家艱，而中孚卒。太府卿韋
　　渠牟得幸於德宗，綸即渠牟之甥也，數稱綸之才，德宗召之內殿，令和
　　御製詩，超拜戶部郎中。方欲委之掌誥，居無何，卒。初，大曆中，詩
　　人李端、錢起、韓翃輩能爲五言詩，而辭情捷麗，綸作尤工。至貞元末，
　　錢、李諸公凋落，綸嘗爲〈懷舊詩〉五十韻，敘其事曰：『吾與吉侍郎中
　　孚、司空郎中曙、苗員外發、崔補闕峒、耿拾遺湋、李校書端，風塵追

遊，向三十載。數公皆負當時盛稱，榮耀未幾，俱沉下泉。傷悼之際，暢當博士追感前事，賦詩五十韻見寄。輒有所酬，以申悲舊，兼寄夏侯審侍御。』其歷言諸子云：『侍郎文章宗，傑出淮、楚靈；掌賦若吹籟，司言如建瓴。郎中善慶餘，雅韻與琴清；鬱鬱松帶雪，蕭蕭鴻入冥。員外眞貴儒，弱冠被華纓；月香飄桂實，乳溜瀝瓊英。補闕思沖融，巾拂藝亦精；彩蝶戲芳圃，瑞雲滋翠屏。拾遺興難侔，逸調曠無程；九醞貯彌潔，三花寒轉馨。校書才智雄，舉世一娉婷；賭墅鬼神變，屬辭鸞鳳驚。差肩曳長裾，總轡奉和鈴。共賦瑤臺雪，同觀金谷笙。倚天方比劍，沉水忽如瓶。君持玉盤珠，寫我懷袖盈。讀罷涕交頤，願言躋百齡。』綸之才思，皆此類也。文宗好文，尤重綸詩，嘗問侍臣曰：『《盧綸集》幾卷？有子弟否？』李德裕對曰：『綸有四男，皆登進士第，今員外郎簡能、侍御史簡辭是也。』即遣中使詣其家，令進文集。簡能盡以所集五百篇上獻，優詔嘉之。」綸既有詩五百篇，其《集》似應作十卷為合。《新唐書》卷二百三〈列傳〉第一百二十八〈文藝〉下〈盧綸〉載：「盧綸字允言，河中蒲人。避天寶亂，客鄱陽。大曆初，數舉進士不入第。元載取綸文以進，補閿鄉尉。累遷監察御史，輒稱疾去。坐與王縉善，久不調。渾瑊鎮河中，辟元帥判官，累遷檢校戶部郎中。嘗朝京師，是時，舅韋渠牟得幸德宗，表其才，召見禁中，帝有所作，輒使賡和。異日問渠牟：『盧綸、李益何在？』答曰：『綸從渾瑊在河中。』驛召之，會卒。綸與吉中孚、錢起、韓翃、司空曙、苗發、崔峒、耿湋、夏侯審、李端皆能詩齊名，號『大曆十才子』。憲宗詔中書舍人張仲素訪集遺文。文宗尤愛其詩，問宰相：『綸文章幾何？亦有子否？』李德裕對：『綸四子：簡能、簡辭、弘正、簡求，皆擢進士第，在臺閣。』帝遣中人悉索家笥，得詩五百篇以聞。」均可參證。

李益集二卷

《李益集》二卷，唐集賢學士右散騎常侍李益君虞撰。廣棪案：《文獻通考》闕此句。

　　廣棪案：《郡齋讀書志》卷第十七〈別集類〉上著錄：「《李益詩》一卷。右唐李益君虞也。姑臧人。大曆四年進士，調鄭縣尉，幽州劉濟辟從事。

憲宗雅聞其名，召爲集賢殿學士。負才，凌藉士類，眾不能堪，暴其獻
濟詩『不上望京樓』之句，以涉怨望，詔降秩，俄復舊。益少富詞藻，
長於歌詩，與宗人賀齊名。每作一篇，樂工以賂求取，被聲歌，供奉天
子。〈征人〉、〈早行〉詩，天下皆施之圖繪。今《集》有〈從軍詩〉五十
首，而無此詩，惜其放逸多矣。」〈宋志〉亦作一卷，均與《解題》作二
卷者不同。益字君虞，官集賢殿學士，累遷右散騎常侍。《舊唐書》卷一
百三十七〈列傳〉第八十七、《新唐書》卷二百三〈列傳〉第一百二十八
〈文藝〉下均有傳。

益，宰相揆之族子。大曆四年進士。歌詩與宗人賀齊名，《舊史》本傳
稱_{廣棪案：《文獻通考》「稱」作「指」。}**其少有癡病，**_{廣棪案：《文獻通考》作「癡}
_{疾」。}**防閑妻妾過於苛酷，有「散灰扃戶」之說**_{廣棪案：《文獻通考》「說」作}
_{「談」，盧校本同。}**聞於時，故時謂妒癡為李益疾。**_{廣棪案：《文獻通考》「妒」}
_{上有「之」字。}

案：《舊唐書》益本傳載：「李益，肅宗朝宰相揆之族子。登進士第，長
爲歌詩。貞元末，與宗人李賀齊名。每作一篇，爲教坊樂人以賂求取，
唱爲供奉歌詞。其〈征人歌〉、〈早行篇〉，好事者畫爲屏障；『迴樂峰前
沙似雪，受降城外月如霜』之句，天下以爲歌詞。然少有癡病，而多猜
忌，防閑妻妾，過爲苛酷，而有『散灰扃戶』之譚聞於時，故時謂妒癡
爲『李益疾』；以是久之不調，而流輩皆居顯位。益不得意，北遊河朔，
幽州劉濟辟爲從事，常與濟詩而有『不上望京樓』之句。」可參證。

按：世傳〈霍小玉傳〉，所謂李十郎詩「開簾風動竹，疑是故人來」者，
即益也。《舊史》所載如此，豈小玉將死，訣絕之言果驗耶？抑好事者
因其有此疾，遂為此說以實之也？

案：蔣防所撰〈霍小玉傳〉，載《太平廣記》卷第四百八十七。其〈傳〉中
載：「母謂曰：『汝嘗愛念「開簾風動竹，疑是故人來」，即此十郎詩也。爾
終日吟想，何如一見？』」又載：「玉乃側身轉面，斜視生良久，遂舉杯酒
酹地曰：『我爲女子，薄命如斯。君是丈夫，負心若此。韶顏稚齒，飲恨而
終。慈母在堂，不能供養。綺羅絃管，從此永休。徵痛黃泉，皆君所致。
李君，李君，今當永訣。我死之後，必爲厲鬼，使君妻妾，終日不安。』
乃引左手握生臂，擲盃於地，長慟號哭數聲而絕。」直齋所述殆據此。

孟東野集一卷

《孟東野集》一卷，唐溧陽尉孟郊東野撰。

廣棪案：《解題》卷十六〈別集類〉上著錄：「《孟東野集》十卷，唐溧陽尉武康孟郊東野撰。惟末卷有書二篇、贊一篇，餘皆詩也。郊，貞元十二年進士。」前者收有書、贊，屬別集；此則詩集也。考《新唐書》卷六十〈志〉第五十〈藝文〉四〈丁部集錄·別集類〉著錄：「《孟郊詩集》十卷。」《郡齋讀書志》同。《宋史》卷二百八〈志〉第一百六十一〈藝文〉七〈別集類〉著錄：「《孟東野詩集》十卷。」疑《解題》著錄卷數有訛誤。

朱放集一卷

《朱放集》一卷，唐右拾遺吳郡朱放長通撰。

廣棪案：《郡齋讀書志》卷第十七〈別集類〉上著錄：「《朱倣詩》一卷。右唐朱倣字長通，襄陽人。隱居剡溪。嗣曹王皋鎮江西，辟節度參謀。貞元初，召爲拾遺，不就。」是《郡齋讀書志》「朱放」作「朱倣」，「吳郡」人作「襄陽」人，與《解題》不同。《宋史》卷二百八〈志〉第一百六十一〈藝文〉七〈別集類〉著錄：「《朱放詩》二卷。」則所著錄卷數又不同。放，兩《唐書》無傳。《唐才子傳》卷第五有傳，惟稱放「南陽人」，所拜官爲「左拾遺」，而《集》作二卷，均與《解題》異。

按：〈藝文志〉云襄州人，隱居剡谿，貞元初召為右拾遺不就。

案：此處所言之〈藝文志〉，乃指《新唐書·藝文志》。《新唐書》卷六十〈志〉第五十〈藝文〉四〈丁部集錄·別集類〉著錄：「《朱放詩》一卷。字長通，襄州人，隱居剡溪。嗣曹王皋鎮江西，辟節度參謀。貞元初召爲拾遺，不就。」可參證。惟〈新唐志〉僅稱「召爲拾遺」，未稱「右拾遺」。《郡齋讀書志》據〈新唐志〉，或更可據。

朱灣集一卷

《朱灣集》一卷，館臣案：《唐書·藝文志》作四卷。唐永平從事朱灣撰。自號滄州，廣棪案：《文獻通考》作「蒼洲」，疑誤。其為從事，李勉辟之也。

廣棪案：《新唐書》卷六十〈志〉第五十〈藝文〉四〈丁部集錄·別集類〉著錄：「《朱灣詩集》四卷，李勉永平從事。」所著錄卷數不同。《宋史》卷二百八〈志〉第一百六十一〈藝文〉七〈別集類〉著錄：「《朱灣詩》一卷。」與《解題》著錄者應同屬一書。灣，兩《唐書》無傳。《唐才子傳》卷第三〈朱灣〉載：「灣，字巨川，大曆時隱君也，號滄洲子。率履貞素，潛輝不曜，逍遙雲山琴酒之間，放浪形骸繩檢之外。郡國交徵，不應。工詩，格體幽遠，興用弘深。寫意因詞，窮理盡性，尤精詠物，必含比興，多敏捷之奇。及李勉鎮永平，嘉其風操，厚幣邀來，署爲府中從事，日相談讌，分逾骨肉，久之。嘗謁湖州崔使君，不得志，臨發以書別之曰：『灣聞蓬萊山，藏杳冥間，行可到；貴人門，無媒通，不可到。驪龍珠，潛混瀁之淵，或可識；貴人顏，無因而前，不可識。自假道路，問津主人。一身孤雲，兩度圓月；載請執事，三趨戟門。信知庭之與堂，不啻千里。況寄食漂母，夜眠魚舟，門如龍而難登，食如玉而難得？食如玉之粟，登如龍之門，實無機心，翻成機事。漢陰丈人聞之，豈不大笑？屬溪上風便，囊中金貧，望甘棠而歡，自引分而退。灣白。』遂歸會稽山陰別墅。其耿介類如此也。有《集》四卷，今傳。」是灣嘗謁湖州崔使君而不得志者。

麴信陵集一卷

《麴信陵集》一卷，唐望江令麴信陵撰。貞元元年進士。

廣棪案：《新唐書》卷六十〈志〉第五十〈藝文〉四〈丁部集錄·別集類〉著錄：「《麴信陵詩》一卷。」〈宋志〉同。《郡齋讀書志》卷第十七〈別集類〉上著錄：「《麴信陵集》一卷。右唐麴信陵。貞元元年進士。爲舒州望江令，卒。」信陵，兩《唐書》無傳。《唐才子傳》卷第五〈麴信陵〉載：「信陵，貞元元年鄭全濟榜及第，仕爲舒州望江縣令，卒。工詩，有《集》一卷。」殊簡略。考洪邁《容齋五筆》卷第七有〈書麴信陵事〉曰：「夜讀白樂天〈秦中吟〉十詩，其〈立碑〉篇云：『我聞望江縣，麴令撫惸嫠。麴，名信陵。在官有仁政，名不聞京師。身歿欲歸葬，百姓遮路歧。攀轅不得去，留葬此江湄。至今道其名，男女涕皆垂。無人立碑碣，唯有邑人知。』予因憶少年寓無錫時，從錢伸仲大夫借書，正得信陵遺

集，財有詩三十三首，〈祈雨文〉三首。信陵以貞元元年鮑防下及第，爲
四人，以六年作望江令。讀其〈投石祝江文〉云：『必也私欲之求，行於
邑里，慘黷之政，施於黎元，令長之罪也。神得而誅之，豈可移於人以
害其歲？』詳味此言，其爲政無愧於神天可見矣。至大中十一年，寄客
鄉貢進士姚輦，以其文示縣令蕭縝，縝輟俸買石刊之。樂天十詩，作於
貞元元和之際，距其亡十五年耳，而名已不傳。《新唐書・藝文志》但記
詩一卷，略無它說。非樂天之詩，幾於與草木俱腐。乾道二年，歷陽陸
同爲望江令，得其詩於汝陰，王廉清爲刊板而致之郡庫，但無〈祈雨文〉
也。」可參證。考徐松《登科紀考》卷十二載：「唐德宗神武孝文皇帝貞
元元年乙丑。進士三十三人：鄭全濟狀元。」是容齋謂「信陵以貞元元年
鮑防下及第」，殆誤記。鮑防及第在天寶十二年楊儇榜，見《登科記考》
卷九。

長孫佐輔集一卷

《長孫佐輔集》一卷，唐長孫佐輔撰。按：《百家詩選》云：「德宗時人，
其弟公輔爲吉州刺史，往依焉。」當必有所據也。其詩號《古調集》。

　　廣棪案：此書《新唐書・藝文志》、《宋史・藝文志》均未著錄。佐輔，兩
　　《唐書》無傳。《唐詩紀事》卷第四十「長孫佐輔」條載：「佐輔，德宗時
　　人，弟公輔爲吉州刺史，佐輔往依焉。」《唐才子傳》卷第五〈長孫佐輔〉
　　載：「佐輔，朔方人。舉進士下第，放懷不羈。弟公輔，貞元間爲吉州刺史，
　　遂往依焉。後卒不宦，隱居以求志。然風流醞藉，一代名儒。詩格詞情，
　　繁縟不雜，卓然有英邁之氣。每見其擬古樂府數篇，極怨慕傷感之心，如
　　水中月，如鏡中相，言可盡而理無窮也。《集》今傳。」《全唐詩》卷四百
　　六十九「長孫佐輔」載：「長孫佐輔，德宗時人。其弟公輔爲吉州刺史，往
　　依焉。其詩號《古調集》，今存十七首。」均可參證。

柳宗元詩一卷

《柳宗元詩》一卷，唐柳宗元撰。

　　廣棪案：此爲直齋鈔出別行之柳詩，僅一卷。考《新唐書》卷六十〈志〉

第五十〈藝文〉四〈丁部集錄・別集類〉著錄：「《柳宗元集》三十卷。」

〈通志略〉、〈宋志〉同。《郡齋讀書志》卷第十七〈別集類〉上著錄：「《柳宗元集》三十卷，《集外文》一卷。」是柳《集》凡三十卷。宗元字子厚，《舊唐書》卷一百六十〈列傳〉第一百一十下、《新唐書》卷一百六十八〈列傳〉第九十三有傳。

子厚詩在唐與王摩詰、韋應物相上下，頗有陶、謝風氣，古律、絕句總一百四十五篇，在全集中不便於觀覽，因鈔出別行。

案：《文獻通考》卷二百四十二〈經籍考〉六十〈集詩集〉「《柳宗元詩》一卷」條下引蘇東坡曰：「蘇、李之天成，曹、劉之自得，陶、謝之超然，固已至矣。而杜子美、李太白以英偉絕世之資，凌跨百代，古之詩人盡廢。然魏、晉以來，高風絕塵亦少衰矣。李、杜之後，詩人繼出，雖有遠韻，而才不逮意。獨韋應物、柳子厚，發纖穠於簡古，寄至味於淡泊，非餘子所及也。唐末司空圖崎嶇兵亂之間，而得詩人高雅，獨有承平之遺風。其論詩曰：『梅止於酸，鹽止於鹹，飲食不可無鹽梅，而其美常在於鹹酸之外。』可以一唱而三歎也。子厚詩在陶淵明下，韋蘇州上。退之豪放奇險則過之，而溫麗靖深不及也。所貴於枯淡者，謂外枯而中膏，似淡而實美，淵明、子厚之流是也。若中邊皆枯，亦何足道。佛言譬如食蜜，中邊皆甜，人食五味，知其甘苦者皆是；能分別其中邊者，百無一也。」可參證。

張籍集三卷

《張籍集》三卷，館臣案：《唐書・藝文志》作七卷。，唐國子司業張籍文昌撰。

廣棪案：《新唐書》卷六十〈志〉第五十〈藝文〉四〈丁部集錄・別集類〉著錄：「《張籍詩集》七卷。」《崇文總目》同。錢東垣輯釋本。《郡齋讀書志》卷第十七〈別集類〉上著錄：「《張籍詩集》五卷。」《宋史》卷二百八〈志〉第一百六十一〈藝文〉七〈別集類〉著錄：「《張籍集》十二卷。」是此書板本頗多，分卷多寡亦不同。此三卷本尚流傳，黃丕烈《蕘圃藏書題識》卷七〈集類〉一著錄：「《張司業詩集》三卷，宋刊本。『宋刻《張司業集》有二：一本八卷，一本上中下三卷，而要以八卷爲勝。《百家唐詩》

中所刻一卷，僅三卷中之下卷耳，其爲可笑如此。予既別鈔北宋本，復借遵王南宋本補此二卷，聞此外尙有《木鐸集》，惜無從一見之也。辛丑六月十一日，貽典識。』按敕先〈跋〉謂宋刻《張司業集》有三本，除此三卷及八卷本，當即《通考》所載《張籍詩集》五卷也。《木鐸集》凡十二卷，直齋陳氏云，然未之見也。近獲湯中季庸以諸本校定爲《張司業集》八卷本，魏峻叔高又得《木鐸集》，凡他本所無者，皆附其末。并八卷，爲勝之矣。復翁識。」是丕烈猶及見此宋刊三卷本。籍字文昌，和州烏江人。《舊唐書》卷一百六十下〈列傳〉第一百一十下有傳，《新唐書》卷一百七十六〈列傳〉第一百一附〈韓愈〉。《舊唐書》本傳載：「張籍者，貞元中登進士第。性詭激，能爲古體詩，有警策之句，傳於時。調補太常寺太祝，轉國子助教、秘書郎。以詩名當代，公卿裴度、令狐楚，才名如白居易、元稹，皆與之遊，而韓愈尤重之。累授國子博士、水部員外郎，轉水部郎中，卒。世謂之張水部云。」闕載其除國子司業，《新唐書》、《唐詩紀事》亦然。惟《郡齋讀書志》記其「終國子司業」，《唐才子傳》同。

川本作五卷。

案：《郡齋讀書志》卷第十七〈別集類〉上著錄：「《張籍詩集》五卷。右唐張籍文昌也。和州人。貞元十五年登進士第。終國子司業。籍性猖急，爲詩長於樂府，多警句。元和中，與白樂天、孟東野相酬唱，天下宗之，謂之『元和體』云。其《集》五卷，張泊爲之編次。」是《郡齋讀書志》著錄者乃川本。

木鐸集十二集

《木鐸集》十二卷，張泊所編。錢公輔名《木鐸集》，與他本相出入，亦有他本所無者。

廣棪案：《宋史》卷二百八〈志〉第一百六十一〈藝文〉七〈別集類〉著錄：「《張籍集》十二卷。」應即此書。《四庫全書總目》卷一百五十〈集部〉三〈別集類〉著錄：「《張司業集》八卷，安徽巡撫採進本。唐張籍撰。……其《集》爲張泊所編。泊〈序〉稱：『自丙午至乙丑相次綴輯，得四百餘篇。』考丙午爲南唐李昇昇元元年，當晉開運三年。乙丑爲宋乾德二年。

蓋洎搜葺二十年始成完本，亦云勤矣。陳振孫《書錄解題》云：『張洎所編籍詩，名《木鐸集》，凡十二卷。』『近世湯中季庸以諸本校定爲《張司業集》八卷，刻之平江。』此本爲明萬歷中和州張尙儒與張孝祥《于湖集》合刻者。尙儒稱購得河中劉侍御本，又參以朱蘭嵎太史金陵刊本，得詩四百四十九首，并錄〈與韓昌黎書〉二首，訂爲八卷。則已非張洎、湯中之舊。然其數不甚相遠，似乎無所散佚也。」今人萬曼《唐集敍錄·張司業集》載：「比較流行的，是張洎編的《木鐸集》，凡十二卷，陳振孫云：『張洎所編，錢公輔名《木鐸集》，與他本相出入，亦有他本所無者。』張洎〈張司業集序〉云：『自皇朝多故，薦經離亂，公之遺集，十不存一。予自丙午歲（946）迨至乙丑歲（965）相次輯綴，僅得四百餘篇，藏諸篋笥，餘則便俟博訪，以廣其遺闕云爾。』張洎（933～996）是宋初人，他所說的皇朝是指南唐說的，而丙午至乙丑，張洎也是仕於南唐李煜朝，尙未入宋，所以他編的這個本子，顯是流行於江南的《張籍歌詩》，但《郡齋讀書志》著錄的五卷本，亦云張洎編，與此十二卷的《木鐸集》，異同如何，乃不能明。」可供參證。張洎字師黯，改字偕仁，南譙人。《十國春秋》卷第三十〈南唐〉十六有傳。錢公輔，字君倚，常州武進人。《宋史》卷三百二十一〈列傳〉第十八有傳。

張司業集八卷、附錄一卷

《張司業集》八卷、《附錄》一卷，湯中季庸以諸本校定，且考訂其為吳郡人。魏峻叔高刻之平江，續又得《木鐸集》，凡他本所無者，皆附其末。

　　案：黃丕烈《蕘園藏書題識》卷七〈集類〉一著錄：「《張司業詩集》八卷，舊鈔本。《張司業詩集》，余所藏三卷本係影宋本，續又借試飲堂顧氏藏陸敕先手校本臨校一過。頃書友以八卷本舊鈔者示余，取對前本，知八卷爲勝，方信顧本陸敕先〈跋〉以爲八卷最勝者，果不誣矣。三卷中詩，此皆有之。而諸體中閒有多於彼者，此所以爲勝也。其聯句、拾遺、附錄，皆八卷所錄爲獨迥，與三卷本不同矣。至於古色古香，人所共愛，余又無庸贅言。嘉慶癸酉春三月三日，復翁識。」萬曼《唐集敍錄·張司業集》載：「後來又有番陽湯中的《張司業集》八卷，《附錄》一卷本。陳振孫：『湯中季庸

以諸本校定，且考訂其爲吳郡人，魏峻叔高刻之平江，續又得《木鐸集》，凡他本所無者，皆附其末。』湯中記云：『司業詩集，世所傳者，歷陽、盱江二本，編次不倫，字亦多誤。余家藏元豐八年（1085）寫本，以樂府首卷，絕句繫後，既有條理，古詩亦多二本十數首。今合三本校定八卷，復錄退之、樂天、夢得酬贈諸篇附後，差完善可觀。』此本似綜合了各本而成，篇什最多，從此這個八卷本就成爲以後諸刻的祖本了。」可參證。考湯中，《宋史》無傳。《宋元學案》卷八十四〈存齋晦庵息庵學案・柴眞門人詹氏再傳・通直陽存齋先生千父德威、郡守湯晦庵先生巾、侍郎湯息庵先生中合傳〉載：「中，字季庸，寶慶進士，與先生廣棪案：指湯千。並師柴憲敏公中行，繼又並事西山。……季庸官司諫，至工部侍郎。」魏峻，《宋史》無傳。范成大《吳郡志》卷十一〈牧守〉載：「魏峻，朝散大夫、集英殿修撰知平江府，兼兩淮浙西發運副使，節制許浦都統司水軍，淳祐四年四月二十六日到任，八月以經筵徽章轉朝請大夫。五年四月，御筆除寶章閣待制，賜帶。八月，招糴及數轉朝議大夫。十二月，磨勘傳中奉大夫。六年，又以招糴轉中大夫。三月十三日御筆除刑部侍郎。」是則此書乃峻刻於淳祐四年四月至八月知平江府時。

王建集十卷

《王建集》十卷，唐陝州司馬王建仲和撰。建長於樂府，與張籍相上下，大曆十年進士也。廣棪案：《文獻通考》無「也」字。歷官昭應縣丞，太和中爲陝州司馬。尤長宮詞。廣棪案：盧校注：「歷官昭應縣丞」以下元本無。

　　廣棪案：《新唐書》卷六十〈志〉第五十〈藝文〉四〈丁部集錄・別集類〉著錄：「《王建集》十卷，大和陝州司馬。」〈宋志〉同。《郡齋讀書志》卷第十七〈別集類〉上著錄：「《王建詩》十卷。右唐王建也。大曆十年進士。爲昭應縣丞，太府寺丞。大和中，陝州司馬。尤長宮詞。」可參證。《崇文總目》卷五〈別集類〉三：「《王建詩》二卷。」錢東垣輯釋本。應爲不全本。建，兩《唐書》無傳。《唐才子傳》卷第四〈王建〉載：「建，字仲初，潁川人。大曆十年丁澤榜第二人及第，釋褐授渭南尉，調昭應縣丞。諸司歷薦，遷大府寺丞、祕書丞、侍御史。大和中，出爲陝州司馬。從軍塞上，弓劍不離身。數年後歸，卜居咸陽原上。初，遊韓吏部門牆，

為忘年之友，與張籍契厚，唱答尤多。工為樂府歌行，格幽思遠。二公之體，同變時流。建性耽酒，放浪無拘。宮詞特妙前古。」可參考。建長宮詞，《文獻通考》卷二百四十三〈經籍考〉六十九〈集詩集〉「《王建集》十卷」條下引〈舊跋〉：「王建，太和中為陝州司馬，與韓愈、張籍同時，而籍相友善。工為樂府、歌行，思遠格幽。初為渭南尉，與宦者王守澄有宗人之分，因過飲相譏戲，守澄深憾曰：『吾弟所作宮詞，禁掖深邃，何以知之？將奏劾。』建因以詩解之曰：『先朝行坐鎮相隨，今上春宮見長時。脫下御衣偏得著，進來龍馬每教騎。嘗承密旨還家少，獨奏邊情出殿遲。不是當家頻向說，九重爭遣外人知。』事遂寢。宮詞凡百絕，天下傳播，倣此體者雖有數家，而建為之祖也。」是其證。

王建宮詞一卷

《王建宮詞》一卷，即《集》中第十卷錄出別行。

　　廣棪案：高儒《百川書志》卷之十四〈集·唐〉著錄：「《王建宮詞》一卷，陝西司馬王建仲和撰，凡百首，為宮詞之祖。」考《唐詩紀事》卷第四十四「王建」下注：「宮詞一百首」，所錄之宮詞，疑出此本。

李長吉集一卷

《李長吉集》一卷，館臣案：《唐書·藝文志》作五卷，《文獻通考》亦云《集》四卷、《外集》一卷。唐奉禮郎李賀長吉撰。

　　廣棪案：《新唐書》卷六十〈志〉第五十〈藝文〉四〈丁部集錄·別集類〉著錄：「《李賀集》五卷。」《郡齋讀書志》卷第十八〈別集類〉中著錄：「《李賀集》四卷、《外集》一卷。右唐李賀字長吉，鄭王之孫。七歲能辭章，韓愈、皇甫湜聞之，過其家，使賦詩，援筆輒就，自目曰《高軒過》，二人大驚。年二十七，終協律郎。賀詞尚奇詭，為詩未始先立題，所得皆警邁，遠去筆墨畦逕，當時無能效者。樂府十數篇，雲韶工合之絃管云。或說賀卒後，為不相悅者盡取其所著投圂中，以故世傳者不多。《外集》予得之梁子美家。姚鉉頗選載《文粹》中。」〈宋志〉同。《解題》作一卷，如非著錄有誤，則直齋所藏者乃不全之本。賀，《舊唐書》

卷一百三十七〈列傳〉第八十七、《新唐書》卷二百三〈列傳〉第一百二十八〈文藝〉下有傳。惟均稱賀爲協律郎，《解題》稱「奉禮郎」，蓋據李商隱所作〈李賀小傳〉。

賀不壽，仕不顯，而世多喜言其人，此不復敘。廣棪案：盧校本作「序」。

案：《唐詩紀事》卷第四十三「李賀」條引杜牧序其《文集》云：「賀字長吉，元和中，韓吏部亦頗道其歌詩。雲煙綿聯，不足爲其態也。水之迢迢，不足爲其情也。春之盎盎，不足爲其和也。秋之明潔，不足爲其格也。風檣陣馬，不足爲其勇也。瓦棺篆鼎，不足爲其古也。時花美女，不足爲其色也。荒國陊殿，梗莽丘壠，不足爲其恨怨悲愁也。鯨呿鼇擲，牛鬼蛇神，不足爲其虛荒幻誕也。蓋〈騷〉之苗裔，理雖不及，辭或過之。〈騷〉有感怨刺懟，言及君臣理亂，時有以激發人意。乃賀所爲，無得有是。賀能探尋前事，所以深嘆恨今古未嘗經道者。如〈金銅仙人辭漢歌〉、〈補梁庾肩吾宮體謠〉，求取情狀離絕，遠去筆墨畦逕間，亦殊不能知之。賀生二十七年死矣，世皆曰：使賀且未死，少加以理，奴僕命〈騷〉可也。」又引李商隱作〈賀小傳〉云：「京兆杜牧爲李長吉〈序〉，狀長吉之奇甚盡，世傳之。長吉姊嫁王氏者，語長吉之事尤備。長吉細瘦，通眉，長指爪，能苦吟疾書。最先爲昌黎韓愈所知，所與遊者王參元、楊敬之、權璩、崔植爲密。每旦日出與諸公游，未嘗得題然後爲詩，如他人思量牽合以及程限爲意。常從小奚奴，騎距驢，背一古破錦囊，遇有所得，即書投囊中。及暮歸，太夫人使婢探囊出之，見所書多，輒曰：『是兒要當嘔出心始已耳！』上燈與食，長吉從婢取書，研墨疊紙，足成之，投他囊中，非大醉及弔喪日，率如此。過亦不復省，王、楊輩時復來探取寫去。長吉往往獨騎往京洛，所至或時有著，隨棄之，故沈子明家所餘四卷而已。長吉將死時，忽晝見一緋衣人，駕赤虬，持一版書，若太古篆，或霹靂石文者，云當召長吉。長吉了不能讀，欻下榻叩頭：言阿㜷長吉學語時，呼太夫人云。老且病，賀不願去。緋衣人笑曰：『帝成白玉樓，立召君爲記，天上差樂，不苦也。』長吉獨泣，邊人盡見之。少之，長吉氣絕。常所居窗中，焞焞有煙氣，聞行車嘒管之聲。太夫人急止人哭，待之如炊五斗黍許時，長吉竟死。王氏姊非能造作謂長吉者，實所見如此。嗚呼！天蒼蒼而高也，上果有帝也耶！帝果有苑囿宮室觀閣之玩耶？苟信然，則天之高邈，帝之尊嚴，亦宜有人物

文彩愈此世者，何獨眷眷於長吉，而使其不壽耶？噫！又豈世所謂才而奇者，不獨地上少，即天上亦不多耶？長吉生二十七年，位不過奉禮太常，當時人亦多排擯毀斥之，又豈才而奇者，帝獨重之，而人反不重耶？又豈人見會勝帝耶？」《解題》所謂「世多喜言其人」，殆指杜、李二文耶？

盧仝集三卷

《盧仝集》三卷，唐處士洛陽盧仝撰。自號玉川子。

廣棪案：《新唐書》卷六十〈志〉第五十〈藝文〉四〈丁部集錄·別集類〉著錄：「《玉川子詩》一卷。盧仝。」《崇文總目》同。錢東垣輯釋本。《郡齋讀書志》卷第十八〈別集類〉中著錄：「《盧仝詩》一卷。右唐盧仝，范陽人。隱少室山，號玉川子，徵諫議不起。《唐史》：『韓愈為河南令，愛其詩，厚禮之。嘗作〈月蝕詩〉，以譏元和逆黨，愈稱其工。』按其詩云元和庚寅，蓋五年也。憲宗遇弒在十五年，後十歲也。豈追託庚寅歲事為詩乎？不然，則史誣也。後死於甘露之禍。」是〈新唐志〉等所著錄之本與《解題》不同。考《百川書志》卷之十四〈集·唐〉著錄：「《盧仝詩》二卷、《別集》一卷，洛陽人，號玉川子。詩總一百四首。」應與《解題》為同一書。仝，《新唐書》卷一百七十六〈列傳〉第一百一附〈韓愈〉，載：「盧仝居東都，愈為河東令，愛其詩，厚禮之。仝自號玉川子，嘗為〈月蝕詩〉以譏切元和逆黨，愈稱其工。」可參證。

其詩古怪，而〈女兒集〉、廣棪案：《文獻通考》「集」作「曲」，盧校本同。〈小婦吟〉、〈有所思〉諸篇，輒嫵媚豔冶。

案：《唐詩紀事》卷第三十五「盧仝」載〈有所思〉、〈樓上女兒曲〉二詩，其〈有所思〉云：「當時我醉美人家，美人顏色嬌如花。今日美人棄我去，青樓珠箔天之涯。娟娟常娥月，三五二八盈又缺。翠眉蟬鬢生別離，一望不見心斷絕。心斷絕，幾千里。夢中醉臥巫山雲，覺來淚滴湘江水。兩岸花木深，美人不見愁人心。含愁更奏綠綺琴，調高絃絕無知音。美人兮美人，不知為暮雨兮為朝雲？相思一夜梅花發，忽到窗前疑是君。」其〈樓上女兒曲〉云：「誰家女兒樓上頭，指揮婢子掛簾鉤。林花撩亂心之愁，卷卻羅袖彈箜篌。箜篌歷亂五六絃，羅袖掩面啼向天。相思絃斷

情不斷，落花紛紛心欲穿。心欲穿，憑欄杆。相憶柳條綠，相思錦帳寒。直緣感君恩愛一迴顧，使我雙淚長珊珊。我有嬌醫待君笑，我有嬌娥待君掃。鶯花爛熳君不來，及至君來花已老。心腸寸斷誰得知，玉階冪歷生青草。」至其〈小婦吟〉，則見《全唐詩》卷三百八十八「盧仝」。〈小婦吟〉云：「小婦欲入門，限門勻紅妝。大婦出門迎，正頓羅衣裳。門邊兩相見，笑樂不可當。夫子於傍聊斷腸，小婦哆嗼上高堂。開玉匣，取琴張。陳金罍，酌滿觴。願言兩相樂，永與同心事我郎。夫子於傍剩欲狂。珠簾風度百花香，翠帳雲屏白玉牀。啼鳥休啼花莫笑，女英新喜得娥皇。」三詩皆嫵媚艷冶，讀之令人骨蝕魂銷。

其第三卷號《集外詩》，凡十首。

案：陸心源《皕宋樓藏書志》卷七十〈集部‧別集類〉四著錄：「《盧仝詩集》二卷、《集外詩》一卷，_{舊抄本。}唐盧仝撰。陸焞跋。」皕宋樓所藏，應即此書之舊抄本。

慶曆中有韓盈_{廣棪案：盧校本「盈」作「益」。校注曰：「館本『盈』，《通考》同。」}者為之〈序〉。

案：傅增湘《藏園群書經眼錄》卷十二〈集部〉一〈唐五代別集類〉著錄：「《盧仝詩集》二卷、《集外詩》一卷，_{唐盧仝撰。}舊寫本，十一行二十一字。盧抱經_{文弨}以朱筆校正，題：『乾隆丙午四月二十一日杭東里人盧文弨校閱。』_{卷一末。}又錄佚詩四首，自《全唐詩》出，盧批云：『殊不似玉川。』《集外詩》前有韓盈〈序〉。後有翻宋刻本五行誌語，均與《唐百家詩》本同，不復錄。（辛巳八月二十三日友仁堂送閱。）」是則《集外詩》前確有韓盈〈序〉。盈，《宋史》無傳。《宋會要輯稿》第一百二十冊〈選舉〉三四之四七載：「（嘉祐）六年五月七日，舍人院試諸州敦遣進士。徐州顏復、成都府章譔、潤州焦千之、開封府韓盈、荊南府樂京、許州辛麗、大名府李抃，策論第三等下，賜進士出身。」是則盈乃開封人，嘉祐六年賜進士出身。盈所撰〈序〉，今未見。

川本止前二卷。

案：《四川省古籍善本聯合目錄》卷四〈集部‧別集類‧唐五代〉著錄：「《盧仝詩集》二卷，_{唐盧仝撰。明鈔本。省圖。}」是四川省圖書館所藏之明鈔本，疑即據川本。

劉叉集二卷

《劉叉集》二卷，唐處士劉叉撰。館臣案：《唐書》附見〈韓愈傳〉者，乃劉叉也。作〈冰柱〉、〈雪車〉二詩，出盧仝、孟郊右。有〈集〉二卷。原本作「劉義」，今改正。**附見《新史・韓愈傳》。**廣校案：《文獻通考》以上作「凡二卷，又附見《新史・韓愈傳》。」**不知何處人，但云「歸齊、魯，不知所終」而已。**廣校案：《文獻通考》無此句。**其〈冰柱〉、〈雪車〉二詩，狂怪誠出盧仝右，然豈風人之謂哉？**

廣校案：此書〈新唐志〉未著錄。《郡齋讀書志》卷第十八〈別集類〉中著錄：「《劉叉詩》一卷。」〈宋志〉同。疑《解題》之「二卷」乃「一卷」之訛。館臣案語謂「有《集》二卷」，亦乏據。又，《新唐書》卷一百七十六〈列傳〉第一百一〈韓愈〉載：「劉叉者，亦一節士。少放肆為俠行，因酒殺人亡命。會赦，出，更折節讀書，能為歌詩。然恃故時所負，不能俛仰貴人，常穿屨、破衣。聞愈接天下士，步歸之，作〈冰柱〉、〈雪車〉二詩，出盧仝、孟郊右。樊宗師見，為獨拜。能面道人短長，其服義則又彌縫若親屬然。後以爭語不能下賓客，因持愈金數斤去，曰：『此諛墓中人得耳，不若與劉君為壽。』愈不能止，歸齊、魯，不知所終。」《郡齋讀書志》著錄：「《劉叉詩》一卷。右唐劉叉也。少嘗任俠殺人，後更折節讀書，善歌詩，客韓愈門，作〈冰柱〉、〈雪車〉二詩，出盧仝、李賀右。歸齊、魯，不知所終。今《集》二十餘篇爾，不載二詩。」可參證。〈冰柱〉、〈雪車〉二詩，見《全唐詩》卷三百九十五「劉叉」項下。詩長不錄。

楊少尹集五卷

《楊少尹集》五卷，館臣案：《唐書・藝文志》、《文獻通考》俱作一卷。**唐河南少尹楊巨源景山撰。**廣校案：《文獻通考》以上作「凡五卷」。

廣校案：《新唐書》卷六十〈志〉第五十〈藝文〉四〈丁部集錄・別集類〉著錄：「《楊巨源詩》一卷，字景山，大和河中少尹。」《郡齋讀書志》卷第十七〈別集類〉上著錄：「《楊巨源詩》一卷。右唐楊巨源字景山，河中人。貞元五年第進士，為張弘靖從事，自祕書郎擢太常博士，遷禮部員外郎。出為鳳翔少尹，復召除國子司業。巨源在元和中，詩韻不造新語，體律

務實，用功頗深。且暮搖首，微詠不輟，年老成疾。嘗贈弘靖詩，敘其
世家云：『伊陟無聞祖，韋賢不到孫。』時人稱之。年滿七十，乞歸。時
宰惜其去，使爲其鄉少尹，不絕其祿。大和時，以官壽卒。」〈宋志〉同。
直齋所得者乃五卷本，與一卷本有別。巨源，兩《唐書》無傳。《唐才子
傳》卷第五〈楊巨源〉載：「巨源，字景山，蒲中人。貞元五年劉太眞下
第二人及第。初爲張弘靖從事，拜虞部員外郎，後遷太常博士、國子祭
酒。大和中爲河中少尹，入拜禮部郎中。巨源才雄學富，用意聲律，細
挹得無窮之源，緩有愈雋永之味。長篇刻琢，絕句清冷，蓋得於此而失
於彼者矣。有詩一卷，行於世。」可參證。

按：韓退之有〈送楊少尹序〉，蓋自司業爲少尹。稱其都少尹者，乃其鄉里也。

案：韓愈〈送楊少尹序〉曰：「昔疏廣、受二子，以年老，一朝辭位而去，
於時公卿設供，張祖道都門外。車數百兩，道路觀者多歎息泣下，共言其
賢。《漢史》既傳其事，而後世工畫者又圖其跡，至今照人耳目，赫赫若前
日事。國子司業楊君巨源，方以能詩訓後進，一旦以年滿七十，亦白丞相
去歸其鄉。世常說古今人不相及，今楊與二疏，其意豈異也？予忝在公卿
後，遇病不能出，不知楊侯去時，城門外送者幾人，車幾兩，馬幾匹，道
旁觀者亦有歎息，知其爲賢以否？而太史氏又能張大其事，爲傳繼二疏踪
跡否？不落莫否？見今世無工畫者，而畫與不畫，固不論也。然吾聞楊侯
之去，丞相有愛而惜之者，白以爲其都少尹，不絕其祿，又爲歌詩以勸之。
京師之長於詩者，亦屬而和之。又不知當時二疏之去，有是事否？古今人
同不同，未可知也。中世士大夫以官爲家，罷則無所於歸。楊侯始冠，舉
於其鄉，歌〈鹿鳴〉而來也。今之歸，指其樹曰：『某樹，吾先人之所種也。
某水、某邱，吾童子時所釣遊也。』鄉人莫不加敬，誠子孫以楊侯不去其
鄉爲法，古之所謂鄉先生，沒而可祭於社者，其在斯人歟！」可參證。

〈藝文志〉乃云太和河中少尹，誤。館臣案：《唐詩紀事》：「楊巨源，蒲州人，
爲國子司業時，年滿七十，丐歸，時宰惜其去，署以爲其都少尹，不絕其祿。張籍有
〈送楊少尹赴河中〉詩，云「官爲本府當身榮，因得還鄉任野情」，則爲河中少尹無
疑。陳氏稱河南少尹，反以河中爲誤，非也。又考韓愈〈送楊少尹序〉，乃在長慶中，
《唐詩紀事》稱爲大中時固非，〈唐志〉稱爲太和中，亦疑誤也。

案：館臣案語頗允當。韓愈所撰〈序〉中稱「都少尹」,《新唐書‧藝文志》稱「河中少尹」,皆不誤；獨直齋改稱「河南少尹」,未知何據?《郡齋讀書志》亦稱巨源河中人,《唐才子傳》稱蒲中人；孫猛《郡齋讀書志校證》曰：「《唐才子傳》卷五作『蒲中人』,蒲中,即蒲州,亦即河中。張籍有〈送楊少尹赴蒲城〉、〈和裴司空酬蒲城楊少尹〉。」是則稱巨源爲蒲中少尹,亦無不可。又考長慶乃唐穆宗年號,太和乃文宗年號,大中乃宣宗年號。巨源既於長慶時以七十致仕歸鄉,韓愈撰〈序〉送之,稱「都少尹」;《郡齋讀書志》記巨源「大和時以官壽卒」,〈新唐志〉稱「太和河中少尹」;均不誤。惟大中時,巨源已歿多時,故《唐詩紀事》載：「巨源字景山,大中時爲河中少尹。」則非。或「大中」乃「大和」之筆誤也。

第三卷末二十餘篇,有目無詩。

案：《全唐詩》卷三百三十三「楊巨源」條,稱巨源「《集》五卷,今編詩一卷。」陳伯海、朱易安《唐詩書錄》第三編〈別集〉「楊巨源」條著錄：「《楊少尹詩集》一卷,清席啓寓輯《唐詩百名家全集》本。《晚唐楊巨源詩》一卷,清龔賢輯《中晚唐詩紀》本。」是則巨源詩僅存一卷本,其五卷本已無可考。

武元衡集一卷

《武元衡集》一卷,唐宰相武元衡伯蒼撰。廣棪案：《文獻通考》作「武元衡《臨淮集》兩卷」。

廣棪案：《新唐書》卷六十〈志〉第五十〈藝文〉四〈丁部集錄‧別集類〉著錄：「《武元衡集》十卷。」《崇文總目》卷五〈別集類〉三著錄：「《武元衡詩》一卷。」錢東垣輯釋本。《郡齋讀書志》卷第十七〈別集類〉上著錄：「武元衡《臨淮集》二卷。右唐武元衡伯蒼也。河南人。建中四年進士。元和二年,以門下侍郎、平章事,出爲劍南節度。八年,復秉政。明年,早朝遇盜,爲所害。元衡工五言詩,好事者傳之,被於管絃。嘗夏夜作詩曰：『夜久喧暫息,池臺惟月明。無因駐清景,日出事還生。』翌日遇害。舊有《臨淮集》七卷,此其二也。議者謂唐世工詩宦達者惟高適,達宦詩工者惟元衡。」《宋史》卷二百八〈志〉第一百六十一〈藝

文〉七〈別集類〉著錄：「《武元衡詩》三卷。」據上所引，則元衡集，其七卷、十卷本乃全集；其一卷、二卷、三卷本乃詩集。元衡字伯蒼，河南緱氏人，憲宗時爲相。《舊唐書》卷一百五十八〈列傳〉第一百八、《新唐書》卷一百五十二〈列傳〉第七十七有傳。

初用莆田李氏本傳錄，後以石林葉氏本校，益以廣校案：《文獻通考》無「以」字。**六首，及李吉甫唱酬六首。**

案：莆田李氏者，唐江王李元祥之後，拙著《陳振孫之生平及其著述研究》第四章〈陳振孫之戚友與交游〉第三節〈陳振孫學術上之友朋〉中嘗考及之。石林葉氏，即葉夢得也。直齋所益之六首，已無法考出。惟李吉甫唱酬之六首，則可略考其端倪。《宋史》卷二百九〈志〉第一百六十二〈藝文〉八〈總集類〉著錄：「《集賢院諸廳壁記》二卷，李吉甫、武元衡、常袞題詠集。」是李吉甫之題詠亦應爲直齋所取。《全唐詩》卷三百十八「李吉甫」條共收四詩，其中三首與元衡相涉，特逐錄如下。其一爲〈癸巳歲吉甫圜丘攝事合於中書後閣宿齋常負忝愧移止於集賢院會門下相公以七言垂寄亦有所酬短章絕韻不足抒意因敍所懷奉寄相公兼呈集賢院諸學士〉，云：「淮海同三入，樞衡過六年。原注：後漢牟融六年任職。廟齋兢永夕，書府會群仙。粉壁連霜曙，冰池對月圓。歲時憂裏換，鐘漏靜中傳。蓬髮顏空老，松心契獨全。贈言因傳說，垂訓在三篇。」其二爲〈夏夜北園即事寄門下武相公〉，云：「結構非華宇，登臨似古原。僻殊蕭相宅，蕪勝邵平園。避暑依南廡，追涼在北軒。煙霞霄外靜，草露月中繁。鵲繞驚還止，蟲吟思不喧。懷君欲有贈，宿昔貴忘言。」其三爲〈九日小園獨謠贈門下武相公〉，云：「小園休沐暇，暫與故山期。樹杪懸丹棗，苔陰落紫梨。舞叢新菊徧，繞格古藤垂。受露紅蘭晚，迎霜白薤肥。上公留鳳沼，冠劍侍清祠。應念端居者，長慚補袞詩。」是則直齋所收吉甫唱酬六首，已得其三矣。第一首詩題之「門下相公」，亦指武元衡，蓋元衡於憲宗時曾二度拜門下侍郎、平章事。

川本作二卷。

案：《郡齋讀書志》著錄武元衡《臨淮集》二卷，或即此本。《唐詩書錄》第三編〈別集〉著錄：「《臨淮詩集》二卷，清席啓㝢《唐詩百名家全集》本。」應與此本同。

張碧歌詩集一卷

《張碧歌詩集》一卷，館臣案：《唐書‧藝文志》作《張碧歌行集》二卷。唐張碧太碧撰。〈藝文志〉云貞元時人。

　　廣棪案：《新唐書》卷六十〈志〉第五十〈藝文〉四〈丁部集錄‧別集類〉著錄：「張碧《歌行集》二卷，貞元人。」《崇文總目》同。錢東垣輯釋本。《宋史》卷二百八〈志〉第一百六十一〈藝文〉七〈別集類〉著錄：「《張碧詩》一卷，又〈歌行〉一卷。」應與《解題》所著錄者為同一書。碧，兩《唐書》無傳。《唐才子傳》卷第五〈張碧〉載：「碧，字太碧，貞元間舉進士，累不第，便覺三山跬步，雲漢咫尺。初，慕李翰林之高蹈，一杯一詠，必見清風，故其名字，皆亦逼似，如司馬長卿希藺相如為人也。天才卓絕，氣韻不凡。委興山水，投閑吟酌，言多野意，俱狀難摹之景焉。有《歌行集》二卷傳世。子瀛。」可參考。

《集》中有〈覽貫休上人詩〉，或勦入之也。

　　案：《全唐詩》卷四百六十九及卷八百八十三〈補遺〉二「張碧」條下未收此首。

陳羽集一卷

《陳羽集》一卷，唐東宮衛佐陳羽撰。

　　廣棪案：此書〈新唐志〉未著錄。《宋史》卷二百八〈志〉第一百六十一〈藝文〉七〈別集類〉著錄：「《陳羽詩》一卷。」與此同。羽，兩《唐書》無傳。《唐才子傳》卷第五〈陳羽〉載：「羽，江東人。貞元八年，禮部侍郎陸贄下第二人登科，與韓愈、王涯等共為龍虎榜。後仕歷東宮衛佐。羽工吟，與靈一上人交游唱答。寫難狀之景，了了目前；含不盡之意，皎皎言外。如〈自遣詩〉云：『稚子新能編筍笠，山妻舊解補荷衣。秋山隔岸清猿叫，湖水當門白鳥飛。』此景何處無之，前後誰能道者？二十八字，一片畫圖，非造次之謂也。警句甚多，有《集》傳於世。」可參考。

貞元八年陸贄下第二人。

　　案：《登科記考》卷十三「唐德宗神武孝文皇帝」條載：「貞元八年壬申，

進士二十三人：賈稜，狀元。陳羽。」是此年賈稜爲榜首，羽爲第二人。
《登科記考》同卷「貞元八年壬申」上引文續載：「知貢舉：兵部侍郎陸
贄。」是《解題》此條「陸贄」名上應加「兵部侍郎」四字。《唐才子傳》
稱「禮部侍郎」，誤。

羊士諤集一卷

《羊士諤集》廣棪案：《文獻通考》作「士鶚」，誤。一卷，唐侍御史羊士諤撰。
貞元元年進士。廣棪案：《文獻通考》闕以上二句。竇群引爲廣棪案：《文獻通考》
「爲」上有「士鶚」二字。御史，共傾李吉甫者也。

　　廣棪案：此書〈新唐志〉未著錄。《郡齋讀書志》卷第十七〈別集類〉上著
錄：「《羊士諤詩》一卷，右唐羊士諤也。貞元元年，擢進士第。順宗時，
爲宣歙巡官，王叔文惡之，貶汀州寧化尉。元和初，李吉甫知獎，擢監察
御史，掌制誥。嘗出爲資州刺史。」〈宋志〉著錄卷數同。士諤，兩《唐書》
無傳。《唐才子傳》卷第五〈羊士諤〉載：「士諤，貞元元年禮部侍郎鮑防
下進士。順宗時，累至宣歙巡官。王叔文所惡，貶汀州寧化尉。元和初，
宰相李吉甫知獎，擢爲監察御史，掌制誥。後以與竇群、呂溫等誣論宰執，
出爲資州刺史。士諤工詩，造妙《梁選》，作皆典重。早歲嘗游女几山，有
卜築之志。勳名相迫，不遂初心。有《詩集》行於世。」可參證。擢士諤
爲監察御史者，《郡齋讀書志》與《唐才子傳》均稱李吉甫，《解題》稱竇
群，《唐詩紀事》卷第四十三「羊士諤」條下引《順宗實錄》稱呂溫薦，曰：
「士諤受知李吉甫，又最善呂溫，薦爲御史，終資州刺史。」《順宗實錄》，
韓愈撰，加之溫、竇同黨，疑以《順宗實錄》所記最符史實。

鮑溶集五卷

《鮑溶集》五卷，唐鮑溶撰。元和四年進士。

　　廣棪案：《新唐書》卷六十〈志〉第五十〈藝文〉四〈丁部集錄·別集類〉
著錄：「《鮑溶集》五卷。」《郡齋讀書志》卷第十八〈別集類〉中著錄：「《鮑
溶詩》五卷。右唐鮑溶字德源。元和四年中進士第。《集》中有〈別韓博士
愈〉詩，云：『不知無聲淚，中感一顧厚。』蓋退之所嘗推激也。張爲謂溶

詩氣力宏贍，博識清度，雅正高古，眾才無不備具。曾子固亦愛其詩清約謹嚴而違理者少。因以史館本及歐陽公所藏互校，得二百三十三篇。今本有一百九十二篇，餘逸。」《宋史》卷二百八〈志〉第一百六十一〈藝文〉七〈別集類〉著錄：「《鮑溶歌詩》五卷。」又卷二百九〈志〉第一百六十二〈藝文〉八〈總集類〉著錄：「《鮑溶集》六卷。」孫猛《郡齋讀書志》曰：「《鮑溶詩》五卷，袁本『五卷』作『一卷』，〈經籍考〉卷六十九同原本。按據曾鞏《元豐類藁》卷十一〈鮑溶詩集目錄序〉云：『宋時鮑溶詩集有不分卷第者，收詩百餘篇，歐陽修所藏；有五卷者，收詩二百篇，史館所藏，原題《鮑防集》，經宋敏求、曾鞏辨覈，斷爲溶集；有鞏取以上兩種合編爲六卷者，收詩二百三十三篇，修藏本有三十三篇爲史館本所無，別爲一卷附於後。』意者，袁本著錄一卷本，殆即不分卷第者，傅增湘嘗有天一閣舊藏明鈔本，疑即此本之傳本。詳《藏園群書題記》卷十二。衢本著錄五卷本，當即五卷本或六卷本之殘本，而後世所傳，更非鞏編原貌，收詩視公武所見又多逸失，如《四庫全書總目》卷一五一著錄本爲一百七十八首，汲古閣本爲一百七十七首。」是則溶《集》宋時及後世，其卷數及各本所收詩之篇數多不相同。溶，兩《唐書》無傳。《唐才子傳》卷第六〈鮑溶〉載：「溶，字德源。元和四年韋瓘榜第進士，在楊汝士一時。與李端公益少同袍，爲爾汝交。初隱江南，山中避地，家苦貧，勁氣不擾。羈旅四方，登臨懷昔，皆古今絕唱。過隴頭古天山大阪，泉水嗚咽，分流四下，賦詩曰：『隴頭水，千古不堪聞。生歸蘇屬國，死別李將軍。細響風凋草，清哀雁入雲。』其警絕大概如此。古詩樂府，可稱獨步。蓋其氣力宏贍，博識清度，雅正高古，眾才無不備具云。卒飄蓬薄宦，客死三川。有《集》五卷，今傳。」可參考。

寶拾遺集一卷

《寶拾遺集》一卷，唐左拾遺扶風寶叔向撰。包何為〈序〉。館臣案：寶叔向《集》，包何為之〈序〉，原本作「包行」，誤，今改正。群、常、牟、庠、鞏，皆其子也。

廣棪案：《新唐書》卷六十〈志〉第五十〈藝文〉四〈丁部集錄·別集類〉著錄：「《寶叔向集》七卷，字遺直，與常袞善，袞為相，用為左拾遺、內供奉，及

貶，亦出溧水令。」《宋史》卷二百八〈志〉第一百六十一〈藝文〉七〈別集類〉著錄：「《竇叔向詩》一卷。」頗疑七卷者乃全集，而一卷乃詩集。叔向，《舊唐書》卷一百五十五〈列傳〉第一百五〈竇群〉載：「竇群字丹列，扶風平陵人。……父叔向，以工詩稱，代宗朝，官至左拾遺。群兄常、牟，弟鞏，皆登進士第，唯群獨爲處士，隱居毗陵，以節操聞。」惟闕竇庠。《新唐書》卷一百七十五〈列傳〉第一百〈竇群〉載：「竇群字丹列，京兆金城人。父叔向，以詩自名，代宗時，位左拾遺。兄弟皆擢進士第，獨群以處士客隱毗陵。……兄常、牟，弟庠、鞏，皆爲郎，工詞章，爲《聯珠集》行於世，義取昆弟若五星然。」是叔向有五子。包何，兩《唐書》無傳。《唐詩紀事》卷第三十二「包何」條載：「何字幼嗣，融之子也。大曆中爲起居舍人。」《解題》卷十九〈詩集類〉上著錄：「《包何集》一卷，唐起居舍人延陵包何幼嗣撰。何，融之子，與弟佶齊名。」惜何所撰〈序〉已佚。

賈長江集十卷

《賈長江集》十卷，唐長江尉范陽賈島閬仙撰。廣棪案：《文獻通考》闕此句。

　　廣棪案：《新唐書》卷六十〈志〉第五十〈藝文〉四〈丁部集錄‧別集類〉著錄：「賈島《長江集》十卷。」《崇文總目》錢東垣輯釋本。同。廣棪案：《崇文總目》卷五〈別集類〉三著錄有《賈島小集》三卷。《郡齋讀書志》著錄同。《宋史》卷二百八〈志〉第一百六十一〈藝文〉七〈別集類〉著錄：「《賈島小集》八卷，又《賈島詩》一卷。」與此不同。島，字浪仙，范陽人。文宗時貶長江主簿。《新唐書》卷一百七十六〈列傳〉第一百一附〈韓愈〉。《解題》作「長江尉」，蓋據王定保《唐摭言》卷十一「無官受黜」條「謫去乃授長江縣」之語。

韓退之有〈送無本〉詩，即其人也。

　　案：《全唐詩》卷三百四十「韓愈」五收有〈送無本師歸范陽〉，小注：「賈島初爲浮屠，名無本。」其詩云：「無本於爲文，身大不及膽。吾嘗示之難，勇往無不敢。蛟龍弄角牙，造次欲手攬。眾鬼囚大幽，下覷襲玄窞音啖。天陽熙四海，注視首不頷。一作鎮。鎮。低頭也。鯨鵬相摩窣音速，兩舉

快一噷。夫豈能必然，固已謝黯黯音啖。狂詞肆滂葩，低昂見舒慘。姦窮怪變得，往往造平澹。蜂蟬碎錦繢，綠池披菡萏。芝英擢荒榛，孤翮起連菼。家住幽都遠，未識氣先感。來尋吾何能，無殊嗜昌歜俎感切。始見洛陽春，桃枝綴紅糝。遂來長安里，時卦轉習坎。愈遷職方員外郎。島來別。時十一月。故云。老懶無闘心，久不事鉛槧。欲以金帛酬，舉室常頗音次頷。念當委我去，雪霜刻以憯。獰飆攬空衢，天地與頓撼。勉率吐歌詩，慰女別後覽。」可參考。

後返初服，廣棪案：《文獻通考》「初」後無「服」字。盧校本同。**舉進士不第。文宗作**廣棪案：《文獻通考》「作」作「坐」。**飛謗，貶長江。會昌初以普州參軍卒。**館臣案：《唐書》賈島會昌初以普州司倉參軍遷司戶，未受命卒。原本作「晉州」，今改正。**本傳所載如此。**

案：《新唐書》島本傳載：「島字浪仙，范陽人，初爲浮屠，名无本。來東都，時洛陽令禁僧午後不得出，島爲詩自傷。愈憐之，因教其爲文，遂去浮屠，舉進士。當其苦吟，雖逢值公卿貴人，皆不之覺也。一日見京兆尹，跨驢不避，譙詰之，久乃得釋。累舉，不中第。文宗時，坐飛謗，貶長江主簿。會昌初，以普州司倉參軍遷司戶，未受命卒，年六十五。」可參證。

今遂寧刊本首載〈大中墨制〉云：「比者禮部奏卿風狂，且廣棪案：《文獻通考》「且」上有「遂」字，盧校本同。**養疾關外，今卻攜卷軸潛至京城，遇朕微行，聞卿諷詠，觀其志業，可謂屈人，是用顯我特恩，賜卿墨制，宜從短簿，別俟殊科。」與〈傳〉所稱誹謗**廣棪案：《文獻通考》作「飛謗」。**不同。蓋宣宗好微行，小說載島應對忤旨，好事者撰此〈制〉以實之，安有微行而顯著訓詞者？首稱「奏卿風狂」，尤為可笑，當以本傳為正，本傳亦據〈墓志〉也。唐貴進士科，故《誌》言責授長江，如溫飛卿亦謫方城尉，當時為**廣棪案：《文獻通考》「為」作「謂」，盧校本同。**鄉貢進士不博上州刺史則簿尉，固宜謂之責授。若使今世進士得罪而責授簿尉，則惟恐責之不早耳。**

案：陸心源《皕宋樓藏書志》卷六十九〈集部‧別集類〉三著錄：「《長江集》十卷，陸敕先校宋本。唐司戶參軍賈島浪仙撰。唐宣宗賜賈島〈墨敕〉。」是則陸敕先所校之宋本疑即《解題》所云之「遂寧刊本」。《皕宋樓藏書志》附載王遠〈跋〉云：「右〈大中墨敕〉九十四字，舊刻石祠堂中，《唐書》

作〈傳〉云：『文宗時，坐飛謗貶長江主簿。會昌初，以普州司倉遷司戶參軍。』〈墓誌〉亦記罹飛謗解褐，責授長江簿，會昌癸亥終於普州官舍。蘇絳當時人，〈誌〉必不差。《摭言》載武宗時謫去，尤非也。然則大中恐是大和字，今不敢輒改，以俟知者辨之。王遠謹跋。」太和，文宗年號；大中，宣宗年號。是王遠疑此〈墨制〉乃文宗〈太和墨制〉而非大中墨制。《佰宋樓藏書志》王遠〈跋〉後附王遠〈後序〉一篇，其〈後序〉曰：「浪軒以詩鳴世，傑出於貞元、元和文章極盛之後。孟郊死，為之不已，其詩與郊分鑣並馳，峭直刻深，羈燕客思，春愁秋怨，讀之令人愛其工，憐其志，如聽燕、趙之悲歌，蛾眉之曼聲，秦、楚之哭，荊山之泣也。大抵士之不遇，阨窮罹謗，齾齾頓挫，身可擯而志不可奪，勢可壓而氣不可屈；及其發也，有至於怒髮裂眥而不可撽者。故行吟澤畔，仰天嗚嗚，欲其為和鸞佩旗之音，不可得也。予每讀二子之詩而悲。又嘗見韓吏部所贈之篇，極道其騫涵滂葩，低昂舒慘，引而發之，將以取信於天下後世。譬之鴻鵠，羽翼既成，必假天風始致千里。東野與吏部聯句之作，間見層出，物迎縷解，欲罷不能，人無異論。浪仙攜新文詣韓公，途中云：『袖有新詩成，欲見張韓老。青竹未生翼，一步萬里道。安得西北風，身願變蓬草。』然則士有未効之用，身在無譽之間，非附青雲之士，何以成名哉？二子所以拳拳於韓門而不去，韓公亦以樂得天下英材，與之周旋而不倦也，此又不可不知也。浪仙，范陽人，數千里貶官，佐邑於此，遷普州司倉參軍以卒，猶目其平生詩曰《長江集》，蓋仲卿之志，在於桐鄉，意其千秋百世之後，精爽靈游，長在乎明月之山、凡水之湄也。邑有祠堂，典刑依然。前主簿閬游君虞臣，好古攻書，採他山之石，為十五碑，盡書其三百七十九篇，未訖工而去。予倦游就養子舍，適縣尹嘉祥衛君京督成其事，因以舊傳〈墨制〉，及蘇絳所撰〈墓志銘〉、《唐書》本傳、與韓公昌黎〈送行詩〉併刻之，本末備具，可為無窮之傳。以〈後序〉見屬，復取僕初到縣謁君祠堂之詞繼之，將俟知者一觀焉。紹興二年、壬子歲、閏四月辛卯朔，朝議大夫、提舉江州太平觀，平陽王遠序。」可參考。

姚少監集十卷

《姚少監集》十卷，唐秘書少監姚合撰。崇之曾孫也。元和十一年進士。

嘗為杭州刺史，開成末終秘書監。

廣梭案：《新唐書》卷六十〈志〉第五十〈藝文〉四〈丁部集錄·別集類〉
著錄：「《姚合詩集》十卷。」《郡齋讀書志》、《宋史》同。合，《舊唐書》
卷九十六下〈列傳〉第四十六〈姚崇〉載：「玄孫合，登進士第，授武功
尉，遷監察御史，位終給事中。」《新唐書》卷一百二十四〈列傳〉第四
十九〈姚崇〉載：「曾孫合、勗。合，元和中進士及第，調武功尉，善詩，
世號姚武功者。遷監察御史，累轉給事中。奉先、馮翊二縣民訴牛羊使
奪其田，詔美原主簿朱儔覆按，猥以田歸使，合劾發其私，以地還民。
歷陝虢觀察使，終祕書監。」《唐詩紀事》卷第四十九「姚合」條載：「合，
宰相崇曾孫，登元和進士第，調武功主簿，世號姚武功。又為富平萬年
尉。寶應中，歷監察御史、戶部外郎，出荊、杭二州刺史，後為給事中、
陝虢觀察使。開成末，終祕書監。與馬戴、費冠卿、殷堯藩、張香遊，
李頻師之。合有《極玄集》，取王維等二十六人詩百篇，曰此詩中射雕手
也。」《郡齋讀書志》卷第十八〈別集類〉中著錄：「《姚合詩》十卷。右
唐姚合也。崇曾孫。以詩聞。元和十一年，李逢吉知舉進士，歷武功主
簿，富平、萬年尉。寶應中，監察、殿中御史，戶部員外郎，出金、杭
二州刺史，為刑、戶二部郎中，諫議大夫，給事中，陝虢觀察使。開成
末，終祕書監。世號姚武功云。」可參證。考《新唐書》卷七十四下〈表〉
第十四下〈宰相世系表〉四下載：「陝郡姚氏亦出武原。梁有征東將軍吳
興郡公宣業，生安仁，隋汾州刺史。生祥。祥，隋懷州長史，檢校函谷
都尉。」而其後祥生懿；懿生元景、元之 名崇、元素；元素生奔、馮、算；
算為隔陵令，生臨河令閈，閈生秘書監合。」是則合乃元素曾孫。孫猛
《郡齋讀書志校證》曰：「按《舊唐書》卷九十六〈崇傳〉云合為崇玄孫，
《新唐書》卷一二四云合為崇少子弈曾孫，而《新唐書》卷七十四下〈表〉
第十四下《宰相世系表》四則云合乃崇弟元素曾孫，崇之曾姪孫。羅振
玉〈李公夫人吳興姚氏墓誌跋〉考合當為元景曾孫，〈新表〉誤系元素。
詳見岑仲勉〈唐集質疑姚合與李德裕及其系屬〉條。疑公武讀《新唐書》
本傳『曾孫合、勗』一句，以為對崇而言。《書錄解題》、《唐詩紀事》卷
四十九、《唐才子傳》卷六亦謂合為崇曾孫。」是又據羅振玉說，合乃元
景曾孫。眾說紛紜，莫衷一是。暫存此疑，以俟續考。

川本卷數同、編次異。

案：黃丕烈《蕘圃藏書題識》卷七〈集類〉一著錄：「《姚少監詩集》十卷，<small>汲古閣鈔本</small>。余向藏《姚少監集》止五卷，殘宋刊也。頃從小讀書堆收得毛子晉舊藏《姚集》前五卷，審是明人鈔本，後五卷似後來鈔補，不知與前五卷是一是二否？子晉但云：『此浙本也，川本編次稍異。』今取殘宋本對之，果異，蓋相傳殘宋刊是蜀本，當即子晉所云川本。而與此之川本異者，宜其說之合也。唐人詩集，舊刊面目往往不同，附存其說於此，以諗好古者云。己卯秋復翁。」是黃丕烈猶及見此書川本殘宋刊本，其書現藏北京國家圖書館。

莊南傑集一卷

《莊南傑集》一卷，唐進士莊南傑撰。與賈島同時。

　　廣棪案：《宋史》卷二百八〈志〉第一百六十一〈藝文〉七〈別集類〉著錄：「《莊南傑《雜歌行》一卷。》與《解題》著錄者疑同屬一書。南傑，兩《唐書》無傳。《唐才子傳》卷第五〈莊南傑〉載：「南傑，與賈島同時，曾從受學。工樂府雜歌，詩體似長吉，氣雖壯遒，語過鐫鑿，蓋其天資本劣，未免按抑，不出自然，亦一好奇尚僻之士耳。《集》二卷，今行。」可參證。惟《唐才子傳》作「《集》二卷」，未知所本。

李涉集一卷

《李涉集》一卷，唐國子太學博士李涉撰。渤之弟也。

　　廣棪案：《新唐書》卷六十·〈志〉第五十〈藝文〉四〈丁部集錄·別集類〉著錄：「《李涉詩》一卷。」〈宋志〉同。《郡齋讀書志》卷第十八〈別集類〉中著錄：「《李涉歌詩》一卷。右唐李涉也。早從陳許辟，一再謫官夷陵。大和中，為太學博士，自號清溪子。渤三詩附。」可參證。涉，兩《唐書》無傳。《新唐書》卷一百一十八〈列傳〉第四十三〈李渤〉載：「李渤字濬之，魏橫野將軍、申國公發之裔。父鈞，殿中侍御史，以不能養母廢于世。渤恥之，不肯仕，刻志於學，與仲兄涉偕隱廬山。」《唐詩紀事》卷第四十六「李涉」條載：「涉，渤之兄，纖人也。早從陳許辟，憲宗時，為太子通事舍人，投匭言吐突承璀冤狀。孔戣知匭事，表其姦，

逐爲峽州司倉參軍。始戡見其副章，詰責不受。涉乃行賂，詣光順門通之，故戡極言涉奸險欺天，請加顯戮。大和中，爲太學博士，自號清谿子。」是則涉乃渤之兄，《解題》誤也。《唐才子傳》卷第五〈李涉〉亦載：「涉，洛陽人，渤之仲兄也。」可證。

殷堯藩集一卷

《殷堯藩集》一卷，唐侍御史殷堯藩撰。元和元年進士。館臣案：《唐書》作元和九年進士。廣棪案：《文獻通考》作「元和九年進士」。館臣案語所據亦爲《通考》，而誤稱《唐書》，《新唐書》無此說也。

　　廣棪案：《新唐書》卷六十〈志〉第五十〈藝文〉四〈丁部集錄・別集類〉著錄：「《殷堯藩詩》一卷，元和進士第。」《宋志》同。堯藩，兩《唐書》無傳。《唐詩紀事》卷第五十一「殷堯藩」條載：「元和九年，韋貫之掌文衡，堯藩雜文黜矣。尙書楊漢公乃貫之前榜門生，盛言堯藩屈，貫之爲之重收，是年登第。」《唐才子傳》卷第六〈殷堯藩〉載：「堯藩，秀州人。爲性簡靜，眉目如畫。工詩文，耽丘壑之趣。嘗曰：『吾一日不見山水，與俗人談，便覺胸次塵土堆積，急呼濁醪澆之，聊解穢耳！』元和九年韋貫之放榜，堯藩落第，楊尙書大爲稱屈料理，因擢進士。……後仕終侍御史。」徐松《登科記考》卷十八「唐憲宗昭文章武大聖至神孝皇帝」條載：「（元和）九年甲午，進士二十七人：張又新、李德垂、殷堯藩、高鍇、陳商。」是堯藩元和九年進士，《解題》作「元年」，誤。

章孝標集一卷

《章孝標集》一卷，唐祕書省正字章孝標撰。元和十四年進士。

　　廣棪案：《新唐書》卷六十〈志〉第五十〈藝文〉四〈丁部集錄・別集類〉著錄：「《章孝標詩》一卷。」《百川書志》同。《宋史》卷二百八〈志〉第一百六十一〈藝文〉七〈別集類〉著錄：「《章孝標集》七卷。」所著錄卷數不同。孝標，兩《唐書》無傳。《唐詩紀事》卷第四十一「章孝標」條載：「孝標元和十三年下第，時輩多爲詩以刺主司，獨孝標爲〈歸燕〉詩留獻，侍郎庾承宣得詩展轉吟諷；庾果重典禮曹，孝標來年登第一。

詩云：『舊壘危巢泥已落，今年故向社前歸。連雲大廈無棲處，更望誰家門戶飛？』」《登科記考》卷十八「唐憲宗昭文章武大聖至神孝皇帝」條載：「（元和）十四年己亥，進士三十一人：韋諶，狀元。章孝標、陳去疾、馬植、李讓夷、張庾、韋中立。」是孝標元和十四年進士。《唐才子傳》卷第六〈章孝標〉載：「孝標字道正，錢塘人。李紳鎮淮東時，春雪，孝標參座席，有詩名，紳命札請賦，唯然，索筆一揮云：『六出花飛處處飄，粘窗拂砌上寒條。朱門到晚難盈尺，盡是三軍喜氣消。』李大稱賞，薦於主文。元和十四年禮部侍郎庾承宣下進士及第，授校書郎。於長安將歸嘉慶，先寄友人曰：『及第全勝十政官，金湯渡了出長安。馬頭漸入揚州郭，爲報時人洗眼看。』紳適見，亟以一絕箴之曰：『假金方用眞金鍍，若是眞金不鍍金。十載長安方一第，何須空腹用高心！』孝標慚謝。傷其氣宇窘急，終不大用。大和中，嘗爲山南道從事，試大理評事。仕終秘書正字。有《集》一卷傳世。」可參考。

熊儒登集一卷

《熊儒登集》廣校案：《文獻通考》「儒」作「孺」，盧校本同。一卷，唐西川從事熊儒登撰。廣校案：《文獻通考》「儒」作「孺」，盧校本同。

廣校案：《宋史》卷二百八〈志〉第一百六十一〈藝文〉七〈別集類〉著錄：「《熊孺登詩》一卷。」與此同。孺登，兩《唐書》無傳。《唐詩紀事》卷第四十三「熊孺登」條載：「孺登，鍾陵人。登進士第，終於藩鎮從事。」《唐才子傳》卷第六〈熊孺登〉載：「孺登，鍾陵人。有詩名。元和中，爲西川從事。與白舍人、劉賓客善，多贈答。亦祗役湘中數年。凡下筆，言語妙天下，如：『江流如箭月如弓，行盡三湘數夜中。無奈子規知向蜀，一聲聲似怨春風。』又〈經古墓〉云：『碑折松枯山火燒，夜臺曾閉不曾朝。那將逝者比流水，流水東流逢上潮。』類此極多，有《集》今傳。」可參證。

執易，其從姪也。

案：執易，兩《唐書》無傳。《全唐文》卷六百二十三「熊執易」條載：「執易，貞元元年進士，官右補闕。」可知梗概。

西川集一卷

《西川集》一卷，館臣案：《唐書・藝文志》作十卷。**唐施肩吾撰。元和十五年進士。**

廣棪案：《新唐書》卷六十〈志〉第五十〈藝文〉四〈丁部集錄・別集類〉著錄：「《施肩吾詩集》十卷。」〈宋志〉同。《郡齋讀書志》卷第十八〈別集類〉中著錄：「《施肩吾西山集》五卷。右唐施肩吾，吳興人。元和十五年進士。以豫章之西山乃十二真仙羽化之所，心慕之，因卜隱焉。且以名其所著，自為之〈序〉。」卷數均與《解題》不同，直齋所藏者乃其詩集。肩吾，兩《唐書》無傳。《唐詩紀事》卷四十一「施肩吾」條載：「肩吾，洪州人。元和十年登第，以洪州西山羽化之地，慕其真風，高蹈於此。」《唐詩紀事》謂肩吾「元和十年登第」，其實誤也。《唐才子傳》卷第六〈施肩吾〉載：「肩吾，字希聖，睦州人。元和十五年盧儲榜進士第後，謝禮部陳侍郎云：『九重城裏無親識，八百人中獨姓施。』不待除授，即東歸。」《登科記考》卷十八「唐憲宗昭文章武大聖至神孝皇帝」條載：「（元和）十五年_{庚子}，進士二十九人：盧儲、_{狀元。}鄭亞、盧戡、呂述、裴乾餘、施肩吾、唐持、姚康、崔嘏、陳越石、盧弘正、李中敏。」是其證。至肩吾之籍貫應隸睦州，《郡齋讀書志》作吳興，亦誤。

雍裕之集一卷

《雍裕之集》一卷，**唐雍裕之撰。未詳何時人。**

廣棪案：《新唐書》卷六十〈志〉第五十〈藝文〉四〈丁部集錄・別集類〉著錄：「《雍裕之詩》一卷。」《崇文總目》同。_{錢東垣輯釋本。}〈宋志〉同。裕之，兩《唐書》無傳。《唐詩紀事》本第五十二「雍裕之」條載：「裕之，貞元後詩人。」《唐才子傳》卷第五〈雍裕之〉載：「裕之，蜀人，有詩名。貞元後，數舉進士不第，飄零四方。為樂府，極有情致。《集》一卷，今傳。」是則裕之乃唐德宗貞元間人，其時代非不可考。

張南史集一卷

《張南史集》一卷，**唐試參軍范陽張南史季直撰。**

廣棪案：《新唐書》卷六十〈志〉第五十〈藝文〉四〈丁部集錄·別集類〉著錄：「《張南史詩》一卷，字季直，幽州人。以試參軍避亂居揚州楊子，再召之，未赴，卒。」〈宋志〉同。南史，兩《唐書》無傳。《唐才子傳》卷第三〈張南史〉載：「南史，字季直，幽州人。工弈棋，神算無敵，游心太極。嘗幅巾藜杖，出入王侯之宅十年，高談闊視，慷慨奇士也。中自感激，始苦節學文，無希世苟合之意。數年間，稍入詩境，體調超閒，情致兼美，如井、燕老將，氣韻沉雄，時少及之者。肅宗時，廟堂獎拔，仕爲左衛倉曹參軍。後避亂寓居揚州楊子。難平再召，未及赴而卒。有《詩》一卷，今傳。」可參考。

王涯集一卷

《王涯集》一卷，唐宰相王涯廣津撰。

廣棪案：《崇文總目》卷五〈別集類〉三著錄：「《王涯詩》一卷。」錢東垣輯釋本。與此同。《宋史》卷二百八〈志〉第一百六十一〈藝文〉七〈別集類〉著錄：「王涯《翰林歌詞》一卷。」應同屬一書。涯字廣津，太原人。憲宗元和十一年爲相，十三年八月罷。《舊唐書》卷一百六十九〈列傳〉第一百一十九、《新唐書》卷一百七十九〈列傳〉第一百四有傳。《唐詩紀事》卷第四十二「王涯」條載：「涯字廣津，博學，工屬文，梁肅、陸贄異其才。元和中爲相，又相穆宗。至文宗時，李訓敗，遂及禍。」可參考。《唐才子傳》卷第五亦有傳。

袁不約集一卷

《袁不約集》一卷，唐袁不約還朴撰。長慶三年進士。其年試〈麗龜賦〉。

廣棪案：《宋史》卷二百八〈志〉第一百六十一〈藝文〉七〈別集類〉著錄：「《袁不約詩》一卷。」與此同。不約，兩《唐書》無傳。《唐詩紀事》卷第六十「袁不約」條載：「不約，登長慶三年第。」《唐才子傳》卷第六〈袁不約〉載：「不約，字還朴，長慶三年鄭冠榜進士。大和中，以平判入等調官，有詩傳世。」《登科記考》卷十九「唐穆宗睿聖文惠孝皇帝」條載：「（長慶）三年癸卯，進士二十八人：其年試〈麗龜賦〉，見《書錄解題》。

鄭冠，狀元。袁不約，《唐才子傳》：『袁不約字還樸，長慶三年鄭冠榜進士。』羅隱〈東安鎮新築羅城記〉：『汝南袁不約還樸，以文學進。』」《全唐文》卷七百三十三「袁不約」條載：「不約字還樸，長慶三年進士。李固言在成都，辟爲幕官，加檢校侍郎。」所撰〈麗龜賦〉，《全唐文》未收，恐已佚。

追昔遊編三卷

《追昔遊編》三卷，唐宰相李紳公垂撰。

廣棪案：《新唐書》卷六十〈志〉第五十〈藝文〉四〈丁部集錄‧別集類〉著錄：「李紳《追昔遊》三卷。」《崇文總目》、錢東垣輯釋本。《郡齋讀書志》著錄同。《宋史》卷二百八〈志〉第一百六十一〈藝文〉七〈別集類〉著錄：「《李紳詩》二卷。」應爲同一書。紳字公垂，潤州無錫人。武宗時爲相。《舊唐書》卷一百七十三〈列傳〉第一百二十三、《新唐書》卷一百八十一〈列傳〉第一百六有傳。

皆平生歷官及遷謫所至，述懷紀遊之作也。余嘗書其後云：「讀此編，見其飾智矜能，誇榮殉勢，益知子陵、元亮爲千古高人。」

案：《郡齋讀書志》卷第十八〈別集類〉中著錄：「李紳《追昔遊》三卷。右唐李紳公垂也。亳州人。元和元年進士，補國子助教。穆宗召爲翰林學士，累進中書舍人。武宗即位，拜中書侍郎、平章事。紳爲人短小精悍，於詩最有名，號『短李』。與李德裕、元稹同時，號『三俊』。《追昔遊》者，蓋賦詩紀其平生所遊歷。謂起梁漢，歸諫署，升翰苑，及播越荊楚，踰嶺嶠，止高安，移九江，過鍾陵，守滁陽，轉壽春，留洛陽，廉會稽，分務東周，守蜀，鎮梁也。開成戊午八月自爲之〈序〉。」毛晉《汲古閣書跋》曰：「其平生歷官及遷謫，略見本〈序〉。或謂其飾志矜能，誇榮殉勢，益知子陵、元亮爲千古高人。然紀游述懷，俯仰感慨，一洗唐人小賦柔靡風氣云。」《四庫全書總目》卷一百五十〈集部〉三〈別集類〉三著錄：「《追昔遊集》三卷，浙江范懋柱家天一閣藏本。唐李紳撰。紳字公垂，亳州人。元和元年進士。武宗時爲中書侍郎、同中書門下平章事。事蹟具《唐書》本傳。此《集》皆其未爲相時所作。晁公武《郡齋讀書志》載『前有開成戊午八月紳〈自序〉。』此本無之。詩凡一百一首。《新唐書》本傳所載貶端州司馬，禱神灘漲。及刺壽州，虎不爲暴。爲

河南尹，惡少斂跡。皆語出此《集》。史傳事須實錄，而宋祁以所自言者
爲據，殊難徵信。且考紳之赴端州也，在夏秋之間。其妻子舟行，十月
始至。其時灘水減矣，故以書祝媼龍祠，而江復漲。紳詩內及所自註者
如此。祁乃以紳自度嶺時事，是閱其《集》而未審。後儒以名之輕重爲
文之是非，必謂《新書》勝《舊書》，似非篤論也。與李德裕、元稹號三
俊。白居易亦有『笑勸迂辛酒，閒吟短李詩』句。今觀此《集》，音節嘽
緩，似不能與同時諸人角爭強弱。然春容恬雅，無雕琢細碎之習，其格
究在晚唐諸人刻畫纖巧之上也。』均可參考。

朱景玄集一卷

《朱景玄集》一卷，唐太子諭德朱景玄撰。

廣棪案：《新唐書》卷六十〈志〉第五十〈藝文〉四〈丁部集錄・別集類〉
著錄：「《朱景元詩》一卷。」《崇文總目》同。錢東垣輯釋本。「元」應作「玄」，
清人避康熙諱改。《宋史》卷二百八〈志〉第一百六十一〈藝文〉七〈別
集類〉著錄正作「《朱景玄詩》一卷。」景玄，兩《唐書》無傳。《新唐
書》卷五十九十〈志〉第四十九〈藝文〉三〈丙部子錄・雜藝術類〉著
錄：「朱景玄《唐畫斷》三卷，會昌人。」是則景玄乃武宗時人。《全唐文》
卷七百六十三「朱景元」條載：「景元，吳郡人。」未載其爲會昌時人及
官銜，是《全唐文》館臣撰小傳時，未參考〈新唐志〉及〈解題〉也。《全
唐詩》卷五百四十七「朱景玄」條載：「朱景玄，會昌時人，官至太子諭
德。《詩》一卷，今存十五首。」所記較爲周詳，然亦漏載景玄之籍貫。

朱慶餘集一卷

《朱慶餘集》一卷，唐朱可久慶餘撰。以字行，受知於張籍，寶曆二年
進士。

廣棪案：《新唐書》卷六十〈志〉第五十〈藝文〉四〈丁部集錄・別集
類〉著錄：「《朱慶餘詩》一卷，名可久，以字行。寶曆進士第。」〈宋志〉同。
慶餘，兩《唐書》無傳。《唐詩紀事》卷第四十六「朱慶餘」條載：「慶
餘遇水部郎中張籍知音，索慶餘新舊篇什，留二十六章，置之懷袖而推

贊之。時人以籍重名，皆繕錄諷詠，遂登科。慶餘作〈閨意〉一篇以獻曰：『洞房昨夜停紅燭，待曉堂前拜舅姑。粧罷低聲問夫壻，畫眉深淺入時無？』籍酬之曰：『越女新粧出鏡心，自知明豔更沉吟。齊紈未足人間貴，一曲菱歌敵萬金。』由是朱之詩名流於海內矣。」《唐才子傳》卷第六〈朱慶餘〉載：「慶餘，字可久，以字行。閩中人。寶曆二年裴球榜進士及第，授秘書省校書。得張水部詩旨，氣平意絕，社中哲匠也。有名當時。《集》一卷，今傳。」可參證。考《登科記考》卷二十「唐敬宗睿武昭愍孝皇帝」條載：「（寶曆）二年丙午，進士三十五人：裴俅，狀元。張知實、朱慶餘、夏侯孜、劉蕡、李方玄、鄭復禮、郭言揚、盧求、崔球、劉符、李從毅、李道裕、李景初、李助、李俅、黃駕。」是慶餘寶曆二年進士。

李義山集三卷

《李義山集》三卷，唐太學博士李商隱義山撰。

廣棪案：《新唐書》卷六十〈志〉第五十〈藝文〉四〈丁部集錄・別集類〉著錄：「李商隱《樊南甲集》二十卷、《乙集》二十卷、《玉溪生詩》三卷，又《賦》一卷、《文》一卷。」此即《玉溪生詩》三卷。《崇文總目》卷五〈別集類〉三著錄：「《李義山詩》三卷，李商隱撰。」錢東垣輯釋本。《宋史》卷二百八〈志〉第一百六十一〈藝文〉七〈別集類〉著錄：「李商隱《文集》八卷，又《四六甲乙集》四十卷、《別集》二十卷、《詩集》三卷。」是《詩集》均著錄作三卷。惟《郡齋讀書志》卷第十八〈別集類〉中著錄：「李商隱《樊南甲集》二十卷、《乙集》二十卷，又《文集》八卷。右唐李商隱義山也。隴西人。開成二年進士。令狐楚奏爲集賢校理，楚出汴、滑、興元，皆表幕府，嘗補太學博士。初，爲文瑰邁奇古，及從楚學，儷偶長短，而繁縟過之。旨意能感人，人謂其橫絕前後無儔者。今《樊南甲》、《乙集》皆四六，自爲〈序〉，即所謂繁縟者。又有《古賦》及《文》共三卷，辭旨恢詭，宋景文序傳中稱『讕惽則李商隱』，蓋以此。《詩》五卷，清新纖豔，故《舊史》稱其與溫庭筠、段成式齊名，時號『三十六體』云。」疑其「《詩》五卷」者，或爲「三卷」之訛。商隱字義山，懷州河內人。武宗會昌四年補文學博士。《舊唐書》卷一百九十下

〈列傳〉第一百四十下〈文苑〉下、《新唐書》卷二百三〈列傳〉第一百二十八〈文藝〉下有傳。

溫飛卿集七卷

《溫飛卿集》七卷，唐方城尉溫庭筠飛卿撰。

　　廣棪案：《新唐書》卷六十〈志〉第五十〈藝文〉四〈丁部集錄‧別集類〉著錄：「溫庭筠《握蘭集》三卷，又《金荃集》十卷、《詩集》五卷、《漢南眞稿》十卷。」《宋史》卷二百八〈志〉第一百六十一〈藝文〉七〈別集類〉著錄：「溫庭筠《漢南眞稿》十卷，又《集》十四卷、《握蘭一作簡。集》三卷、《記室備要》三卷、《詩集》五卷。」所著錄《詩集》卷數，均與此不同。《郡齋讀書志》卷第十八〈別集類〉中著錄：「溫庭筠《金荃集》七卷、《外集》一卷。右唐溫庭筠也。庭筠，本名岐，字飛卿，宰相彥博之裔。詩賦清麗，與李商隱齊名，時號『溫李』。然薄於行，多作側辭豔曲，累舉不第，終國子助教。宣宗嘗作詩賜宮人，句有『金步搖』，遣場中對之，庭筠對以『玉跳脫』。上喜其敏，欲用之，以嘗作詩忤時相令狐綯，終廢斥云。」其中「《金荃集》七卷」，或與此爲同一書。庭筠本名岐，字飛卿，太原人。懿宗咸通時貶方城尉。《舊唐書》卷一百九十下〈列傳〉第一百四十下〈文苑〉下、《新唐書》卷十一〈列傳〉第十六附〈溫大雅〉，惟其名作「廷筠」。庭筠「終國子助教」，兩《唐書》乏載，《唐才子傳》卷八〈溫庭筠〉載：「庭筠仕終國子助教，竟流落而死。」殆據《郡齋讀書志》也。

張祜集十卷

《張祜集》十卷，館臣案：《唐書‧藝文志》作一卷。　廣棪案：《文獻通考》作「《張祜詩》一卷。」唐處士張祜承吉撰。廣棪案：《文獻通考》此條僅作「陳《錄》凡十卷」。

　　廣棪案：《新唐書》卷六十〈志〉第五十〈藝文〉四〈丁部集錄‧別集類〉著錄：「《張祜詩》一卷，字承吉，爲處士，大中中卒。」《郡齋讀書志》卷第十八〈別集類〉中著錄：「《張祜詩》一卷。右唐張祜字承吉，清河人。

樂高尚。客淮南,杜牧爲度支使,善其詩,嘗贈之詩,曰:『何人得似張公子,千首詩輕萬戶侯。』嘗作〈淮南詩〉,有『人生只合揚州死,禪智山光好墓田』之句。大中中,果終丹陽旅舍,人以爲讖云。」《宋史》卷二百八〈志〉第一百六十一〈藝文〉七〈別集類〉著錄:「《張祜詩》十卷。」是此書或作一卷,祜之名或作祐。祜,兩《唐書》無傳。《唐才子傳》卷第六有〈張祜傳〉,中載:「祜字承吉,南陽人,來寓姑蘇。樂高尚,稱處士。」與《解題》同。

丁卯集二卷

《丁卯集》二卷,_{廣棪案:《文獻通考》作「許渾《丁卯集》二卷」。}唐郢刺史丹陽許渾用晦撰。太和五年進士。_{館臣案:晁公武《郡齋讀書志》作太和六年進士。} _{廣棪案:《文獻通考》闕以上二句。}「丁卯」者,其所居之地有丁卯橋。

廣棪案:《新唐書》卷六十〈志〉第五十〈藝文〉四〈丁部集錄‧別集類〉著錄:「許渾《丁卯集》二卷,_{字用晦,圉師之後,大中睦州、郢州二刺史。}」《郡齋讀書志》卷第十八〈別集類〉中著錄:「許渾《丁卯集》二卷。右唐許渾字用晦,圉師之後。大和六年進士。爲當塗、太平二令,以病免,起潤州司馬。大中三年,爲監察御史,歷虞部員外,睦、郢二州刺史。嘗分司於朱方丁卯間,自編所著,因以爲名。賀鑄本〈跋〉云:『按渾〈自序〉,《集》三卷,五百篇。世傳本兩卷,三百餘篇。求訪二十年,得沈氏、曾氏本,并取《擬玄》、《天竺集》校正之,共得四百五十四篇。』予近得渾《集》完本,五百篇皆在,然止兩卷。《唐‧藝文志》亦言渾《集》兩卷,鑄稱三卷者,誤也。」著錄卷數與《解題》同。《崇文總目》卷五〈別集類〉三著錄:「《丁卯集》三卷,許渾撰。」_{錢東垣輯釋本。}則與《郡齋讀書志》引賀鑄〈跋〉謂「渾〈自序〉,《集》三卷,五百篇」同。《宋史》卷二百八〈志〉第一百六十一〈藝文〉七〈別集類〉著錄:「《許渾詩集》十二卷。」頗疑「十二卷」乃「二卷」之訛。渾,兩《唐書》無傳。《唐詩紀事》卷第五十六「許渾」條載:「渾字用晦,睦州人,圉師之後。大中三年,任監察御史,以疾東歸,終郢、睦二州刺史。」《唐才子傳》卷第七〈許渾〉亦載:「渾字仲晦,潤州丹陽人,圉師之

後。大和六年李珪榜進士，爲當塗、太平二縣令。少苦學勞心，有清羸之疾，至是以伏枕免。久之，起爲潤州司馬。大中三年，拜監察御史，歷虞部員外郎，睦、郢二州刺史。嘗分司朱方，買田築室。後抱病退居丁卯澗橋村舍，暇日綴錄所作，因以名《集》。」可參證。然《解題》謂渾「字用晦」，則與《唐才子傳》異，疑《唐才子傳》誤；謂渾「太和五年進士」，則與《郡齋讀書志》所記異。考《登科記考》「唐文宗元聖昭獻孝皇帝」條載：「（大和）六年壬子，進士二十五人：李珪，狀元。許渾、畢諴、韋澳、杜顗、侯春時、崔□。」是渾大和六年進士，則《解題》誤。

蜀本又有《拾遺》二卷。

案：瞿鳳起編《虞山錢遵王藏書目錄彙編》卷第七〈集部‧詩集〉著錄：「許渾《丁卯集》二卷，《述詩集》許渾《丁卯集》二卷、《集外詩》二卷一本，宋本影鈔。《敏詩集》影宋鈔本。」錢曾所藏此《集》之《集外詩》二卷，或即據蜀本《拾遺》二卷影鈔。《四庫全書總目》卷一百五十一〈集部〉四〈別集類〉四著錄：「《丁卯集》二卷、《續集》二卷、《續補》一卷、《集外遺詩》一卷，江蘇巡撫採進本。唐許渾撰。……陳氏《書錄解題》註云：『蜀本有《拾遺》二卷。』今之《續集》，當即陳氏所謂《拾遺》，爲後人改題。」萬曼《唐集敘錄》「《丁卯集》」條云：「陳振孫《直齋書錄解題》十九云：『《丁卯集》二卷。』又云：『蜀本又有《拾遺》二卷。』《續古逸叢書》影印《許用晦文集》二卷、《拾遺》二卷，即此種也。」可參考。

李遠集一卷

《李遠集》一卷，唐建州刺史李遠求古撰。

廣棪案：《新唐書》卷六十〈志〉第五十〈藝文〉四〈丁部集錄‧別集類〉著錄：「《李遠詩集》一卷，字求古，大中建州刺史。」《崇文總目》、錢東垣輯釋本。〈宋志〉著錄同。遠，兩《唐書》無傳。《唐才子傳》卷第七〈李遠〉載：「遠，字求古，大和五年，杜陟榜進士及第，蜀人也。少有大志，夸邁流俗，爲詩多逸氣，五彩成文。早歷下邑，詞名卓然。宣宗時，宰相令狐綯進奏擬遠杭州刺史，上曰：『朕聞遠詩有「青山不厭千杯酒，白日惟銷一局棋」，是疏放如此，豈可臨郡理人？』綯曰：『詩人托此以寫高

興耳，未必實然。』上曰：『且令往觀之。』至果有治聲。性簡儉，嗜啗
凫鴨。貴客經過，無他贈，厚者綠頭一雙而已。後歷忠、建、江三州刺
史，仕終御史中丞。初收溢城，求天寶遺物，得秦僧收楊妃襪一緉，珍
襲，呈諸好事者。會李群玉校書自湖湘來，過九江，遠厚遇之，談笑永
日。群玉話及向賦〈黃陵廟詩〉，動朝雲暮雨之興，殊亦可怪。遠曰：『僕
自獲凌波片玉，軟輕香窄，每一見，未嘗不在馬嵬下也。』遂更相戲笑，
各有賦詩，後來頗爲法家所短。蓋多情少束，亦徒以微辭相感動耳。有
《詩集》一卷，今傳。」可參考。

于鵠集一卷

《于鵠集》一卷，唐于鵠撰。與張籍同時，未詳其人。_{廣棪案：《文獻通考》}
作「未詳何人」。

　　廣棪案：《新唐書》卷六十〈志〉第五十〈藝文〉四〈丁部集錄·別集類〉
著錄：「《于鵠詩》一卷。」〈宋志〉同。鵠，兩《唐書》無傳。《唐詩紀
事》卷第二十九「于鵠」條載：「鵠，大曆、貞元間詩人也。爲諸府從事，
居江湖間。有〈卜居漢陽及荊南陪樊尚書賞花詩〉，其自述曰：『三十無
名客，空山獨臥秋。』豈以詩窮者耶？」《唐才子傳》卷第四〈于鵠〉載：
「鵠，初買山於漢陽高隱，三十猶未成名。大曆中，嘗應薦歷諸府從事。
出塞入塞，馳逐風沙，有詩甚工。長短間作，時出度外，縱橫放逸，而
不陷於疏遠，且多警策云。《集》一卷，今傳。」是則鵠乃代宗、德宗間
人，其生平亦可略曉。

薛瑩集一卷

《薛瑩集》一卷，唐薛瑩撰，號《洞庭集》。文宗時人。

　　廣棪案：《新唐書》卷六十〈志〉第五十〈藝文〉四〈丁部集錄·別集類〉
著錄：「薛瑩《洞庭詩集》一卷。」《宋史》卷二百八〈志〉第一百六十
一〈藝文〉七〈別集類〉著錄：「《薛瑩詩》一卷。」瑩，兩《唐書》無
傳。《新唐書》卷七十三下〈表〉第十三下〈宰相世系〉三下載：「瑩，
杭州刺史。」《唐才子傳》卷第七〈喻鳧〉載：「鳧，毗陵人，開成五年

李從實榜進士，仕爲烏程縣令。有詩名。晚歲變雅，羃亦風靡，專工小
巧，高古之氣掃地，所畏者務陳言之是去耳。後來才子，皆稱喩先輩，
向慕之情足見也。同時薛瑩亦工詩。羃《詩》一卷，瑩詩《洞庭集》一
卷，今並傳。」開成，文宗年號，則羃與瑩均文宗時人。

《集》中多蜀詩，其曰「壬寅歲」者，在前則爲長慶四年，後則爲中和
二年，未知定何年也。

　　案：壬寅乃穆宗長慶二年（822），長慶四年乃甲辰（824），《解題》誤。
　　中和，僖宗年號；二年亦爲壬寅（882）。薛瑩壬寅歲所撰詩，實難定於
　　穆宗或僖宗壬寅年也。

薛逢集一卷

《薛逢集》一卷，館臣案：《唐書‧藝文志》作十卷。唐秘書監薛逢陶臣撰。
　　廣棪案：《新唐書》卷六十〈志〉第五十〈藝文〉四〈丁部集錄‧別集類〉
　　著錄：「《薛逢詩集》十卷。」《崇文總目》錢東垣輯釋本。同。《郡齋讀書志》
　　卷第十八〈別集類〉中著錄：「《薛逢歌詩》二卷。右唐薛逢陶臣也。河
　　東人。會昌元年進士。終祕書監。逢持論骳切，以謀略高自標顯。與楊
　　收、王鐸同年登第，而逢文藝最優。收作相，逢有詩云：『誰知金印朝天
　　客，同是沙堤避路人。』鐸作相，逢又有詩云：『昨日鴻毛萬鈞重，今朝
　　山岳一毫輕。』二人皆怒，故不見齒。」所著錄卷數均與《解題》不同。
　　《宋史》卷二百八〈志〉第一百六十一〈藝文〉七〈別集類〉著錄：「《薛
　　逢詩》一卷。」則與此同。逢字陶臣，河東人。宣宗大中時遷秘書監。《舊
　　唐書》卷一百九十下〈列傳〉第一百四十下〈文苑〉下、《新唐書》卷二
　　百三〈列傳〉第一百二十八〈文藝〉下有傳。

會昌元年進士。

　　案：兩《唐書》逢本傳均謂「逢，會昌初進士擢第。」《郡齋讀書志》則
　　謂「會昌元年進士」，與《解題》同。考《唐才子傳》卷第七〈薛逢〉載：
　　「逢字陶臣，蒲州人。會昌元年崔峴榜第三人進士。」《登科記考》卷二
　　十二「唐武宗至道昭肅孝皇帝」條載：「（會昌）元年辛酉，進士三十人：
　　崔峴，狀元。薛逢、沈詢、楊收、王鐸、李蠙、談銖、康□、謝防。」是

逢會昌元年進士不誤。

喻鳧集一卷

《喻鳧集》一卷，唐烏程尉喻鳧撰。開成五年進士。

　　廣棪案：《新唐書》卷六十〈志〉第五十〈藝文〉四〈丁部集錄‧別集類〉
著錄：「《喻鳧詩》一卷，開成進士第，烏程令。」〈宋志〉同。鳧，兩《唐書》
無傳。《唐詩紀事》卷第五十一「喻鳧」條載：「鳧，毗陵人，開成進士
也。卒於烏程令。」《唐才子傳》卷第七〈喻鳧〉載：「鳧，毗陵人，開
成五年李從實榜進士，仕爲烏程令。有詩名。晚歲變雅，鳧亦風靡，專
工小巧。高古之氣掃地，所畏者務陳言之是去耳！後來才子皆稱喻先輩，
向慕之情足見也。」《登科記考》卷二十一「唐文宗元聖昭獻孝皇帝」條
載：「（開成）五年庚申，進士三十人：李從實，狀元。喻鳧、李蔚、楊知
退、沈樞、楊假、薛軏。」均可考證。

潘咸集一卷

《潘咸集》一卷，唐潘咸撰。不知何人，與喻鳧同時，〈藝文志〉不載。

　　廣棪案：《宋史》卷二百八〈志〉第一百六十一〈藝文〉七〈別集類〉著
錄：「《潘咸詩》一卷。」與此同。咸，兩《唐書》無傳。《全唐詩》卷五
百四十二「潘咸」條載：「潘咸，與喻鳧同時。《集》一卷。今存詩五首。」
蓋據《解題》也。

項斯集一卷

《項斯集》一卷，唐丹徒尉江東項斯子遷撰。

　　廣棪案：《新唐書》卷六十〈志〉第五十〈藝文〉四〈丁部集錄‧別集類〉
著錄：「《項斯詩》一卷，字子遷，江東人，會昌丹徒尉。」〈宋志〉同。斯，
兩《唐書》無傳。

初受知於張籍水部，而楊敬之祭酒亦知之，有「逢人說項斯」之句。會
昌四年進士。

廣校案：《唐詩紀事》卷第四十九「項斯」條載：「斯字子遷，江東人。始未爲聞人，因以卷謁楊敬之，楊苦愛之，贈詩云：『幾度見詩詩盡好，及觀標格過於詩。平生不解藏人善，到處逢人說項斯。』明年擢上第。」《唐才子傳》卷第七〈項斯〉載：「斯，字子遷，江東人也。會昌四年王起下第二人進士。始命潤州丹徒縣尉，卒於任所。開成之際，聲價籍甚，特爲張水部所知賞，故其詩格頗與水部相類，清妙奇絕。鄭少師薰贈詩云：『項斯逢水部，誰道不關情？』斯性疏曠，溫飽非其本心。初，築草廬於朝陽峰前，交結淨者。槃礴宇宙，戴蘇花冠，披鶴氅，就松陰，枕白石，飲清泉，長哦細酌，凡如此三十餘年。晚汙一名，殊屈清致。其警聯如：『病嘗山藥徧，貧起草堂低。』如：『客來因月宿，牀勢向山移。』〈下第〉云：『獨存過江馬，強拂看花衣。』〈病僧〉云：『不言身後事，猶坐病中禪。』又：『湖山萬疊翠，門樹一行春。』又：『一燈愁裏夢，九陌病中春。』如：『月明古寺客初到，風度閑門僧未歸。』〈宮人入道〉云：『將敲碧落新齋磬，卻進昭陽舊賜箏。』之類，不一而足，當時盛稱。楊敬之祭酒贈詩云：『幾度見詩詩總好，及觀標格過於詩。平生不解藏人善，到處逢人說項斯。』其名以此益彰矣。《集》一卷，今行。」《登科記考》卷二十二「唐武宗至道昭肅孝皇帝」條載：「（會昌）四年甲子，進士二十五人：鄭言，狀元。項斯、趙嘏、楊知溫、孫玉汝、陳納、顧陶、馬戴、張禙、李景述、鄭祥，續放一人：楊嚴。」可參證。考《舊唐書》卷一百七十七〈列傳〉第一百二十七〈楊嚴〉載：「嚴字凜之，會昌四年進士擢第。是歲僕射王起典貢舉，選士三十人，嚴與楊知至、竇緘、源重、鄭朴五人試文合格，物議以子弟非之，起覆奏。武宗敕曰：『楊嚴一人可及第，餘四人落下。』嚴釋褐諸侯府。」是會昌四年，王起以僕射典貢舉。

渭南集一卷

《渭南集》一卷，館臣案：《唐書・藝文志》作三卷。唐渭南尉趙嘏承祐撰。壓卷有「長笛一聲人倚樓」之句，當時稱為「趙倚樓」。

廣校案：《新唐書》卷六十〈志〉第五十〈藝文〉四〈丁部集錄・別集類〉著錄：「趙嘏《渭南集》三卷。」《郡齋讀書志》卷第十八〈別集類〉中

著錄:「趙嘏《渭南集》三卷。右唐趙嘏承祐也。會昌四年進士。終渭南尉。杜紫微讀其〈早秋詩〉云『殘星幾點雁橫塞,長笛一聲人倚樓』,因謂之『趙倚樓』云。」是《解題》著錄者乃詩集,故卷數不同。《崇文總目》卷五〈別集類〉三著錄:「趙氏《編年詩》二卷。」《宋史》卷二百八〈志〉第一百六十一〈藝文〉七〈別集類〉著錄:「趙嘏《編年詩》二卷。」考《唐才子傳》卷第七〈趙嘏〉載:「今有《渭南集》,及《編年詩》二卷,悉取十三代史事跡,自始生至百歲,歲賦一首、二首,總得一百一十章,今並行於世。」則《渭南集》與《編年詩》非同屬一書。嘏,兩《唐書》無傳。《唐詩紀事》卷第五十六「趙嘏」載:「嘏,字承祐。大中終於渭南尉。」又載:「杜紫微覽嘏〈早秋〉詩云:『殘星幾點雁橫塞,長笛一聲人倚樓。』吟味不已,因目嘏為趙倚樓。」其〈長安秋望〉云:「雲物淒涼拂曙流,漢家宮闕動高秋。殘星幾點雁橫塞,長笛一聲人倚樓。紫豔半開籬菊靜,紅衣落盡渚蓮愁。鱸魚正美不歸去,空戴南冠學楚囚。」此即《解題》所謂壓卷之作也。《全唐詩》卷五百四十九「趙嘏」載:「趙嘏,字承祐,山陽人。會昌二年登進士第。大中間,仕至渭南尉卒。嘏為詩贍美,多興味,杜牧嘗愛其『長笛一聲人倚樓』之句,吟歎不已,人因目為『趙倚樓』。有《渭南集》三卷、《編年詩》二卷,今合編為二卷。」可參證。嘏,《唐才子傳》卷第七有傳,記其生平事迹更翔贍。

馬戴集一卷

《馬戴集》一卷,唐馬戴虞臣撰。

廣棪案:《新唐書》卷六十〈志〉第五十〈藝文〉四〈丁部集錄・別集類〉著錄:「《馬戴詩》一卷,字虞臣,會昌進士第。」《宋史》卷二百八〈志〉第一百六十一〈藝文〉七〈別集類〉著錄:「《馬載詩》一卷。」疑「載」應作「戴」。戴,兩《唐書》無傳。《唐才子傳》卷第七〈馬戴〉載:「戴,字虞臣,華州人。會昌四年左僕射王起下進士,與項斯、趙嘏同榜,俱有盛名。初應辟佐大同軍幕府,與賈島、許棠唱答。苦家貧,為祿代耕,歲廩殊薄,然終日吟事,清虛自如。〈秋思〉一絕曰:『萬木秋霜後,孤山夕照餘。田園無歲計,寒近憶樵漁。』調率如此。後遷國子博士卒。

戴詩壯麗，居晚唐諸公之上。優游不迫，沉著痛快，兩不相傷，佳作也。早耽幽趣，既鄉里當名山，秦几一望，黃埃赤日，增起凌雲之操。結茅堂玉女洗頭盆下，軒窗甚僻，對懸瀑三十仞，往還多隱人。誰謂白頭從宦，俸不醫貧，徒興猿鶴之誚，不能無也。有《詩》一卷，今傳。」可參考。

以上二人皆會昌五年進士。_{廣校案：《文獻通考》此句作「會昌四年進士」，誤。}案：項斯、趙嘏、馬戴同為會昌五年進士，見《登科記考》卷二十二「唐武宗至道昭肅孝皇帝・會昌五年」條。

薛許昌集十卷

《薛許昌集》十卷，唐許昌節度使薛能撰。會昌六年進士。

廣校案：《新唐書》卷六十〈志〉第五十〈藝文〉四〈丁部集錄・別集類〉著錄：「薛能詩集」十卷。」《崇文總目》、_{錢東垣輯釋本。}《郡齋讀書志》、〈宋志〉著錄同。《郡齋讀書志》卷第十八〈別集類〉中著錄：「《薛能集》十卷。右唐薛能字大拙，汾州人。會昌六年登進士第。大中末，書判中選，補盩厔尉，辟太原、陝虢、河陽從事。李福鎮滑，表署觀察判官，歷御史、都官、刑部員外郎。福徙西蜀，奏以自副。咸通中，攝嘉州刺史。造朝，遷主客、度支、刑部郎中。俄刺同州。京兆尹溫璋貶，命權知尹事。出帥感化，入授工部尚書。復節度徐州，徙忠武。廣明元年，徐軍戍溵水，經許，能以軍懷舊惠，館之城中。時軍以供備疎闕，大譟。能登子城樓，慰勞之久，乃定；忠武亦遣大將周岌詣溵水，聞之，夜還，襲擊徐卒，盡殺之；且怨能之厚徐卒也，遂逐之。能將奔襄陽，亂兵追殺之，并屠其家。為政嚴察，禁絕私謁。資性倨傲，輕誂忤物。晚節惑浮屠法，信奉惟謹。其為藩鎮，尤易武吏。嘗命其子屬橐鞬，雅拜新進士，或問其故，曰：『與渠銷弭災咎』云。」可參證。能，兩《唐書》無傳。《唐才子傳》卷第七有傳。

李群玉集三卷

《李群玉集》三卷，_{廣校案：《文獻通考》作「《李群玉詩》一卷。」}唐宏文校

書澧陽李群玉文山撰。<small>廣棪案：《文獻通考》闕此句。</small>**裴休以處士薦。**

廣棪案：《新唐書》卷六十〈志〉第五十〈藝文〉四〈丁部集錄・別集類〉
著錄：「《李群玉詩》三卷、《後集》五卷，<small>字文山，澧州人。裴休觀察湖南，厚延</small>
<small>致之。及為相，以詩論薦，授校書郎。</small>」《崇文總目》卷五〈別集類〉三著錄：「《李
群玉詩》三卷，<small>鑒按：今本又有《後集》三卷。</small>」又著錄：「《李群玉後集》
五卷。」<small>錢東垣輯釋本。</small>鑒按謂「今本有《後集》三卷」者，疑為五卷之誤。
《宋史》卷二百八〈志〉第一百六十一〈藝文〉七〈別集類〉著錄：「《李
群玉後集》五卷，又《詩集》二卷。」《郡齋讀書志》卷第十八〈別集類〉
中著錄：「《李群玉詩》一卷。右唐李群玉文山也。澧州人。曠逸不樂仕進，
專以吟詠自適。詩筆妍麗，才力遒健。好吹笙，善書翰。親友強赴舉，一
上而止。裴休廉察湖南，延郡中。大中八年來京師，進詩三百篇。休復論
薦，授弘文館校書郎。《集》後附其〈進討表〉，并〈除官制〉。《太平廣記》
所載黃陵廟事甚異，其絕句在焉。」上述各書所著錄均與《解題》有所異
同。群玉，兩《唐書》無傳。《唐才子傳》卷七〈李群玉〉載：「群玉，字
文山，澧州人也。清才曠逸，不樂仕進，專以吟詠自適，詩筆遒麗，文體
丰妍。好吹笙，美翰墨，如王、謝子弟，別有一種風流。親友強之赴舉，
一上即止。裴相公休觀察湖南，厚禮延致之郡中，嘗勉之曰：『處士被褐懷
玉，浮雲富貴，名高而身不知，神寶寧久棄荒途？子其行矣。』大中八年，
以草澤臣來京，詣闕上表，自進詩三百篇，休適入相，復論薦，上悅之，
敕授弘文館校書郎。……今有《詩》三卷、《後集》五卷。」可參證。

《集》後有〈乞假歸別業〉及〈朝士送行詩〉。

案：《全唐詩》卷五百六十八至卷五百七十所收《李群玉詩》，及王重民、
孫望、童養年輯錄《全唐詩外編》、陳尚君輯校《全唐詩補編》均未收〈乞
假歸別業〉、〈朝士送行詩〉。

曹鄴集一卷

《曹鄴集》一卷，唐洋州刺史曹鄴撰。大中四年進士。

廣棪案：《新唐書》卷六十〈志〉第五十〈藝文〉四〈丁部集錄・別集類〉
著錄：「《曹鄴詩》三卷，<small>字鄴之，大中進士第，洋州刺史。</small>」《崇文總目》卷五
〈別集類〉三著錄：「《曾鄴詩》一卷。」<small>錢東垣輯釋本。</small>「曾」字乃「曹」字

之誤。《宋史》卷二百八〈志〉第一百六十一〈藝文〉七〈別集類〉著錄：
「曹鄴《古風詩》二卷。」所著錄卷數均不同。鄴，兩《唐書》無傳。《唐
詩紀事》卷第六十「曹鄴」條載：「鄴字業之，大中進士也。唐末，以祠部
郎中知洋州。」「業之」應作「鄴之」。《唐才子傳》卷第七〈曹鄴〉載：「鄴，
字鄴之，桂林人。累舉不第，爲〈四怨〉、〈三愁〉、〈五情〉詩。雅道甚古。
特爲舍人韋愨所知，力薦於禮部侍郎裴休，大中四年張溫琪榜中第。看榜
日上主司詩云：『一辭桂巖猿，九泣都門月。年年孟春至，看花如看雪。』
〈杏園宴間呈同年〉云：『岐路不在天，十年行不至。一旦公道開，青雲在
平地。』又云：『忽忽出九衢，童僕顏色異。故衣未及換，尚有去年淚。』
又云：『永持共濟心，莫起胡越意。』佳句類此甚多。志特勤苦。仕至洋州
刺史。有《集》一卷，今傳。」可參證。

津陽門詩一卷

《津陽門詩》一卷，廣棪案：《文獻通考》作「鄭嵎《津陽門詩》一卷」。唐鄭嵎
撰。大中五年進士。廣棪案：《文獻通考》無以上二句。

　　廣棪案：《新唐書》卷六十〈志〉第五十〈藝文〉四〈丁部集錄‧別集類〉
　　著錄：「鄭嵎《津陽門詩》一卷。」〈宋志〉同。《郡齋讀書志》卷第十八
　　〈別集類〉中著錄：「鄭嵎《津陽門詩》一卷。右唐鄭嵎字賓光。大中五
　　年進士。津陽，即華清宮之外闕。嵎開成中過之，聞逆旅主人道承平故
　　實，明日，馬上成長句一千四百言，自爲之〈序〉云。」嵎，兩《唐書》
　　無傳。《唐才子傳》卷第七〈鄭嵎〉載：「嵎字賓光，大中五年李郜榜進
　　士。有《集》一卷，名《津陽門詩》。津陽，即華清宮之外闕，詢求父老，
　　爲詩百韻，皆紀明皇時事者也。」可參證。

或作愚者，非也，愚嘗為嶺南節度，好著錦半臂者，廣棪案：《文獻通考》
無「者」字。非此鄭嵎也。

　　案：鄭愚，兩《唐書》無傳。《唐詩紀事》卷第六十六「鄭愚」條載：「愚，
　　廣州人。唐末爲相。」又載：「咸通中，愚自禮部侍郎除鎮南海，時崔巍公
　　在荊南，愚著錦襖子半臂，袖卷謁之，公大奇之，會夜飲，更衣。賓從間
　　竊謂公曰：『此應是慚其不稱。』既而復易紅錦，尤加煥麗，眾莫能測。愚
　　爲進士時，未嘗以文章及魏公門，至是乃贄所業。崔歎賞曰：『眞銷得錦半

臂也。』」可參證。惟此鄭愚非鄭嵎。

津陽者，華清宮門名。

案：嵎〈津陽門詩序〉云：「津陽門者，華清宮之外闕。南局禁闈，北走京道。開成中，嵎常得群書，下帷於石甕僧院，而甚聞宮中陳迹焉。今年多，自虢而來，暮及山下。因解鞍謀餐，求客旅邸。而主翁年且艾，自言世事明皇。夜闌酒餘，復爲嵎道承平故實。翼日，於馬上輒裁刻俚叟之話，爲長句七言詩，凡一千四百字，成一百韻止，以門題爲之目云耳。」可參證。

劉駕集一卷

《劉駕集》一卷，唐劉駕司南撰。大中六年進士。

廣棪案：《崇文總目》卷五〈別集類〉三著錄：「《劉駕詩》一卷。」《宋史》卷二百八〈志〉第一百六十一〈藝文〉七〈別集類〉著錄：「劉駕《古風詩》一卷。」應與此同。駕，兩《唐書》無傳。《唐才子傳》卷第七〈劉駕〉載：「駕，字司南，大中六年，禮部侍郎崔嶼下進士。初，與曹鄴爲友，深相結，俱工古風詩。鄴既擢第，不忍先歸，待長安中，駕成名，迺同歸范蠡故山。時國家復河、湟故地，有歸馬放牛之象，駕獻〈樂府〉十章，〈序〉曰：『駕生唐二十八年，獲見明天子以德歸河、湟，臣得與天下夫婦復爲太平人。恨愚且賤，不得拜舞上前。作詩十篇，雖不足貢聲寧廟，形容盛德，願與耕稼陶漁者歌江湖田野間，亦足自快。』詩奏，上甚悅，累歷達官。駕詩多比興含蓄，體無定規，意盡即止，爲時所宗。今《集》一卷行於世。」可參證。

李頻集一卷

《李頻集》一卷，唐建州刺史新定李頻德新撰。

廣棪案：《新唐書》卷六十〈志〉第五十〈藝文〉四〈丁部集錄·別集類〉著錄：「《李頻詩》一卷。」《崇文總目》、_{錢東垣輯釋本。}〈宋志〉著錄同。頻字德新，睦州壽昌人。懿宗時除建州刺史。《新唐書》卷二百三〈列傳〉第一百二十八〈文藝〉下有傳。

大中八年進士。姚合之壻也。

案：《新唐書》頻本傳載：「李頻字德新，睦州壽昌人。少秀悟，逮長，
廬西山，多所記覽。其屬辭，於詩尤長。與里人方干善。給事中姚合名
爲詩，士多歸重，頻走千里丐其品，合大加獎挹，以女妻之。大中八年，
擢進士第。」可參證。

李端公集一卷

《李端公集》一卷，唐侍御史李郢楚望撰。大中十年進士。

廣棪案：《新唐書》卷六十〈志〉第五十〈藝文〉四〈丁部集錄·別集類〉
著錄：「《李郢詩》一卷，字楚望，大中進士第，侍御史。」《崇文總目》卷五
〈別集類〉三、錢東垣輯釋本。《宋志》著錄同。《郡齋讀書志》卷第十八〈別
集類〉中著錄：「李郢《端公詩》一卷。右唐李郢楚望也。大中十年進士。
詩調清麗。居餘杭，疏於馳競。爲藩鎮從事，兼侍御史。」郢，兩《唐
書》無傳。《唐才子傳》卷第八〈李郢〉載：「郢，字楚望，大中十年，
崔鉶榜進士及第。初居餘杭，出有山水之興，入有琴書之娛，疏於馳競，
歷爲藩鎮從事，後拜侍御史。郢工詩，理密辭閑，箇箇珠玉。其清麗極
能寫景狀懷，每使人竟日不能釋卷。與清塞、賈島最相善。時塞還俗，
聞島尋卒，郢重來錢塘，俱絕音響，感而賦詩曰：『卻到城中事事傷，惠
休還俗賈生亡。誰人收得章句篋，獨我重經苔蘚房。一命未霑爲逐客，
萬緣初盡別空王。蕭蕭竹塢殘陽在，葉覆閑階雪擁牆。』其它警策率類
此。有《集》一卷，今傳。」可參證。

儲嗣宗集一卷

《儲嗣宗集》一卷，唐儲嗣宗撰。大中十三年進士。館臣案：儲嗣宗大中
十三年進士，原本作「十年」，係脫誤，今改正。

廣棪案：《宋史》卷二百八〈志〉第一百六十一〈藝文〉七〈別集類〉
著錄：「《儲嗣宗詩》一卷。」與此同。嗣宗，兩《唐書》無傳。《唐才
子傳》卷第八〈儲嗣宗〉載：「嗣宗，大中十三年，孔緯榜及第。與顧
非熊先生相結好，大得詩名。苦思夢索，所謂逐句留心，每字著意，悠

悠皆塵外之想。覽其所作，及見其人。警聯如：『綠毛辭世女，白髮入壺翁。』又：『片水明在野，萬花深見人。』又：『黃鶴有歸語，白雲無忌心。』又：『蟬鳴月中樹，風落客前花。』又：『池亭千里月，煙水一封書。』又：『鶴語松上月，花明雲裏春。』又：『一酌水邊酒，數聲花下琴。』又：『宿草風悲夜，荒村月弔人。』〈哭彭先生〉云：『空階鶴戀丹霄影，秋雨苔封白石牀。』〈題閑居〉云：『鳥啼碧樹閑臨水，花滿青山靜掩門。』等句，皆區區所當避舍者也。有《集》一卷，今傳。」考《登科記考》卷二十二「唐宣宗元聖至明成武獻文睿智章仁神聰懿道大孝皇帝」條載：「（大中）十三年己卯，進士三十人：孔緯，狀元。李磎、豆盧瑑、崔澹、儲嗣宗、劉汾、張台。」是嗣宗大中十三年進士，館臣所案不誤。

司馬先輩集一卷

《司馬先輩集》一卷，唐司馬札撰。與儲嗣宗同時。

廣棪案：《秘書省續編到四庫闕書目》卷一〈集類‧別集〉著錄：「《司馬朴詩》一卷。」葉德輝考證本。「朴」乃「札」字之誤。札，兩《唐書》無傳。《全唐詩》卷五百九十六「司馬札」條載：「司馬札，大中時詩人。〈詩〉一卷。」考《唐才子傳》卷十〈殷文圭〉載：「文圭字表儒，池州青陽人也。乾寧五年，禮部侍郎裴贄下進士。……唐季，文體澆漓，才調荒穢。稍稍作者，強名曰詩。南郭之竽，苟存於眾響，非復盛時之萬一也。如王周、劉兼、司馬札、蘇拯、許琳、李咸用等數人，雖有《集》相傳，皆氣卑格下，負魚目唐突之慚，竊碔砆韞襲之濫，所謂『家有弊帚，享之千金，不自見之患也』。文圭稍入風度，間見奇崛，其殆庶幾乎？」乾寧，唐昭宗年號。是則札與文圭、王周等為同時人。

李廓集一卷

《李廓集》一卷，唐武寧節度廣棪案：《文獻通考》作「節度使」。李廓撰。程之子也。館臣案：《唐書》李程子名廓，原本作「廊」，誤，今改正。

廣棪案：《宋史》卷二百八〈志〉第一百六十一〈藝文〉七〈別集類〉著

錄：「《李廓詩》一卷。」與此同。廓，《舊唐書》卷一百六十七〈列傳〉
第一百一十七附其父〈李程〉，載：「子廓。廓進士登第，以詩名聞於時。
大中末，累官至穎州刺史，再為觀察使。」《新唐書》卷一百三十一〈列
傳〉第五十六〈宗室宰相‧李程〉載：「子廓，第進士，累遷刑部侍郎。
大中中，拜武寧節度使，不能治軍。補闕鄭魯奏言：『新麥未登，徐必亂。』
既而果逐廓，乃擢魯起居舍人。」可參證。

于濆集一卷

《于濆集》一卷，唐于濆子漪撰。_{館臣案：《唐書‧藝文志》作《于濆集》一}
_{卷。濆字子漪，原本作「于瀆」，誤，今改正。}**咸通二年進士。**

　　廣校案：《新唐書》卷六十〈志〉第五十〈藝文〉四〈丁部集錄‧別集類〉
著錄：「《于濆詩》一卷，_{字子漪。}」《崇文總目》卷五〈別集類〉五著錄：「于
濆《古風》一卷。」_{錢東垣輯釋本。}《宋史》卷二百八〈志〉第一百六十一〈藝
文〉七〈別集類〉著錄：「于濆《古風詩》一卷。」應與《解題》著錄之書
同。濆，兩《唐書》無傳。《唐詩紀事》卷第六十一「于濆」條載：「濆字
子漪。咸通進士，終泗州判官。」《唐才子傳》卷第八〈于濆〉載：「濆字
子漪，咸通二年裴延魯榜進士。患當時作詩者拘束聲律而入輕浮，故作〈古
風〉三十篇以矯弊俗，自號《逸詩》，今一卷，傳於世。」可參證。

李昌符集一卷

《李昌符集》一卷，唐膳部員外郎李昌符撰。咸通四年進士。

　　廣校案：《宋史》卷二百八〈志〉第一百六十一〈藝文〉七〈別集類〉著
錄：「《李昌符詩》一卷。」與此同。昌符，兩《唐書》無傳。《唐詩紀事》
卷第七十「李昌符」條載：「昌符字巖夢，登咸通四年進士第，歷尚書郎。」
《唐才子傳》卷第八〈李昌符〉載：「昌符，字巖夢，咸通四年禮部侍郎
蕭倣下進士。工詩，在長安與鄭谷酬贈，仕終膳部員外郎。嘗作〈奴婢
詩〉五十首，有云：『不論秋菊與春花，箇箇能嚐空肚茶。無事莫教頻入
庫，每般閑物要些些。』等句。後為御史劾奏，以為輕薄為文，多妨政
務。虧嚴重之德，唱誹戲之風。謫去，匏繫終身。有《詩集》一卷，行

於世。」可參證。

司空表聖集十卷

《司空表聖集》十卷，唐兵部侍郎司空圖表聖撰。咸通十年進士。

> 廣棪案：此書未見其他書目著錄。今人萬曼《唐集敘錄》「《一鳴集》」條
> 云：「至於司空圖的詩作，《書錄解題》云十卷，除合集外，未見傳本。
> 胡震亨《唐音統籤戊集·作者小傳》云：『有《一鳴集》三十卷，內詩十
> 卷。』與宋人所謂文三十卷、詩十卷者異，不知何據。胡氏《統籤》編
> 爲五卷，末附句十四條，《四部叢刊》據以影印，題《司空表聖詩集》。」
> 可參考。圖字表聖，本臨淮人，咸通十年登進士第。昭宗時徵拜兵部侍
> 郎，稱足疾不任趨拜，致章謝。《舊唐書》卷一百九十下〈列傳〉第一百
> 四十下〈文苑〉下、《新唐書》卷一百九十四〈列傳〉第一百一十九〈卓
> 行〉均有傳。

別有全集，此《集》皆詩也。

> 案：《新唐書》卷六十〈志〉第五十〈藝文〉四〈丁部集錄·別集類〉著
> 錄：「司空圖《一鳴集》三十卷。」此即圖所撰之全集。《一鳴集》，《解
> 題》卷十六〈別集類〉上亦著錄：「《一鳴集》一卷，唐兵部侍郎虞鄉司
> 空圖表聖撰。圖見〈卓行傳〉，唐末高人勝士也。蜀本但有雜著，無詩。
> 自有詩十卷，別行。詩格尤非晚唐諸子所可望也。其論詩以『梅止於酸，
> 鹽止於鹹，鹹酸之外，醇美乏焉』，東坡嘗以爲名言。自號知非子，又曰
> 耐辱居士。」惟《解題》著錄《一鳴集》一卷，實三十卷之誤。《文獻通
> 考》引《解題》，亦作三十卷。

其子永州刺史荷為〈後記〉。

> 案：《舊唐書》圖本傳載：「圖無子，以其甥荷爲嗣。荷官至永州刺史。
> 以甥爲嗣，嘗爲御史所彈，昭宗不之責。」荷所撰〈後記〉，已佚。

聶夷中集一卷

《聶夷中集》一卷，唐華陰尉聶夷中撰。咸通十二年進士。

廣棪案：《新唐書》卷六十〈志〉第五十〈藝文〉四〈丁部集錄・別集類〉著錄：「《聶夷中詩》二卷，字坦之，咸通華陰尉。」《崇文總目》同。錢東垣輯釋本。《宋史》卷二百八〈志〉第一百六十一〈藝文〉七〈別集類〉著錄：「《聶夷中詩》一卷。」《秘書省續編到四庫闕書目》卷一〈集類・別集〉著錄：「《聶坦之詩》二卷，闕。」輝按：《崇文目》：『《聶夷中詩》二卷。』〈新唐志〉同，云：『字坦之，咸通華陰尉。』〈宋志〉、《陳錄・詩集類》：『《聶夷中集》一卷。』」葉德輝考證本。是此書宋時已分一卷或二卷。夷中，兩《唐書》無傳。《唐才子傳》卷第九〈聶夷中〉載：「夷中，字坦之，河南人也。咸通十二年禮部侍郎高湜下進士，與許棠、公乘億同袍。時兵革多務，不暇銓注。夷中滯長安久，皂裘已弊，黃糧如珠，始得調華陰縣尉，之官惟琴書而已。性儉，蓋奮身草澤，備嘗辛楚，卒多傷俗閔時之事，哀稼穡之艱難。適值險阻，進退維谷。才足而命屯，有志卒爽，含蓄諷刺，亦有謂焉。古樂府尤得體，皆警省之辭，裨補政治，樂而不淫，哀而不傷，正〈國風〉之義也。其詩一卷，今傳。」可參證。

許棠集一卷

《許棠集》一卷，唐宛陵許棠文化撰。亦咸通十二年進士。

廣棪案：《新唐書》卷六十〈志〉第五十〈藝文〉四〈丁部集錄・別集類〉著錄：「《許棠詩》一卷，字文化。」〈宋志〉同。棠，兩《唐書》無傳。《唐才子傳》卷第九〈許棠〉載：「棠，字文化，宣州涇人也。苦於詩文，性僻少合。既久困名場，時馬戴佐大同軍幕，爲詞宗。棠往謁之一，一見如舊交。留連累月，但從事詩酒而已，未嘗問所欲。一旦大會賓客，命使以棠家書授之；棠驚愕，不喻其來，啓緘即知戴潛遣一介恤其家矣。古人溫良泛愛，振窮周急，謙退不伐，亦皆絕異之姿也。咸通十二年李坻榜進士及第，時及知命，嘗曰：『自得一第，稍覺筋骨輕健，愈於少年。則知一名乃孤進之還丹也。』調涇縣尉，之官，鄭谷送詩曰：『白頭新作尉，縣在故山中。高第能卑宦，前賢尚此風。』後潦倒辭榮。初作〈洞庭詩〉，膾炙人口，時號『許洞庭』云。今《集》一卷傳世。」可參證。

林寬集一卷

《林寬集》一卷，唐林寬撰。

廣棪案：《宋史》卷二百八〈志〉第一百六十一〈藝文〉七〈別集類〉著錄：「《林寬詩》一卷。」與此同。寬，兩《唐書》及《唐才子傳》均無傳。《全唐詩》卷六百六「林寬」條載：「林寬，侯官人。《詩》一卷。」《登科記考》卷二十七〈附考·進士科〉載：「林寬，寬有〈獻同年孔郎中詩〉，是已登第。」則寬曾登進士第。

與李頻，許棠皆同時，《集》有送二人詩。

案：《全唐詩》卷六百六有寬〈送李員外頻之建州〉，云：「句踐江頭月，客星臺畔松。為郎久不見，出守暫相逢。鳥泊牽灘索，花空押號鐘。遠人思化切，休上武夷峰。」又有〈送許棠先輩歸宣州〉，云：「髮枯窮律韻，字字合塡篋。日月所到處，姓名無不知。鶯啼謝守壘，苔老謫仙碑。詩道喪來久，東歸為弔之。」可參考。

周繇集一卷

《周繇集》一卷，唐周繇撰。咸通十三年進士。

廣棪案：此《集》未見〈新唐志〉、〈宋志〉等著錄。《全唐詩》卷六百三十五「周繇」條載：「周繇字為憲，池州人。咸通十二年登第。調建德令，辟襄陽徐商幕府，檢校御史中丞。《詩》一卷。」考《登科記考》卷二十三「唐懿宗昭聖恭惠孝皇帝」條載：「（咸通）十三年壬辰，進士三十人：鄭昌圖，狀元。周繇、韋庠、裴贄、鄭延昌、趙崇、鄒希回。」是繇咸通十三年登第，《全唐詩》誤。繇，兩《唐書》無傳。《唐詩紀事》卷第五十四「周繇」條載：「繇字為憲，池州人。及咸通進士第，以〈明皇夢鍾馗賦〉知名。弟繁，亦工為詩。調池之建德令，李昭象以詩送曰：『投文得仕而今少，佩印還家古所榮。』後以御史中丞與段成式、韋蟾、溫庭皓同遊襄陽徐商幕府。」《唐才子傳》卷第八〈周繇〉載：「繇，江南人。咸通十三年鄭昌圖榜進士，調福昌縣尉。家貧，生理索寞，只苦篇韻。俯有思，仰有詠，深造閫域，時號為『詩禪』。警聯如〈送人尉黔中〉云：『公庭飛白鳥，官俸請丹砂。』〈望海〉云：『島間應有國，波外恐無天。』

〈甘露寺〉云：『殿鎖南朝像，龕禪外國僧。』又：『山從平地有，水到遠天無。』又：『白雲連晉閣，亙樹盡蕪城。』〈江州上薛能尚書〉云：『樹翳樓臺月，帆飛鼓角風。』又：『郡齋多嶽客，鄉戶半漁翁。』等句甚多，讀之使人竦然，誠好手也。落拓杯酒，無榮辱之累，所交遊悉一時名公。《集》今傳世。同登第有張演者，工詩，間見一二篇，亦佳作也。」可參證。據《唐才子傳》，則《登科記考》咸通十三年鄭昌圖榜下可添「張演」之名，或徐松亦有所漏記也。

無譏集四卷

《無譏集》廣棪案：盧校本「譏」作「機」。校注曰：「〈唐志〉『譏』作『機』。」校注誤。四卷，唐崔櫓廣棪案：《文獻通考》作「崔魯」。撰。僖宗時人。

廣棪案：《新唐書》卷六十〈志〉第五十〈藝文〉四〈丁部集錄‧別集類〉著錄：「崔櫓《無譏集》四卷。」櫓，兩《唐書》無傳。《唐詩紀事》卷第五十八「崔櫓」條載：「櫓，大中時進士也。」大中，宣宗年號。《唐才子傳》卷第九〈崔魯〉載：「魯，廣明間舉進士。工為雜文，才麗而蕩。詩慕杜紫微風範，警句絕多。如〈梅花〉云：『強半瘦因前夜雪，數枝愁向晚來天。』又：『初開已入雕梁畫，未落先愁玉笛吹。』〈蓮花〉云：『何人解把無塵袖，盛取清香盡日憐。』〈山鵲〉云：『一番春雨吹巢冷，半朵山花咽嘴香。』又別題云『雲生柱礎降龍地，露洗林巒放鶴天』等，皆綺製精深，膾炙人口。頗嗜酒，無德，嘗醉辱陸肱郎中，旦日慚甚，為詩謝曰：『醉時顛蹶醒時羞，麴蘗催人不自由。回耐一雙窮相眼，不堪芯卉在前頭。』陸亦諒之。悠悠亂世，竟無所成。魯詩善於狀景詠物，讀之如嚙冰雪，心爽神怡，能遠聲病，氣象清楚，格調俱高，中間別有一種風情，佳作也，佳作也！詩三百餘篇，名《無機集》，今傳。」廣明僅一年（880），僖宗年號。《全唐詩》卷五百六十七「崔櫓」條載：「崔櫓，大中時舉進士。（一作廣明中進士）仕為棣州司馬。《無機集》四卷，今存詩十六首。」可參考。惟參之《解題》謂櫓「僖宗時人」，則疑應依《唐才子傳》，訂櫓「廣明間舉進士」。

章碣集一卷

《章碣集》一卷，唐章碣撰。亦僖宗時人。

　　廣棪案：《新唐書・卷六十〈志〉第五十〈藝文〉四〈丁部集錄・別集類〉
著錄：「《章碣詩》一卷。」〈宋志〉同。碣，兩《唐書》無傳。《唐詩紀
事》卷第六十一「章碣」條載：「碣，孝標之子。登乾符進士第。」乾符，
僖宗年號。《唐才子傳》卷第九〈章碣〉載：「碣，錢塘人，孝標之子也。
累上著不第。咸通末，以篇什稱。乾符中，高湘侍郎自長沙攜邵安石來
京及第，碣恨湘不知己，賦〈東都望幸〉詩曰：『懶修珠翠上高臺，眉月
連妍恨不開。縱使東巡也無益，君王自領美人來。』後竟流落，不知所
終。碣有異才，嘗草創詩律，於八句中足字平側，各從本韻。如：『東南
路盡吳江畔，正是窮愁薄暮天。鷗鷺不嫌斜雨岸，波濤欺得逆風船。偶
逢島寺停帆看，深羨漁翁下釣眠。今古若論英達算，鴟夷高興固無邊。』
自稱變體。當時趨風者亦紛紛而起也。今有詩一卷，傳於世。」可參證。
惟《唐才子傳》謂碣「累上著不第」，與《唐詩紀事》異。考《登科記考》
卷二十七〈附考・進士科〉載：「章碣，乾符進士第，見《唐詩紀事》。按《唐才
子傳》云：『章碣，錢唐人，孝標之子，累上（著）不第。』未知即此人否？俟考。」案：
《唐詩紀事》與《唐才子傳》所記之章碣，應同屬一人。疑碣初不第，
至乾符始舉進士，《唐才子傳》漏記。

高蟾集一卷

《高蟾集》一卷，唐御史中丞高蟾撰。乾符三年進士。

　　廣棪案：《新唐書》卷六十〈志〉第五十〈藝文〉四〈丁部集錄・別集類〉
著錄：「《高蟾詩》一卷，乾寧御史中丞。」《崇文總目》同。錢東垣輯釋本。《宋
史》卷二百八〈志〉第一百六十一〈藝文〉七〈別集類〉著錄：「《高蟾
詩》二卷。」則卷數不同。蟾，兩《唐書》無傳。《唐才子傳》卷第九〈高
蟾〉載：「蟾，河朔間人。乾符三年，孔緘榜及第。與鄭郎中谷為友，酬
贈稱高先輩。初，累舉不上，題省牆間曰：『冰柱數條搘白日，天門幾扇
鎖明時。陽春發處無根蒂，憑仗東風次第吹。』怨而切。是年人論不公。
又〈下第上馬侍郎〉云：『天上碧桃和露種，日邊紅杏倚雲栽。芙蓉生在
秋江上，莫向春風怨未開。』意指亦直，馬憐之。又有『顏色如花命如

葉』之句,自況時運蹇窒,馬因力薦,明年李昭知貢舉,遂擢桂。官至御史中丞。蟾本寒士,遑遑於一名,十年始就。性偶儻離羣,稍尚氣節。人與千金,無故,即身死亦不受。其胸次磊塊,詩酒能爲消破耳。詩體則氣勢雄偉,態度諧遠,如狂風猛雨之來,物物竦動,深造理窟,亦一奇逢掖也。《詩集》一卷,今傳。」可參證。

崔塗集一卷

《崔塗集》一卷,唐崔塗禮山撰。光啟四年進士。

　　廣棪案:《新唐書》卷六十〈志〉第五十〈藝文〉四〈丁部集錄·別集類〉著錄:「《崔塗詩》一卷,字禮山,光啟進士第。」《崇文總目》、錢東垣輯釋本。〈宋志〉同。塗,兩《唐書》無傳。《唐才子傳》卷第九〈崔塗〉載:「塗,字禮山,光啟四年鄭貽矩榜進士及第。工詩,深造理窟,端能竦動人意,寫景狀懷,往往宜陶肺腑。亦窮年羈旅,壯歲上巴、蜀,老大遊隴山,家寄江南,每多離怨之作。警策如:『流年川暗渡,往事月空明。』〈巫娥〉云:『江山非舊主,雲雨是前身。』如:『病知新事少,老別故交難。』〈孤雁〉云:『渚雲低暗度,關月冷相隨。』〈山寺〉云:『夕陽高鳥過,疏雨一鍾殘。』又:『谷樹雲埋老,僧窗瀑照寒。』〈鸚鵡州〉云:『曹瞞尚不能容物,黃祖何因解愛才?』〈春夕〉云:『胡蝶夢中家萬里,杜鵑枝上月三更。』〈隴上〉云:『三聲戍角邊城暮,萬里歸心塞草春。』〈過峽〉云:『五千里外三年客,十二峯前一望秋。』等聯,作者於此斂衽。意味俱遠,大名不虛。有《詩》一卷,今傳。」可參證。

雲臺編三卷

《雲臺編》三卷,唐都官郎中宜春鄭谷守愚撰。光啟三年進士。

　　廣棪案:《新唐書》卷六十〈志〉第五十〈藝文〉四〈丁部集錄·別集類〉著錄:「鄭谷《雲臺編》三卷,又《宜陽集》三卷,字守愚,袁州人,為右拾遺。乾寧中,以都官郎中卒于家。」《郡齋讀書志》卷第十八〈別集類〉中著錄:「《雲臺編》三卷、《宜陽外編》一卷。右唐鄭谷字守愚,宜春人。光啟三年,擢高第,遷右拾遺,歷都官郎中。乾寧四年,歸宜春,

卒於別墅。其集號《雲臺編》者，以其扈從華山下觀居所編次也。谷詩屬思凝切於理，而格韻繁猥，語句浮俚不競，不爲議者所多，然一時傳諷，號鄭都官而弗名也。」《宋史》卷二百八〈志〉第一百六十一〈藝文〉七〈別集類〉著錄：「鄭谷《宜陽集》一卷。」又：「《鄭谷詩》三卷，又《詩》一卷、《外集》一卷。」可供參證。〈宋志〉之《鄭谷詩》三卷，應即爲《雲臺編》三卷也。谷，兩《唐書》無傳。《唐才子傳》卷第九〈鄭谷〉載：「谷，字守愚，袁州宜春人。父史，開成中爲永州刺史。谷幼穎悟絕倫，七歲能詩。司空侍郎圖與史同院，見而奇之，問曰：『予詩有病否？』曰：『大夫〈曲江晚望〉云：「村南斜日閑迴首，一對鴛鴦落渡頭。」此意深矣！』圖拊谷背曰：『當爲一代〈風〉、〈騷〉主也。』光啓三年，右丞柳玭下第進士，授京兆鄠縣尉，遷右拾遺，補闕。乾寧四年，爲都官郎中，詩家稱鄭都官。又嘗賦〈鷓鴣〉警絕，復稱鄭鷓鴣云。未幾告歸，退隱仰山書堂，卒於北巖別墅。谷詩清婉明白，不俚而切，爲薛能、李頻所賞。與許棠、任濤、張蠙、李栖遠、張喬、喻坦之、周繇、溫憲、李昌符唱答往還，號『芳林十哲』。谷多結契山僧，曰：『蜀茶似僧，未必皆美，不能捨之。』齊己攜詩卷來袁，謁谷，〈早梅〉云：『前村深雪裏，昨夜數枝開。』谷曰：『數枝，非早也：未若一枝佳。』己不覺設拜曰：『我一字師也。』嘗從僖宗登三峯，朝謁之暇，寓於雲臺道舍，編所作爲《雲臺編》三卷；歸，編《宜陽集》三卷，及撰《國風正訣》一卷，分六門，摭詩聯注其比象君臣賢否、國家治亂之意，今並傳焉。」可參考。

香奩集二卷、入內廷後詩集一卷、別集三卷

《香奩集》二卷、《入內廷後詩集》一卷、《別集》三卷，唐翰林學士韓偓致光撰。

廣棪案：《新唐書》卷六十〈志〉第五十〈藝文〉四〈丁部集錄・別集類〉著錄：「《韓偓詩》一卷，又《香奩集》一卷。」《郡齋讀書志》卷第十八〈別集類〉中著錄：「《韓偓詩》二卷、《香奩集》一卷。右唐韓偓致堯也。京兆人。龍紀元年進士，累遷諫議大夫、翰林學士。昭宗幸鳳翔，進兵部侍郎、承旨。朱全忠怒，貶濮州司馬，榮懿尉。天祐初，挈族依王審知而卒。《香

奩集》，沈括《筆談》以爲和凝所作，凝既貴，惡其側豔，故詭稱偓著。或謂括之言妄也。」《宋史》卷二百八〈志〉第一百六十一〈藝文〉七〈別集類〉著錄：「《韓偓詩》一卷，又《入翰林後詩》一卷。」又著錄：「韓偓《香奩小集》一卷，又《別集》三卷。」上列各書所著錄，與《解題》不同。偓，《新唐書》卷一百八十三〈列傳〉第一百八有傳。其〈傳〉曰：「韓偓字致光，京兆萬年人。擢進士第，佐河中幕府。召科左拾遺，以疾解。後遷累左諫議大夫，宰相崔胤判度支，表以自副。王溥薦爲翰林學士，遷中書舍人。」可參證。《郡齋讀書志》謂偓字致堯，疑誤。

唐英集三卷

《唐英集》三卷，唐翰林學士吳融子華撰。融與偓皆龍紀元年進士。

廣棪案：《新唐書》卷六十〈志〉第五十〈藝文〉四〈丁部集錄・別集類〉著錄：「《吳融詩集》四卷，又《制誥》一卷。」《宋史》卷二百八〈志〉第一百六十一〈藝文〉七〈別集類〉著錄：「《吳融集》一卷。」又著錄：「《吳融賦集》五卷。」所著錄卷數均與《解題》不同。考錢曾《錢遵王讀書敏求記》卷四之中〈詩集〉著錄：「吳融《唐英歌詩》三卷。予生平所見子華詩宋槧本唯此本，宜寶護之。」又《天祿琳琅書目後編》卷六〈宋版集部〉著錄：「《唐英歌詩》，一函二冊。唐吳融撰。融字子華，越州山陰人，龍季元年進士，見《唐書・文藝傳》。書三卷，揭銜『翰林學士承旨、銀青光祿大夫、行在尙書戶部侍郎、知制誥、上柱國漢陽縣開國男、食邑三百戶』。考融與韓偓同爲學士，偓《集》有〈同直詩〉，其曰『行在』，蓋昭宗在鳳翔時所命官。首有『允文』、『樞密之章』二印，蓋宋虞允文家藏，至明入上元焦氏。又一印不可辨。」是融詩宋槧本正作《唐英集》三卷，直齋所藏者與虞允文、錢遵王所藏者相同。融，《新唐書》卷二百二〈列傳〉第一百二十八〈文藝〉下有傳。其〈傳〉曰：「吳融字子華，越州山陰人。祖翥，有名大中時，觀察府召以署吏，不應，帥高其概，言諸朝，賜號文簡先生。融學自力，富辭調。龍紀初，及進士第。韋昭度討蜀，表掌書記，遷累侍御史。坐累去官，流浪荊南，依成汭。久之，召爲左補闕，以禮部郎中爲翰林學士，拜中書舍人。昭宗反正，御南闕，羣臣稱賀，融最先至。于時左右歡駭，帝有指授，疊十許稿，融跪作詔，少選成，語當意詳，帝咨賞

良厚。進戶部侍郎。鳳翔劫遷，融不克從，去客閿鄉。俄召還翰林，遷承旨，卒官。」《登科記考》卷二十四「唐昭宗聖穆景文孝皇帝」條載：「龍紀元年己酉，進士二十五人：李瀚，狀元。溫憲、吳融、韓偓、唐備、崔遠、李□。」是融與偓皆昭宗龍紀元年進士。

張蠙集一卷

《張蠙集》一卷，唐張蠙象文撰。乾寧二年進士。

廣椒案：《新唐書》卷六十〈志〉第五十〈藝文〉四〈丁部集錄‧別集類〉著錄：「《張蠙詩集》二卷，字象文」所著錄卷數與《解題》不同。《崇文總目》卷五〈別集類〉著錄：「《張蠙詩》一卷。」錢東垣輯釋本。《郡齋讀書志》卷第十八〈別集類〉中著錄：「《張蠙詩》一卷。右偽蜀張蠙字象文，清河人。唐乾寧中進士。為校書郎、櫟陽尉、犀浦令。王建開國，拜膳部員外郎，後為金堂令。王衍與徐后遊大慈寺，見壁間書『牆頭細雨垂纖草，水面回風聚落花』，愛之，問知蠙句，給札，令以詩進。蠙以二百首獻。衍頗重之，將召為知制誥，宋光嗣以其輕傲，止賜白金而已。蠙生而穎秀，幼能為詩，作〈登單于臺〉，有『白日地中出，黃河天外來』之句，為世所稱。」〈宋志〉著錄卷數同。蠙，兩《唐書》無傳。《唐詩紀事》卷第七十「張蠙」條載：「蠙，字象文，唐末登第，尉櫟陽。避亂入蜀，王蜀時，為金堂令。徐后遊大慈寺，見壁間題云：『牆頭細雨垂纖草，水面回風聚落花。』問寺僧，僧以蠙對。乃賜霞光牋，令寫詩以進。蠙進二百首，衍善之，召為知制誥。宋光嗣以蠙輕忽傲物，遂止。卒於官。蠙生穎秀，幼有〈單于臺〉詩曰：『白日地中出，黃河天外來。』為世所稱。」《唐才子傳》卷第十〈張蠙〉載：「蠙，字象文，清河人也。乾寧二年，趙觀文榜進士及第，釋褐為校書郎，調櫟陽尉，遷犀浦令。偽蜀王建開國，拜膳部員外郎，後為金堂令。王衍與徐氏遊大慈寺，見壁間題：『牆頭細雨垂纖草，水面回風聚落花。』愛賞久之，問誰作，左右以蠙對。因給禮令以詩進，蠙上二篇，衍尤待重，將召掌制誥，朱光嗣以其輕傲，駙馬宣疏之，止賜白金千兩而已。蠙生而秀穎，幼能為詩，〈登單于臺〉有『白日地中出，黃河天上來』句，由是知名。初以家貧，累下第，留滯長安，賦詩云：『月裏路從何處上，江邊身合幾時歸？十年九陌寒風夜，夢掃蘆花絮客衣。』主司知為非濫成名。餘詩

皆佳，各有意度，過人遠矣。《詩集》二卷，今傳。」可參證。然《唐才子傳》所載，文字略有異同。

靈溪集七卷

《靈溪集》七卷，唐校書郎上饒王貞白有道撰。乾寧二年進士。

廣棪案：《新唐書》卷六十〈志〉第五十〈藝文〉四〈丁部集錄・別集類〉著錄：「《王貞白詩》一卷。」與《解題》不同。《宋史》卷二百八〈志〉第一百六十一〈藝文〉七〈別集類〉著錄：「《王貞白集》七卷。」與此同。貞白，兩《唐書》無傳。《唐才子傳》卷第十〈王貞白〉載：「貞白，字有道，信州永豐人也。乾寧二年登第，時榜下物議紛紛，詔翰林學士陸扆於內殿復試，中選，授校書郎，時登科後七年矣。鄭谷以詩贈曰：『殿前新進士，闕下校書郎。』初蘭溪僧貫休得雅名，與貞白居去不遠而未會。嘗寄〈御溝〉詩，有：『此波涵帝澤，無處濯塵纓。』後會，語及此，休曰：『剩一字。』貞白拂袂而去。休曰：『此公思敏，當即來。』休書字於掌心。逡巡，貞白還，曰：『「此中涵帝澤」如何？』休以掌示之，無異所改，遂訂深契。後值天王狩於岐，迺退居著書，不復干祿，當時大獲芳譽。性恬和，明《易象》。手編所為詩三百篇及賦文等為《靈溪集》七卷，傳於世，卒，葬家山。」可參證。

其《集》有〈自序〉，永豐人有藏之者，洪景盧得而刻之。詩雖多，在一時儕輩未為工也。

案：貞白〈自序〉已佚。貞白詩，《唐詩紀事》卷第二十七「王貞白」條載：「貞白，唐末大播詩名。」又載：「昭宗皇帝頗為寒畯開路。崔合州凝典貢舉，但是子弟，無問文章厚薄，其間屈人不少。孤寒中唯程宴、黃滔擅場之外，其餘以呈試考之，濫得亦不少矣。然如貞白、張蠙詩，趙觀文古風之作，皆臻前輩之閫閾者也。」《唐才子傳》亦曰：「貞白學力精贍，篤志於詩。清潤典雅，呼吸間兩獲科甲，自致於青雲之上，文價可知矣。深惟存亡取捨之義，進而就祿，退而保身，君子也。梁陶宏景棄官隱居三茅，國事必諮請，稱『山中宰相』，號貞白。今王公慕其為人而云爾。」所論皆與直齋不同。惟《唐詩紀事》另載：「天祐年中內試，貞白札翰狼籍，帝覽，拂下玉案。有黃門奏此舉人有詩名。御批曰：『粗通放。』」直齋謂貞白詩

「在一時儕輩未爲工」，或就此事而云焉。天祐，哀帝年號。

翁承贊集一卷

《翁承贊集》一卷，唐諫議大夫京兆翁承贊文堯撰。乾符二年進士。

　　廣棪案：《新唐書》卷六十〈志〉第五十〈藝文〉四〈丁部集錄·別集類〉
著錄：「《翁承贊詩》一卷，字文堯。」《崇文總目》、錢東垣輯釋本。〈宋志〉
著錄同。承贊，兩《唐書》無傳。《唐才子傳》卷六十三「翁承贊」載：
「承贊，乾寧進士也。」又載：「承贊，字文堯，閩人。唐末爲諫議大夫，
使福州。」《唐才子傳》卷第十〈翁承贊〉載：「承贊，字文堯，乾寧三
年禮部侍郎獨孤損下第四人進士，又中宏詞敕頭。承贊工詩，體貌甚偉，
且詼諧，名動公侯。……仕王審知，終諫議大夫。」考《登科記考》卷
二十四「唐昭宗聖穆景文孝皇帝」條載：「（乾寧）三年丙辰，進士十二人：
崔諤，狀元。楊鏻、翁承贊。」又載：「（乾寧）四年丁巳，諸科三人。博學
宏詞科：翁承贊。《淳熙三山志》：『乾寧四年，翁承贊中博學宏詞科。』」是則《解
題》謂翁贊「乾符二年進士」，誤。

褚載集一卷

《褚載集》一卷，館臣案：《唐書·藝文志》作三卷。唐褚載厚之撰。

　　廣棪案：《新唐書》卷六十〈志〉第五十〈藝文〉四〈丁部集錄·別集類〉
著錄：「《褚載詩》三卷，字厚之，並乾寧進士第。」《崇文總目》卷五〈別集
類〉四著錄：「褚載《詠史詩》三卷。」錢東垣輯釋本。所著錄卷數不同。《宋
史》卷二百八〈志〉第一百六十一〈藝文〉七〈別集類〉著錄：「《褚載
詩》一卷。」則與《解題》同。載，兩《唐書》無傳。《唐詩紀事》卷第
五十九「褚載」條載：「載字厚之，登乾寧進士第。」《唐才子傳》卷第
十〈褚載〉載：「載字厚之。家貧，客梁、宋間，困甚。以詩投襄陽節度
使邢君牙云：『西風昨夜墜紅蘭，一宿郵亭事萬般。無地可耕歸不得，有
恩堪報死何難。流年怕老看將老，百計求安未得安。一卷新詩滿懷淚，
頻來門館訴飢寒。』君牙憐之，贈絹十疋，薦於鄭滑節度使，不行。乾
寧五年，禮部侍郎裴贄知貢舉，君牙又薦之，遂擢第。……《集》三卷，

今傳。」可參證。

王轂集一卷

《王轂集》一卷,唐王轂虛中撰。二人皆乾寧五年進士。

　　廣棪案:《新唐書》卷六十〈志〉第五十〈藝文〉四〈丁部集錄‧別集類〉
著錄:「《王轂詩集》三卷,字虛中,乾寧進士第,郎官致仕。」《崇文總目》、
錢東垣輯釋本。〈宋志〉著錄同。《解題》作一卷,疑誤。轂,兩《唐書》無
傳。《唐詩紀事》卷第七十「王轂」條載:「轂字虛中,宜春人。登乾寧
進士第。」又載:「轂,唐末爲尚書郎中,致仕。」與〈新唐志〉所載略
同。《唐才子傳》卷十〈王轂〉載:「轂字虛中,宜春人,自號臨沂子。……
乾寧五年羊紹素榜進士,歷國子博士,後以郎官致仕。有《詩》三卷。」
可參證。

浣花集一卷

《浣花集》一卷,蜀韋莊撰。唐乾寧元年進士也。

　　廣棪案:《崇文總目》卷五〈別集類〉二著錄:「《浣花集》二十卷,韋莊
撰。鑒按:〈宋志〉十卷。」錢東垣輯釋本。《郡齋讀書志》卷第十八〈別集
類〉中著錄:「韋莊《浣花集》五卷。右僞蜀韋莊字端己。仕王建,至吏
部侍郎、平章事。〈集〉乃其弟藹所編,以所居即杜甫草堂舊址,故名。
《僞史》稱莊有《集》二十卷,今止存此。」《宋史》卷二百八〈志〉第
一百六十一〈藝文〉七〈別集類〉著錄:「韋莊《浣花集》十卷、《諫草》
一卷。」是各書所著錄此書卷數皆不同。《解題》著錄者乃詩集。莊,兩
《唐書》無傳。《唐詩紀事》卷第六十八「韋莊」條載:「莊,字端己,
杜陵人,見素之後。曾祖少微,宣宗中書舍人。莊疎曠不拘小節,李詢
爲兩川宣諭和協使,辟爲判官,以中原多故,潛欲依王建,建辟爲掌書
記。尋召爲起居舍人,建表留之。後相建爲僞平章事。」《唐才子傳》卷
第十、《十國春秋》卷第四十〈前蜀〉六〈列傳〉均有傳。考《登科記考》
卷二十四「唐昭宗聖穆景文考皇帝」條載:「乾寧元年甲寅,進士二十八
人:蘇檢,狀元。韋莊,《唐才子傳》:『韋莊字端己,京兆杜陵人也。乾寧元年蘇檢

榜進士，釋褐校書郎。』陳乘、唐廩、孔昌庶。」可參證。

王駕集一卷

《王駕集》一卷，_{館臣案：《唐書·藝文志》作六卷。}唐彭城王駕大用撰。大
順元年進士。自號守素先生。

廣棪案：《新唐書》卷六十〈志〉第五十〈藝文〉四〈丁部集錄·別集類〉
著錄：「《王駕詩集》六卷，_{字大用。}」《崇文總目》、_{錢東垣輯釋本。}〈宋志〉
同，疑《解題》誤。駕，兩《唐書》無傳。《唐詩紀事》卷第六十三「王
駕」條載：「駕字大用，河中人。登大順進士第，仕至禮部員外郎。自稱
守素先生，與圖、谷相爲詩友。」《唐才子傳》卷第九〈王駕〉載：「駕，
字大用，蒲中人，自號守素先生。大順元年，楊贊禹榜登第，授校書郎，
仕至禮部員外郎。棄官嘉遁於別業，與鄭谷、司空圖爲詩友，才名籍甚。
圖嘗與駕書評詩曰：『國初雅風特盛，沈、宋，始興之後，傑出於江寧，
宏思至李、杜極矣。右丞、蘇州，趣味澄夐，若清流之貫遠。大曆十數
公，抑又其次。元、白力勍而氣屬，乃都市豪估耳！劉夢得、楊巨源亦
各有勝會。浪仙、無可、劉得仁輩，時得佳致，亦足滌煩。厥後所聞，
徒褊淺矣。河、汾蟠鬱之氣，宜繼有人。今王生寓居其間，沉漬益久，
五言所得，長於思與境偕，乃詩家之所尙者。則前所謂必推於其類，豈
止神躍色揚而已哉！』駕得書，自以譽不虛已。當時價重，乃如此也。
今《集》六卷，行於世。」均可參證。

喻坦之集一卷

《喻垣之集》一卷，唐喻坦之撰。

廣棪案：《宋史》卷二百八〈志〉第一百六十一〈藝文〉七〈別集類〉著
錄：「《喻坦之集》一卷。」與此同。坦之，兩《唐書》無傳。《唐才子傳》
卷第九〈喻坦之〉載：「坦之，睦州人。咸通中舉進士不第，久寓長安，
囊罄，憶漁樵，還居舊山，與李建州頻爲友。頻以詩送歸云：『從容心自
切，飲水勝銜杯。共在山中住，相隨闕下來。修身空有道，取事各無媒。
不信昇平代，終遺草澤才。』又：『彼此無依倚，東西又別離。』蓋困於

窮蹇，情見於辭矣。同時嚴維、徐凝、章八元粉榆相望，前後唱和亦多。《詩集》今傳。」可參證。

張喬集二卷

《張喬集》二卷，廣棪案：《文獻通考》作「一卷」。盧校本作一卷。校注曰：「《通攷》卷數同。」唐進士九華張喬撰。

　　廣棪案：《新唐書》卷六十〈志〉第五十〈藝文〉四〈丁部集錄‧別集類〉著錄：「《張喬詩集》二卷。」與此同。《崇文總目》卷五〈別集類〉四著錄：「《張喬詩》一卷。」〈宋志〉同。所著錄卷數與《解題》不同。喬，兩《唐書》無傳。《唐才子傳》卷第十有傳，未言進士及第。

喬與許棠、張蠙、鄭谷、喻坦之等同時，號「十哲」。喬試京兆，〈月中桂〉詩擅場，傳於今，而《登科記》無名，蓋不中第也。

　　案：《唐詩紀事》卷第七十載：「喬，池州人，有詩名。咸通中，與許棠、俞坦之、劇燕、任濤、吳宰、張蠙、周繇、鄭谷、李栖遠、溫憲、李昌符謂之十哲。十哲而十二人。」又載：「咸通中，京兆府解，試月中桂詩，喬擅場。云：『與月轉洪濛，扶疎萬古同。根非生下土，葉不墜秋風。每以圓時足，還隨缺處空。影高羣木外，香滿一輪中。未種丹霄日，應虛白兔宮。如何當羽化，細得問神功。』其年李建州頻主試，時為京兆府參軍。以許棠老於場屋，以爲首薦。未幾，巢寇爲亂，遂與伍喬之徒隱九華。」可參證。九華在池州，故《解題》稱喬爲九華人。喬，《登科記》無名，直齋稱爲「唐進士」，似未當。

高駢集一卷

《高駢集》一卷，唐淮南節度使高駢撰。

　　廣棪案：《新唐書》卷六十〈志〉第五十〈藝文〉四〈丁部集錄‧別集類〉著錄：「《高駢詩》一卷。」《崇文總目》，錢東垣輯釋本。〈宋志〉同。駢字千里，幽州人。乾符六年冬，進位檢校司徒、揚州大都督長史、淮南節度副大使知節度事。《舊唐書》卷一百八十三〈列傳〉第一百三十二、《新唐書》卷二百二十四下〈列傳〉第一百四十九下〈叛臣〉下有傳。

周賀集一卷

《周賀集》一卷，唐周賀撰。嘗為僧，名清塞，後反初服。_{廣棪案：《文}獻通考》作「初故」，盧校本同。

　　廣棪案：《新唐書》卷六十〈志〉第五十〈藝文〉四〈丁部集錄・別集類〉
著錄：「《周賀詩》一卷。」〈宋志〉同。賀，兩《唐書》無傳。《唐詩紀
事》卷第七十六「僧清塞」條載：「師東洛人，姓周氏。少從浮圖，法名
清塞，遇姚合而返初，易名賀。初與賈長江，無可齊名。」《唐才子傳》
卷第六〈清塞〉載：「清塞，字南鄉，居廬嶽爲浮屠，客南徐亦久，後來
少室、終南間。俗姓周名賀。工爲新體詩，格調清雅，與賈島、無可齊
名。寶曆中，姚合守錢塘，因攜書投刺以丐品第。合延待甚異。見其〈哭
僧詩〉云：『凍鬚亡夜剃，遺偈病中書。』大愛之，因加以冠巾，使復姓
字。時夏臘已高，榮望落落，竟往依名山諸尊宿自終。詩一卷，今傳。」
可參證。

別本又號《清塞集》。

　　案：《崇文總目》卷五〈別集類〉三著錄：「《清塞詩集》一卷。」_{錢東垣輯}釋本。《郡齋讀書志》卷第十八〈別集類〉中著錄：「《清塞詩》一卷。右
唐僧清塞，字南卿。詩格清雅，與賈島、無可齊名。寶曆中，姚合涖杭，
因攜書投謁。合聞其誦〈哭僧詩〉云『凍鬚亡夜剃，遺偈病中書』，大愛
之，因加以冠巾，爲周賀云。」是其證。今國家圖書館藏宋臨安府陳宅
書籍鋪刻本，書末有「臨安府棚北睦親坊南陳宅書籍鋪印」印記。書乃
稱《周賀詩》。書後有何焯〈跋〉，曰：「東海司寇所有宋槧《唐人詩集》
五十餘家，悉爲揚州大賈項景原所得。此冊經手人朱生乞以分潤，後歸
憩閑堂主人，予之表舅也。知予嘗購之，因而輟贈。籤是王伯穀先生所
題云。壬辰冬日，何焯記於賚研齋。」可參考。是則國家圖書館所藏之
《周賀詩》，乃宋槧《唐人詩集》本。

李洞集一卷

《李洞集》一卷，唐李洞撰。與張喬同時，稱「餘杭明經」。潘熙載編。

　　廣棪案：《新唐書》卷六十〈志〉第五十〈藝文〉四〈丁部集錄・別集類〉

著錄：「《李洞詩》一卷。」與此同。《郡齋讀書志》卷第十八〈別集類〉
中著錄：「《李洞詩》一卷。右唐李洞字才江。諸王之孫。慕賈島為詩，
銅鑄為像，事之如神。時人多誚其僻澀，不貴其奇峭，惟吳融稱之。昭
宗時不第，遊蜀，卒。」可參考。《宋史》卷二百八〈志〉第一百六十一
〈藝文〉七〈別集類〉著錄：「《李洞詩集》三卷。」所著錄卷數不同。
洞，兩《唐書》無傳。《唐才子傳》卷第九有傳。潘熙載，生平無可考。

曹唐集一卷

《曹唐集》一卷，唐桂林曹唐堯賓撰。有〈大〉、〈小游仙〉詩。

　　廣棪案：《新唐書》卷六十〈志〉第五十〈藝文〉四〈丁部集錄・別集類〉
著錄：「《曹唐詩》三卷，字堯賓。」〈宋志〉同。《崇文總目》卷五〈別集類〉
四著錄：「曹唐《大游仙詩》一卷，曹唐《小游仙詩》一卷。」錢東垣輯釋本。
以上著錄均與《解題》卷數不同。《郡齋讀書志》卷第十八〈別集類〉中著
錄：「《曹唐詩》一卷。右唐曹唐字堯賓，桂州人。初為道士。咸通中，為
府從事，卒。作〈遊仙詩〉百餘篇。或靳之曰：『堯賓嘗作鬼詩。』唐曰：
『何也？』『「井底有天春寂寂，人間無路月茫茫」。非鬼詩而何？』唐乃大
晒。今〈集〉中不見，然他詩及神仙者尚多。」可參證。唐，兩《唐書》
無傳。《唐詩紀事》卷第五十八「曹唐」條載：「唐字堯賓，桂州人。初為
道士，後為使府從事。咸通中卒。作〈遊仙詩〉百餘篇。」與《郡齋讀書
志》同。《唐才子傳》卷第八〈曹唐〉載：「唐，字堯賓，桂州人。初為道
士，工文賦詩。大中間舉進士，咸通中為諸府從事，唐與羅隱同時，才情
不異。唐始起清流，志趣澹然，有凌雲之骨，追慕古仙子高情，往往奇遇，
而己才思不減前人，遂作〈大遊仙詩〉五十篇，又〈小遊仙詩〉等，紀其
悲歡離合之要，大播於時。唐嘗會隱，各論近作。隱曰：『聞兄〈遊仙〉之
製甚佳，但中聯云：「洞裏有天春寂寂，人間無路月茫茫。」及是鬼耳。』
唐笑曰：『足下〈牡丹〉詩一聯詠女子障：「若教解語應傾國，任是無情也
動人。」』於是座客大笑。唐平生之志激昂，至是薄宦，頗自鬱悒，為〈病
馬〉詩以自況，警聯如：『飲驚白露泉花冷，喫怕清秋豆葉寒。』皆膾炙人
口。忽一日，晝夢仙女，鸞服花冠，衣如烟霧，倚樹吟唐詠天台劉阮詩，
若欲相招而去者。唐驚覺，頗怪之。明日暴病卒，亦感憶之所致也。有《詩

集》二卷，今傳於世。」可參證。

來鵬集一卷

《來鵬集》一卷，唐豫章來鵬撰。咸通中舉進士不第。

廣棪案：《新唐書》卷六十〈志〉第五十〈藝文〉四〈丁部集錄・別集類〉
著錄：「《來鵬詩》一卷。」《崇文總目》、錢東垣輯釋本。〈宋志〉著錄同。鵬，
兩《唐書》無傳。《唐才子傳》卷第八〈來鵬〉載：「鵬，豫章人，家徐孺
子亭邊，林園自樂，師韓、柳爲文。大中、咸通間，才名籍甚。鵬工詩，
蓄銳既久，自傷年長，家貧不達，頗亦忿忿，故多寓意譏訕。當路雖賞清
麗，不免忤情，每爲所忌。如〈金錢花〉云：『青帝若教花裏用，牡丹應是
得錢人。』〈夏雲〉云：『無限旱苗枯欲盡，悠悠閑處作奇峯。』〈偶題〉云：
『可惜青天好雷電，只能驚起懶蛟龍。』坐是，凡十上不得第。韋宙尙書
獨賞其才，延待幕中，攜以遊蜀；又欲納爲婿，不果。是年，力薦，夏課
卷中獻詩有云：『一夜綠荷風剪破，嫌他秋雨不成珠。』宙以爲不祥，果失
志。時遭廣明庚子之亂，鵬避地遊荊、襄，艱難險阻。南返，中和客死於
維揚逆旅。主人賢，收葬之。有《詩》一卷，今傳於世。」可參證。

任藩集一卷

《任藩集》一卷，唐任藩撰。或作翻。

廣棪案：《新唐書》卷六十〈志〉第五十〈藝文〉四〈丁部集錄・別集類〉
著錄：「《任翻詩》一卷。」《崇文總目》同。錢東垣輯釋本。《宋史》卷二百
八〈志〉第一百六十一〈藝文〉七〈別集類〉著錄：「《任藩詩》一卷。」
則與《解題》同。藩，兩《唐書》無傳。《唐才子傳》卷第七作〈任蕃〉
載：「蕃，會昌間人，家江東，多遊會稽苕、霅間。初，亦舉進士之京，
不第，牓罷進謁主司曰：『僕本寒鄉之人，不遠萬里，手遮赤日，步來長
安，取一第榮父母不得。侍郎豈不聞江東一任蕃，家貧吟苦，忍令其去
如來日也？敢從此辭，彈琴自娛，學道自樂耳。』主司慚，欲留不可得。
歸江湖，專尙聲調。去遊天台巾子峯，題寺壁間云：『絕頂新秋生夜涼，
鶴翻松露滴衣裳。前峯月照一江水，僧在翠微開竹房。』既去百餘里，

欲回改作『半江水』，行到題處，他人已改矣。後復有題詩者，亡其姓氏，曰：『任蕃題後無人繼，寂寞空山二百年。』才名類是。凡作必使人改視易聽，如〈洛陽道〉云：『憧憧洛陽道，塵下生春草。行者豈無家，無人在家老。雞鳴前結束，爭去恐不早。百年路傍盡，白日車中曉。求富江海狹，取貴山嶽小。二端立在途，奔走何由了？』想蕃風度，此亦足舉其梗概。有詩七十七首，為一卷，今傳，非全文矣。」可參證。

客居天台，有〈宿帢幘山〉絕句，為人所稱。今城中巾子山也。

　　案：《全唐詩》卷七百二十七「任翻」載〈宿巾子山禪寺〉一首，即《唐才子傳》所記之題寺壁詩。另有〈再遊巾子山寺〉云：「靈江江上幘峰寺，三十年來兩度登。野鶴尚巢松樹徧，竹房不見舊時僧。」〈三遊巾子山寺感述〉云：「清秋絕頂竹房開，松鶴何年去不迴。惟有前峰明月在，夜深猶過半江來。」三首前後呼應，膾炙人口。

玄英集十卷

《玄英集》十卷，唐處士新定方干撰。

　　廣棪案：《新唐書》卷六十〈志〉第五十〈藝文〉四〈丁部集錄·別集類〉著錄：「《玄英先生詩集》十卷，方干。」《崇文總目》卷五〈別集類〉三著錄同，惟姓名誤作「方千」。《郡齋讀書志》卷第十八〈別集類〉中著錄：「《方干詩集》一卷。右唐方干字雄飛，歙人。唐末舉進士，不第，隱鏡湖上。徐凝有詩名，一見干，器之，授以詩律。其貌寢陋，又兔闕，而喜凌侮。嘗謁廉帥，誤三拜，人號『方三拜』。將薦於朝而卒，門人謚玄英先生、其甥楊弇與孫郃編次遺詩，王贊為〈序〉。郃又為作〈玄英先生傳〉附。」《宋史》卷二百八〈志〉第一百六十一〈藝文〉七〈別集類〉著錄：「《方干詩》二卷。」所著錄卷數均與《解題》不同。干，兩《唐書》無傳。《唐才子傳》卷第七有傳。

唐風集三卷

《唐風集》三卷，館臣案：晁公武《郡齋讀書志》作十卷。唐九華山杜荀鶴撰。

　　廣棪案：《崇文總目》卷五〈別集類〉四著錄：「《杜荀鶴詩集》一卷。」錢

東垣輯釋本。《郡齋讀書志》卷第十八〈別集類〉中著錄：「杜荀鶴《唐風集》十卷。右唐杜荀鶴，池州人。大順二年進士，善爲詞章。宣州田頵重之，嘗以牋問至，梁祖薦爲翰林學士，主客員外。恃勢侮易搢紳，眾怒，欲殺之而未及。天祐初，病卒。有顧雲〈序〉。荀鶴自號九華山人。」《宋史》卷二百八〈志〉第一百六十一〈藝文〉七〈別集類〉著錄：「杜荀鶴《唐風集》二卷。」以上各書著錄卷數均與《解題》不同。荀鶴，《舊五代史》卷二十四〈列傳〉第十四有傳，載：「杜荀鶴，池州人。案辛文房《唐才子傳》：『荀鶴，字彥之，牧之微子也。』善爲詩，辭句切理，爲時所許。既擢第，復還舊山。案《唐才子傳》：『荀鶴嘗謁梁王朱全忠，與之坐，忽無雲而雨，王以爲天泣不祥，命作詩，稱意，王喜之。荀鶴寒進，連敗文場，甚苦，至是送春官。大順二年，裴贄侍郎放第八人登科，正月十日放榜，正荀鶴生朝也。王希羽獻詩曰：「金榜曉懸生世日，玉書潛記上昇時。九華山色高千尺，未必高於第八枝。」』又，《唐新纂》云：『荀鶴舉進士及第，東歸，過夷門，獻梁太祖詩句云：「四海九州空第一，不同諸鎮府封王。」是則荀鶴之受知於梁祖舊矣，不待田頵之牋問而始被遇也。』時田頵在宣州，甚重之。頵將起兵，乃陰令以牋問至，太祖遇之頗厚。及頵遇禍，太祖以其才表之，尋授翰林學士、主客員外郎。既而恃太祖之勢，凡搢紳間己所不悅者，日屈指怒數，將謀盡殺之。苞蓄未及泄，丁重疾，旬日而卒。《永樂大典》卷一萬五千七百三十。　案《唐才子傳》：『荀鶴以天祐元年卒。』《北夢瑣言》又作『梁受禪後，拜翰林學士，五日而卒。』未詳孰是。」可參考。

詠史詩三卷

《詠史詩》三卷，唐邵陽胡曾撰。凡一百五十首。曾，咸通末為漢南從事。

廣棪案：《新唐書》卷六十〈志〉第五十〈藝文〉四〈丁部集錄・別集類〉著錄：「胡曾《安定集》十卷。」與此非同一書。《宋史》卷二百八〈志〉第一百六十一〈藝文〉七〈別集類〉著錄：「胡曾《詠史詩》三卷，又《詩》一卷。」《唐詩紀事》卷第七十一「胡曾」條載：「曾有《詠史詩》百篇，行子世。」今《全唐詩》卷六百四十七「胡曾」條錄《詠史詩》，凡一百五十首，與《解題》合。曾，兩《唐書》無傳。《唐才子傳》卷第八〈胡曾〉載：「曾，長沙人也。咸通中進士。初，再三下第，有詩云：『翰苑

幾時休嫁女，文章早晚罷生兒。上林新桂年年發，不許閑人折一枝。』
曾天分高爽，意度不凡，視人間富貴亦悠悠。遨歷四方，馬蹟窮歲月，
所在必公卿館穀。上交不諂，下交不瀆，奇士也。嘗爲漢南節度從事。
作《詠史詩》，皆題古君臣爭戰廢興塵跡。經覽形勝，關山亭障，江海深
阻，一一可賞。人事雖非，風景猶昨。每感輒賦，俱能使人奮飛。至今
庸夫孺子，亦知傳誦。後有擬効者，不逮矣。至於近體律絕等，哀怨清
楚，曲盡幽情，擢居中品不過也。惜其才茂而身未穎脫，痛哉！今《詠
史詩》一卷，有咸通中人陳蓋註，及《安定集》十卷行世。」可參考。
惟《唐才子傳》謂曾「長沙人」，與《解題》異。

羅江東集十卷

《羅江東集》十卷，唐羅隱昭諫撰。

　　廣棪案，《崇文總目》卷五〈別集類〉一著錄：「《羅隱集》二十卷。」又
　　〈別集類〉五著錄：「《羅隱賦》一卷。」〈別集類〉六著錄：「《羅隱啓事》
　　一卷。」又：「《讒書》五卷，羅隱撰。《羅隱讒書本》三卷。」而未著錄
　　其詩之單行本。《郡齋讀書志》卷第十八〈別集類〉中著錄：「《羅隱甲乙
　　集》十卷、《讒書》五卷。右杭越羅隱字昭諫，餘杭人。唐乾符中舉進士
　　不第。從事諸鎮皆無合，久之而歸。錢鏐辟掌書記，歷節度判官副使，
　　奏授司勳郎中。梁祖以諫議大夫召，不行。魏博羅紹威推爲叔父，表薦
　　給事中，卒。隱少聰敏，作詩著文，以譏刺爲主。自號江東生。其《集》
　　皆自爲〈序〉。」其中《羅隱甲乙集》十卷，與《解題》著錄者爲同一書。
　　《宋史》卷二百八〈志〉第一百六十一〈藝文〉七〈別集類〉著錄：「羅
　　隱《湘南應用集》三卷，又《淮海寓言》七卷、《甲乙集》三卷、《外集
　　詩》一卷、《啓事》一卷、《讒本》三卷、《讒書》五卷。」所著錄《甲乙
　　集》卷數，與《解題》不同。隱，《舊唐書》卷一百八十一〈列傳〉第一
　　百三十一附〈羅弘信子威〉，載：「錢塘人羅隱者，有當世詩名，自號江東
　　生。威遣使賂遺，敘其宗姓，推爲叔父。隱亦集其詩寄之。威酷嗜其作，
　　目己所爲曰《偷江東集》，凡五卷，今鄴中人士諷咏之。」隱，《舊五代
　　史》卷二十四〈梁書〉二十四〈列傳〉第十四另有傳。

劉滄集一卷

《劉滄集》一卷，唐進士劉滄蘊靈撰。

　　廣棪案：《新唐書》卷六十〈志〉第五十〈藝文〉四〈丁部集錄・別集類〉
著錄：「《劉滄詩》一卷，字蘊靈。」〈宋志〉同。《郡齋讀書志》卷第十八〈別
集類〉中著錄：「《劉滄詩》一卷。右唐劉滄字蘊靈。大中八年進士。詩頗
清麗，句法絕類趙嘏。」可參證。滄，兩《唐書》無傳。《唐詩紀事》卷第
五十八「劉滄」條載：「滄字蘊靈，大中進士也。」《唐才子傳》卷第八〈劉
滄〉載：「滄，字蘊靈，魯國人也。體貌魁梧，尚氣節，善飲酒，談古今，
令人終日喜聽。慷慨懷古，率見於篇。大中八年，禮部侍郎鄭薰下進士，
牓後，進謁謝，薰曰：『初謂劉君銳志，一第不足取。故人別來，三十載不
相知聞，誰謂今白頭紛紛矣。』調華原尉。與李頻同年。詩極清麗，句法
絕同趙嘏、許渾，若出一絇綜然。《詩》一卷，今傳。」可參考。

羅鄴集一卷

《羅鄴集》一卷，唐羅鄴撰。

　　廣棪案：《新唐書》卷六十〈志〉第五十〈藝文〉四〈丁部集錄・別集類〉
著錄：「《羅鄴詩》一卷。」《崇文總目》、錢東垣輯釋本。〈宋志〉同。鄴，
兩《唐書》無傳。《唐詩紀事》卷第六十八「羅鄴」載：「鄴，餘杭人。
父則，爲鹽鐵小吏，有二子，俱以文學干進。鄴尤長七言詩，時宗人隱，
亦以律韻著稱，然隱才雄而麄疎，鄴才清而綿緻。咸通中，崔安潛侍郎
廉問江西，志在弓旌，竟爲幕吏所沮。既而俯就督郵，因茲舉事闌珊，
無成而卒。」《唐才子傳》卷第八亦有傳。

曹松集一卷

《曹松集》一卷，館臣案：《唐書・藝文志》作三卷。　廣棪案：盧校注：〈唐志〉
有三卷者，晁〈志〉亦一卷。唐曹松夢徵撰。天復元年進士。

　　廣棪案：《新唐書》卷六十〈志〉第五十〈藝文〉四〈丁部集錄・別集類〉
著錄：「《曹松詩集》三卷，字夢徵，天復進士第，校書郎。」《崇文總目》錢東
垣輯釋本。同。《郡齋讀書志》卷第十八〈別集類〉中著錄：「《曹松詩》一

卷。右唐曹松夢徵也。舒州人。學賈島爲詩。天復元年，與王希羽、劉象、柯崇、鄭希顏同登第，年皆七十餘，號『五老榜』。時以新平內難，聞放進士，喜，特敕授校書郎而卒。」〈宋志〉亦作一卷。松，兩《唐書》無傳。《唐才子傳》卷第十〈曹松〉載：「松，字夢徵，舒州人也。學賈島爲詩，深入幽境，然無枯淡之癖。尤長啓事，不減山公。早年未達，嘗避亂來栖洪都西山。初在建州依李頻。頻卒後，往來一無所遇。光化四年，禮部侍郎杜德祥下，與王希羽、劉象、柯崇、鄭希顏同登第，年皆七十餘矣，號爲『五老榜』。時值新平內難，朝廷以放進士爲喜，特授校書郎而卒。松野性方直，罕嘗俗事，故拙於進宦，構身林澤，寓情虛無。苦極於詩，然別有一種風味，不淪乎怪也。《集》三卷，今傳。」可參考。

別本與印本互有詳略，但別本〈大遊仙〉十三首，乃曹唐詩也。

　　案：《解題》卷十九〈詩集類〉上著錄：「《曹唐集》一卷，唐桂林曹唐堯賓撰。有〈大〉、〈小游仙〉詩。」是〈大游仙詩〉曹唐撰，別本誤收也。今《全唐詩》卷六百四十一「曹唐」條收有〈小游仙詩〉九十八首，而未收〈大游仙〉。考《唐詩紀事》卷第五十八「曹唐」條載：「唐，字堯賓，桂州人。初爲道士，後爲吏府從事。咸通中卒。作《遊仙詩》百餘篇。其友人曰：『堯賓曾作鬼詩。』唐曰：『何也？』曰：『井底有天春寂寂，人間無路月茫茫，非鬼詩而何？』唐大哂。《遊仙詩》今見一絕云：『靖節先生幾代孫，青娥曾接玉郎魂。春風流水還無賴，偷放桃花出洞門。』唐詩屬對清切，如『鷓鴣思起歌聲動，鴻鵠身翻舞袖齊。』『斬蛟青海上，射虎黑山頭。』此類頗多。」此條所載《遊仙詩》，乃〈大游仙〉之僅遺。唐撰〈大游仙〉十三首、〈小游仙〉九十八首，合一百十一首，故《唐詩紀事》謂「作《遊仙詩》百餘篇」，所記正相符也。

比紅兒詩一卷

《比紅兒詩》一卷，唐鄜州從事羅虬撰。紅兒者，雕陰官妓杜也。

　　廣棪案：《郡齋讀書志》卷第十八〈別集類〉中著錄：「羅虬《比紅兒詩》一卷。右唐羅虬也。皇朝方性夫注。虬詞藻富贍，與其族人隱、鄴齊名，時號『三羅』。從鄜州李孝恭。籍中有杜紅兒者，善歌，常爲副使者屬意。

副使聘隣道，虬請紅兒歌，贈之以綵。孝恭不令受，虬怒，拂衣而起，詰旦，手刃之。既而追其冤，作絕句詩百篇，借古人以比其豔，盛行於世。」可參證。《宋史》卷二百八〈志〉第一百六十一〈藝文〉七〈別集類〉著錄：「羅虬《比紅兒詩》十卷。」「十卷」應作「一卷。」虬，兩《唐書》無傳。《唐詩紀事》卷第六十九「羅虬」條載：「〈比紅兒詩并序〉云：『《比紅》者，爲雕陰官妓杜紅兒作也。美貌年少，機智慧悟，不與羣輩妓女等。余知紅者，迺擇古之美色灼然于史傳三數十輩，優劣於章句間。遂題《比紅詩》。』」又載：「虬詞藻富贍，與宗人隱、鄴齊名，咸通、乾符中，時號三羅。廣明庚子亂後，去從鄜州李孝恭。籍中有杜紅兒者，善歌，常爲副戎屬意。副戎聘鄰道，虬請紅兒歌而贈之繒綵。孝恭以副戎所盼，不令受所貺。虬怒，拂衣而起；詰旦，手刃紅兒。既而思之，乃作絕句百篇，以追其冤，號《比紅詩》，盛行於時。」虬，《唐才子傳》卷第九有傳。

唐彥謙集一卷

《唐彥謙集》一卷，館臣案：《唐書·藝文志》作三卷。唐河中節度副使襄陽唐彥謙茂業撰。號鹿門先生。

廣棪案：《新唐書》卷六十〈志〉第五十〈藝文〉四〈丁部集錄·別集類〉著錄：「《唐彥謙詩集》三卷。」《郡齋讀書志》卷第十八〈別集類〉中著錄：「唐彥謙《鹿門詩》一卷。右唐唐彥謙茂業也。并州人。咸通末舉進士第。中和中，王重榮表河中從事，歷節度副使，晉、絳二州刺史。重榮遇害，貶漢中掾。興元楊守亮留署判官，遷副使，閬、壁刺史，卒。彥謙才高負氣，無所摧屈，博學多藝，尤能七言詩，師溫庭筠，故格體類之，世稱『耳聞明主提三尺，眼見愚民盜一抔』，蓋彥謙句也。自號鹿門先生。有薛廷珪〈序〉。」《宋史》卷二百八〈志〉第一百六十一〈藝文〉七〈別集類〉著錄：「《唐彥謙詩集》二卷。」是此書有分一卷、二卷、三卷者。彥謙，《舊唐書》卷一百九十下〈列傳〉第一百四十下〈文苑〉下附其祖〈唐次〉，《新唐書》卷八十九〈列傳〉第十四附高祖〈唐儉〉。《舊唐書》彥謙本傳載：「彥謙，字茂業，咸通末應進士，才高負氣，無所屈降，十餘年不第。乾符末，河南盜起，兩都覆沒，以其家避地漢

南。中和中，王重榮鎮河中，辟爲從事。累奏至河中節度副使，歷晉、絳二州刺史。彥謙博學多藝，文詞壯麗，至於書畫音樂博飲之技，無不出於輩流。尤能七言詩，少時師溫庭筠，故文格類之。光啓末，王重榮爲部下所害，朝議責參佐，彥謙與書記李巨川俱貶漢中掾曹。時楊守亮鎮興元，素聞其名，彥謙以本府參承，守亮見之，喜握手曰：『聞尚書名久矣，邂逅於茲。』翌日，署爲判官。累官至副使，閬、壁二郡刺史。卒於漢中。有詩數百篇，禮部侍郎薛廷珪爲之〈序〉，號《鹿門先生集》，行於時。」可參考。

秦韜玉集一卷

《秦韜玉集》一卷，唐秦韜玉撰。

　　廣棪案：《新唐書》卷六十〈志〉第五十〈藝文〉四〈丁部集錄・別集類〉著錄：「秦韜玉《投知小錄》三卷，字中明，田令孜神策判官、工部侍郎。」《郡齋讀書志》卷第十八〈別集類〉中著錄：「秦韜玉《投知小錄》三卷。右唐秦韜玉字中明，京兆人。有詞藻，工歌吟，險而好進，爲田令孜所善。僖宗幸蜀，令孜引爲工部侍郎。中和二年，賜進士第，編入春榜。」《宋史》卷二百八〈志〉第一百六十一〈藝文〉七〈別集類〉著錄：「《秦韜玉集》三卷。」是此《集》有作三卷者。惟《秘書省續編到四庫闕書目》卷一〈集類・別集〉著錄：「《秦韜玉詩》一卷。輝按：〈宋志〉：『《秦韜玉集》三卷。』《遂初目》無卷數。」則與《解題》同。韜玉，兩《唐書》無傳。《唐詩紀事》卷第六十三「秦韜玉」條載：「韜玉，字仲明，京兆人。父爲左軍軍將。韜玉出入田令孜之門，又與劉曄、李巖士、姜垍、蔡鋌之徒，交遊中貴，各將兩軍書尺，僥求巍科，時謂對軍解頭。僖宗幸蜀，韜玉以工部侍郎爲令孜神策判官。及小歸公主文，韜玉准勅放及第，仍編入其年牓中。韜玉以書謝新人，呼同年略曰：『三條燭下，雖阻文闈；數仞牆邊，幸同恩地。』」《唐才子傳》卷第九有傳。

東浮集九卷

《東浮集》九卷，唐荊南崔道融撰。自稱「東甌散人乾寧乙卯永嘉山齋

編成」，蓋避地於此。今缺第十卷。

　　廣棪案：《新唐書》卷六十〈志〉第五十〈藝文〉四〈丁部集錄·別集類〉
　　著錄：「崔道融《申唐詩》三卷。」〈宋志〉著錄同。與此應非同一書。《宋
　　史》卷二百八〈志〉第一百六十一〈藝文〉七〈別集類〉著錄：「《崔道
　　融集》九卷。」與此則同為一書。是《解題》謂此書「缺第十卷」，則至
　　元時亦不傳矣。道融，兩《唐書》無傳。《唐才子傳》卷第九〈崔道融〉
　　載：「道融，荊人也，自號『東甌散人』。與司空圖為詩友。出為永嘉宰。
　　工絕句，語意妙甚。如〈銅雀妓〉云：『歌咽新翻曲，香銷舊賜衣。陵園
　　風雨暗，不見六龍歸。』〈春閨〉云：『寒食月明雨，落花香滿泥。佳人
　　持錦字，無雁寄征西。』〈寄人〉云：『澹澹長江水，悠悠遠客情。落花
　　相與恨，到地一無聲。』〈寒食夜〉云：『滿地梨花白，風吹碎月明。大
　　家寒食夜，獨貯遠鄉情。』等尚眾。誰謂晚唐間忽有此作？使古人復生，
　　亦不多讓，可謂出乎其類，拔乎其萃者矣！人悉推服其風情雅度，猶恨
　　出處未能梗概之也。有《申唐集》十卷，〈自序〉云：『乾符乙卯夏，寓
　　永嘉山齋，收拾草稿，得五百餘篇。』今存於世。」可參證。

唐詩三卷

《唐詩》三卷，崔道融撰。皆四言詩，述唐中世以前事實，事為一篇，
篇各有〈小序〉，凡六十九篇。

　　廣棪案：《新唐書》卷六十〈志〉第五十〈藝文〉四〈丁部集錄·別集類〉
　　著錄：「崔道融《申唐詩》三卷。」《宋史》卷二百八〈志〉第一百六十
　　一〈藝文〉七〈別集類〉著錄：「崔道融《申唐詩》三卷。」應同為一書。
　　惟此書應名作《申唐詩》，與直齋所言「述唐中世以前事實」云云相合。
　　《解題》作《唐詩》，疑上闕「申」字。

裴說集一卷

《裴說集》一卷，唐裴說撰。天祐三年進士狀頭，唐蓋將亡矣。說後為
禮部員外郎，世傳其〈寄邊衣〉古詩甚麗，此《集》無之，僅有短律而
已，非全集也。其詩有「避亂一身多」之句。廣棪案：盧校本無「其詩有『避

亂一身多』之句」十字。校注曰：「元本無之，乃《通攷》以晁〈志〉語增成之耳。」

廣梭案：《崇文總目》卷五〈別集類〉四著錄：「《裴說詩》二卷。」錢東垣輯釋本。所著錄卷數不同。《郡齋讀書志》卷第十八〈別集類〉中著錄：「《裴說詩》一卷。右唐裴說撰。天祐三年進士。詩有『避亂一身多』之句。」〈宋志〉亦作一卷。說，兩《唐書》無傳。《唐詩紀事》卷第六十五「裴說」條載：「唐舉子先投所業於公卿之門，謂之行卷。說只行五言詩一卷，至來年秋賦，復行舊卷，人有譏之者，說曰：『只此十九首苦吟，尚未有人見知，何暇別行卷哉！』識者以爲知言。說天復六年登甲科，其詩以苦吟難得爲工，且拘格律。嘗有詩曰：『苦吟僧入定，得句將成功。』又〈贈僧貫休〉云：『總無方是法，難得始爲詩。』又云：『是事精皆易，唯詩會却難。』遭亂，故宦不達，多遊江湖間。有〈石首縣〉詩云：『因攜一家住，贏得半年吟。』又載：「說終禮部員外郎。」《唐才子傳》卷第十〈裴說〉載：「說工詩，得盛名。天祐三年禮部侍郎薛廷珪下狀元及第。初年窘迫亂離，奔走道路，有詩曰：『避亂一身多。』見者悲之。後仕爲補闕，終禮部員外郎。爲詩足奇思，非意表琢煉不舉筆，有島、洞之風也。弟諧，亦以詩名世，仕終桂嶺假官宰。今俱有《集》相傳。」可參證。考《登科記考》卷二十四「唐昭宗聖穆景文孝皇帝」條載：「(天祐)三年丙寅，進士二十五人：裴說、裴諧、陳光義、翁襲明、李愚。知貢舉：吏部侍郎薛廷珪。」是《唐詩紀事》作「天復六年登甲科」，誤。《全唐詩》卷七百二十收裴說詩一卷，其〈聞砧〉一首，小注：「作〈寄邊衣〉」，詩云：「深閨乍冷鑑開奩，玉筋微微溼紅頰。一陣霜風殺柳條，濃煙半夜成黃葉。垂垂白練明如雪，獨下閒階轉淒切。秖知抱杵搗秋砧，不覺高樓已無月。時聞寒雁聲相喚，紗窗只有燈相伴。幾展齊紈又懶裁，離腸恐逐金刀斷。細想儀形執牙尺，回刀剪破澄江色。愁捻銀針信手縫，惆悵無人試寬窄。時時舉袖勻紅淚，紅牋謾有千行字。書中不盡心中事。一片慇懃寄邊使。」《唐詩紀事》亦載〈聞砧〉詩，則〈寄邊衣〉一首實存，直齋不知即〈聞砧〉矣。

劉得仁集一卷

《劉得仁集》一卷，唐進士劉得仁撰。公主之子，累舉不第而卒。

廣梭案：《新唐書》卷六十〈志〉第五十〈藝文〉四〈丁部集錄·別集類〉

著錄：「《劉得仁詩》一卷。」《崇文總目》卷五〈別集類〉三著錄：「《劉德仁詩》一卷。」錢東垣輯釋本。《宋史》卷二百八〈志〉第一百六十一〈藝文〉七〈別集類〉著錄：「《劉得仁詩集》一卷。」《崇文總目》作「德仁」，誤。得仁，兩《唐書》無傳。《唐詩紀事》卷第五十三「劉得仁」條載：「得仁，貴主之子。自開成至大中三朝，昆弟皆歷貴仕，而得仁苦於詩，出入舉場三十年，卒無成。嘗〈自述〉曰：『外家雖是帝，當路且無親。』又云：『外族帝王是，中朝親故稀。翻令浮議者，不許九霄飛。』既終，詩人競爲詩弔之。僧栖白詩曰：『忍苦爲詩身到此，冰魂雪魄已難招。若教桂子落墳上，生得一枝冤始銷。』」《唐才子傳》卷第六〈劉得仁〉亦載：「得仁，公主之子也。長慶間以詩名。五言清瑩，獨步文場。自開成後，至大中三朝，昆弟以貴戚皆擢顯仕，得仁獨苦工文，嘗立志，必不獲科第，不願儕人之爵也。出入舉場二十年，竟無所成。投跡幽隱，未嘗耿耿。有〈寄所知〉詩云：『外族帝王是，中朝親故稀。翻令浮議者，不許九霄飛。』憂而不困，怨而不怒，哀而不傷。鏗鏘金玉，難合同流，而不厭於磨淬。端能確守格律，揣治聲病，甘心窮苦，不汲汲於富貴。王孫公子中，千載求一人，不可得也。及卒，僧栖白弔之曰：『思苦爲詩身到此，冰魂雪魄已難招。直教桂子落墳上，生得一枝冤始銷。』有《詩》一卷，行於世。」可參證。

唐求集一卷

《唐求集》一卷，唐唐求撰。與顧非熊同時，〈藝文志〉不載。

廣棪案：《秘書省續編到四庫闕書目》卷一〈集類·別集〉著錄：「《唐求詩》一卷，闕。輝按：陳《錄》作《唐求集》一卷，《遂初目》亦作《集》。」求，兩《唐書》無傳。《唐詩紀事》卷第五十「唐球」條載：「球生於唐末，至性純慤，篤好雅道，放曠疏遠，邦人謂之唐隱居。或云：王建帥蜀，召爲參謀，不就。今以其故居爲隱居寺。」《唐詩紀事》作唐球，同一人。《唐才子傳》卷第十〈唐求〉載：「求，隱君也，成都人。值三靈改卜，絕念鼎鍾，放曠疏逸，出處悠然，人多不識。方外物表，是所遊心也。酷耽吟調，氣韻清新，每動奇趣，工而不僻，皆達者之詞。所行覽不出二百里間，無秋毫世慮之想。有所得，即將稿撚爲丸，投大瓢中。

或成聯片語，不拘長短，數日後足成之。後臥病，投瓢於錦江，望而祝曰：『茲瓢儻不淪沒，得之者始知吾苦心耳！』瓢泛至新渠，有識者見曰：『此唐山人詩瓢也。』扁舟接之，得詩數十篇。求初未嘗示人，至是方競傳，今行於世。後不知所終。」可參考。顧非熊，《舊唐書》卷一百三十〈列傳〉第八十附〈顧況〉，載：「子非熊，登進士第，累佐使府，亦有詩名于時。」《唐才子傳》卷第七〈顧非熊〉載：「非熊，姑蘇人，況之子也。少俊悟，一覽輒能成誦。工吟，揚譽遠近。性滑稽好辯，頗雜笑言，凌轢氣焰子弟。既犯眾怒，擠排者紛然。在舉場角藝三十年，屈聲被人耳。會昌五年，諫議大夫陳商放榜。初，上洽聞非熊詩價，至是怪其不第，敕有司進所試文章，追榜放令及第。劉得仁賀以詩曰：『愚為童稚時，已解念君詩。及得高科早，須逢聖主知。』授盱眙主簿，不樂拜迎，更厭鞭撻，因棄官歸隱。王司馬建送詩云：『江城柳色海門烟，欲到茅山始下船。知道君家當瀑布，菖蒲潭在草堂前。』一時餞別吟贈，俱名流。不知所終。或傳住茅山十餘年，一旦遇異人，相隨入深谷，不復出矣。有《詩》一卷，今行於世。」則非熊亦唐武宗時人。

李山甫集一卷

《李山甫集》一卷，唐魏博從事李山甫撰。唐末進士不第。

　　廣梭案：《新唐書》卷六十〈志〉第五十〈藝文〉四〈丁部集錄·別集類〉著錄：「《李山甫詩》一卷。」〈宋志〉同。山甫，兩《唐書》無傳。《唐詩紀事》卷第七十「李山甫」條載：「咸通中，數舉進士，被黜。依魏博樂彥禎幕府，因樂禍，且怨中朝大臣，導彥禎子從訓伏兵殺王鐸，劫其家。」《唐才子傳》卷第八〈李山甫〉載：「山甫，咸通中，累舉進士不第。落魄有不羈才，鬚髯如戟，能為青白眼，生平憎俗子，尚豪俠，雖簞食豆羹，自甘不厭。為詩託諷，不得志，每狂歌痛飲，拔劍斫地，少攄鬱鬱之氣耳。後流寓河朔間，依樂彥積為魏博從事。不得眾情，以陵傲之故，無所遇。嘗有〈老將〉詩曰：『校獵燕山經幾春，雕弓白羽不離身。年來馬上渾無力，望見飛鴻指似人。』此傷其蹇薄無成，時人憐之。後不知所終。山甫詩文激切，耿耿有奇氣，多感時懷古之作。今《集》一卷，《賦》二卷，並傳。」可參證。

邵謁集一卷

《邵謁集》一卷,唐國子生曲江邵謁撰。〈集〉後有胡賓王者為之〈序〉,言其沒後,降巫賦詩,自稱「邵先輩」,殆若今世請大仙之類耶?

　　廣棪案:《宋史》卷二百八〈志〉第一百六十一〈藝文〉七〈別集類〉著錄:「《邵謁詩》一卷。」謁,兩《唐書》無傳。《唐才子傳》卷第八〈邵謁〉載:「謁,韶州翁源縣人。少為縣廳吏,客至倉卒,令怒其不搘牀迎待,逐去。遂截髻著縣門上,發憤讀書。書堂距縣十餘里,隱起水心。謁平居如里中兒未寇者,髮鬖鬖,野服。苦吟,工古調。咸通七年抵京師,隸國子監。時溫庭筠主試,憫擢寒苦,乃榜謁詩三十餘篇,以振公道,曰:『前件進士,識署精微,堪裨教化。聲詞激切,曲備風謠。標題命篇,時所難著。燈燭之下,雄辭卓然。誠宜榜示眾人,不敢獨專華藻。仍請申堂,並榜禮部。』已而釋褐。後赴官,不知所終。它日縣民祠神者,持幀舞鈴,忽自稱『邵先輩降』。鄉里前輩,皆至作禮,問曰:『今者辱來,能強為我賦詩乎?』巫即書一絕云:『青山山下少年郎,失意當時別故鄉。惆悵不堪回首望,隔溪遙見舊書堂。』詞詠淒苦,雖椽筆不逮。鄉老中曉聲病者,至為感泣咨嗟。今有《詩》一卷,傳於世。」可參證。胡賓王及其所撰〈序〉,不可考。

李推官披沙集六卷

《李推官披沙集》六卷,唐李咸用撰。

　　廣棪案:此書《新唐書・藝文志》等公私書目未著錄,咸用,兩《唐書》無傳。《全唐詩》卷六百四十四「李咸用」條載:「李咸用,與來鵬同時,工詩,不第。嘗應辟為推官,有《披沙集》六卷,今編為三卷。」考《唐才子傳》卷第十〈殷文圭〉載:「唐季,文體澆漓,才調荒穢。稍稍作者,強名曰詩。南郭之竽,苟存於眾響,非復盛時之萬一也。如王周、劉兼、司馬札、蘇拯、許琳、李咸用等數人,雖有《集》相傳,皆氣卑格下,負魚目唐突之慚,竊碔砆韞襲之濫,所謂『家有弊帚,享之千金,不自見之患也』。文圭稍入風度,間見奇崛,其殆庶幾乎?」是則《唐才子傳》亦未以咸用詩為工也。

其八世孫兼孟達居宛陵，亦能詩，嘗為台州，出其《家集》，求楊誠齋作〈序〉。

案：兼，《宋史》無傳。《宋元學案補遺》卷三十五〈陳鄒諸儒學案補遺·韓氏門人〉「知州李先生兼」條載：「李兼字口口，宣城人，朝請宏之孫。謹厚好學，從韓子雲游，嘗官迪功郎，進監縣丞。《南澗甲乙稿》。梓材謹案：《台州府志》載先生云：『博學工詩，楊萬里推許之，知台州，簡重有清操，既卒，民為巷哭罷市。』又載其〈跋陳古靈勸學文〉，言為州之二年，始克以斯文鏤板傳示學者云云。則先生亦古靈續傳也。」陸心源《宋詩紀事補遺》卷之六十二「李兼」條載：「李兼字孟達，甯國人，孝先曾孫。博學工詩，楊萬里推許之。開禧三年以朝請郎出知台州，居官有守。明年九月除宗正丞，未行卒。所著有《雪巖集》。」均可參證。楊誠齋即楊萬里，《宋史》卷四百三十三〈列傳〉第一百九十二〈儒林〉三有傳。《誠齋集》卷八十二〈序〉有〈唐李推官披沙集序〉，曰：「予生平百無所好，而獨好文詞，如好好色也。至於好詩，又好文詞中之尤者也。至於好晉、唐人之詩，又好詩中之尤者也。予於天下士大夫家傳唐人詩數百家，多至千百篇，自謂三百年間奇珍詭寶，畧無遺矣。晚識李兼孟達於金陵，出唐人詩一編，乃其八世祖推官公《披沙集》也。如『見後却無語，別來長獨愁』；如『危城三面水，古樹一邊春』；如『月明千嶠雪，灘急五更風』；如『烟殘偏有焰，雪甚却無聲』；如『春雨有五色，洒來花旋成』；如『雪藏山色晴還媚，風約溪聲靜又回』；如『未醉已知醒後憶，欲開先為落時愁』；益征人淒苦之情，孤愁窈眇之聲，騷客婉約之靈，風物榮悴之景，所謂《周禮》盡在魯矣，讀之使人發融冶之驪，於荒寒無聊之中；動慘戚之感，於談笑方懌之初。〈國風〉之遺音，江左之異曲，其果絃絕而不可煎膠歟？然則謂唐人自李、杜之後有不能詩之士者，是曹丕火浣之論也；謂詩至晚唐有不工之作者，是桓靈寶哀梨之論也。或曰：『推官之言，子能辨之；子之言，將使誰辨之？』曰：『嗟乎！後世有曹丕、靈寶，推官公無知已矣！予則有憂矣。不然，推官公其已矣，予何憂哉！』推官諱咸用，唐末人也。孟達請予序之，後二年乃能書以寄之。孟達亦能詩，殊有推官公句法云。紹熙四年十一月既望，誠齋野客楊萬里序。」可參考。

于武陵集一卷、周濆集一卷、陳光集一卷、劉威集一卷

《于武陵集》一卷、《周濆集》一卷、《陳光集》一卷、《劉威集》一卷，以上皆唐人。于武陵，大中進士。館臣案：此句原本脱漏，今據《文獻通攷》補入。餘莫詳出處。濆集〈藝文志〉廣棪案：《文獻通考》「〈藝文志〉」上有「仍」字。不載。廣棪案：盧校本此解題作「以上皆唐人，莫詳出處」。校注曰：「館本從《通攷》。」

> 廣棪案：《新唐書》卷六十一〈志〉第五十〈藝文〉四〈丁部集錄・別集類〉著錄：「《于武陵詩》一卷。」《崇文總目》、錢東垣輯釋本。〈宋志〉同。《郡齋讀書志》卷第十八〈別集類〉中著錄：「《于武陵詩》一卷。右唐于武陵，大中進士。」武陵，兩《唐書》無傳。《唐詩紀事》卷第五十八「于武陵」條載：「武陵，會昌時詩人也。」會昌，武宗年號。會昌僅六年，繼則爲宣宗大中元年。《唐才子傳》卷第八〈于武陵〉載：「武陵名鄴，以字行，杜曲人也。大中時，嘗舉進士，不稱意，攜書與琴，往來商、洛、巴、蜀間，或隱於卜中，存獨醒之意。避地嘿嘿，語不及榮貴，少與時輩交遊。嘗南來瀟、湘，愛汀州芳草，況是古騷人舊國，風景不殊，欲卜居未果。歸老嵩陽別墅。詩多五言，興趣飄逸多感。每終篇一意，策名當時。《集》一卷，今傳。」可參考。濆詩，《宋史》卷二百八〈志〉第一百六十一〈藝文〉七〈別集類〉著錄：「《周濆詩》一卷。」濆，兩《唐書》無傳。《全唐詩》卷七百七十一收其詩四首。光詩，《新唐書》卷六十〈志〉第五十〈藝文〉四〈丁部集錄・別集類〉著錄：「《陳光詩》一卷。」《崇文總目》、錢東垣輯釋本。〈宋志〉同。光，兩《唐書》無傳。《全唐詩》卷七百二十七「陳光」條載：「陳光，唐末人。《詩》一卷，今存一首。」威詩，《新唐書》卷六十〈志〉第五十〈藝文〉四〈丁部集錄・別集類〉著錄：「《劉威詩》一卷。」《崇文總目》、錢東垣輯釋本。〈宋志〉同。威，兩《唐書》無傳。《唐詩紀事》卷第五十六「劉威」條載：「威，會昌時詩人也。」則威乃武宗時人。

殷文珪集一卷

《殷文珪集》一卷，唐殷文珪撰。乾寧五年進士。後仕南康。其子曰崇義，歸朝更姓名，即湯悅也。

廣棪案：《宋史》卷二百八〈志〉第一百六十一〈藝文〉七〈別集類〉著錄：「殷文圭《冥搜集》二十卷，又《登龍集》十五卷。」惟未著錄此書。文圭，兩《唐書》無傳。《唐詩紀事》卷六十八「殷文圭」條載：「文圭，池州人，居九華，小字桂郎。苦學，所用墨池，底為之穴。舉進士，中途遇一叟曰：『眉綠，拳可入口，神仙狀也。如學道，當沖虛；為儒，當大有名於天下。』唐末，詞場請託公行，文圭與游恭獨步場屋。乾寧中，帝幸三峯，文圭攜梁王表薦及第，仍列牓中。尋為裴樞宣諭判官，至大梁，朱全忠表薦之。既而由汴宋馳歸，全忠大怒，遣吏捕之，已不及矣。自是屢言措大率皆負心，每以文圭為證。白馬之禍，蓋由此也。文圭事楊行密，終左千牛衞將軍。子崇義，自江南歸朝，改姓湯，名悅。」可參證。文圭，《唐才子傳》卷第十、《十國春秋》卷第十一〈吳〉十一〈列傳〉均有傳。《全唐詩》卷七百七收其詩一卷，並謂：「殷文圭，宋時避諱，改殷為湯。」蓋避宋太祖趙匡胤嫌名也。

盧士衡集一卷

《盧士衡集》一卷，後唐盧士衡撰。天成二年進士。

廣棪案：《宋史》卷二百八〈志〉第一百六十一〈藝文〉七〈別集類〉著錄：「《盧士衡詩》一卷。」與此同。《全唐詩》卷七百三十七「盧士衡」條載：「盧士衡，後唐天成二年進士。〈集〉一卷，今存詩七首。」士衡，兩《唐書》無傳。考《登科記考》卷二十五「後唐明宗聖德和武欽孝皇帝」條載：「天成二年丁亥，進士二十三人：黃仁穎，狀元。王蟾、盧士衡、馬胤遜、李濤。」可參證。

劉昭禹集一卷

《劉昭禹集》一卷，湖南天策府學士桂陽劉昭禹撰。

廣棪案：《崇文總目》卷五〈別集類〉五著錄：「《劉昭禹詩》一卷。」錢東垣輯釋本。〈宋志〉同。《唐詩紀事》卷第四十六「劉昭禹」載：「昭禹字休明，婺州人也。少師林寬，為詩刻苦。」《十國春秋》卷第七十三〈楚〉七〈列傳〉載：「劉昭禹字休明，桂陽人。一云婺州人。起家湖南縣令，事

武穆王父子，歷官容管節度推官，天策府學士，終嚴州刺史。有詩三百篇，爲《集》一卷，行世。昭禹少師林寬，爲詩刻苦，不憚風雨。平居論詩曰：『五言如四十賢人，不亂著一字，屠沽輩也。』又云：『索句如獲玉匣，精求必得其寶。』嘗有詩云：『句向夜深得，心從天外歸。』又有〈送休上人之衡岳經費冠卿舊居〉二章，甚稱於時。昭禹善詩，而好折節下賢，一日見石文德詩於坐中，駭服曰：『君，文苑之雄也。』力薦於文昭王，同隸天策府。其虛懷多此類。」可參證。

熊皦屠龍集一卷

《熊皦屠龍集》一卷，五代晉九華熊皦撰。後唐清泰二年進士。〈集〉中多下第詩，蓋老於場屋者。

廣棪案：《郡齋讀書志》卷第十八〈別集類〉中著錄：「熊皦《屠龍集》五卷。右晉熊皦。後唐清泰二年進士。爲延安劉景巖從事。天福中，說景巖歸朝，擢右司諫。坐累，黜上津令。《集》有陶穀〈序〉。陳沆賞皦〈早梅詩〉云：『一夜欲開盡，百花猶未知。』曰：『太妃容德，於是乎在。』」〈宋志〉亦作五卷，《解題》著錄者僅詩集。皦，《唐才子傳》卷第十〈熊皦〉載：「皎，九華山人。唐清泰二年進士，劉景巖節度延安，辟爲從事。晉天福中，說景巖歸朝，以功擢右諫議。竟坐累，黜爲上津令。工古律詩，語意俱妙。嘗賦〈早梅〉云：『一夜開欲盡，百花猶未知。』甚傳賞士林，且知其必遇。今有《屠龍集》、《南金集》，合五卷傳世，學士陶穀序之。」考《登科記考》卷二十五「後唐潞王」條載：「（清泰）二年乙未，進士十四人：熊皦、薛居正、劉載。」可參證。

符蒙集一卷

《符蒙集》一卷，題符侍郎。同光三年進士也。同年四人，蒙初爲狀頭，覆試爲第四。

廣棪案：此書〈宋志〉未著錄。《全唐詩》卷七百九十五「符蒙」條載：「符蒙字適之。後唐同光三年進士，官侍郎。」下收其逸句：「都緣心似水，故以鉢爲舟。〈題壁畫杯渡道人〉。」蒙，《舊五代史》卷五十九〈唐書〉三十五

〈列傳〉第十一附〈符習〉，載：「子蒙嗣，位至禮部侍郎。《永樂大典》卷一萬八千一百二十九。」《新五代史》卷二十六〈唐臣傳〉第十四〈符習〉載：「習二子：令謙、蒙。……蒙，少好學，性剛鯁，爲成德軍節度副使。後事晉，官至禮部侍郎。」考《登科記考》卷二十五「後唐莊宗光聖神閔孝皇帝」條載：「同光三年乙酉，進士四人：符蒙，《書錄解題》：『符蒙，同光三年進士。同年四人，蒙初爲狀頭，覆試爲第四。』按諸書或作『符蒙正』，『正』字衍。蒙第三人，陳氏以爲第四人，誤。」可參證。同書卷二十六「後晉齊王」條載：「開運元年甲辰，知貢舉：禮部侍郎符蒙。按《舊五代史》本紀：『天福八年五月，以中書舍人吳承範爲禮部侍郎。六月，禮部侍郎吳承範卒。』〈吳承範傳〉云：『少帝嗣位，遷禮部侍郎，知貢舉。尋遘疾而卒。』是先以吳承範知舉，承範卒，故以符蒙代之。」是蒙嘗知貢舉。兩《五代史》均漏載。

李建勳集一卷

《李建勳集》一卷，館臣案：高楝《唐詩品彙》作三卷。南唐宰相李建勳撰。廣校案：《崇文總目》卷五〈別集類〉五著錄：「《李建勳詩》二卷。」《宋史》卷二百八〈志〉第一百六十一〈藝文〉七〈別集類〉著錄：「《李建勳集》二十卷。」所著錄卷數均與此不同。建勳，馬、陸《南唐書》及《十國春秋》均有傳。《唐才子傳》卷第十〈李建勳〉載：「建勳字致堯，廣陵人。仕南唐爲宰相，後罷，出鎮臨川。未幾，以司徒致仕，賜號鍾山公，年已八十。志尚散逸，多從仙侶參究玄門。時宋齊丘有道氣，在洪州西山，建勳造謁致敬，欲授眞果，題詩贈云：『春來漲水凉如活，曉出西山勢似行。玉洞有人經劫在，持竿步步就長生。』歸高安別墅，一夕無病而逝。能文，賦詩琢鍊頗工，調既平妥，終少驚人之句也。有《鍾山集》二十卷，行於世。」考此書宋刊本瞿鏞《鐵琴銅劍樓藏書目錄》卷第十九〈集部〉一〈別集類〉著錄：「《李丞相詩集》二卷，宋刊本。題隴西李建勳。此亦書棚本，每半葉十行，行十八字。卷上末有『臨安府洪橋子南河西岸陳宅書籍鋪印』一行。案此本與席刻本有異者，如『留題愛敬字』，不作『宿題』；其詩次〈溪齋〉後，不次〈宿山房後〉。又〈小園〉云：『竹蘿荒引蔓』，不作『竹籬』；〈清溪草堂閑興〉云：『獨有愛閑心』，不作『獨自』；〈宿友人山居〉云：『荒庭雪灑蒿』，不作『灑篙』；〈重

臺蓮〉云：『斜倚西風絕比倫』，不作『北倫』。籤題『宋梓李丞相詩集全』八字，王伯穀筆也。卷首有朱子儋印、項元汴印、子京父印、項墨林鑑賞章諸朱記。」《鐵琴銅劍樓藏書目錄》著錄此本，商務印書館據以影入《四部叢刊續編》，張元濟有〈跋〉曰：「李建勳字致堯，南唐南平王德誠之子。少好學，能屬文，尤工詩。徐溫妻以女，起家爲金陵巡官，嘗佐知詢幕府，李昇鎮金陵，用爲副使，預禪代之策；拜中書侍郎同平章事。璟嗣立，尊遇與宋齊丘埒，出爲撫州節度，召拜司空，稱疾乞骸骨，以司徒致仕，賜號鍾山公；營別墅於山中，放意水石。先是，宋齊丘退居青陽，號九華先生；未幾，一徵而起，時論薄之。或謂建勳曰：『公未老，又無大疾恙，遽爲此舉，欲復爲九華先生邪？』建勳曰：『吾生平笑宋公輕出處，何至效之。自不知壽，欲求數年閒適爾！』因爲詩以見志曰：『桃花流水須相信，不學劉郎去又來。』馬令《南唐書》本傳，稱其博覽經史，民情政體，無不詳練，有蘊藉，而卒不得行。其爲詩，少時猶浮靡，晚年頗清淡平易，見稱於時云。《宋史‧藝文志》無建勳詩，獨陳氏《解題》有《李建勳集》一卷。此雖分上下卷，僅八十五首，而見志之詩亦未載，蓋遺佚多矣。」可參考。

孟賓于集一卷

《孟賓于集》一卷，五代進士孟賓于撰。仕湖南、江南。

　　廣棪案：《宋史》卷二百八〈志〉第一百六十一〈藝文〉七〈別集類〉著錄：「孟賓于《金鼇詩集》二卷。」疑爲同一書，而卷數不同。賓于，馬、陸《南唐書》、《十國春秋》均有傳。《唐才子傳》卷第十〈孟賓于〉載：「賓于，字國儀，連州人。聰敏特異，有鄉曲之譽。垂髫時，書所作百篇，名《金鼇集》，獻之李若虛侍郎。若虛採擷佳句，記之尺書，使賓于馳詣洛陽，致諸朝達，聲譽藹然，留寓久之。晉天福九年，禮部侍郎符蒙知貢舉，賓于簾下投詩云：『那堪雨後更聞蟬，溪隔重湖路七千。憶得故園楊柳岸，全家送上渡頭船。』蒙得詩，以爲相見之晚。遂擢第，時已敗六舉矣。與詩人李昉同年情厚。後賓于來仕江南李主，調滏陽令。因犯法抵罪當死，會昉拜翰林學士，聞在縲紲，以詩寄之曰：『初攜書劍別湘潭，金榜名標第十三。昔日聲塵喧洛下，近來詩價滿江南。長爲邑

令情終屈，縱處曹郎志未甘。莫學馮唐便休去，明君晚事未爲慚。』後主偶見詩，遂釋之，遷水部郎中。又知豐城縣。興國中致仕，居玉笥山。年七十餘卒。自號『臺玉峰叟』。有《集》今傳。」考《登科記考》卷二十六「後晉齊王」條載：「開運元年甲辰，進士十三人：孟賓于、李昉。知貢舉：禮部侍郎符蒙。」是賓于乃後晉齊王開運元年進士。

廖匡圖集一卷

《廖匡圖集》一卷，湖南從事廖匡圖撰。

　　廣棪案：《新唐書》卷六十〈志〉第五十〈藝文〉四〈丁部集錄・別集類〉著錄：「《廖氏家集》一卷，廖光圖，唐末人。」光圖即匡圖，避宋太祖諱改。《崇文總目》卷五〈別集類〉六著錄：「《廖圖詩》二卷。」錢東垣輯釋本。廖圖亦即廖匡圖，避諱改。《宋史》卷二百八〈志〉第一百六十一〈藝文〉七〈別集類〉著錄：「《廖光圖詩集》二卷。」是此書或作二卷。匡圖，陸游《南唐書》、《十國春秋》均有傳。《唐才子傳》卷第十〈廖圖〉載：「圖字贊禹，虔州虔化人。文學博贍，爲時輩所服。湖南馬氏辟致幕下，奏授天策府學士。與同時劉昭禹、李宏皐、徐仲雅、蔡昆、韋鼎、釋虛中，俱以文藻知名，賡唱迭和。齊己時寓渚宮，相去圖千里，而每詩筒往來不絕，警策極多，必見高致。《集》二卷，今行於世。時有荊南從事鄭準，亦工詩，與僧尚顏多所酬贈，詩亦傳。」可參證。

江為集一卷

《江爲集》一卷，五代建安江爲撰。爲王氏所誅，當漢乾祐中。

　　廣棪案：《崇文總目》卷五〈別集類〉五著錄：「《江爲詩》一卷。」錢東垣輯釋本。〈宋志〉同。爲，馬、陸《南唐書》、《十國春秋》均有傳。《唐才子傳》卷第十〈江爲〉載：「爲，考城人，宋江淹之裔。少帝時，出爲建陽吳興令，因家，爲郡人焉。爲，唐末嘗舉進士，輒不第。工於詩，有『天形圍澤國，秋色露人家』，『月寒花露重，江晚水烟微』等，膾炙人口。少游白鹿寺，有句：『吟登蕭寺旃檀閣，醉倚王家玳瑁筵。』後主南遷見之，曰：『此人大是富貴家。』時劉洞、夏寶松就傳詩法。爲益傲肆，自謂俯拾青

紫,乃詣金陵求舉,屢黜於有司,怏怏不能已,欲束書亡越。會同謀者上變,按得其狀,伏罪。今建陽縣西靖安寺,即處士故居,後留題者甚眾。有《集》一卷,今傳。」可參證。乾祐,後漢隱帝年號。《解題》謂江爲「爲王氏所誅」,與此所記爲南唐所誅不同。考《十國春秋》卷第九十七〈閩〉八〈列傳・江爲〉載:「江爲,其先宋州人,避亂徙建陽,遂爲建州人。遊廬山白鹿洞,師處士陳貺二十年,尤工於詩,有風人之體。爲常有吟〈隋堤柳〉詩:『錦纜龍舟萬里來,醉鄉繁盛忽塵埃。空餘兩岸千株柳,雨葉風花作恨媒。』盛傳於時。會福州亂,有故人任福州官屬者,恐禍及,將亡去江南,間道謁爲。爲與草〈投江南表〉,其人未出境,爲邊吏所禽,得囊中所撰表章,於是收爲與奔者,俱械至刑所。爲臨刑,辭色不撓,且曰:『嵇康之死也,顧日影彈琴。吾彈賦一篇足矣。』乃索筆爲詩而死,聞者傷之。《詩集》一卷傳世。」是《十國春秋》正記爲被閩王氏所誅,所記與《解題》同。

劉乙集一卷

《劉乙集》廣棪案:《文獻通考》作「《劉一集》」。一卷,似唐末五代人。〈藝文志〉不載。其詩怪而不律,亦不工。

　　廣棪案:此《集》,《新唐書・藝文志》、《崇文總目》、《宋史・藝文志》均未載。《全唐詩》卷七百六十三「劉乙」條載:「劉乙字子眞,泉州人。仕閩,爲鳳閣舍人,棄官隱安溪鳳髻山。《集》一卷,今存詩一首。」乙,《十國春秋》卷第九十七〈閩〉八〈列傳〉有傳,載:「劉乙字子眞,泉州人。通文,時官鳳閣舍人。晉使盧損來聘,康宗遣乙勞之,已而棄官隱鳳山,與詹敦仁爲友。所爲詩,有『掃石雲隨帚,耕山鳥傍人』之句。敦仁常命子琲訪乙,贈以詩,至今傳之。詩云:『掃石耕山舊子真,布衣草履自隨身。石崖壁立題詩處,知是當年鳳閣人。』乙常乘醉與人爭妓,既醒慚悔,集書籍因酒致失者,編以自警。題曰:《百悔經》,自後不飲,至於終身。何喬遠《閩書》云:『予讀《五代史》,晉天福二年,閩王昶遣使朝貢,高祖遣散騎常侍盧損入閩,封昶爲王。王令繼恭主之,遣中書舍人劉乙勞於館。乙見損衣冠偉然,騶僮甚盛,他日遇諸塗,布衣芒屩而已。損使人誚之曰:「鳳閣舍人,何偪下之甚也。」乙羞愧,以手掩面而走。心竊疑之。夫乙故高士,閩王遣之勞晉使,蓋明欲藉以爲重,成禮而退,遂返初服,正隱者之高致,羞媿掩走,必損惡昶託疾歸,言其主文致之詞,而歐陽仍之耳。抑損以上國之使入閩,

何得無驍從前呼，必待其至前，方見而反走邪？」可參考。《全唐詩》收乙〈題建造寺〉云：「曾看書圖勞健羨，如今親見畫猶粗。減除天半石初泐，欠卻幾株松未枯。題像閣人漁浦叟，集生臺鳥謝城烏。我來一聽支公論，自是吾身幻得吾。」其詩誠如直齋所言，「怪而不律，亦不工」也。

文丙集一卷

《文丙集》一卷，稱布衣文丙廣校案：盧校注：《通攷》「文丙」下有「所業」二字。未詳何人。

　　廣校案：《宋史》卷二百八〈志〉第一百六十一〈藝文〉七〈別集類〉著錄：「《文丙詩》一卷。」與此同。《全唐詩》卷八百八十七「文丙」條，收丙詩五首。

蔣吉集一卷、蘇拯集一卷、王周集一卷

《蔣吉集》一卷、《蘇拯集》一卷、館臣案：《文獻通考》作「蘇拯」，原本作「極」，誤，今改正。《王周集》一卷，皆未詳何人。

　　廣校案：蔣吉，生平未詳。《全唐詩》卷七百七十一收其詩十五首。蘇拯，與段文圭同時。《唐才子傳》卷第十〈段文圭〉載：「唐季，文體澆漓，才調荒穢。稍稍作者，強名曰詩。南郭之竽，苟存於眾響，非復盛時之萬一也。如王周、劉兼、司馬札、蘇拯、許琳、李咸用等數人，雖有集相傳，皆氣卑格下，負魚目唐突之慚，竊碔砆韞襲之濫，所謂『家有弊帚，享之千金，不自見之患也』。文圭稍入風度，間見奇崛，其殆庶幾乎？」是其證。《宋史》卷二百八〈志〉第一百六十一〈藝文〉七〈別集類〉著錄：「《蘇拯詩》一卷。」與此同。王周，《舊五代史》卷一百六〈漢書〉八〈列傳〉第三、《新五代史》卷四十八〈雜傳〉第三十六均有傳。《舊五代史》周本傳載：「王周，魏州人。少勇健，從軍事唐莊宗、明宗，稍遷裨校，以戰功累歷郡守。晉天福初，范延光叛於魏州，周從楊光遠攻降之，安重榮以鎮州叛，從杜重威討平之，以功授貝州節度使，歲餘，移鎮涇州。先是，前帥張彥澤在任苛虐，部民逃者五千餘戶，及下車，革前弊二十餘事，逃民歸復，賜詔褒美。後歷鄧、陝二鎮。陽城之役，

周時爲定州節度使，大軍往來，供饋無闕，未幾，遷鎮州節度使。周稟性寬惠，人庶便之。開運末，杜重威降於契丹，引契丹主臨城諭之。周泣曰：『受國重恩，不能死戰，而以兵降，何面南行見人主與士大夫乎？』乃痛飲欲引決，家人止之，事不獲已，及見契丹主，授鄧州節度使、檢校太師。高祖定天下，移鎮徐州，加同平章事。乾祐元年二月，以疾卒於鎮，輟視朝二日，贈中書令。周性寬恕，不忤物情。初刺信都，州城西橋敗，覆民租車。周曰：『橋梁不飭，刺史之過也。』乃還其所沈粟，出私財以修之，民庶悅焉。《永樂大典》卷一萬八千一百三十二。」是則於王周，固未可謂「未詳何人」。考《全唐詩》卷七百六十五「王周」條載：「王周。登進士第。曾官巴蜀。《詩》一卷。（胡震亨云：『《唐》、《宋藝文志》並無其人，惟《文獻通考》載入唐人集目中。今考〈峽船詩序〉，引陸魯望〈茶具詩〉，其人蓋在魯望之後。而詩題紀年有戊寅、己卯兩歲。近則梁之（貞）（禎）明，遠則宋之太平興國也。自註地名又有漢陽軍、興國軍。爲宋郡號。殆五代人而入宋者。』）」是《全唐詩》館臣亦未考及兩《五代史》中有〈王周傳〉也。

顧非熊集一卷

《顧非熊集》一卷，廣棪案：盧校本此條在《馬戴集》條後。唐盱眙主簿顧非熊撰。館臣案：《唐書》顧非熊大中盱眙主簿，原本誤作「台州」，今改正。況之子，會昌五年進士。

廣棪案：《新唐書》卷六十〈志〉第五十〈藝文〉四〈丁部集錄·別集類〉著錄：「《顧非熊詩》一卷，況之子，大中盱眙主簿，棄官隱茅山。」《宋史》卷二百八〈志〉第一百六十一〈藝文〉七〈別集類〉著錄：「《顧非熊詩》一卷。」與此同。《舊唐書》卷一百三十〈列傳〉第八十〈顧況〉載：「子非熊，登進士第，累佐使府，亦有詩名于時。」《唐才子傳》卷第七〈顧非熊〉載：「非熊，姑蘇人，況之子也。少俊悟，一覽輒能成誦。工吟，揚譽遠近。性滑稽好辯，頗雜笑言，凌轢氣焰子弟。既犯眾怒，擠排者紛然。在舉場角藝三十年，屈聲被人耳。會昌五年，諫議大夫陳商放榜。初，上洽聞非熊詩價，至是怪其不第，敕有司進所試文章，追榜放令及第。劉得仁賀以詩曰：『愚爲童稚時，已解念君詩。及得高科早，須逢聖主知。』授盱眙主簿，不樂拜迎，更厭鞭撻，因棄官歸隱。王司馬建送詩云：『江城柳

色海門烟，欲到茅山始下船。知道君家當瀑布，菖蒲潭在草堂前。』一時
餞別吟贈，俱名流。不知所終。或傳住茅山十餘年，一旦遇異人，相隨入
深谷，不復出矣。有《詩》一卷，今行於世。」可參證。

吳興集一卷

《吳興集》一卷，廣棪案：盧校本作十卷。《文獻通考》作「皎然《杼山集》十卷」。
唐僧吳興謝皎然清晝撰。康樂十世孫。廣棪案：《文獻通考》闕以上二句。顏
魯公為刺史，與之唱酬，廣棪案：《文獻通考》作「酬唱」。其後刺史于頔廣棪
案：《文獻通考》闕「于頔」二字。為作〈集序〉。所居龍興寺之西院，今天寧
寺是也。又嘗居杼山寺。廣棪案：《文獻通考》下有「在妙喜」三字。盧校本同。
廣棪案：《新唐書》卷六十〈志〉第五十〈藝文〉四〈丁部集錄・別集類〉
著錄：「《皎然詩集》十卷，字清晝，姓謝，湖州人，靈運十世孫，居杼山。顏真卿
為刺史，集文人撰《韻海鏡源》，預其論著。貞元中，集賢御書院取其〈集〉以藏之，刺
史于頔為〈序〉。」《郡齋讀書志》卷第十八〈別集類〉中著錄：「皎然《杼
山集》十卷。右唐僧皎然撰。字清晝，吳興人。謝靈運十世孫。工篇什，
德宗詔錄本納集賢院，《集》前有于頔〈序〉并〈贈晝上人詩〉。」《宋史》
卷二百八〈志〉第一百六十一〈藝文〉七〈別集類〉著錄：「《僧皎然詩》
十卷。」是《皎然詩集》、《杼山集》、《僧皎然詩》與《吳興集》為同書
異名。上述各書著錄均作十卷，《解題》作一卷，疑為十卷之誤。皎然，
兩《唐書》無傳。贊寧《宋高僧傳》卷第二十有〈唐湖州杼山皎然傳〉，
《唐才子傳》卷第四亦有〈皎然上人〉。于頔字允元，河南人。《舊唐書》
卷一百五十六〈列傳〉第一百六、《新唐書》卷一百七十二〈列傳〉第九
十七有傳。頔有〈釋皎然杼山集序〉，曰：「《詩》自風雅道息，二百餘年
而騷人作。其旨愁思，其文婉麗，亡楚之變風歟？至西漢李陵、蘇武，
始全為五言詩體，源於風，流於騷，故多憂傷離遠之情。梁昭明所撰《文
選》，錄古詩十九首，亡其名氏。觀其辭，蓋東漢之世，亦蘇、李之流也。
自建安中，王仲宣、曹子建鼓其風；晉世，陸士衡、潘安仁揚其波。王、
曹以氣勝，潘、陸以文尚。氣勝者，魏祖興武功於二京已覆；文尚者，
晉武圖帝業於五胡肇亂。觀其人文興亡之跡，人焉廋哉！人焉廋哉！宋
高祖平桓元，定江表；文帝繼業，五十年間，江左寧謐。魏、晉文章，

鬱然復興。康樂侯謝靈運獨步江南，俯視潘、陸。其文炳而麗，其氣逸而暢；驅風雷於江山，變晴昏於洲渚；煙雲以之慘淡，景氣爲其澄霽；信江表之文英，五言之麗則者也。迨於齊世，宣城守謝元暉亦得其詞調，涵於氣格，不侔康樂矣。梁、陳已降，雖作者不絕，而五言之道不勝其情矣。有唐，吳興開士釋皎然，字清畫，即康樂之十世孫，得詩人之奧旨，傳乃祖之菁華，江南詞人莫不楷範，極於緣情綺靡，故辭多芳澤。師古興制，故律尚清壯。其或發明元理，則深契眞如，又不可得而思議也。貞元壬申歲，余分刺吳興之明年，集賢殿御書院有命徵其文集，余遂採而編之，得詩五百四十六首，分爲十卷，納於延閣書府。上人以余嘗著詩述論前代之詩，遂託余以〈集序〉，辭不獲已，畧志其變。上人之植性清和，稟質端懿，中祕空寂，外開方便，妙言說於文字，了心境於定惠，又釋門之慈航智炬也。余游方之內者，何足以叩元關。謝氏世爲詩人，豈佛書所爲習氣云爾！」可參考。

靈一集一卷

《靈一集》一卷，唐僧，與皇甫曾同時。

廣棪案：《宋史》卷二百八〈志〉第一百六十一〈藝文〉七〈別集類〉著錄：「《僧靈一詩》一卷。」與此同。至皇甫曾，《新唐書》卷二百二〈列傳〉第一百二十七〈文藝〉中有傳，載：「皇甫冉字茂政，十歲便能屬文，張九齡歎異之。與弟曾皆善詩。天寶中，踵登進士，授無錫尉。王縉爲河南元帥，表掌書記。遷累右補闕，卒。曾字存常，歷監察御史。其名與冉相上下，當時比張氏景陽、孟陽云。」是則靈一亦天寶時人。考《宋高僧傳》卷第十五〈明律篇〉第四之二有〈唐餘杭宜豐寺靈一傳〉。《唐才子傳》卷第三〈道人靈一〉載：「一公，剡中人。童子出家，餅鉢之外，餘無有。天性超穎，追蹤謝客。隱麻源第三谷中，結茅讀書。後白業精進，居若耶溪雲門寺，從學者四方而至矣。尤工詩，氣質淳和，格律清暢。兩浙名山，暨衡、廬諸甲刹，悉所經行。與皇甫昆季、嚴少府、朱山人、徹上人等爲詩友，酬贈甚多。刻意聲調，苦心不倦，騁譽叢林。後順寂於岑山。《集》今傳世。」是靈一與皇甫曾爲詩友。曾有《皇甫曾集》一卷，《解題》已著錄。

無可集一卷

《無可集》一卷，唐僧賈無可撰。島弟也。

廣棪案：《宋史》卷二百八〈志〉第一百六十一〈藝文〉七〈別集類〉著錄：「《僧無可詩》一卷。」與此同。無可，兩《唐書》無傳。《唐才子傳》卷第六〈無可〉載：「無可，長安人，高僧也。工詩，多爲五言。初，賈島棄俗，時同居青龍寺，呼島爲從兄。與馬戴、姚合、厲玄多有酬唱，律調謹嚴，屬興清越，比物以意，謂之象外句。如曰：『聽雨寒更盡，開門落葉深。』又曰：『微陽下喬木，遠燒入秋山。』凡此等新奇，當時翕然稱尚，妙在言用而不失其名耳！今《集》一卷，相傳。」考《新唐書》卷一百七十六〈列傳〉第一百一〈韓愈〉附〈賈島〉，載：「島字浪仙，范陽人，初爲浮屠，名无本。」是則無可，長安人；无本，范陽人；以同姓之故，呼島爲從兄。無可非島之親弟，《解題》誤。

禪月集十卷

《禪月集》十卷，館臣案：《唐詩紀事》作《西嶽集》十卷，《文獻通攷》作《寶月詩》一卷，此本作《禪月集》者，貫休號禪月上人；因名其《集》也。唐僧蘭溪貫休撰。姓姜氏，後入蜀。

廣棪案：《崇文總目》卷五〈別集類〉三著錄：「《禪月詩》三卷，僧貫休撰。鑒按：今本二十五卷。」錢東垣輯釋本。《郡齋讀書志》卷第十八〈別集類〉中著錄：「貫休《禪月集》三十卷。右唐僧貫休撰。字德隱，姓姜氏，婺州人。後入蜀，號禪月大師。初，吳融爲之〈序〉，其弟子曇域削去，別爲〈序引〉，僞蜀乾德中獻之。」〈宋志〉同。所著錄卷數均與《解題》不同。《唐詩紀事》卷第七十五「僧貫休」條載：「姓姜氏，字德隱，婺州蘭溪人。錢鏐自稱吳越國王，休以詩投之曰：『貴逼身來不自由，幾年勤苦蹈林丘。滿堂花醉三千客，一劍霜寒十四州。萊子衣裳宮錦窄，謝公篇詠綺霞羞。他年名上凌烟閣，豈羨當時萬戶侯！』鏐諭改爲四十州，乃可相見。曰：『州亦難添，詩亦難改。然閑雲孤鶴，何天而不可飛。』遂入蜀，以詩投王建曰：『河北河南處處災，惟聞全蜀少塵埃。一瓶一鉢垂垂老，萬水千山得得來。秦苑幽棲多勝景，巴歈陳貢愧非才。自慚林藪龍鍾者，亦得親登郭隗臺。』建遇之甚厚。建二

年，召令誦近詩。時貴戚皆坐，休欲諷之，乃稱〈公子行〉云：『錦衣鮮華手擎鶻，閑行氣貌多輕忽。稼穡艱難總不知，五帝三皇是何物？』建稱善，貴倖皆怨之。休與齊己齊名，有《西岳集》十卷，吳融爲之〈序〉。卒死于蜀。」貫休，《唐才子傳》卷第十有傳。

白蓮集十卷

《白蓮集》十卷，唐僧齊己撰。長沙胡氏。

> 廣棪案：《崇文總目》卷五〈別集類〉三著錄：「《白蓮集》十卷，僧齊己撰。」錢東垣輯釋本。《宋史》卷二百八〈志〉第一百六十一〈藝文〉七〈別集類〉著錄：「《僧齊己集》十卷。」與此同。《唐詩紀事》卷第七十五「僧齊己」條載：「齊己本姓胡，名得生。詩名多湖湘間，與鄭谷爲詩友。」《唐才子傳》卷第九〈齊己〉載：「齊己，長沙人，姓胡氏。早失怙恃，七歲穎悟。爲大潙山寺司牧，往往抒思，取竹枝畫牛背爲小詩。耆夙異之，遂共推挽入戒。風度日改，聲價益隆。遊江海名山，登岳陽，望洞庭。時秋高水落，君山如黛，唯湘川一條而已，欲吟杳不可得，徘徊久之。來長安數載，遍覽終南、條、華之勝。歸，過豫章，時陳陶近仙去，己留題有云：『夜過修竹寺，醉打老僧門。』至宜春投詩鄭都官云：『自封修藥院，別下著僧牀。』谷曰：『善則善矣，一字未安。』經數日來曰：『別掃如何？』谷嘉賞，結爲詩友。曹松、方干，皆己良契。性放逸，不滯土木形骸，頗任琴樽之好。嘗撰《玄機分別要覽》一卷，摭古人詩聯，以類分次，仍別〈風〉、賦、比、興、〈雅〉、〈頌〉。又撰《詩格》一卷。又與鄭谷、黃損等共定用韻爲葫蘆、轆轤、進退等格，並其詩《白蓮集》十卷，今傳。」可參證。

棲白集一卷、脩睦東林集一卷、尚顏供奉集一卷

《棲白集》廣棪案：《文獻通考》作「《柳白集》」，誤。一卷、《脩睦東林集》一卷、《尚顏供奉集》一卷，皆唐僧。貫休而下，盡唐末人也。廣棪案：《文獻通考》此下有「修睦死於維揚朱瑾之難」句，盧校本同。

> 廣棪案：《崇文總目》卷五〈別集類〉三著錄：「《僧尚顏詩》一卷。」又：

「《僧修睦詩》一卷。」錢東垣輯釋本。未著錄《棲白集》。《宋史》卷二百八〈志〉第一百六十一〈藝文〉七〈別集類〉著錄:「《僧棲白詩》一卷。」又:「《僧修睦詩》一卷。」又:「《僧尚顏《荊門集》五卷。》」所著錄之《荊門集》五卷,與《供奉集》一卷,應非同一書。《全唐詩》卷八百二十三「栖白」條載:「栖白,越中僧。前與姚合交,後與李洞、曹松相贈答。宣宗朝,嘗居薦福寺,內供奉,賜紫。《詩》一卷,今存十六首。」同書卷八百四十九「修睦」條載:「修睦,光化中爲洪州僧正。與貫休、處默、棲隱爲詩友。詩二十三首。」同書卷八百四十八「尚顏」條載:「尚顏字茂聖,俗姓薛。尚書能之宗人也。出家荊門。工五言詩,《集》五卷,今存詩三十四首。」可參證。

薛濤集一卷

《薛濤集》一卷,廣棪案:《文獻通考》作「《薛洪度詩》一卷」。唐成都妓女薛濤撰。字洪度,廣棪案:《文獻通考》無以上二句。盧校本無「字洪度」三字。號薛校書,世傳奏授,恐無是理,殆一時州鎮褒借爲戲,如今世《白帖》借補之類耶?濤得年最長,至近八十。

廣棪案:《郡齋讀書志》卷第十八〈別集類〉中著錄,「《薛洪度詩》一卷。右唐薛濤字洪度,四川樂妓。工爲詩,當時人多與酬贈。武元衡奏校書郎。大和中卒。李肇云:『樂妓而工詩者,濤亦文妖也。』」《唐才子傳》卷第六〈薛濤〉載:「濤,字洪度,成都樂妓也。性辨惠,調翰墨。居浣花里,種菖蒲滿門,傍即東北走長安道也,往來車馬留連。元和中,元微之使蜀,密意求訪,府公嚴司空知之,遣濤往侍。微之登翰林,以詩寄之曰:『錦江滑膩峨嵋秀,幻出文君與薛濤。言語巧偷鸚鵡舌,文章分得鳳皇毛。紛紛詞客皆停筆,箇箇公侯欲夢刀。別後相思隔烟水,菖蒲花發五雲高。』及武元衡入相,奏授校書郎,蜀人呼妓爲校書,自濤始也。後胡曾贈詩曰:『萬里橋邊女校書,枇杷樹下閉門居。掃眉才子知多少,管領春風總不如。』濤工爲小詩,惜成都牋幅大,遂皆製狹之,人以爲便,名曰薛濤牋。且機警閑捷,座間談笑風生。高駢鎮蜀門日,命之佐酒,改一字愜音,令且得形象,曰:『口,似沒梁斗。』答曰:『川,似三條椽。』公曰:『奈一條曲何?』曰:『相公爲西川節度,尚用一破

斗,況窮酒佐雜一曲椽,何足怪哉!』其敏捷類此特多,座客賞歎。其
所作詩,稍欺良匠,詞意不苟,情盡筆墨,翰苑崇高,輒能攀附。殊不
意裙裾之下,出此異物,豈得匿其人而棄其學哉!大和中卒。有《錦江
集》五卷,今傳,中多名公贈答云。」《錦江集》已佚。《全唐詩》卷八
百三有〈薛濤詩〉一卷,其「薛濤」條載:「薛濤,字洪度。本長安良家
女,隨父宦,流落蜀中,遂入樂籍。辨慧工詩,有林下風致。韋皋鎮蜀,
召令侍酒賦詩,稱爲女校書。出入幕府,歷事十一鎮,皆以詩受知。暮
年屏居浣花溪,著女冠服,好製松花小箋,時號薛濤箋。有《洪度集》
一卷。今《編詩》一卷。」均可參證。

李季蘭集一卷

《李季蘭集》一卷,唐女冠,與劉長卿同時,相譏調之語見《中興間氣
集》。

廣棪案:《宋史》卷二百八〈志〉第一百六十一〈藝文〉七〈別集類〉著錄:
「《李季蘭詩集》一卷,唐女道士李裕撰。」與此同。高仲武《中興間氣集》
卷之下「李季蘭」條載:「士有百行,女唯四德,季蘭則不然。形氣既雌,
詩意亦蕩,自鮑昭以下,罕有其倫。如『遠水浮仙棹,寒星伴使車』,蓋五
言之佳境也。上傚班姬則不足,下比韓英則有餘,不以遲暮,亦一俊嫗。」
下收詩六首,並無與劉長卿相譏調之語。考《唐才子傳》卷第二〈李季蘭〉
載:「季蘭,名冶,以字行,峽中人,女道士也。美姿容,神情蕭散,專心
翰墨,善彈琴,尤工格律。當時才子,頗誇纖麗,殊少荒豔之態。始年六
歲時,作〈薔薇詩〉云:『經時不架却,心緒亂縱橫。』其父見曰:『此女
聰黠非常,恐爲失行婦人。』後以交游文士,微泄風聲,皆出乎輕薄之口。
夫『士有百行,女唯四德。季蘭則不然。形器既雌,詩意亦蕩。自鮑昭以
下,罕有其倫』。時往來剡中,與山人陸羽、上人皎然,意甚相得。皎然嘗
有詩云:『天女來相試,將花欲染衣。禪心竟不起,還捧舊花歸。』其謔浪
至此。又嘗會諸賢於烏程開元寺,知河間劉長卿有陰重之疾,誚曰:『山氣
日夕佳。』劉應聲曰:『眾鳥欣有託。』舉坐大笑,論者兩美之。天寶間,
玄宗聞其詩才,詔赴闕。留宮中月餘,優賜甚厚,遣歸故山。評者謂:『上
比班姬則不足,下比韓英則有餘。不以遲暮,亦一俊嫗。』有《集》,今傳

於世。」可參證。與劉長卿相機調之語，見《唐才子傳》。

魚玄機集一卷

《魚玄機集》一卷，唐女冠。坐妒殺女婢抵死。余嘗言婦女從釋入道，有司不禁，亂禮法、敗風俗之尤者。原註：事見《補妒記》。

廣棪案：《宋史》卷二百八〈志〉第一百六十一〈藝文〉七〈別集類〉著錄：「《魯玄機詩集》一卷，（考證）臣開鼎案：魚玄機喜讀書，有才思，補闕李億妾，後為女冠。魯字誤。」與此同。《唐詩紀事》卷第七十八「魚玄機」條載：「玄機，咸通中西京咸宜觀女道士也，字幼微。善屬文，其詩有『綺陌春望遠，瑤徽春興多』；又『殷勤不得語，紅淚一雙流』；又『焚香登玉壇，端簡禮金闕』；又『雲情自鬱爭同夢，仙貌長芳又勝花』。後以笞殺女童綠翹事下獄，獄中有詩云：『易求無價寶，難得有情郎。』又云：『明月照幽隙，清風開短襟。』」《唐才子傳》卷第八〈魚玄機〉載：「玄機，長安人，女道士也。性聰慧，好讀書，尤工韻調，情致繁縟。咸通中及笄，為李億補闕侍寵。夫人妒，不能容。億遣隸咸宜觀披戴。有怨李詩云：『易求無價寶，難得有心郎。』與李郢端公同巷，居止接近，詩筒往反。復與溫庭筠交游，有相寄篇什。嘗登崇真觀南樓，覩新進士題名榜，賦詩曰：『雲峰滿目放春情，歷歷銀鉤指下生。自恨羅衣掩詩句，舉頭空羨榜中名。』觀其志意激切，使為一男子，必有用之才，作者頗賞憐之。時京師諸宮宇女郎，皆清俊濟楚，簪星曳月，惟以吟詠自遣。玄機傑出，多見酬酢云。有《詩集》一卷，今傳。」可參證。此條直齋原註有「事見《補妒記》」。《補妒記》，《解題》卷十一〈小說家類〉著錄，「《補妒記》八卷，稱京兆王績編。不知何時人。古有宋虞之《妒記》等，今不傳，故補之。自商、周而下，迄於五代，史傳所有妒婦皆載之，末及神怪、雜說、文論等，最後有治妒二方，尤可笑也。」《補妒記》，其書未見。

詩集類下<small>廣棪案：盧校本作卷五十三〈詩集類〉下。校注曰：「有元本。」</small>

伍喬集一卷

《伍喬集》一卷，本江南進士，後歸朝。

> 廣棪案：《全唐詩》卷七百四十四「伍喬」條載：「伍喬，廬江人。南唐時，舉進士第一，仕至考功員外郎。《詩》一卷。」與此同。《唐才子傳》卷第七〈伍喬〉載：「喬，少隱居廬山讀書，工爲詩，與杜牧之同時擢第。初，喬與張洎少友善，洎仕爲翰林學士，眷寵優異。喬時任歙州司馬，自傷不調，作詩寄洎，戒去僕曰：『俟張游宴，即投之。』洎得緘云：『不知何處好銷憂？公退攜樽即上樓。職事久參侯伯幕，夢魂長達帝王州。黃山向晚盈軒翠，黟水含春遶郡流。遙想玉堂多暇日，花時誰伴出城遊？』洎動容久之，爲言於上，召還，爲考功員外郎，卒官。今有詩二十餘篇，傳於世。」可參證。喬，馬、陸《南唐書》，《十國春秋》均有傳。

李九齡集一卷

《李九齡集》一卷，洛陽李九齡撰。乾德二年進士第三人。

> 廣棪案：《宋史》卷二百八〈志〉第一百六十一〈藝文〉七〈別集類〉著錄：「《李九齡詩集》一卷。」與此同。厲鶚《宋詩紀事》卷二「李九齡」條載：「九齡，洛陽人。乾德五年進士第一。」與《解題》異。考《全唐詩》卷七百三十「李九齡」條載：「李九齡，洛陽人。唐末進士。入宋，登乾德二年進士第三人。《詩》一卷。」則可參證。《全唐詩》與《解題》同。

巴東集三卷

《巴東集》三卷，丞相萊國忠愍公下邽寇準平仲撰。<small>廣棪案：《文獻通考》無此句。</small>初，<small>廣棪案：《文獻通考》「初」上有「公」字。</small>以將作監丞知巴東縣，自擇其詩百餘首，<small>廣棪案：《文獻通考》「首」作「篇」。</small>且為之〈序〉，今刻於巴東。

> 廣棪案：《讀書附志·拾遺》著錄：「《巴東集》一卷。右萊國忠愍公寇準

之詩也。《郡齋讀書志》云：『《寇忠愍詩》三卷。』希弁所藏《巴東集》，乃公自編而爲之〈序〉，凡一百五十有六篇，〈秋風亭記〉附。按公本傳云：『巴東有秋風亭，公析韋應物一言爲二句云：「野水無人渡，孤舟盡日橫。」識者知其必大用，凡五年不得代。』邑庭有二栢，民以比甘棠。《集》後有范忠文諸公題秋風亭詩。然東坡亦有詩曰：『萊公昔未遇，寂寞在巴東。聞道山中樹，猶餘手種松。』惜不之載焉。」可參證。《宋史》卷二百八〈志〉第一百六十一〈藝文〉七〈別集類〉著錄：「《寇準詩》三卷，又《巴東集》一卷。」疑《巴東集》應爲一卷，《解題》作三卷，或因《寇準詩》作三卷而誤。陸游《渭南文集》卷第二十八有〈跋巴東集〉，云：「予自乾道庚寅入蜀，至淳熙戊戌東歸，九年間兩過巴東，登秋風、白雲二亭，觀萊公手植檜，未嘗不悵然流涕，恨古人之不可作也。又十有七年，慶元丙辰六月二十四日，山陰陸某，時年七十二。」準字平仲，華州下邽人。眞宗時爲相。歿後十一年，復太子太傅，贈中書令、萊國公，後又賜諡曰忠愍。《宋史》卷二百八十一〈列傳〉第四十有傳。

忠愍公集三卷

《忠愍公集》廣棪案：《文獻通考》作「《寇忠愍詩》」。盧校本同。三卷，河陽守范雍得寇廣棪案：《文獻通考》無「寇」字。公詩二百首，爲三卷，今刻板道州。

　　廣棪案：《郡齋讀書志》卷第十九〈別集類〉下著錄：「《寇忠愍詩》三卷。右皇朝寇準字平叔。華州人。太平興國中舉進士科。淳化五年，參知政事，定策立眞宗爲皇太子。景德元年，拜平章事。契丹入寇，決親征之策。凡三入相。眞宗不豫，皇后預政，準白上，請太子監國，因令楊億草制，且進億以代丁謂。詰朝，準被酒漏言，累貶雷州司戶，徙衡州司馬，卒。仁宗時，贈中書令，諡忠愍，嘗封萊國公。初，篤學喜屬文，尤長詩什，多得警句。在相位，論議忠直，不顧身謀。仇邪媒孽，既以謫死，或又謗之，云：『在相位時，與張齊賢相傾，朱能爲天書降乾祐，準知而不言。』曾子固明其不然，曰：『審如是，丁謂拂鬚，固足以悅之。』司馬溫公〈訓儉文〉亦言其奢侈，子孫丐於海上。然以史考之，萊公蓋無子也。《集》有范雍〈叙〉，共二百四十首。『野水無人渡』及〈江南春〉二首，皆在：獨『到海只十里』

之詩，已亡其全篇矣。」《宋史》卷二百八〈志〉第一百六十一〈藝文〉七〈別集類〉著錄：「《寇準詩》三卷。」可參證。

草堂集二卷

《草堂集》二卷，^{廣棪案：盧校本作三卷。校注曰：「館本作二卷，與《通攷》合。」}處士鉅鹿^{廣棪案：盧校本「鉅鹿」作「鉅鹿郡」。}魏野仲先撰。

廣棪案：《郡齋讀書志》卷第十九〈別集類〉下著錄：「魏仲先《草堂集》二卷、《鉅鹿東觀集》二卷。右皇朝魏野字仲先，陝州人。志清逸，以吟詠自娛，忘懷榮利，隱於陝之東郊。手植竹木，繞以流泉，鑿土礱丈，曰樂天洞，前立草堂。爲詩清苦，句多警策，與寇準、王旦善，每往來酬唱。祀汾陰歲，召不起。卒，贈著作郎。《集》有薛田〈序〉。《鉅鹿東觀集》乃野之子閑集其父詩四百篇，以贈著作，故以『東觀』名《集》。」《宋史》卷二百八〈志〉第一百六十一〈藝文〉七〈別集類〉著錄：「魏野《草堂集》二卷，又《鉅鹿東觀集》十卷。」與此同。野字仲先，陝州陝人。《宋史》卷四百五十七〈列傳〉第二百一十六〈隱逸〉上有傳。其〈傳〉謂有《草堂集》十卷，疑爲《鉅鹿東觀集》十卷之誤。

鉅鹿東觀集十卷

《鉅鹿東觀集》十卷，野之子閑集其父詩四百篇，薛田^{廣棪案：盧校本「薛」上有「密學」二字。}爲之〈序〉。野^{廣棪案：盧校本「野」作「魏野」。}既沒，贈著作郎，故以「東觀」名《集》。

廣棪案：《郡齋讀書志》卷第十九〈別集類〉下著錄：「魏仲先《草堂集》二卷、《鉅鹿東觀集》二卷。右皇朝魏野字仲先，陝州人。……卒贈著作郎。〈集〉有薛田〈序〉。《鉅鹿東觀集》乃野之子閑集其父詩四百篇，以贈著作，故以『東觀』名《集》。」《宋史》卷二百八〈志〉第一百六十一〈藝文〉七〈別集類〉著錄：「《鉅鹿東觀集》十卷。」可參證。薛田，《宋史》卷三百一〈列傳〉第六十有傳。其〈傳〉曰：「薛田字希稷，河中河東人。少師事种放，與魏野友善。進士，起家丹州推官。」其所撰〈序〉曰：「文勝質則史，質勝文則野。夫詩之作，不與文偕，大率情根於意，言發乎情，

點而化之,流爲章句。且綺靡者不以煙火爲尙,風雅者不以金石爲多,但務其陳古刺今,去邪守正而已。非所謂者,雖懷質文之宏辨,負博勝之逸才,故未能臻極於淵閫矣!鉅鹿魏野,字仲先,甘棠東郭人也。秉心孤高,植性沖淡,視浮榮如脫屣,輕寵利若鴻毛。友義朋仁,世稀與比。自卯及長,善於詩筆,每叙事感發,見景立言,非規方體圓,動能破的。故人之美惡、物之形態、時之興替、事之特變,遇事激發,則可千里之外而應之。舊有《草堂集》,行在人間,傳諸海外,眞可謂一代之名流,詎俾乎逸才宏辨者知也。大中祥符中,先皇帝展祀汾睢,誕由力陂,海轄所幸,博采隱淪。是時首被溫詔,遜避不起,其介介也如此。余與之交越三十年,凡遇景遣興,迭爲酬唱,每筒遞往還,則馳無遠邇。天禧己未歲冬,余尹正京洛,許造公居,豈謂未及其期而隨物化去!天子聞之乃震悼,制贈秘書省著作郎,仍錫之賻幣,蠲以公徭,其光遁也又如彼。今歲之春,余忝綏益部,載歷郡陰憩止之辰,追訪郊墅噫巖亭,索寞凄涼,此時竹樹菁葱,依稀舊日,奈伊人之既往,而流風之如在,有令息閑,尤增素尙。綽有父風,能琴外,亦酷于風雅,出先君所著新舊詩三百篇,除零落外,以其〈國風〉教化,諷刺歌頌、比興緣情者混而編〔之〕,凡其詩之可觀者彙爲七卷,求其叙述,欲使乎先君之道、之行彬蔚而不泯耳!余既往知生,不當詿讓,聊陳梗概,用布之於編首,《漢書》班固引著作局爲東觀,因取諸贈典,故命之曰《鉅鹿東觀集》。時天聖元年十二月二十七日,樞密直學士、知益州苑兵馬鈐轄,薛田述。」此書薛〈序〉作七卷,《解題》、〈宋志〉作十卷,《郡齋讀書志》作二卷,頗不相同。

潘逍遙集一卷

《潘逍遙集》一卷,案:《文獻通攷》作三卷。四門助教廣陵潘閬逍遙撰。館臣案:晁公武《讀書志》作大名人。 廣棪案:《文獻通考》無以上各句。嘗賜及第,廣棪案:《文獻通考》此句上有「閬」字。後坐追廣棪案:盧校本「追」作「名」。奪,或云坐盧多遜黨,追捕廣棪案:《文獻通考》無「或云」以下九字。變姓名,僧服入中條山,卒於泗州。又有嚴陵刻本同,但少卷末三首。

廣棪案:《郡齋讀書志》卷第十九〈別集類〉下著錄:「《潘逍遙詩》三卷。右皇朝潘閬字逍遙,大名人。通《易》、《春秋》,尤以詩知名。太宗嘗召對,

賜進士第，將官使之，不就。王繼恩與之善。繼恩下獄，捕閬甚急，久之弗得。咸平初，來京師，尹收繫之。眞宗釋其罪，以爲滁州參軍，後卒於泗上。與王禹偁、孫何、柳開、魏野交好最密。《集》有祖無擇〈序〉，錢易、張逸皆碣其墓，附於《集》後。蘇子瞻少年時，過一山院，見壁上有句云：『夜涼知有雨，院靜若無僧。』而不知何人詩。今《集》有此聯，乃閬〈夏日宿西禪院〉詩也。小說中謂閬坐盧多遜黨，嘗追捕，非也。」孫猛《郡齋讀書志校證》曰：「《書錄解題》卷二十謂閬爲廣陵人，《輿地紀勝》卷三十七引《續資治通鑑長編》亦謂閬爲揚州人。」疑閬爲廣陵人。《宋史》卷二百八〈志〉第一百六十一〈藝文〉七〈別集類〉著錄：「《潘閬詩》一卷。」與《解題》同。閬，《宋史》無傳。《宋詩紀事》卷五「潘閬」條載：「閬字逍遙，大名人。嘗居錢塘。太宗召對，賜進士第，王繼恩與之善。繼恩下獄，捕閬弗得。咸平初來京，尹收繫之。眞宗釋其罪，以爲滁州參軍，後卒于泗上。小說中謂閬坐盧多遜黨，追捕，非也。有《詩集》。」《宋詩紀事》所記，據《郡齋讀書志》。《逍遙集》嚴陵刻本，今不傳。

東里楊聘君集一卷

《東里楊聘君集》一卷，處士鄭圃楊朴契元撰。太宗嘗召對，拜郎中不受，以其子爲長水尉。

廣棪案：《宋史》卷二百八〈志〉第一百六十一〈藝文〉七〈別集類〉著錄：「《楊朴詩》一卷。」與此同。朴，《宋史》無傳。《宋元學案補遺》卷四十四〈趙張諸儒學案補遺〉「梅溪同調・附錄・承奉楊先生朴」條載：「楊朴字文之，黃巖人。淳熙八年特科。在太學，以《春秋》與王梅溪齊名，時號王、楊。紹興中，申嚴挾書之禁，先生爲公試榜首，高宗書其姓名于御屏。終承奉郎。《台州府志》。」是則《宋元學案補遺》所記，與《解題》著錄者殊非一人。俟再考。

滕工部集一卷

《滕工部集》一卷，滕白撰。篇首〈寄陳摶〉，知爲國初人。又有〈右省懷山中〉及〈臺中寄朱從事〉詩，則其敭歷清要亦多矣。史傳亡所見，

未有考也，廣校案：盧校本「考也」後作「後記得嘗為戶部判官、南面軍前轉運使，坐軍事損折免官」。校注曰：「此本是。」**後見《實錄》載：「嘗以戶部判官為南面前轉運使，坐軍糧損折免官。」**

廣校案：《秘書省續編到四庫闕書目》卷一〈集類・別集〉著錄：「《滕白詩》一卷，闕。輝按：後重見。陳《錄》作《滕工部集》。」同書同卷〈集類・別集〉著錄：「《滕白詩》一卷，闕。輝按：見前，此重出。」葉德輝考證本。與此同。白，《宋史》無傳。《全唐詩》卷七百三十一「滕白」條載：「滕白，官郎中，歷臺省。有《工部集》一卷，今存詩二首。」其〈題文川村居〉云：「種茶嚴接紅霞塢，灌稻泉生白石根。皤腹老翁眉似雪，海棠花下戲兒孫。」考《中國古今地名大辭典》「文水」條曰：「在陝西域固縣西北。《水經注》：『文水，即門水也。』《城固縣志》：『兩水合流，有如文字。宋范伯年對明帝云：「臣鄉有文川。」』即此。』是則據此詩，白乃陝西城固人，又年屆眉壽也。

王嵒集一卷

《王嵒集》一卷，王嵒撰。《集》中有〈春日感懷上滕白郎中〉，蓋亦國初人。又有「聖駕親征河東」及有「甲午避寇，全廣校案：盧校本「全」作「令」。誤。家欲下荊南」之語，則是李順亂蜀之歲。嵒蓋蜀人也耶？廣校案：《文獻通考》「耶」作「也」。

廣校案：嵒，《宋史》無傳。其《集》，〈宋志〉未著錄。《全唐詩》卷七百三十一「王嵒」條載：「王嵒，蜀人，曾避地荊南。有《集》一卷。今存詩六首。」考嵒有〈燕〉詩云：「一巢功績破春光，絮落花殘兩翅狂。月樹風枝不棲去，強來言語泥雕梁。」滕白亦有〈燕〉詩，云：「短羽新來別海陽，真珠高卷語雕梁。佳人未必全聽爾，正把金針繡鳳凰。」兩詩同押下平聲七陽韻，應屬酬和之作，足證嵒、白為同時人。甲午，後唐廢帝清泰元年（934）。

漁舟集五卷

《漁舟集》五卷，館臣案：《文獻通攷》作一卷。處士成都郭震希聲撰。自

稱汾陽山人。李畋為作〈集序〉。淳化四年忽作詩曰：「朝出東門遊，東門好春色。青青原上草，莫放征馬食。」詣闕獻書，言蜀利病，未幾順賊已作矣。

廣棪案：《宋史》卷二百八〈志〉第一百六十一〈藝文〉七〈別集類〉著錄：「《郭震集》四卷。」卷數不同。《秘書省續編到四庫闕書目》卷一〈集類・別集〉著錄：「《郭震詩》五卷，闕。〈宋志〉云：『《郭震集》四卷。』」是此《集》原作五卷，《文獻通考》作一卷，疑誤。震，《宋史》無傳。厲鶚《宋詩紀事》卷五「郭震」條載：「震字希聲，成都人。有《漁舟集》。」陸心源《宋詩紀傳小傳補正》卷一載：「郭震以詩名，號漁舟先生。淳化四年詣闕上書，言蜀將有變。未幾順賊作亂。先生留中原不歸。無子。李畋序其事。《四川通志》。」《宋史翼》卷三十六〈列傳〉第三十六〈隱逸〉載：「郭震字希聲，成都人。博學能詩，才識過人。淳化中嘗出東郊，忽賦詩曰：『今日出東郊，東郊好春色。青青原上草，莫放征馬食。』遂走京師，上書言蜀將亂，不報。已而李順起於卬郲閒。自是括囊不言，隱身漁釣。病將死，其友往問之，側臥欹枕而言。其友曰：『子且正身。』震笑曰：『此行豈可復替名耶！』識者謂其臨死生而不亂云。有《漁舟前後集》，行于世。《東都事畧》。」均可參證。李畋字渭卿，自號谷子。《宋史翼》卷二十六〈列傳〉第二十六〈文苑〉一有傳，所撰〈序〉已佚。

王初歌詩集一卷

《王初歌詩集》一卷，王初撰。未詳何人。有〈延平天慶觀〉詩，當是祥符後人也。

廣棪案：此書〈宋志〉未著錄。初，《宋史》無傳。考《宋會要輯稿》第四冊〈帝系〉八之二七載：「紹聖三年六月五日，詔公主女之子依舊條推恩。其元祐五年六月八日指揮不得行。先是吏部特推恩格，公主女之夫補承奉郎。元祐五年六月八日勑公主女適夫與左班殿直，願就文資者授假承事郎；其已有官人即依舊法。至是，三省奏以秦國惠和公主親女永嘉郡主，王氏親男初子通，乞依格施行。而有司以女之子，未敢用特恩格，故有是詔。」據是，則王初乃永嘉郡主之郡馬，有子王通。

書臺集三卷

《書臺集》三卷，處士南隆朱有大有撰。自稱雲臺山人。天禧中王晦叔守蜀，以古風六十言遺之。「書臺」者，其所居坊名也。

廣棪案：此書〈宋志〉未著錄。朱有，《宋史》無傳。王晦叔即王曙，《宋史》卷二百八十六〈列傳〉第四十五有傳。其〈傳〉曰：「王曙字晦叔，隋東皋子績之後。世居河汾，後為河南人。中進士第，再調定國軍節度推官。咸平中，舉賢良方正科，策入等，遷祕書省著作佐郎，知定海縣。還，為羣牧判官，考集古今馬政，為《羣牧故事》六卷，上之。遷太常丞、判三司憑由理欠司。坐舉進士失實，降監廬州茶稅，再遷尚書工部員外郎、龍圖閣待制。以右諫議大夫為河北轉運使，坐部吏受賕，降知壽州。徙淮南轉運使，勾當三班院，權知開封府。以樞密直學士知益州。繩盜以峻法，多致之死。有卒夜告其軍將亂，立辨其偽，斬之。蜀人比之張詠，號『前張後王』。入為給事中。」是則朱有「以古風六十首遺之」，正晦叔「以樞密直學士知益州」時也。咸平、天禧，皆真宗年號。

甘棠集一卷

《甘棠集》一卷，知制誥上蔡孫僅鄰幾撰。廣棪案：《文獻通考》脫「撰」字。咸平元年進士第一人，後其兄何一榜。嘗從何通判陝府，以所賦詩集而序之，首篇曰「甘棠思循吏」，故以名《集》。僅廣棪案：盧校注：「元本無『僅』字。」兄弟皆不壽，故不大顯。

廣棪案：《宋史》卷二百八〈志〉第一百六十一〈藝文〉七〈別集類〉著錄：「《孫僅詩》一卷。」即此書。僅，蔡州汝陽人。《宋史》卷三百六〈列傳〉第六十五附其兄〈孫何〉。其〈傳〉曰：「僅字鄰幾。少勤學，與何俱有名于時。咸平元年，進士甲科，兄弟連冠貢籍，時人榮之。解褐舒州團練推官，會詔舉賢良方正之士，趙安仁以僅名聞。策入第四等，擢光祿寺丞、直集賢院，俄知浚儀縣。景德初，拜太子中允、開封府推官，賜緋。北邊請盟，遣使交聘，僅首為國母生辰使。改本府判官，遷右正言、知制誥，賜金紫，同知審官院。是多，永興孫全照求袋，真宗思擇循良任之，御書邊肅泊僅二名示宰相。或言僅嘗倅京府，諳民政，乃命知永興軍府。僅純厚長者，為政頗寬，嘗詔戒焉。大中祥符元年，加比

部員外郎。代還，知審刑院。頃之，拜右諫議大夫、集賢院學士、權知開封府。改左諫議大夫，出知河中府。歸朝，復領審刑院。久次，進給事中。天禧元年正月，卒，年四十九。錄其子大理評事和爲衛尉寺丞。僅性端愨，中立無競，篤於儒學，士大夫推其履尚，有《集》五十卷。僅弟侑亦登進士第，至殿中丞。」可參證。至〈孫何傳〉載何卒時年四十四，是「僅兄弟皆不壽」也。

錢希白歌詩二卷

《錢希白歌詩》 廣棪案：《文獻通考》作「《錢氏白歌詩》」，誤。二卷，翰林學士吳越錢易希白撰。

　　廣棪案：《宋史》卷二百八〈志〉第一百六十一〈藝文〉七〈別集類〉著錄：「《錢易集》六十卷。」與此不同。《四庫闕書目·別集類》著錄：「《錢易歌詩》二卷。按《宋史·藝文志》作《錢易集》六十卷。徐松編輯本。」《秘書省續編到四庫闕書目》卷一〈集類·別集〉著錄：「《錢易歌詩》二卷，輝按：〈宋志〉同，陳《錄·詩集類》作《錢希白歌詩》。」葉德輝考證本。是《四庫闕書目》著錄《錢易歌詩》二卷，非〈宋志〉著錄，葉德輝按語誤也。錢易字希白，宋真宗時爲翰林學士。《宋史》卷三百一十七〈列傳〉第七十六附〈錢惟演〉。

廢王倧之子。咸平二年進士第二人，景德二年制科。初，錢氏歸國，羣從皆補官，獨易與兄昆不見錄，遂刻 廣棪案：盧校本「刻」作「尅」。志讀書，皆第進士，昆至諫議大夫。

　　案：《宋史》易本傳載：「易字希白。始，父倧嗣吳越王，爲大將胡進思所廢，而立其弟俶。俶歸朝，羣從悉補官，易與兄昆不見錄，遂刻志讀書。昆字裕之，舉進士，爲治寬簡便民，能詩，善草隸書，累官右諫議大夫，以秘書監于家。易年十七，舉進士，試崇政殿，三篇，日未中而就。言者惡其輕俊，特罷之。然自此以才藻知名。……易再舉進士，就開封府試第二。自謂當第一，爲有司所屈。……明年，第二人中第。……景德中，舉賢良方正科，策入等。」可參證。

易子彥遠、明逸又皆以賢良方正入等。宋興，父子兄弟制舉登科者，惟

錢氏一門。

案：《宋史》易本傳載：「子彥遠、明逸，相繼皆以賢良方正應詔。宋興以來，父子兄弟制策登科者，錢氏一家而已。」與此同。

易有《集》百五十卷，未見，家止有此及《滑稽集》四卷而已。

案：《宋史》易本傳載：「易才學贍敏過人，數千百言，援筆立就。又善尋尺大書行草，及喜觀佛書，嘗校《道藏經》，著《殺生戒》，有《金閨》、《瀛州》、《西垣制集》一百五十卷，《青雲總錄》、《青雲新錄》、《南部新書》、《洞微志》一百三十卷。」又〈宋志〉著錄《錢易集》六十卷，是易《集》固不止「百五十卷」。至《滑稽集》，《解題》卷十七〈別集類〉中著錄：「《滑稽集》四卷，翰林學士吳越錢易希白撰。多譎諷之詞。淳化癸巳自序。」是直齋有《滑稽集》四卷。

和靖集三卷、西湖紀逸一卷

《和靖集》廣棪案：《文獻通考》作「《林和靖詩》」。三卷、《西湖紀逸》一卷，館臣案：《宋史・藝文志》：《和靖詩集》七卷，又《詩》二卷。**處士錢唐林逋君復撰。**

廣棪案：《郡齋讀書志》卷第十九〈別集類〉下著錄：「《林君復集》二卷。右皇朝林逋字君復，杭州錢塘人。少刻志為學，結廬西湖之孤山。真宗聞其名，詔郡縣常存遇之。善行書，喜為詩，其語孤峭澄淡。臨終作一絕曰：『茂陵他日求遺藁，猶喜初無封禪書。』或刻石置之其墓中。賜諡曰和靖先生。《集》有梅聖俞〈序〉。」書名、卷數不同。《宋史》卷二百八〈志〉第一百六十一〈藝文〉七〈別集類〉著錄：「《林逋詩》七卷，又《詩》二卷。」其「《詩》二卷」云云，疑與《郡齋讀書志》著錄者為同一書。考瞿鏞《鐵琴銅劍樓藏書目錄》卷第二十〈集部〉二〈別集類〉二著錄：「《和靖先生詩集》一卷，宋刊殘本。不題名。前有皇祐五年太常博士宛陵梅堯臣撰〈序〉，略曰：『先生詩，時人貴重甚於寶玉，先生未嘗自貴，就輒棄之，故所存百無一二。諸孫大年掇拾之，請為〈序〉。』云云。每半葉九行，行二十字。『樹』字闕筆，『構』字注『高宗廟諱』，『敦』字注『御名』。光宗時刻本也。原書分上、下二卷，今存上卷。」是此宋刊殘本亦為二卷本。頗疑《解題》作三卷者，乃為

二卷之譌。逋，《宋史》卷四百五十七〈列傳〉第二百一十六〈隱逸〉上有傳。其〈傳〉曰：「林逋字君復，杭州錢塘人。少孤，力學，不爲章句。性恬淡好古，弗趨榮利，家貧，衣食不足，晏如也。初放遊江、淮間，久之歸杭州，結廬西湖之孤山，二十年足不及城市。眞宗聞其名，賜粟帛，詔長吏歲時勞問。薛映、李及在杭州，每造其廬，清談終日而去。嘗自爲墓於其廬側。臨終爲詩，有『茂陵他日求遺稿，猶喜曾無《封禪書》之句。』既卒，州爲上聞，仁宗嗟悼，賜諡和靖先生，賻粟帛。」可參證。《西湖紀逸》一卷，〈宋志〉未著錄。

梅聖俞爲之〈序〉。

案：聖俞所撰〈序〉曰：「天聖中，聞錢塘西湖之上有林君，嶄嶄有聲，若高峰瀑泉，望之可愛，即之愈清，挹之甘潔而不厭也。是時，余因適會稽還，訪於雪中。其談道，孔、孟也。其語近世之文，韓、李也。其順物玩情，爲之詩則平澹邃美，詠之令人忘百事也。其辭主乎靜正，不主乎刺譏，然後知其趣向博遠，寄適於詩爾！君在咸平、景德間已大有聞，會朝廷修封禪，未及詔聘，故終老而不得施用於時。凡貴人鉅公一來，語合慕仰，低回不忍去。君既老，不欲強起之，乃令長吏歲時勞問。及其歿也，諡曰和靖先生。先生少時多病，不娶無子，諸孫大言能掇拾所爲詩，請余爲〈序〉。先生諱逋，字君復，年六十二。其詩時人貴重甚於寶玉，先生未嘗自貴也，就輒棄之，故所存者百無一二焉，於戲惜哉！皇祐五年六月十三日，太常博士，梅堯臣撰。」可參證。

《紀逸》者，近時桑世昌澤卿所輯遺文逸事也。

案：《西湖紀逸》乃桑世昌所輯。世昌，《宋史》無傳。《宋詩紀事》卷六十三「桑世昌」條載：「世昌字澤卿，淮海人，居天台，陸放翁諸甥。著《蘭亭博議》、《回文類集》、《莫庵詩集》。」

清風集一卷

《清風集》一卷，職方員外郎鮑當撰。

廣棪案：《宋史》卷二百八〈志〉第一百六十一〈藝文〉七〈別集類〉著錄：「《鮑當集》一卷，又《後集》一卷。」《秘書省續編到四庫闕書目》

卷一〈集類・別集〉著錄:「《清風後集》一卷,輝按:〈宋志〉:『《鮑當集》一卷,又《後集》一卷。』陳《錄》:『《清風集》一卷,云鮑當撰。』《遂初目》:『鮑當《清風集》。』無卷數。」是則《清風集》即《鮑當集》。鮑當,《宋史》無傳。《宋詩紀事》卷七「鮑當」條載:「當,景德二年進士,爲河南府法曹,歷職方員外郎。有《清風集》。」《宋詩紀事小傳補正》卷一載:「鮑當,至道年,職方員外郎,知明州。《四明圖經》真宗時,知慶元。仁宗時,知衢州。景祐四年,職方郎中,知湖州。五年三月,卒于任。」可參證。

石曼卿歌詩集一卷

《石曼卿歌詩集》一卷,廣棪案:《文獻通考》作「《石曼卿集》一卷。」盧校本作二卷。祕閣校理宋城石延年曼卿撰。廣棪案:《文獻通考》無此句。

廣棪案:《郡齋讀書志》卷第十九〈別集類〉下著錄:「《石曼卿集》一卷。右皇朝石延年字曼卿,南京宋城人。舉進士不中,爲三班奉職,改太常寺太祝,遷祕閣校理。氣貌雄偉,喜論事,善書札,縱酒不羈,世多傳其仙去。其詩如〈春陰〉、〈紅梅〉,及『樂意相關禽對語,生香不斷樹交花』、『鷺聲不逐春光老,花影常隨日腳流』之句,至今諷詠焉。」卷數與此同。《宋史》卷二百八〈志〉第一百六十一〈藝文〉七〈別集類〉著錄:「《石延年詩》二卷。」則卷數不同。延年字曼卿,先世幽州人。晉以幽州遺契丹,其祖舉族南走,家于宋城。真宗時,爲秘閣校理。《宋史》卷四百四十二〈列傳〉第二百一〈文苑〉四有傳。

自爲〈序〉,廣棪案:《文獻通考》此句上有「其詩」二字。石介復爲作〈序〉。

案:石介《徂徠集》卷十八〈序〉有〈石曼卿詩集序〉,曰:「詩之作,與人生偕者也。函愉樂悲鬱之氣必舒於言,能者述之,傳於律,故其流行無窮,可以播而交鬼神也。古之有天下者,欲知風教之感、氣俗之變,必立官司採掇而監聽之。由是張弛其務,以足其所思,乃能享世長久,弊亂無由而生。厥後廢官,詩不傳。在上者不復知民之所嚮,故政化顛悖,治道亡矣。詩之於時亦可見大道,於文字習爲故常,但作者才致鄙迫,不能深入其域耳。國朝祥符中,民風豫而泰,操筆之士率以藻麗爲勝,惟曼卿與穆參軍伯長自任以古道,作爲文必經實,不放於世。而曼

卿之詩又特震奇秀發，蓋能取古之所未至，託諷物象之表，警時動眾，
未嘗徒設，雖能文者，累數千百言，不能卒其義。獨以勁語蟠泊，會而
終於篇，而復氣橫意舉，飄出章句之外，學者不可尋其屏閫而依倚之，
其詩之豪者，與曼卿姿宇軒豁，遇事輒詠。前後所為不可計，其遺亡而
存者纔三百餘篇，古律不異，分為二冊。一日觸予，酒作而謂予曰：『子
賢於文而又知詩，能為我序詩乎？』予應曰：『諾。』遂有作，欲使觀者
知詩之原，施之於用而已矣。」延年所為〈序〉，未見。

其仕以三舉進士，為三班奉職，出處詳見歐陽公所作〈墓志〉。

案：《歐陽修全集》卷二十四〈墓表・石曼卿墓表〉載：「曼卿諱延年，
姓石氏。其上世為幽州人。幽州入于契丹，其祖自成治以其族間走南歸，
天子嘉其來，將祿之，不可，乃家於宋州之宋城。父諱補之，官至太常
博士。幽燕俗勁武，而曼卿少亦以氣自豪。讀書不治章句，獨慕古人奇
節偉行、非常之功，視世俗屑屑，無足動其意者。自顧不合於時，乃一
混以酒，然好劇飲，大醉，頹然自放，由是益與時不合。而人之從其遊
者，皆知愛曼卿落落可奇，而不知其才之有以用也。年四十八，康定二
年二月四日，以太子中允祕閣校理卒于京師。曼卿少舉進士，不中。真
宗推恩，三舉進士，皆補奉職。曼卿初不肯就，張文節公素奇之，謂曰：
『母老，乃擇祿耶？』曼卿矍然起就之。遷殿直。久之，改太常寺太祝，
知濟州金鄉縣。歎曰：『此亦可以為政也。』縣有治聲，通判乾寧軍。丁
母永安縣君李氏憂，服除，通判永靜軍，皆有能名。充館閣校勘，累遷
大理寺丞，通判海州，還為校理，莊獻明肅。太后臨朝，曼卿上書，請
還政天子。其後太后崩，范諷以言見幸，引嘗言太后事者，遽得顯官。
欲引曼卿，曼卿固止之，乃已。自契丹通中國，德明盡有河南，而臣屬
遂務休兵，養息天下。然內外弛武三十餘年，曼卿上書言十事，不報。
已而元昊反，西方用兵，始思其言。召見。稍用其說，籍河北、河東、
陝西佽民，得鄉兵數十萬。曼卿奉使籍兵河東，還稱旨，賜緋衣銀魚。
天子方思盡其才，而且病矣。既而聞邊將有欲以鄉兵扞賊者，笑曰：『此
得吾粗也。夫不教之兵，勇怯相雜。若怯者見敵而動，則勇者亦牽而潰
矣。今或不暇教，不若募其敢行者，則人人皆勝兵也。』其視世事蔑若
不足為，及聽其施設之方，雖精思深慮，不能過也。」可參證。

呂文靖集五卷

《呂文靖集》五卷，丞相許國文靖公壽春呂夷簡坦夫撰。

　　廣棪案：〈宋志〉未著錄此書。夷簡字坦夫，先世萊州人。祖龜祥知壽州，子孫遂為壽州人。仁宗時為相，進位司空，辭不拜，徙許國公。卒贈太師、中書令，諡文靖。有《集》二十卷。與此不同，《宋史》卷三百一十一〈列傳〉第七十有傳。

文靖不以文鳴，而其詩清潤和雅，未易及也。

　　案：《宋詩紀事》卷九「呂夷簡」條載〈天花寺〉詩云：「賀家湖上天花寺，一一軒窗向水開。不用閉門防俗客，愛閑能有幾人來。」又〈重遊雁山〉云：「往來遊海嶠，上徹最高層。雲外疑無路，山中忽見僧。虎蹲臨澗石，猿掛半巖藤。何日拋龜紐，孤峰上再登。」皆清潤和雅之類也。

藥名詩一卷

《藥名詩》一卷，廣棪案：《文獻通考》作「《陳亞之集》一卷」。司封郎中廣棪案：盧校本「中」下有惟揚二字。陳亞亞之撰。廣棪案：《文獻通考》無此句。咸平五年進士。有《集》三卷，《藥名詩》廣棪案：盧校本「《藥名詩》」作「此」。特其一體爾。如「馬嘶曾到寺，犬吠乍行村」，「吏辭如賀日，民送似廣棪案：《文獻通考》「似」作「自」。誤。迎時」皆佳句，不在此《集》也。

　　廣棪案：《郡齋讀書志》卷第十九〈別集類〉下著錄：「《陳亞之集》一卷。右皇朝陳亞，字亞之。性滑稽，喜賦藥名詩，仕至司封郎中。藥名詩始於唐人張籍，有『江皋歲暮相逢地，黃葉霜前半下枝』之詩，人謂起於亞，實不然也。」《宋史》卷二百八〈志〉第一百六十一〈藝文〉七〈別集類〉著錄：「陳亞《藥名詩》一卷。」是《陳亞之集》一卷，亦即此書。亞，《宋史》無傳。《宋詩紀事》卷七「陳亞」條載：「亞字亞之，維揚人。咸平五年進士，嘗為杭之於潛令，仕至太常少卿。好為藥名詩，有《澄源集》。」其下引《迂叟詩話》：「陳亞郎中，滑稽。嘗為藥名詩百首，其美者有『風月前湖夜。軒窗半夏涼』，不失詩家之體。」可參證。

金陵覽古詩三卷

《金陵覽古詩》三卷，虞部員外郎楊備撰。億之弟也。

廣棪案：《宋史》卷二百八〈志〉第一百六十一〈藝文〉七〈別集類〉著
錄：「楊備《姑蘇百題詩》三卷。」而未著錄此書。備，《宋史》無傳。
周應合《景定建康志》卷四十九〈儒雅傳〉載：「楊備字修之，建平人也。
慶歷中爲尙書虞部員外郎，分司南京上輕車都尉。往復道出江上，賦百
篇二韻，命曰《金陵覽古百題詩》，各註其事于題之下，與南唐朱存詩並
傳于時。」《宋詩紀事》卷十七「楊備」條載：「備字修之，建平人，億
之弟。慶曆中爲尙書虞部員外郎，分司南京上輕車都尉。有《姑蘇百題》、
《金陵覽古詩》。」均可參證。

李問集一卷

《李問集》一卷，國子博士廣陵李問舜俞廣棪案：《文獻通考》作「舜愈」。
撰。

廣棪案：《宋史》卷二百八〈志〉第一百六十一〈藝文〉七〈別集類〉著
錄：「《李問詩》一卷。」與此同。李問，《宋史》無傳。生平不可考。

晁君成集十卷、別集一卷

《晁君成集》十卷、《別集》一卷，新城令晁端友君成撰。

廣棪案：《郡齋讀書志》卷第十九〈別集類〉下著錄：「晁氏《新城集》
十卷。右皇朝族祖新城府君也。公諱某，字君成。早登進士第，爲杭州
新城令，以沒。蘇子瞻嘗稱其詩清厚靜深，而每篇輒出新意奇語。」《宋
史》卷二百八〈志〉第一百六十一〈藝文〉七〈別集類〉著錄：「《晁端
友詩》十卷。」然均闕「《別集》一卷」。端友，《宋史》無傳。黃庭堅《黃
豫章集》卷二十三〈墓誌銘·晁君成墓誌銘〉載：「晁端友字君成，文元
弟迪之曾孫。事親孝，恭人，不閒于其兄弟之言。與人交，其不崖異，
可親；其有所不爲，可畏。生二十五年乃舉進士，得官，從仕二十三年，
然後得著作佐郎。四十七以卒。少時以文謁宋景文公，景文稱愛之。晚
獨好詩，蘇子瞻論其詩曰：『清厚深靜，如其爲人。』杜孝錫〈狀〉曰：

『哭君成者無不盡哀。』皆知名長者也。」可參考。

東坡為作〈序〉。

案：蘇軾《東坡全集》卷三十四〈叙·晁君成詩集叙〉曰：「達賢者有後，
張湯是也；張湯宜無後者也。無其實而竊其名者無後，揚雄是也；揚雄
宜有後者也。達賢者有後，吾是以知蔽賢者之無後也；無其實而竊其名
者無後吾是以知有其實而辭其名者之有後也。賢者，民之所以生也；而
蔽之，是絕民也。名者，古今之達尊也；重於富貴而竊之，是欺天也。
絕民欺天，其無後不亦宜乎？故曰：達賢者與有其實而辭其名者皆有後，
吾常誦之云爾。乃者官於杭，杭之新城令晁君君成諱端友者，君子人也。
吾與之游三年，知其為君子，而不知其能文與詩，而君亦未嘗有一語及
此者。其後，君既歿於京師，其子補之出君之詩三百六十篇，讀之而驚
曰：嗟夫！詩之指雖微，然其美惡、高下猶有可以言傳而指見者，至於
人之賢不肖，其深遠茫昧難知，蓋甚於詩。今吾尚不能知君之能詩，則
其所謂知君之為君子者，果能盡知之乎？君以進士得官，所至，民安樂
之，惟恐其去。然未嘗以一言求於人，凡從仕二十有三年，而後改官以
沒。由此觀之，非獨吾不知，舉世莫之知也。君之詩清厚靜深，如其為
人，而每篇輒出新意奇語，宜為人所共愛。其勢非君深自覆匿，人必知
之。而其子補之於文無所不能，博辯俊偉，絕人遠甚，將必顯於世，吾
是以益知有其實而辭其名者之必有後也。昔李部為漢中候吏，和帝遣二
使者微服入蜀，館於部，部以星知之。後三年，使者為漢中守，而部猶
為候吏，人莫知之者。其博學隱德之報在其子，故《詩》曰：『豈弟君子，
神所勞矣。』」可參證。

補之，其子也。

案：《宋史》卷四百四十四〈列傳〉第二百三〈文苑〉六〈晁補之〉載：
「晁補之字無咎，濟州鉅野人，太子少傅迥五世孫，宗慤之曾孫也。父
端友，工於詩。」可證。

擊壤集二十卷

《擊壤集》二十卷，處士共城邵雍堯夫撰。

廣棪案:《郡齋讀書志》卷第十九〈別集類〉下著錄:「邵堯夫《擊壤集》二十卷。右皇朝邵雍堯夫,隱居洛陽。熙寧中,與常秩同召,力辭不起。邃於《易》數。始爲學,至二十年不施枕榻睡,其精思如此。歌詩蓋其餘事,亦頗切理,盛行於時。卒諡康節。《集》自爲〈序〉。」與此同。《宋史》卷二百八〈志〉第一百六十一〈藝文〉七〈別集類〉著錄:「《邵雍集》二十卷。」應同屬一書。雍字堯夫,其先范陽人,後徙共城。《宋史》卷四百二十七〈列傳〉第一百八十六〈道學〉一有傳。

自爲之〈序〉。

案:雍〈序〉云:「《擊壤集》,伊川翁自樂之詩也,非唯自樂,又能樂時與萬物之自得也。伊川翁曰:『子夏謂:「詩者,志之所之也,在心爲志,發言爲詩,情動於中而形於言,聲成其文而謂之音。」是知懷其時則謂之志,感其物則謂之情,發其志則謂之言,揚其情則謂之聲,言成章則謂之詩,聲成文則謂之音,然後聞其詩,聽其音,則人之志情可知之矣。且情有七,其要在二,二謂身也,時也。謂身則一身之休感也,謂時則一時之否泰也。一身之休感,則不過貧富貴賤而已;一時之否泰,則在夫興廢治亂者焉。是以仲尼刪詩,十去其九;諸侯千有餘國,〈風〉取十五;西周十有二王,〈雅〉取其六;蓋垂訓之道,善惡明著者存焉耳。近世詩人窮感則職于怨憝,榮達則專于淫泆,身之休感發于喜怒,時之否泰出于愛惡,殊不以天下大義而爲言者,故其詩大率溺于情好也。噫!情之溺人也甚于水。古者謂水能載舟,亦能覆舟,是覆載在水也,不在人也;載則爲利,覆則爲害,是利害在人也,不在水也;不知覆載能使人有利害邪?利害能使水有覆載耶?二者之間,必有處焉。就如人能蹈水,非水能蹈人也,然而有稱善蹈者,未始不爲水之所害也。若外利而蹈水,則水之情,亦由人之情也;若內利而蹈水,則敗壞之患立至于前,又何必分乎人焉,水焉?其傷性害命一也。性者道之形體也,性傷則道亦從之矣;心者性之郛郭也,心傷則性亦從之矣。身者心之區宇也,身傷則心亦從之矣;物者身之舟車也,物傷則身亦從之矣;是知以道觀性,以性觀心,以心觀身,以身觀物,治則治矣,然猶未離乎害者也。不若以道觀道,以性觀性,以心觀心,以身觀身,以物觀物,則雖欲相傷,其可得乎?若然,則以家觀家,以國觀國,以天下觀天下,亦從而可知之矣。』予自壯歲業于儒術,謂人世之樂何嘗有萬之一二,而謂名教之

樂固有萬萬焉，況觀物之樂復有萬萬者焉。雖死生榮辱轉戰于前，曾未
入于胸中，則何異四時風花雪月一過乎眼也？誠爲能以物觀物而兩不相
傷者焉，蓋其間情累都忘去爾，所未忘者獨有詩在焉。然而雖曰未忘，
其實亦若忘之矣！何者？謂其所作異乎人之所作也。所作不限聲律，不
沿愛惡，不立固必，不希名譽，如鑑之志形，如鐘之應聲，其或經道之
餘，因閑觀時，因靜照物，因時起志，因物寓言，因志發詠，因言成詩，
因詠成聲，因詩成音，是故哀而未嘗傷，樂而未嘗淫，雖曰吟詠情性，
曾何累于性情哉？鍾鼓樂也，玉帛禮也，與其嗜鍾鼓玉帛，則斯言也不
能無陋矣！必欲廢鐘鼓玉帛，則其如禮樂何？人謂風雅之道，行于古而
不行于今，殆非通論，牽于一身而爲言者也。吁！獨不念天下爲善者少，
害善者多，造危者眾，而持危者寡，志士在畎畝則以畎畝言，故其詩名
之曰《伊川擊壤集》。時有宋治平丙午中秋日也。」可參證。

始自共城徙河南，卒於熙寧十年，諡康節。

案：《宋史》雍本傳載：「邵雍字堯夫。其先范陽人，父古徙衡漳，又徙
共城。雍年三十，游河南，葬其親伊水上，遂爲河南人。雍少時，自雄
其才，慷慨欲樹功名。於書無所不讀，始爲學，即堅苦刻厲，寒不爐，
暑不扇，夜不就席者數年。已而歎曰：『昔人尚友於古，而吾獨未及四方。』
於是踰河、汾，涉淮、漢，周流齊、魯、宋、鄭之墟，久之，幡然來歸，
曰：『道在是矣。』遂不復出。……嘉祐詔求遺逸，留守王拱辰以雍應詔，
授將作監主簿，復舉逸士，補潁州團練推官，皆固辭乃受命，竟稱疾不
之官。熙寧十年，卒，年六十七，贈秘書省著作郎。元祐中賜諡康節。」
可參證。

臨川詩選一卷

《臨川詩選》一卷，汪藻彥章得《半山別集》，皆罷相後山居時老筆。
過江失之，遂於《臨川集》錄出。又言有表、啟十餘篇，不存一字。

廣栞案：此書〈宋志〉未著錄，乃汪藻所選王安石詩，而據《臨川集》
錄出者。藻字彥章，饒州德興人。《宋史》卷四百四十五〈列傳〉第二百
四〈文苑〉七有傳。

注荊公集五十卷

《注荊公集》五十卷，館臣案：《文獻通攷》作十五卷。　廣棪案：盧校注：「今不全，刻本係刪本。」參政眉山李璧廣棪案：《文獻通考》作「壁」，盧校本同。季章撰。謫居臨川時所爲也。廣棪案：《文獻通考》「所爲也」作「所作」。

　　廣棪案：《讀書附志》卷下〈別集類〉二著錄：「《王荊公詩註》五十卷。右李文懿公壁所註，魏文靖公了翁序。」《四庫全書總目》卷一百五十三〈集部〉六〈別集類〉六著錄：「《王荊公詩註》五十卷，江蘇巡撫採進本。宋李璧撰。考《宋史》及諸刊本，壁或從玉作璧。然壁爲李燾第三子。其兄曰㙻，曰塾。其弟曰重。名皆從土。則作璧誤也。壁字季章，號雁湖居士。初以蔭入官。後登進士。寧宗朝累遷禮部尚書，參知政事，兼同知樞密院事。諡文懿。事蹟具《宋史》本傳。是書乃其謫居臨川時所作。劉克莊《後村詩話》嘗譏其註『歸腸一夜繞鍾山』句，引《韓詩》不引〈吳志〉。註『世論妄以蟲疑冰』句，引《莊子》不引盧鴻一、唐彥謙語。指爲疏漏。然大致捃摭蒐採，具有根據。疑則闕之，非穿鑿附會者比。原本流傳絕少，故近代藏書家俱不著錄。海鹽張宗松得元人槧本，始爲校刊。《集》中古今體詩，以世行《臨川集》校之，增多七十二首。其所佚者，附錄卷末。考葉紹翁《四朝聞見錄》，稱『開禧初，韓平原欲興兵，遣張嗣古覘敵。張還，大拂韓旨。復遣壁。壁還，與張異詞，階是進政府』云云。是壁附和權姦，以致喪師辱國，實墮其家聲，其人殊不足重。而箋釋之功，足裨後學，固與安石之詩均不以人廢云。」可參證。壁字季章，眉之丹稜人。寧宗時拜參知政事。《宋史》卷三百九十八〈列傳〉第一百五十七有傳。

助之者曾極景建。

　　案：曾極，《宋史》無傳。《宋詩紀事》卷六十七「曾極」條載：「極字景建，臨川布衣，文定公弟宰之後，以詩語訕謗，謫道州，卒。有《舂陵小雅》、《金陵百詠》。」可參考。

魏鶴山爲作〈序〉。

　　案：耿文光《萬卷精華樓藏書記》卷一百十〈集部〉二〈別集類〉七著錄：「《王荊公詩集箋註》五十卷，宋李壁註。清綺齋本。乾隆辛酉武原張宗松校刊，有〈序〉並〈例〉，次《宋史》本傳，次目錄。末有補遺詩五首。鶴山〈序〉已佚。

每卷末刻『武原張宗松青』在校刊板，甚精工。」是魏〈序〉已佚。

注東坡集四十二卷、年譜、目錄各一卷

《注東坡集》四十二卷、《年譜》、《目錄》各一卷，司諫吳興施元之德初與吳郡顧景蕃共為之。元之子宿從而推廣，且為《年譜》以傳於世。

廣棪案：此書〈宋志〉未著錄。《四庫全書總目》卷一百五十四〈集部〉七〈別集類〉七著錄：「《施注蘇詩》四十二卷、《東坡年譜》一卷、《王注正譌》一卷、《蘇詩續補遺》二卷，內府藏本。宋施元之註。元之字德初，吳興人。陸游作是書〈序〉，但稱其官曰司諫，其始末則無可考矣。其同註者為吳郡顧禧，游〈序〉所謂助以顧君景繁之賅洽也。元之子宿，又為補綴，《書錄解題》所謂『其子宿從而推廣，且為《年譜》以傳於世』也。《吳興掌故》但言宿推廣為《年譜》，不言補註，與《書錄解題》不同。今考書中實有宿註，則《吳興掌故》為漏矣。嘉泰中，宿官餘姚，嘗以是書刊版，緣是遭論罷，故傳本頗稀，世所行者惟王十朋分類註本。康熙乙卯，宋犖官江蘇巡撫，始得殘本於藏書家。已佚其卷一、卷二、卷五、卷六、卷八、卷九、卷二十三、卷二十六、卷三十五、卷三十六、卷三十九、卷四十。犖屬武進邵長蘅補其闕卷。長蘅撰《王註正譌》一卷，又訂定《王宗稷年譜》一卷，冠於集首。其註則僅補八卷，以病未能卒業。更倩高郵李必恆續成三十五卷、三十六卷、三十九卷、四十卷。犖又摭拾遺詩為施氏所未收者得四百餘首，別屬錢塘馮景註之，重為刊版。乾隆初，又詔內府刊為巾箱本，取攜既便，遂衣被彌宏。元之原本，註在各句之下。長蘅病其閒隔，乃彙註於篇末。又於原註多所刊削，或失其舊。後查慎行作《蘇詩補註》，頗斥其非。亦如長蘅之詆王註。然數百年沈晦之笈，實由犖與長蘅復見於世，遂得以上邀乙夜之觀。且剞劂棗梨，壽諸不朽，其功亦何可盡沒歟！」可參證。施元之，《宋史翼》卷二十八〈列傳〉第二十八〈文苑〉三有傳，載：「施元之字德初，長興人。紹興二十四年進士。《談志》。以絕識博名天下。陸游〈東坡詩注序〉。乾道二年，除秘書省正字；五年五月，除秘書省著作佐郎；十月，除起居舍人；十一月，兼國史院編修官；是月除左司諫。《中興館閣錄》。……嘗注蘇詩，與吳郡顧景蕃共為之。元之子宿從而推廣，且為《年譜》，

以傳於世。《書錄解題》。陸游序之曰：『用功深，歷歲久，於東坡之意可無遺憾。』〈東坡詩注序〉。」其子宿，《宋史翼》卷二十九〈列傳〉第二十九〈文苑〉四有傳，載：「施宿字武子，長興人，元之〈文學〉有傳。子。陸游〈會稽志序〉。紹熙四年進士。〈宋進士表〉。慶元間知餘姚縣，……晚為淮東倉曹，時有故舊在言路，因書遺以番葡萄，歸院相會，出以薦酒。有問，知所自，憾其不己致也。劾之，無以蔽罪。宿嘗以其父元之所著坡詩，刻之倉司。有所識同郡傅稗字漢儒，窮乏相投，善歐書，遂俾書之鋟板，以贍其歸。因撼此事，坐以贓私。《癸辛雜識》。」顧景蕃名禧，《宋史》、《宋史翼》均無傳。《宋詩紀事補遺》卷四十六「顧禧」條載：「字景繁，吳郡人。父彥誠，仕兩浙轉運。禧居光福山，閉戶誦讀，不求仕進。紹興間，郡以遺逸薦，不起。後築室邸村，表曰漫莊。凡田居五十年而終。嘗與施宿合注蘇詩，著有《志道集》。」可參考。

陸放翁為作〈序〉，頗言注之難，蓋其一時事實，既非親見，又無故老傳聞，有不能盡知者。噫，豈獨坡詩也<small>廣棪案：《文獻通考》無「也」字。</small>哉！注杜詩者非不多，往往穿鑿傅會，皆臆決之過也。

案：陸游《渭南文集》卷第十五〈施司諫註東坡詩序〉曰：「古詩，唐虞賡歌，夏述禹戒作歌，商周之詩皆以列於經，故有訓釋。漢以後詩見於蕭統《文選》者，及高帝、項羽、韋孟、楊惲、梁鴻、趙壹之流，歌詩見於史者，亦皆有註。唐詩人最盛名家者以百數，惟杜詩註者數家，然槩不為識者所取。近世有蜀人任淵，嘗註宋子京、黃魯直、陳無己三家詩，頗稱詳贍。若東坡先生之詩，則援據閎博，指趣深遠，淵獨不敢為之說。某頃與范公至能會於蜀，因相與論東坡詩，慨然謂予：『足下當作一書，發明東坡之意，以遺學者。』某謝不能。他日，又言之，因舉二三事以質之，曰：『「五畝漸成終老計，九重新掃舊巢痕。」「遙知叔孫子，已致魯諸生」，當若為解？』至能曰：『東坡竄黃州，自度不復收用，故曰「新掃舊巢痕。」建中初，復召元祐諸人，故曰「已致魯諸生」恐不過如此耳！』某曰：『此某之所以不敢承命也。昔祖宗以三館養士，儲將相材；及官制行，罷三館，而東坡蓋嘗直史館，然自謫為散官，削去史館之職久矣，至是史館亦廢，故云「新掃舊巢痕」，其用字之嚴如此。而「鳳巢西隔九重門」，則又李義山詩也。建中初，韓、曾二相得政，盡收用元祐人，其不召者亦補大藩。惟東坡兄弟猶領宮祠，

此句蓋寓所謂不能致者二人，意深語緩，尤未易窺測。至如「車中有布乎」，指當時用事者，則猶近而易見。「白首沉下吏，綠衣有公言」，乃以侍妾朝雲，嘗歎黃師，是仕不進，故此句之意，戲言其上僭，則非得於故老，殆不可知；必皆能知此，然後無憾。』至能亦太息曰：『如此誠難矣。』後二十五、六年，某告老居山陰澤中，吳興施宿武子出其先人司諫公所註數十大編，屬某作〈序〉。司諫公以絕識博學名天下，且用工深，歷歲久，又助之以顧君景蕃之該洽，則於東坡之意，蓋幾可以無憾矣。某雖不能如至能所託，而得序斯文，豈非幸哉！嘉泰二年正月五日，山陰老民陸某序。」可參證。

沈括先與坡同在館閣，後察訪兩浙，至杭，求坡近詩籤貼，以為訕懟李定等，論詩置獄，實本於括云。廣棪案：《文獻通考》無此數句，盧校本同。盧校注曰：「《通考》無。疑後人所加。」

案：丁傳靖輯《宋人軼事彙編》卷十一「沈括」條載：「沈括素與蘇軾同在館閣。軾論事與時異，補外。括察訪兩浙，陛辭，神宗語括曰：『蘇軾通判杭州，卿其善遇之。』括至杭，與軾論舊，求手錄近詩一通。歸即簽籤貼以進，云詞皆訕懟。其後李定、舒亶論軾詩置獄，實本於括云。元祐間，軾知杭州，括閒廢在潤，往來迎謁恭甚，軾益薄其為人。《蘇詩總案》引王銍《元祐補錄》。」可參證。

山谷集三十卷、外集十一卷、別集二卷

《山谷集》三十卷、廣棪案：《文獻通考》作十一卷，盧校本同。盧校注曰：「元本與《通攷》同。館本作《山谷集》三十卷，非。」《外集》十一卷、《別集》二卷，館臣案：《宋史·藝文志》，《外集》十四卷。黃庭堅魯直撰。

廣棪案：《郡齋讀書志》卷第十九〈別集類〉下著錄：「黃魯直《豫章集》三十卷、《外集》十四卷。右皇朝黃庭堅魯直。」《宋史》卷二百八〈志〉第一百六十一〈藝文〉七〈別集類〉著錄：「《黃庭堅集》三十卷、《樂府》二卷、《外集》十四卷、《書尺》十五卷。」所著錄均與《解題》有所異同。庭堅字魯直，洪州分寧人。《宋史》卷四百四十四〈列傳〉第二百三〈文苑〉六有傳。

江西所刻《詩派》，即《豫章前》、《後集》中詩也。

　　案：《解題》卷十五〈總集類〉著錄：「《江西詩派》一百三十七卷、《續派》十三卷，自黃山谷而下三十五家，又曾紘、曾思父子詩。詳見〈詩集類〉。詩派之說本出於呂居仁，前輩多有異論，觀者當自得之。」是《江西詩派》所收山谷詩，即據《豫章前》、《後集》也。考《萬卷精華樓藏書記》卷一百十三〈集部〉二〈別集類〉十「《山谷內集注》二十卷、《外集注》十七卷、《別集注》二卷、《外集補》四卷、《別集補》一卷，附《年譜》十四卷」條引翁方綱《進書提要》曰：「《黃集》分《內》，《外集》、《別集》者，合詩文言之也。此三《集》皆注本，則但注其詩耳。《內集》一稱《正集》，其又稱《前集》者，則編《外集》者之詞。蓋《內集》編次成書在《外集》之前，故注家相承謂《內集》爲《前集》耳，或遂因此而目《外集》爲《後集》，失其義矣。」是則《解題》所稱《豫章前集》者，即《山谷集》三十卷，所稱《後集》者，即《外集》十一卷也。

《別集》者，慶元中莆田黃汝嘉增刻。

　　案：汝嘉，《宋史》無傳。《宋詩紀事補遺》卷之六十三「黃汝嘉」條載：「嘉定元年知江山縣，從祀岳武穆祠。」慶元、嘉定，皆寧宗年號。

山谷編年詩集三十卷、年譜二卷

《山谷編年詩集》三十卷、《年譜》二卷，山谷詩文，其甥洪氏兄弟所編，斷自進德堂以後。廣校案：《山谷詩注‧內集》「進德堂」作「退聽堂」。

　　廣校案：《萬卷精華樓藏書記》卷一百十三〈集部〉二〈別集類〉十「《山谷內集注》二十卷、《外集注》十七卷、《別集注》二卷、《外集補》四卷、《別集補》一卷，附《年譜》十四卷」條，耿文光案語曰：「出谷入館後所作爲《內集》，少時所作爲《外集》。公自編退聽堂詩，初無意盡去少作，其甥洪炎與朱敦儒、李彤重編《豫章集詩》，去少作而雜以他文，爲三十卷。」可參證。是則《山谷編年詩集》三十卷，乃洪炎等所編。

今《外集》所載數卷，有晚年刪去者，故任子淵所注亦惟取《前集》而已。

　　案：任子淵即任淵，《宋史》無傳。《宋蜀文輯存作者考》載：「任淵字子

淵，新津人。紹興十五年四川類試第一。仕至潼川提刑。著有《註山谷後山詩》及《沂庵集》四十卷。」此書淵有〈序〉，曰：「大凡以詩名世者，一句一字必月鍛季鍊，未嘗輕發，必有所考。昔中山劉禹錫嘗云：『詩用僻字，須要有來去處。』宋考功詩云：『馬上逢寒食，春來不見餳。』嘗疑此字僻，因讀《毛詩》有聲注，乃知六經中唯此注有此餳字。而宋景文公亦云：『夢得嘗作〈九日詩〉，欲用餻字，思六經中無此字，不復爲。』故景文〈九日食餻詩〉云：『劉郎不肯題餻字，虛負人間一世豪。』前輩用字嚴密如此，此詩注之所以作也。本朝山谷老人之詩，盡極騷雅之變，後山從其游，將寒冰焉，故二家之詩，一句一字，有歷古人六七作者，蓋其學該通乎儒釋老莊之奧，下至於醫卜百家之說，莫不盡摘其英華，以發之於詩。始山谷來吾鄉，徜徉於巖谷之間，余得以執經焉。暇日因取二家之詩，略注其一二，第恨寡陋，弗詳其祕，姑藏於家，以待後之君子有同好者相與廣之。政和辛卯重陽日書。」可參考。

監丞黃㽦字子耕者，其諸孫也，既會稡《別集》，復盡取其平生詩，以歲月次第編錄，且為之《譜》，今刊板括蒼。

案：黃㽦字子耕，隆興分寧人，曾任軍器監丞。《宋史》卷四百二十三〈列傳〉第一百八十二有傳。此書㽦有〈序〉，曰：「文集之有年譜尚矣。先太史詩文徧天下，而年譜獨闕。近世惟傳蜀本詩集，舊注援據爲詳，第循洪氏所編退聽之舊，自元豐戊午以上無所稽焉，觀者病之。此固家之子孫不容不任其責。㽦不揆，少日過庭，粗聞舊事，竊嘗有志於是。中間多病廢志，十遺七八；日復老矣，懼將泯沒。蓋嘗編次遺文，爲《別集》二十卷。然於編年無所攷證，因悉收《豫章文集》、《外集》、《別集》、《尺牘》遺文，家藏舊稿，故家所收墨跡，與夫四方碑刻，它集議論之所及者，旁羅博搜，系諸歲月。獨恨㽦生晚，距先太史之殁今已百年，一時衷次，豈敢妄謂無所差舛，姑俟博聞君子質而正之。昔山房李肜季敵於《豫章外集》有言：『雖先生晚年刪去，後學安敢棄遺。』此則㽦今日掇拾之意。其或真跡既亡，別無考證，則寧略之，尚幾不滋異時之疑。至於見聞單淺，排續無敍，此則孤陋不學之罪，又奚敢辭。歲在屠維協洽日南至諸孫㽦謹序。」可參證。

青城史容儀甫近注《外集》，《外集》者，謂山谷曾欲以「前」、「後」倣

《莊子》為「內」、「外」也。廣棪案：《文獻通考》無「青城」以下文字。盧校
本同。盧校注曰：「《通考》無，疑後人所加。」

案：史容，《宋史》無傳。《宋會要輯稿》第一百三冊〈職官〉七四之九
載：「(嘉泰元年正月) 十九日，知彭州史容特降一官，知永康軍趙彥霈特
降兩官，並放罷。以容守彭州用親隨冒請軍糧，交通關節，夾造私醞貨
賣。彥霈為政慘酷，遇事羅織富民，為四川制置劉秀奏故也。」是容為
寧宗時人，曾知彭州。此書容有〈序〉，曰：「山谷自言欲倣莊周，分其
詩文為內、外篇，意固有在，非去此取彼。今《內集》詩已有注，而《外
集》未也。疑若有所去取焉者，茲豈山谷之意哉！秦少游〈與李德叟簡〉
云：『黃魯直過此，為留兩日，其〈弊帚〉、〈焦尾〉兩編，文章高古，
邈然有二漢之風。今時交游中以文墨自業者，未見其比。』又〈簡參寥〉
云：『魯直近從此赴太和，今得渠新詩一編，高古絕妙，吾屬未有其比。
僕頃不自揆，妄欲與之後先而驅，今乃知不及遠甚。』赴太和，蓋元豐
庚申歲，而〈焦尾〉、〈弊帚〉，即《外集》詩文也。其為時輩所推如此。
建炎間，山谷之甥洪玉父為胡少汲編《豫章集》，獨取元祐入館後所作，
蓋必有謂未可據依，此續注之所不得已也。因以少游語冠於篇首，其作
詩歲月，別行詮次，有不可考者悉皆附見。舊多舛誤，略如是正，餘且
從疑，以俟博識。」可參證。惟仍未悉容注此書之歲月。此書另有錢文
子〈序〉，曰：「書出于世，唯六經諸子，及遷、固之史有注其下方者，
以其古今之變，詁訓之不相通也。而今人之文，今人乃隨而注之，則自
蘇、黃之詩始也。詩動乎情，發乎言，而成乎音。人為之，人誦之，宜
無難知也。而蘇、黃二公，乃以今人博古之書，譬楚大夫而居於齊，應
對唯喏，無非齊言，則楚人莫喻也。如將以齊言而喻楚人，非其素嘗往
來莊嶽之間，其孰能之。山谷之詩與蘇同律，而語尤雅健，所援引者乃
多於蘇，其《詩集》已有任淵、史會更注之矣。而公所自編謂之《外集》
者，猶不易通。史公儀甫遂繼而為之注，上自六經諸子、歷代之史，下
及釋老之藏、稗官之錄，語所關涉，無不盡究。予官成都，得於公之子
叔廉，而夜閱之。其於山谷之詩，既悉疏理，無復凝結，而古文舊事，
因公之注，所發明者多矣。夫讀古人之書，得之於心，應之於手，固非
區區采之簡冊而後用之也。而為之注者，乃即羣言而究其所自來，則注
者之功宜難於作。而公以博洽之能，乃隨作者為之訓釋，此其追慕先輩，

加惠後學之意，殆非世俗之所能識也。昔白樂天作詩，使嫗讀之，務令
易知；而楊子雲草《太元》，其詞艱深，人不能通，乃曰：『後有楊子雲，
必好之矣！』古之君子固有不狥世俗，而自信於後世之知我者若公於山
谷，既以子雲而知子雲，其為之訓釋，則又諄諄然為人言之，是亦樂天
之志也。公，蜀青衣人，名容，號藐室居士。仕至太中大夫，晚謝事，
著書不自休。嘗為《補韵》及《三國地名》，皆極精密。今年餘七十，
耳目清明，齒髮不衰，他日傳於世者，又將不止於數書而已也。嘉定元
年十二月乙酉，晉陵錢文子序。」是容注此書，應成於嘉定元年（1208）
十二月前。容之孫史百溫有〈跋〉，曰：「先大父藐室先生所注《山谷外
集詩》，脫藁之日，永嘉白石錢先生文季為之〈序引〉，鋟木於眉，蓋嘉
定戊辰歲也是書已行於世。其後大父優游林泉者近十年，復參諸書為之
增註，且細考山谷出處歲月，別行詮次，不復以舊集古律詩為拘，考訂
之精，十已七八。其間不可盡知者，附之本年。蜀板已燬，遺藁幸存，
今刻之閩憲治，庶與學者共之，并以大父實錄本傳附見。淳祐庚戌嘉平
旦日，孫朝請大夫、福建路提點刑獄公事，季溫百拜謹跋。」是則史容
注山谷《外集》有蜀板，刊於嘉定戊辰（1208）；又有閩本，刊於淳祐庚
戌（1250）也。

后山集六卷、外集五卷

《后山集》_{廣棪案：《文獻通考》作「後山」，下同。}六卷、《外集》五卷，_{廣棪案：盧校本作《外集》三卷。}陳師道無己_{廣棪案：《文獻通考》作「無已」。}撰。
亦於《正集》中錄出入《詩派》。

　　廣棪案：《郡齋讀書志》卷第十九〈別集類〉下著錄：「陳無己《后山集》
　　二十卷。」《宋史》卷二百八〈志〉第一百六十一〈藝文〉七〈別集類〉
　　著錄：「《陳師道集》十四卷。」卷數著錄不同，蓋此乃就《江西詩派》
　　一書錄出之卷數。陳師道字履常，一字無己，彭城人。《宋史》卷四百四
　　十四〈列傳〉第二百三〈文苑〉六有傳。

江西宗派之說，出於呂本中居仁。前輩固有議其不然者矣。

　　案：江西宗派之說，直齋不以為然。《解題》卷十五〈總集類〉「《江西詩
　　派》一百三十七卷、《續派》十三卷」條已論之，見前引。

后山雖曰見豫章之詩，盡棄其學而學焉，然其造詣平澹，真趣自然，寔豫章之所缺也。

> 案：魏衍〈後山先生集序〉曰：「初先生學於曾公（鞏），譽望甚偉，及見豫章黃公庭堅詩，愛不捨手，卒從其學，黃亦不讓。士或謂先生過之，惟自謂不及也。」王雲〈後山先生集序〉曰：「建中靖國辛巳之冬，雲別涪翁於荊州。翁曰：『陳無己，天下士也。其讀書如禹之治水，知天下之脈絡，有開有塞，至于九川滌源，四海會同者也；其論事，救首救尾，如常山之蛇；其作文，深知古人之關鍵；其作詩，深得老杜之句法；今之詩人不能當也。子有意學問，不可不往掃斯人之門。』雲再拜受教。」《文獻通考》卷二百四十四〈經籍考〉七十一〈集詩集〉「《註黃山谷詩》二十卷、《註後山詩》六卷」條引後村劉氏曰：「後山樹立甚高，其議論不以一字假借人，然自言其詩師豫章公。或曰：『黃、陳齊名，何師之有？』余曰：『射較一鏃，奕角一著，惟詩亦然。後山地位去豫章不遠，故能師之。若問秦、晁諸人，則不能為此言矣。此惟深於詩者知之。』文師南豐，詩師豫章，二師皆極天下之本色，故後山詩文，高妙一世。」均可參證。

注黃山谷詩二十卷、注后山詩六卷

《注黃山谷詩》二十卷、《注后山詩》廣棪案：《文獻通考》作「後山」。六卷，館臣案：原本脫「《注后山詩》六卷」，與《解題》中「二集皆取前集」二語不符，今據《文獻通攷》補入。新津任淵子淵注。

> 廣棪案：黃虞稷、倪燦《宋史藝文志補·集部·別集類》著錄：「任淵《黃太史精華錄》八卷，《內集注》二十卷，字子淵，新津人。」惟闕載「《注后山詩》六卷」。此書任淵有〈序〉，中云：「本朝山谷老人之詩，盡極騷雅之變，後山從其游，將寒冰焉。故二家之詩，一句一字，有歷古人六七作者，蓋其學該通乎儒釋老莊之奧，下至於醫卜百家之說，莫不盡摘其英華，以發之於詩。始山谷來吾鄉，徜徉於巖谷之間，余得以執經焉。暇日因取二家之詩，略注其一二，第恨寡陋，弗詳其秘，姑藏於家，以待後之君子有同好者相與廣之。」是淵實注黃、陳二家之詩。

鄱陽許尹為〈序〉。大抵不獨注事而兼注意，用功廣棪案：《文獻通考》作「用工」。為深。

案：許尹，《宋史》無傳。《宋詩紀事》卷四十九「許尹」條載：「尹字覺
民，紹興中處州守。」《宋詩紀事小傳補正》卷三載：「許尹，樂平人。
政和進士，歷知興化、永、柳、處、邛五州，有善政。高宗時攝蜀帥，
甚得人心，進司農卿，總川賦，不忍重朘民力，以便宜積財栗。孝宗即
位，尹奏乞延儒臣講求治道。尋以敷文閣學士致仕。有《文集》數十卷。
《江西通志》。」尹此書〈序〉曰：「《六經》所以載道而之後世，而詩者止
乎禮義，道之所存也。周詩三百五篇，有其義而亡其辭者，六篇而已。
大而天地日星之變，小而蟲魚草木之化，嚴而君臣父子，別而夫婦男女，
順而兄弟，群而朋友，喜不至瀆，怨不至亂，諫不至訐，怒不至絕，此
詩之大略也。古者登歌清廟，會盟諸侯，季子之所觀，鄭人之所賦，與
夫士大夫交接之際，未有舍此而能達者。孔子曰：『為此詩者，其知道乎？』
又曰：『不學《詩》，無以言。』蓋詩之用於世如此。周衰，官失學廢，〈大
雅〉不作久矣。由漢以來，詩道浸微，陵夷至于晉、宋、齊、梁之間，
哇淫甚矣。曹、劉、沈、謝之詩，非不工也，如刻繪染縠，可施之貴介
公子，而不可用之黎庶。陶淵明、韋蘇州之詩，寂寞枯槁，如叢蘭幽桂，
可宜於山林，而不可置於朝廷之上。李太白、王摩詰之詩，如亂雲敷空，
寒月照水，雖千變萬化，而及物之功亦少。孟郊、賈島之詩，酸寒儉陋，
如蝦蟹蜆蛤，一啖便了，雖咀嚼終日，而不能飽人。唯杜少陵之詩，出
入今古，衣被天下，藹然有忠義之氣，後之作者，未有加焉。宋興二百
年，文章之盛，追還三代，而以詩名世者，豫章黃庭堅魯直，其後學黃
而不至者，後山陳師道無己。二公之詩，皆本於老杜而不為者也，其用
事深密，雜以儒佛，虞初稗官之說，雋永鴻寶之書，牢籠漁獵，取諸左
右。後生晚學，此祕未覯者，往往苦其難知。三江任君子淵，博極群書，
尚友古人，暇日遂以二家詩為之注解，且為原本立意始末，以曉學者，
非若世之箋訓，但能標題出處而已也。既成以授僕，欲以言冠其首。予
嘗患二家詩興寄高遠，讀之有不可曉者，得君之解，玩味累日，如夢而
寤，如醉而醒，如痿人之獲起也，豈不快哉！雖然，論畫者可以形似，
而捧心者難言；聞絃者可以數知，而至音者難說。天下之理涉於形名度
數者可傳也，其出於形名度數之表者不可得而傳也。昔後山〈答秦少章〉
云：『僕之詩，豫章之詩也，然僕所聞於豫章，願言其詳。豫章不以語僕，
僕亦不能為足下道也。』嗚呼！後山之言，殆謂是耶？今子淵既以所得

於二公者筆之於書矣，若乃精微要妙如古所謂味外味者，雖使黃、陳復生，不能以相授，子淵尚得而言乎？學者宜自得之可也。子淵名淵，嘗以文藝類試有司，為四川第一，蓋今日之國士，天下士也。紹興乙亥冬十二月，鄱陽許尹謹敍。」可參證。

二《集》皆取《前集》。

案：《前集》者，指《山谷集》三十卷與《後山集》六卷。

陳詩以魏衍〈集記〉冠焉。

案：任淵〈後山先生集序〉曰：「讀後山詩，大似參曹洞禪，不犯正位，切忌死語，非冥搜旁引，莫窺其用意深處，此詩註所以作也。近時刊本參錯繆誤，政和中，王雲子飛得後山門人魏衍親授本，編次有序，歲月可考，今悉據依，略加緒正。詩止六卷，益以注，卷各釐為上、下，作之有謂，而存之可傳，無怪夫詩之少也。衍字昌世，作〈後山集記〉，頗能道其出處，今置之篇首，後有學者得以覽觀焉。天社任淵書。」又魏衍〈後山集記跋〉云：「先生姓陳，諱師道，字履常，一字無己，彭城人。幼好學，行其所知，慕古作者，不為進取計也。年十六，謁南豐先生曾公鞏，曾大器之，遂受業於門。元豐四年，神宗皇帝命曾典史事，且謂修史最難，申敕切至。曾薦為其屬，朝廷以白衣難之。方復請，而以憂去，遂寢。太學又薦其文行，乞為學錄，不就。樞密章公惇高其義，冀來見，特薦於朝，而終不一往。元祐初，翰林學士蘇公軾與侍從列薦，乃官之，俾教授其鄉。未幾，除太學博士，言事者謂先生嘗謁告，詣南都見蘇公為私，遂罷。移潁州教授。紹聖初，又以餘黨罷，換江州彭澤令，未行。丁母憂，寓僧舍，人不堪其貧，暨外除，猶不言仕者凡四年。左右圖書，日以討論為務。益其志專，欲以文學名後世也。元符三年，除棣州教授。隨除秘書省正字，將用矣，歿於建中靖國元年十二月之二十九日，年四十九。友人鄒公浩買棺以殮，朝廷特賜絹二百疋，嘗與往來者共賻之，灰後得歸。初先生學於曾公，譽望甚偉。及見豫章黃公庭堅詩，愛不捨手，卒從其學，黃亦不讓。士或謂先生過之，惟自謂不及也。先生既歿，其子豐登以全藁授衍曰：『先實知子，子為編次，而狀其行。』衍既狀其行矣，親錄藏於家者今十三年，顧未敢當也。衍嘗謂唐韓愈文冠當代，其傳門人李漢所編。衍從先生學者七年，所得為多，今

又受其所遺。甲乙丙藁，皆先生親筆，合而校之，得古律詩四百六十五篇，文一百四十篇。詩曰五七，雜以古律，文曰千百，不分類。衍今離詩爲六卷，類文爲十四卷，次皆從舊，合二十卷。目錄一卷，又手書之。竊惟先生之文，簡重典雅，法度謹嚴，詩語精妙，蓋未嘗無謂而作。其志意行事，班班見於其中，小不逮意則棄去，故家之所留者止此。昔漢揚雄作《太玄》、《法言》、箴、賦，如劉歆號知文，始敬之，後而短毀，謂其必傳者，桓譚一人而已。先生之文，早見稱於曾、蘇二公，世人好之者，猶以二公故也。今賢士大夫競收藏之，則其傳也，奚待於衍耶？後豈不有得手寫故本以證其誤者，則不肖之名，因附茲以不朽爲幸焉。其闕方求而補諸，又有《解洪範相表闡微彰善》、《詩話叢談》，各自爲《集》云。政和五年十月六日，門人彭城魏衍謹記跋。」可參考。

盧載雜歌詩一卷

《盧載雜歌詩》一卷，盧載厚元撰。《集》中有與胡則、錢惟演往來詩。

　　廣棪案：此書及撰人均不可考。考胡則字子正，婺州永康人。生太宗、眞宗之世，《宋史》卷二百九十九〈列傳〉第五十八有傳。史稱則「無廉名，喜交結，尚風義」。錢惟演字希聖，吳越王俶之子。眞、仁宗時人。《宋史》卷三百一十七〈列傳〉第七十六有傳。是則盧載亦太宗至仁宗時人。

琴軒集一卷

《琴軒集》一卷，題南榮浪翁李有慶撰。與石昌言、任師中同時。卷末贈答十二絕，闕其六。其曰癸巳歲者，殆皇祐中耶？

　　廣棪案：此書及撰人均不可考。石昌言，即石揚休，其先江都人，後徙京兆，仁宗時人。《宋史》卷二百九十九〈列傳〉第五十八有傳。任師中，即任伋。《宋史》卷三百四十五〈列傳〉第一百四〈任伯雨〉載：「任伯雨字德翁，眉州眉山人。父孜，字遵聖，以學問氣節推重鄉里，名與蘇洵埒，仕至光祿寺丞。其弟伋，字師中，亦知名，嘗通判黃州，後知瀘州。當時稱『大任』、『小任』。」是伋乃任孜之弟，伯雨之叔。考秦觀《淮

海集》卷第三十三〈誌銘・瀘州使君任公墓表〉載:「任公諱伋,字師中,眉州眉山人。少學,讀書通其大義,不治章句。性任俠喜事,與其兄孜相繼舉進士中第,知名於時,眉人敬之,號二任,而蘇先生洵尤與厚善。……公以元豐四年三月二十四日卒于遂州西禪佛舍,享年六十有四。」則伋為神宗時人,而李有慶亦仁宗至神宗時人。癸巳,仁宗皇祐五年(1053)也。

元章簡玉堂集十卷

《元章簡玉堂集》 <small>廣棪案:《文獻通考》作「《元章簡詩集》」。盧校本作《元章簡集》</small>。十卷,參政元絳厚之撰。

　　廣棪案:《郡齋讀書志》卷第十九〈別集類〉下著錄:「《元氏集》三卷。右皇朝元絳字厚之,杭州人。鏷廳中進士第,為翰林學士、參知政事。立朝無特操。晚入翰林,諂事王安石及其子弟,時論鄙之。工文辭,為流輩所推許。卒,年七十六。諡章簡。」非同屬一書。《宋史》卷二百八〈志〉第一百六十一〈藝文〉七〈別集類〉著錄:「元絳《玉堂集》二十卷,又《玉堂詩》十卷。」其《玉堂詩》十卷,與此書同。絳字厚之,其先臨川危氏。唐末,曾祖仔倡聚眾保鄉里,進據信州,為楊氏所敗,奔杭州,易姓曰元。祖德昭,仕吳越至丞相,遂為錢塘人。《宋史》卷三百四十三〈列傳〉第一百二有傳。神宗時拜三司使、參知政事。卒諡章簡。

劉景文集一卷

《劉景文集》一卷, <small>廣棪案:《文獻通考》作「十卷」。</small>,左藏庫使知隰州劉季孫景文撰。

　　廣棪案:此書〈宋志〉未著錄。季孫,《宋史》無傳。《宋詩紀事》卷三十「劉季孫」條載:「季孫字景文,贈侍中,平之子。以左藏庫副使為兩浙兵馬都監,蘇軾薦其才,除知隰州,仕至文思副使,有《集》。」可參證。

環慶死事將平之子也。

　　案:劉平,《宋史》卷三百二十五〈列傳〉第八十四有傳。其〈傳〉曰:

「劉平字士衡，開封祥符人。……寶元元年，以殿前都虞候爲環慶路馬步軍副總管。會元昊反，遷邠州觀察使，爲鄜延路副總管兼鄜延、環慶路同安撫使。……屬元昊盛兵攻保安軍，時平屯慶州，范雍以書召平，平率兵與石元孫合軍趨土門。既又有告敵兵破金明、圍延州者，雍復召平與元孫救延州。平素輕敵，督騎兵晝夜倍道行，明日，至萬安鎮。平先發，步軍繼進，夜至三川口西十里止營，遣騎兵先趨延州爭門。時鄜延路駐泊都監黃德和將二千餘人，屯保安北碎金谷，巡檢万俟政、郭遵各將所部分屯，范雍皆召之爲外援，平亦使人趣其行。詰旦，步兵未至，平與元孫還逆之。行二十里，乃遇步兵，及德和、万俟政、郭遵所將兵悉至，將步騎萬餘結陣東行五里，與敵遇。時平地雪數寸，平與敵皆爲偃月陣相嚮。有頃，敵兵涉水爲橫陣，郭遵及忠佐王信薄之，不能入。官軍並進，殺數百人，乃退。敵復蔽盾爲陣，官軍復擊卻之，奪盾，殺獲及溺水死者幾千人。平左耳、右頸中流矢。日暮，戰士上首功及所獲馬，平曰：『戰方急，爾各誌之，皆當重賞汝。』語未已，敵以輕兵薄戰，官軍引卻二十步。黃德和居陣後，望見軍卻，率麾下走保西南山，眾從之，皆潰。平遣其子宜孫馳追德和，執轡語曰：『當勒兵還，併力抗敵，奈何先奔？』德和不從，驅馬遁赴甘泉。平遣軍校杖劍遮留士卒，得千餘人。轉鬥三日，賊退還水東。平率餘眾保西南山，立七柵自固。敵夜使人叩柵，問大將安在，士不應。復使人僞爲戍卒，遞文移平，平殺之。夜四鼓，敵環營譟曰：『如許殘兵，不降何待！』平旦，敵酋舉鞭麾騎，自山四出合擊，絕官軍爲二，遂與元孫皆被執。初，德和言平降賊，朝廷發禁兵圍其家。及命殿中侍御史文彥博即河中府置獄，遣龐籍往訊焉，具得其實。遂釋其家，德和坐腰斬。而延州吏民亦詣闕訴平戰沒狀，遂贈朔方軍節度使兼侍中，諡壯武，賜信陵坊第，封其妻趙氏爲南陽郡太夫人，子孫及諸弟皆優遷，未官者錄之。其後降羌多言平在興州未死，生子于賊中。及石元孫歸，乃知平戰時被執，後沒于興州。」可參證。是則，平爲季孫父，元孫乃其兄也。

東坡嘗薦之。坡在杭，季孫寄詩，有「四海共知霜鬢滿，重陽曾插菊花無」之句，其詩慷慨有氣，如其爲人。

案：《宋詩紀事》卷三十「劉季孫」條載其〈寄蘇內翰〉詩，曰：「倦壓鰲頭請左符，笑尋潁尾爲西湖。二三賢守去非遠，六一清風今不孤。四

海共知霜鬢滿。重陽曾插菊花無。聚星堂上誰先到，欲傍金樽倒玉壺。」
下引《石林詩話》曰：「季孫，平之子。能作七字詩。家藏書數千卷，爲
杭州鈐轄。子瞻作守，深知之。後嘗以詩寄子瞻云：『四海共知霜鬢滿，
重陽曾插菊花無。』子瞻大喜，在潁州和季孫詩，所謂『一篇向人寫肝
肺，四海知我霜鬢鬚。』蓋記此也。」可參證。

廣諷味集五卷

《廣諷味集》五卷，吏部侍郎南京王欽臣仲至撰。

　　廣棪案：此書〈宋志〉未著錄。欽臣，應天宋城人，王洙子。《宋史》卷
二百九十四〈列傳〉第五十三附〈王洙〉載：「欽臣字仲至，清亮有志操，
以文贄歐陽脩，脩器重之。用蔭入官，文彥博薦試學士院，賜進士及第。
歷陝西轉運副使。元祐初，爲工部員外郎。奉使高麗，還，進太僕少卿，
遷祕書少監。開封尹錢勰入對，哲宗言：『比閱書詔，殊不滿人意，誰可
爲學士者？』勰以欽臣對。哲宗曰：『章惇不喜。』乃以勰爲學士，欽臣
領開封。改集賢殿修撰、知和州。徙饒州，斥提舉太平觀。徽宗立，復
待制、知成德軍。卒，年六十七。」然未載欽臣嘗任吏部侍郎。考范祖
禹《范太史集》卷三十一〈翰林詞草〉有〈賜新除尙書吏部侍郎王欽臣
辭免不允詔〉，曰：「天官亞卿之小宰，攝職而授圖，惟得人。卿以文雅
自將，歷更省部，已試之效，僉曰汝諧。疇其久勞，寵以眞秩，往服成
命，毋庸遜辭。所請宜不允。」是欽臣曾除吏部侍郎。又《宋詩紀事》
卷二十四「王欽臣」條載：「欽臣字仲至，洙之子。用蔭入官，文彥博薦
試學士院，賜進士及第。歷集賢殿修撰，知和州，徙饒州，斥提舉太平
觀。徽宗立，復待制，知成德軍，卒，入黨籍。有《廣諷味集》。」可參
證。

海門集八卷

《海門集》八卷，渤海張重撰。有〈上蘇子瞻內翰〉詩，又有〈與張伯
玉游鑑湖晚歸〉詩。廣棪案《文獻通考》闕「與」字。伯玉知越州當嘉祐末，
而東坡爲翰苑在元祐間，重皆與同時，特未詳其人。

廣枚案:《宋史》卷二百八〈志〉第一百六十一〈藝文〉七〈別集類〉著錄:「《張重集》八卷。」即此書。重,《宋史》無傳,生平無可考。子瞻,即蘇軾。張伯玉,《宋史》無傳。《宋詩紀事》卷二十「張伯玉」條載:「伯玉字公達,建安人。第進士,嘗爲蘇州郡從事,范文正公舉以應賢良方正、能直言極諫科。嘉祐中爲御史,出知太平府。後選司封郎中,有《蓬萊集》。」下引《鐵圍山叢談》曰:「張端公伯玉,仁廟朝人也。名重當時,號張百杯。又曰張百篇。言一飲酒百杯,一掃詩百篇故也。」可參證。是則重爲仁宗至哲宗時人。

王岐公宮詞一卷

《王岐公宮詞》一卷,王珪禹玉撰。

廣枚案:《郡齋讀書志》卷第十九〈別集類〉下著錄:「《華陽集》一百卷。右皇朝王珪字禹玉,其先成都人,故號『華陽』,後居開封。少好學,日誦數千言。及長,博通羣書。慶曆二年,廷試第二。嘉祐初,入翰林,至熙寧三年,始參大政,凡爲學士者十五年。後拜相。薨,年六十七。諡文恭。」《宋史》卷二百八〈志〉第一百六十一〈藝文〉七〈別集類〉著錄:「《王珪集》一百卷。」即《華陽集》,均非本書。珪字禹玉,成都華陽人。哲宗時,封岐國公。《宋史》卷三百十二〈列傳〉第七十一有傳。考《宋詩紀事》卷十五「王珪」條錄珪宮詞八首,其一云:「花裏宮鶯曉未啼,千牛仗下報班齊。銀袍五百趨龍尾,天子臨軒賜御題。」其二云:「侍輦媴來步玉階,試穿金縷鳳頭鞵。墀前摘得宜男草,笑插黃金十二釵。」其三云:「內苑宮人學打球,青絲飛控紫驊騮。朝朝結束防宣喚,一樣眞珠絡轡頭。」其四云:「黃昏鎖院聽宣除,翰長平明趁起居。撰就白麻先進草,金泥降出內中書。」其五云:「紗幔薄垂金麥穗,簾鉤纖挂玉葱條。樓西別起長春殿,香壁紅泥透蜀椒。」其六云:「內人稀見水鞦韆,爭擘珠簾帳殿前。第一錦標誰奪得,右軍輸卻小龍船。」其七云:「盤龍新織翠雲裘,簡點黃封玉匣收。防備秋來供御著,金箱捧入曝衣樓。」其八云:「盡日閑窗賭選仙,小娃爭覓倒盆錢。上籌爭占蓬萊島,一擲乘鸞出洞天。《十家宮詞》。」《王岐公宮詞》一卷,可見者惟此八首。

逸民鳴一卷

《逸民鳴》一卷，盱江_{廣棪案：盧校本「盱」作「盰」。}李樵撰。泰伯之姪孫。

　　廣棪案：《宋史》卷二百八〈志〉第一百六十一〈藝文〉七〈別集類〉著錄：「《李樵詩》二卷。」應同屬一書，而卷數不同。樵，《宋史》無傳。泰伯，李覯字。建昌軍南城人。南城即盱江。覯，《宋史》卷四百三十二〈列傳〉第一百九十一〈儒林〉二有傳。

湛推官集一卷

《湛推官集》一卷，長樂湛鴻季潛撰。紹聖初韓昌國序。

　　廣棪案：此書及撰人均無可考。韓昌國亦無可考。

青山集三十卷

《青山集》三十卷，朝奉郎當塗郭祥正功父撰。

　　廣棪案：《宋史》卷二百八〈志〉第一百六十一〈藝文〉七〈別集類〉著錄：「《郭祥正集》三十卷。」應同屬一書。祥正字功父，太平州當塗人。《宋史》卷四百四十四〈列傳〉第二百三〈文苑〉六有傳。然未載祥正為朝奉郎。考《永樂大典》卷之七千八百九十四〈汀_{汀州府·名宦}〉載：「郭祥正。字功父，當塗人。家出於青山。一名謝公山，因號謝公山人。初，母夢太白而生，梅聖俞一見曰：『真太白後身。』王荊公稱其詩豪邁精絕。熙寧間仕至殿中丞，簽書保信軍節度判官。即掛冠，號醉吟先生。李伯時為之寫真，東坡作贊。時方強仕，諸公交薦于朝。尋通判于汀，與守陳公軒相驩莫逆，每於暇日聯轡郊行，觴詠酬酢，逮令所傳詩猶百餘篇。繼攝漳州，忤部使者，陷以他獄，五年而後直。又號漳南浪士。稍遷朝奉郎，高要郡復棄去，竟不出。有《青山集》行于世。」是祥正曾官朝奉郎。

初見賞於梅聖俞，後見知於王介甫，仕不達而卒。李端叔晚寓其鄉，祥正與之爭名，未嘗同堂語，_{廣棪案：《文獻通考》闕「語」字。}至為俚語以譏誚之，則其為人不足道也。

案：《宋史》祥正本傳載：「郭祥正字功父，太平州當塗人，母夢李白而生。少有詩聲，梅堯臣方擅名一時，見而歎曰：『天才如此，眞太白後身也！』舉進士，熙寧中，知武岡縣，簽書保信軍節度判官。時王安石用事，祥正奏乞天下大計專聽安石處畫，有異議者，雖大臣亦當屛黜。神宗覽而異之，一日問安石曰：『卿識郭祥正乎？其才似可用。』出其章以示安石，安石恥爲小臣所薦，因極口陳其無行。時祥正從章惇察訪辟，聞之，遂以殿中丞致仕。後復出，通判汀州，知端州，又棄去，隱于縣青山，卒。」可參證。李端叔即李之儀，《宋史》卷三百四十四〈列傳〉第一百三附〈李之純〉。其〈傳〉曰：「之儀字端叔。登第幾三十年，乃從蘇軾於定州幕府。歷樞密院編修官，通判原州。元符中，監內香藥庫。御史石豫言其嘗從蘇軾辟，不可以任京官，詔勒停。徽宗初，提舉河東常平。坐爲范純仁〈遺表〉，作〈行狀〉，編管太平，遂居姑熟。久之，徙唐州，終朝請大夫。之儀能爲文，尤工尺牘，軾謂入刀筆三昧。」直齋稱祥正「其爲人不足道」，顯與《永樂大典》稱「名宦」不同。

方秘校集十卷

《方秘校集》十卷，莆田方惟深子通撰。其父屯田龜年葬吳，遂為吳人。與朱伯原厚^{廣棪案：《文獻通考》闕「厚」字。}善，以女嫁伯原之子。嘗舉進士冠其鄉，不第，晚得興化軍助教，年八十三以卒。

廣棪案：《宋史》卷二百八〈志〉第一百六十一〈藝文〉七〈別集類〉著錄：「《方惟深集》十卷。」即此書。惟深，《宋史》無傳。《宋元學案補遺》卷九十八〈荊公新學略補遺‧助教方先生惟深〉載：「方惟深字子通，其先泉州人。父屯田龜年葬長洲，因家焉。先生鄉貢第一，試禮部不中，即棄去。有田廬，與其弟躬出入耕穫，閒則讀書。嘗游荊公之門，無一毫迎合意。其文學、行義，與朱長文同爲一世所宗，號鄉先生。舉遺逸，爲興化軍助教，卒年八十三。《姑蘇志》。」可參證。朱伯原即朱長文，蘇州吳人，官至秘書省正字，《宋史》卷四百四十四〈列傳〉第二百三〈文苑〉六有傳。

王荆公最愛其詩精詣警絕。

案：龔明之《中吳紀聞》卷第三〈方子通〉載：「方惟深字子通，本莆田

人。其父屯田公葬長洲縣，因家焉。最長於詩，嘗過黯淡灘，題一絕云：
『溪流怪石礙通津，一一操舟若有神。自是世閒無妙手，古來何事不由
人。』王荊公見之大喜，欲收致門下。蓋荊公欲行新法，沮之者多，子
通之詩適有契於心，故為其所喜也。後子通以詩集呈荊公，侑以詩云：『年
來身計欲何為，跌宕無成一軸詩。懶把行藏問詹尹，願將生死遇秦醫。
丹青效虎留心拙，斤匠良工入手遲。此日知音堪屬意，枯桐正在半焦時。』
凡有所作，荊公讀之必稱善，謂深得唐人句法。嘗遺以書曰：『君詩精淳
警絕，雖元、白、皮、陸有不可及。』子通游王氏之門，極蒙愛重，初
無一毫迎合意，後以特奏名授興化軍助教，隱城東故廬，與樂圃先生皆
為一時所高。每部使者及守帥下車，必即其廬而見之。前後上章論薦者
甚眾，子通竟無祿仕意。其於死生禍福之理，莫不超達。嘗造一園亭，
不遇主人，自盤礴終日，因題於壁閒云：『何年突兀庭前石，昔日何人種
松柏。乘興閒來就榻眠，一枕春風君莫惜。城西今古陽山色，城中誰有
千年宅。往來何必見主人，主人自是亭中客。』其灑落類如此。仲殊一
日訪子通，有絕句云：『多年不見玉川翁，今日相逢小樹東。依舊清凉無
長物，只餘松檜養秋風。』可見其清高矣。年八十三而卒。有《詩集》
行於世。無子，一女適樂圃先生之子發。」可參證。

**始余得其詩二卷，乃其姪孫蕭山宰翱所編，後乃知莆中嘗刊板，為十卷，
且載程俱致道所作〈墓誌〉於末。**

案：是則此書分二卷、十卷兩種。方翱刊於莆中者乃十卷本。翱，《宋史》
無傳。《宋會要輯稿》第九十五冊〈職官〉六一之五三載：「（乾道元年）七
月四日，詔通判溫州翱與新監行在都進奏院汪悟兩易其任。以翱、悟各
為私計不使，乞兩易故也。」是則翱乃孝宗時人，初宰蕭山，後任溫州
通判，易任新監行在都進奏院。程俱所撰〈莆陽方子通墓誌銘〉，見《北
山小集》卷三十三〈墓銘〉四載：「宣和四年正月庚辰，興化方公卒吳下，
享年八十有三，以三月葬于長洲、武丘鄉、汝墳湖西先塋之南。其婿奉
議郎、親賢宅講書朱發請銘于史官尚書、禮部員外郎程某。某以不佞，
辭不獲，則叙而為之銘。公諱惟深，字子通，世為莆陽人。考諱龜年，
終尚書屯田員外郎，葬吳，因留家不去。公生挺特，幼為人見稱鄉長者。
長則端敏，涵養滋大，鄉貢為第一，試禮部不第，即棄去。吳下有田一
廛，公與其弟躬出入耕穫，凡衣食之具，一毫必自己力。間則讀書，非

苟誦其言而已也。至于黃帝、老莊之書，養生爲壽者之說，其戶庭堂奧，根源派別，無不知。其所操之要，則曰無爲而已。于四方別傳，得其大指不數。爲人劇談，平居視之猶欺魄木雞也，及其論議古今道理，窮覈至到，確然莫能移。然常以雅道自娛，一篇出，人傳誦以熟。舒王以知制誥臥鍾山，得其詩，以謂精詣警絕，元、白、皮、陸有不到處。方元豐、元祐間，公賢益聞。以韋布之士，閉關陋巷，躬行不言，而孝友清介之風，隱然稱東南。時朱先生長文隱樂圃，二人皆以學術爲鄉先生。士之往來吳下者，至必禮于其廬。朱公晚起，爲太學博士，卒三館。公後死三十年，然世終莫得而挽也。元符初，孫集賢傑以郎官使淮浙，風采震懾州郡。入境遣從事問訊，且邀見，公辭焉。孫公至蘇，即日造公門，歸薦諸朝，雖知公之不可以吏也，以謂善人，國之紀，人之望也，庶幾旌善人以風士類乎！輒報聞，罷。崇寧中，詔舉遺逸，蒲輪走四方，二浙特起無慮，郡吳以公應詔，人以爲處士之榮也。復報聞，罷。時宰相皆公故人，豈意其不可以起也，弗強焉。崇寧某年，有司舉貢籍，以年格應補軍州助教者，就賜勑牒、袍笏于其家。公得興化軍助教，命且至，或睧之曰：『是其志視軒裳珪紅亡如也，何助教云，是必辭。』公曰：『君命也。』拜受唯謹。公長不踰中人，貌古骨強，目光如水。居親側，洞洞屬屬；見弟，誾誾如也。交際，色勃如也，足躩如也。其歲時祭享，自滌除水火之役，身先之。蓋至老不變。閭里慶吊，每先眾人；其酬應曲折，雖小夫孺子，如見所畏者。至于王公貴人，去就疏數，或見或不見，皆有辭，非苟然者。或曰：『公信無求于世矣，何自苦爲是拘拘者耶？』嗚呼！是所以爲方子已矣。夫以亢爲高，以隨爲適，以放爲達，以無忌憚爲果，其似而非。譬之瑤紫也，足以眩盲聾，而不可以欺婁曠。且仁與禮，君子所不可斯須離者也，而謂處士可以去之乎？公初年四十無子，其弟有子，以謂吾先人有後足矣。即屏居于外，平生深于詩，遇得意，欣然忘食。中年忽若有所不樂者，因絕筆不道。夫卓絕之事可能，而常因循于所易；死生之決有不顧，而不能忘懷于嗜習。余于此知公之剛果絕人矣。公預知死期，期至不亂，喪葬皆有治命云。集其詩文爲五卷。母趙氏，參知政事文安公安人之女；繼母王氏，封長壽縣君，宣州觀察使得一之孫；妻建安吳氏。公之葬，合諸吳氏之壙。二女，長嫁郟傑而卒，季嫁樂圃先生之仲子發也。銘曰：『猗歟方公，行峻而禮恭，從人而

志獨學，該而守約，吳越之瞻也。一介不以與人，非以爲儉；一介不以
取諸人，非以爲廉也，蓋妄取害于義，妄與害于仁。造端于取與之微，
而賢否之分不容髮，故君子于此若是其嚴也。古之人有眇六合以爲隘，
捐一瓢以爲煩，是以遯世絕跡，窮苦其身而不悔，故獨善濟物，不可得
而兼也。雖位三旄，馬千駟，吾知其不以煩濁易安恬也。之人所以懷寶
不試，寧老死而伏嵁巖也。』」可參考。

曾慥《詩選》 廣棪案：曾慥《詩選》原爲「曾詩慥選」，今改正。盧校本亦作曾慥
《詩選》。**直以爲姑蘇人者，誤也。《詩選》又言荊公愛其「春江渺渺」
一絕，手書之，遂載《臨川集》。**

案：惟深，莆田人。程俱所撰〈墓誌銘〉即稱「莆陽方子通」，曾慥誤。
考《中吳紀聞》卷第四〈方子通詩誤入荊公集〉載：「方子通一日謁荊公，
未見。作詩云：『春江渺渺抱牆流，烟草茸茸一片愁。吹盡柳花人不見，
春旗催日下城頭。』荊公親書方冊間，因誤載《臨川集》，後人不知此詩
乃子通作也。」可參證。

曾紆《南游記舊》亦云，而其詩則「客帆收浦」者也。

案：上海古籍出版社《說郛三種》，其中二種均收曾紆《南游記舊》，一
見弓五十，一見弓四十九，然均未載「客帆收浦」詩。蓋今見《說郛》
所載《南游記舊》，非全本也。

二詩皆不在今《集》中，豈以《臨川集》已收故耶？

案：《宋詩紀事》卷三十六「方惟深」條收此二詩。前者題作〈謁荊公不
遇〉，後者題作〈舟下建溪〉。

二本大略同，亦微有出入。

案：二本，指二卷本與十卷本。

慶湖遺老集九卷、拾遺二卷

《慶湖遺老集》九卷、《拾遺》二卷，朝奉郎共城賀鑄方回撰。

廣棪案：《宋史》卷二百八〈志〉第一百六十一〈藝文〉七〈別集類〉
著錄：「賀鑄《慶湖遺老集》二十九卷。」考《四庫全書總目》卷一百
五十五〈集部〉八〈別集類〉八著錄：「《慶湖遺老集》九卷，兩江總督採

進本。宋賀鑄撰。……其詩自元祐己卯以前凡九卷，自製〈序〉文，是為《前集》。己卯以後者為《後集》。合《前》、《後集》共二十卷，同時程俱為之〈序〉。今《後集》已佚，惟《前集》僅存。鑄子櫄〈跋〉稱《後集》經兵火散失。則南宋已無完本。故《書錄解題》所載卷數與今本同也。」據是，則《解題》所著錄者為《前集》，合《前》、《後集》共二十卷，則〈宋志〉著錄作二十九卷，恐誤。鑄字方回，衛州人。《宋史》卷四百四十三〈列傳〉第二百二〈文苑〉五有傳。史稱鑄「元祐中，李清臣執政，奏換通直郎，通判泗州，又倅太平州」。史又稱「鑄自號慶湖遺老，有《慶湖遺老集》二十卷」，足證〈宋志〉作二十九卷，其「九」字乃衍文。

〈自序〉言外監知章之後，且推本其初，出王子慶忌，以慶為姓，居越之湖澤，今所謂鏡湖者，本慶湖也，避漢安帝及^{廣梭案：《文獻通考》「及」}作「父」，盧校本同。清河王諱，改為賀氏，慶湖亦轉為鏡，未知其說何所據也。

案：程俱〈故朝奉郎賀公墓誌銘〉云：「公諱鑄，字方回，其先吳公子慶忌，避公子光亂，犇衛；妻子散走越，越人與之湖澤之田，表其族曰慶氏。漢避安帝諱，政氏賀。至唐，有為陽穀令名知止者，于方回為十五代祖。其後北徙，終止開封。孝惠皇后克配昌陵，家世仍以才武顯。」可參證。

其《東山樂府》，張文潛序之。

案：文潛，張耒字。其《柯山集》卷四十〈序・賀方回樂府序〉云：「文章之于人，有滿心而發，肆口而成，不待思慮而工，不待雕琢而麗者，皆天理之自然，而情性之道也。世之言雄暴虓武者，莫如劉季、項籍；此兩人者，豈有兒女之情哉？至其過故鄉而感慨，別美人而涕泣，情發于言，流為歌詞，含思淒婉，聞者動心焉。此兩人者，豈其費心而得之哉？直寄其意耳。予友賀方回，博學業文，而樂府之詞，高絕一世。携一編示予，大抵倚聲而為之詞，皆可歌也。或者譏方回好學能文，而惟是為工，何哉？予應之曰：『是所謂滿心而發，肆口而成，雖欲已焉而不得者。若其粉澤之工，則其才之所至，亦不自知也。夫其盛麗如遊金、張之堂，而妖冶如攬嬙、施之袪，幽潔如屈、宋，悲壯如蘇、李，覽者

自知之，益有不可勝言者矣。』」可參證。

鑄後居吳下，葉少蘊為作〈傳〉，詳其出處，且言與米芾齊名，然鑄生皇祐壬辰，視米芾猶為前輩也。

案：葉少蘊，夢得字。其《建康集》卷八〈傳·賀鑄傳〉載：「賀方回名鑄，衛州人，自言唐諫議大夫知章後，故號鑑湖遺老。長七尺，眉目聳拔，面鐵色，喜劇談，當世事可否，不略少假借。雖貴要權傾一時，小不中意，極口詆無遺辭，故人以為近俠。然博學彊記，尤長於度曲，掇拾人所遺棄，少加隱括，皆為新奇。初仕監太原工作，有貴人子適同事，驕倨不相下，方回微廉得其盜工作物若干，一日屏侍吏，閉之密室，以杖數曰：『來若某時，盜某物，為某用；某時盜某物，入於家。然乎？』貴人子惶駭，謝有之。方回曰：『能從吾治，免白發。』即起自袒其膚，杖數十下，貴人子叩頭祈哀，即大笑釋去，自是諸俠氣力頡頏者皆側目，不敢仰視。是時江淮間有米芾元章，以魁岸奇譎知名，而方回以氣俠雄爽適先後。二人每相遇，瞋目抵掌，論辯蠭起終日，各不能屈，談者爭傳為口實。方回所為詞章既多，往往傳播在人口。建中靖國間，黃庭堅魯直自黔中還，得其『江南梅子』之句，以為似謝元暉。然以尚氣使酒，終不得美官。初娶宗女，隸籍右選。李中書清臣執政，奏換通直郎，為泗州通判，悒悒不得志，食宮祠祿，退居吳下，浮沉俗間，稍務引遠世，故亦無復軒輊如平日。家藏書萬餘卷，手自校讎，無一字脫誤，以是杜門將遂老。家貧甚，貸子錢自給。有負者輒折劵與之，秋毫不以丐人。其所與交，終始厚者惟信安程致道。方回既自裒其平生所為歌詞，名《東山樂府》，致道為之〈序〉，略道其為人大槩矣。而予與方回往來亦極密，乃復為之〈傳〉，使後世與致道〈序〉參見云。」可參證。

操縵集五卷

《操縵集》五卷，周邦彥撰。亦有《前集》_{廣校案：《文獻通考》作「《全集》」，}**盧校本同。中所無者。**

廣校案：此書〈宋志〉未著錄。《前集》者，殆指《清真集》二十四卷，《解題》卷十七〈別集類〉中著錄。周邦彥字美成，錢塘人。《宋史》卷四百四十四〈列傳〉第二百三〈文苑〉六有傳。

得全居士集三卷

《得全居士集》三卷，趙鼎元鎮撰。全集號《忠正德文》。其曾孫璧_廣
_{枞案：《文獻通考》作「壁」。}別刊其詩，附以樂府。

> 廣枞案：《宋史》卷二百八〈志〉第一百六十一〈藝文〉七〈別集類〉著
> 錄：「趙鼎《得全居士集》二卷，又《忠正德文集》十卷。」又著錄：「《得
> 全居士詞》一卷，不知名。〔考證〕臣開鼎按：得全居士，趙鼎讁後號也。即本卷
> 中亦有趙鼎《得全居士集》二卷。『不知名』三字衍。」是則《忠正德文集》十卷，
> 其全集也。《得全居士集》二卷，其詩集也。另《得全居士詞》一卷。《解
> 題》合詩、詞集而著錄，故云三卷。鼎字元鎮，解州聞喜人。《宋史》卷
> 三百六十〈列傳〉第一百一十九有傳。其曾孫璧，字或作壁，《宋史》無
> 傳。《宋會要輯稿》第七十九冊〈職官〉三六之八四載：「﹙紹興三年﹚二月
> 四日，軍頭司言正額等子、趙壁等四人，合該陳乞出職；已被旨並留充；
> 依舊指教新人，候將來引呈陳乞。其逐人並不依前項指揮出頭陳乞出職。
> 詔趙壁不合皷唱無時，陳乞。先次斷訖，特與郴州牢城都頭日下出營，
> 餘人免斷，依舊收管。」是璧乃高宗時人。

陸游曰：「忠簡讁朱崖，臨終自書銘旌曰：『身騎箕尾歸天上，氣作山河
壯本朝。』」嗚呼！可不謂偉人乎！

> 案：陸游《老學庵筆記》卷一載：「趙元鎮丞相讁朱崖，病亟，自書銘旌
> 云：『身騎箕尾歸天上，氣作山河壯本朝。』」《宋史》鼎傳亦載：「在吉
> 陽三年，潛居深處，門人故吏皆不敢通問，惟廣西帥張宗元時饋醪米。﹙秦﹚
> 檜知之，令本軍月具存亡申。鼎遣人語其子汾曰：『檜必欲殺我。我死，
> 汝曹無患；不爾，禍及一家矣。』先得疾，自書墓中石，記鄉里及除拜
> 歲月。至是，書銘旌云：『身騎箕尾歸天上，氣作山河壯本朝。』遺言屬
> 其子乞歸葬，遂不食而死，時紹興十七年也，天下聞而悲之。」可參證。

高隱集七卷

《高隱集》七卷，高隱處士蘄春林敏功子仁撰。_{館臣案：《宋史·藝文志》}
_{有《林敏功集》十卷，曾端伯作〈高隱小傳〉，稱林敏功兄弟皆隱君子也，原本脫姓}
_{氏，今補入。}嘗以《春秋》預鄉薦不第。

廣棪案：《宋史》卷二百八〈志〉第一百六十一〈藝文〉七〈別集類〉著錄：「《林敏功集》十卷。」應同屬一書，而卷數不同。敏功，《宋史》無傳。《宋詩紀事》卷三十三「林敏功」條載：「敏功字子仁，蘄春人。以《春秋》鄉薦不第，有《高隱集》。」下引《尚友錄》，載：「子仁年十六預鄉薦下第歸，杜門不出者二十年。元符末詔徵不赴，與弟敏修居比隣終老，以文字相友善。敏修亦終身不舉進士，世號二林。政和中，林震為郡首，謂：『吾宗有隱君子。』出郊見之。還朝，舉其隱德，賜號『高隱處士』，旌表其門。子仁〈謝表〉云：『自是難陪英俊之遊，何敢妄意高尚之事？臥牛衣而待旦，寒如之何？搔鶴髮以興懷，老其將至。』」又引〈江西宗派圖錄〉：「山谷云：『林處士詩甚佳，〈碧落碑〉無贋本也。』」均可參證。

有詩_{廣棪案：《文獻通考》作「以詩」。}文百卷，號《蒙山集》，兵火後不存。案：《蒙山集》，〈宋志〉未著錄。

無思集四卷

《無思集》四卷，林敏修子來撰。敏功之弟。_{廣棪案：《文獻通考》「弟」誤作「第」。}

廣棪案：此書〈宋志〉未著錄。敏修，《宋史》無傳。《宋詩紀事》卷三十三「林敏修」條載：「敏修字子來，敏功弟，有《無思集》。」下引《後村詩話》云：「二林詩極少。曾端伯作〈高隱小傳〉云：『有詩文百二十卷。』今所存十無一二。兄弟皆隱君子，不但以詩重。」可參證。

柯山集二卷

《柯山集》二卷，齊安潘大臨邠老撰。所謂「滿城風雨近重陽」者也。

廣棪案：此書〈宋志〉未著錄。大臨，《宋史》無傳。《宋史翼》卷十九〈列傳〉第十九〈循吏〉二〈潘鯁〉載：「有三子。大臨字邠老，以詩名於時。_{《福建通志》。}」則大臨，鯁之子。《宋詩紀事》卷三十三「潘大臨」條載：「大臨字邠老，齊安人。有《柯山集》。次弟大觀，字仲達，亦入江西派，其詩不傳。」大臨「滿城風雨近重陽」乃佚句。其友謝逸字無逸，臨川人，撰《溪堂集》，中有〈亡友潘邠老有滿城風雨近重陽之句今去重陽四日而風雨

大作遂用邠老之句廣爲三絕〉，其一云：「滿城風雨近重陽，無奈黃花惱意香。雪浪翻天迷赤壁，令人西望憶潘郎。」其二云：「滿城風雨近重陽，不見修文地下郎。想得武昌門外柳，垂垂老葉半青黃。」其三云：「滿城風雨近重陽，安得斯人共一觴。欲問小馮今健否？雲中孤雁不成行。」可參證。

溪堂集五卷、補遺二卷

《溪堂集》五卷、《補遺》二卷，臨川謝逸無逸撰。

　　廣棪案：《宋史》卷二百八〈志〉第一百六十一〈藝文〉七〈別集類〉著錄：「《謝逸集》二十卷，又《溪堂詩》五卷。」此即《溪堂詩》也。《補遺》二卷，〈宋志〉未著錄。逸，《宋史》無傳。《宋史翼》卷二十六〈列傳〉第二十六〈文苑〉一〈謝逸〉載：「謝逸字無逸，臨川人。自號溪堂。少孤，博學工文辭，操履峻潔。再舉進士不第，黃庭堅嘗曰：『使斯人在館閣，當不減晁、張。』李商老謂：『其文步趨劉向、韓愈。』所著書有《春秋廣微》、《樵談》、《溪堂集》。其他詩、啓、碑、志、雜論數百篇。淳熙中繪像祠於郡學。《江西通志》。」可參證。

竹友集七卷

《竹友集》七卷，謝薖^{廣棪案：《文獻通考》誤作「謝邁」。}幼槃撰。逸之弟。

　　廣棪案：《宋史》卷二百八〈志〉第一百六十一〈藝文〉七〈別集類〉著錄：「《謝薖集》十卷。」應同屬一書，而卷數不同。薖，《宋史》無傳。《宋史翼》卷二十六〈列傳〉第二十六〈文苑〉一附〈謝逸〉載：「逸弟薖，字幼槃，自號竹友。嘗爲漕司首薦，省闈報罷，以琴奕詩酒自娛。詩文不亞其兄，時稱二謝。呂本中云：『無逸似康樂，幼槃似元暉。』又云：『二謝修身勵行，在崇、觀間無所汙染，不獨以文見稱。』著有《竹友集》十卷。《江西通志》。」可參證。

日涉園集十卷

《日涉園集》十卷，廬山李彭商老撰。公擇^{廣棪案：《文獻通考》誤作「公祥」。}

之從孫。

> 廣棪案：此書〈宋志〉未著錄。彭，《宋史》無傳。《宋史翼》卷二十六〈列傳〉第二十六〈文苑〉一〈李彭〉載：「李彭字商老，南康建昌人。祖常，《宋史》有傳。彭詩文富贍宏博，錘鍊精研，句多警。江西詩派居第九，在韓駒之次。《集》中多與蘇軾、黃庭堅、呂本中、陳師道、張耒、何頡、徐俯、韓駒、蘇庠、謝薖相和。時蘇庠居廬山，以琴書自娛，與彭齊名，稱蘇、李，有《日涉園集》。《書錄解題》，參《雲麓漫鈔》、《日涉園集》。」公擇，常之字。《宋史》卷三百四十四〈列傳〉第一百三有傳。

清虛集一卷

《清虛集》廣棪案：《文獻通考》作「《清非集》」。一卷，豫章洪朋龜父撰。

> 廣棪案：《宋史》卷二百八〈志〉第一百六十一〈藝文〉七〈別集類〉著錄：「《洪龜父詩》一卷。」即此書。朋，《宋史》無傳。《宋史翼》卷二十七〈列傳〉第二十七〈文苑〉二〈洪朋〉載：「洪朋字龜父，南昌人。父民師，為石州司法參軍。性孝，以毀卒。朋幼孤，受業於祖母文成君李氏，手不釋書，落筆成文，尤長於詩。舅黃庭堅嘗謂：『龜父筆力扛鼎，異日不患無聞。』兩貢禮部不遇，早卒。遺稿有《清非集》。《江西通志》。」《宋詩紀事》卷三十三「洪朋」條載：「朋字龜父，南昌人。黃山谷之甥。舉進士不弟，有《清非集》。與弟芻駒父、炎玉父、羽鴻父俱有才名，號四洪。」此書應名《清非集》，《解題》誤。黃庭堅《山谷集》卷十三有〈洪龜父清非齋銘〉，蓋以齋號名其《集》也。〈洪龜父清非齋銘〉云：「是是非非，知者之別。是謂是，非謂非，直者之發，其別也以成。自其發也以成，他吝其非而不改，惟自屈也。大人能格君心之非，是心術也，方寸之間與萬物為市。掃除不涓，照用則曀。日清其非，虛室晰晰。」可參考。

老圃集一卷

《老圃集》一卷，諫議大夫洪芻駒父撰。

> 廣棪案：此書〈宋志〉未著錄。芻，《宋史》無傳。《宋詩紀事》卷三十三「洪芻」條載：「芻字駒父。紹聖元年進士。崇寧中入黨籍。靖康中為

諫議大夫。汴京失守，坐爲金人括財，流沙門島，卒。有《老圃集》。」
可參證。

西渡集一卷

《西渡集》一卷，館臣案：原本作《西漢集》，今據《文獻通攷》改正。中書舍
人洪炎玉父撰。

　　廣棪案：此書〈宋志〉未著錄。炎，《宋史》無傳。《宋史翼》卷二十七
　　〈列傳〉第二十七〈文苑〉二〈洪炎〉載：「洪炎字玉父，與兄朋、弟芻、
　　羽，俱以文詞名世，號四洪。舉進士，爲穀城令，坐以兄弟罹元祐黨，
　　同貶竄。復知潁上譙縣，並有循政。累官著作郎、祕書少監。高宗初，
　　召爲中書舍人。時方倥傯，除目塡委。炎操筆立成，訓詞典雅，同列歎
　　服。有《西渡集》。嘗編《列仙臞儒事蹟》三卷，號《塵外記》。又手錄
　　雜家小說，行於世。《南昌耆舊記》、《江西通志》。」可參證。

洪氏兄弟四人，其母黃魯直之妹，不淑早世，所爲賦〈毀壁〉廣棪案：
盧校本「壁」作「璧」。者也。

　　案：黃庭堅《山谷集》卷十六〈序・洪氏四甥字序〉曰：「洪氏四甥，其
　　治經皆承祖母文城君講授。文城賢智，能立洪氏門戶如士大夫。蓋嘗以
　　義訓四甥之名曰朋、芻、炎、羽。其友爲之易名，往往不似經意。舅黃
　　庭堅爲發其蘊而字之。江發岷山，其盈濫觴，及其至於楚國，萬物並流，
　　非夫有本而益之者眾邪？夫士也，不能自智其靈龜，好賢樂善以深其內
　　則，十朋之龜，何由至哉！故朋之字曰龜父。飛黃騄耳之駒，一秣千里，
　　御良而志得，食君場苗。蹇駿同軒，其在空谷，生芻一束，不知場穀之
　　美也。能仕能止，惟其才；可仕可止，惟其時；何常之有哉！故芻之字
　　曰駒父。大炎高丘，石共盡。和氏之璞，王者之器。溫潤而澤，晏然於
　　焚如之時。蓋大不炎，無以知玉；事不難，無以知君子。故炎之字曰玉
　　父。鴻雲飛而野啄，去來不繆其時，非其意不自下，故其羽可用爲儀。
　　非夫好高之士，操行潔於秋天。使貪夫清明，懦夫激昂者，何足以論鴻
　　之志哉！故羽之字曰鴻父。既字之，又告之曰：『曾子曰：「未得君，而
　　忠臣可知者，孝子也；未有治，而能仕可知者，修士也。」』二三子，捨
　　幼志，然後能近老成；人力學，然後切問；問學之功有加，然後樂聞過；

樂聞過，然後執書冊而見古人。執柯以伐柯，古人豈眞遠哉！」是山谷
爲洪氏兄弟之母舅。〈毀璧賦〉未見，恐已佚。

龜父舉進士不第。

案，龜父，洪朋字。《宋史翼》朋本傳載：「兩貢禮部不遇，早卒。」可
參證。

其季羽鴻父坐上書，元符入籍終其身。

案：《宋人傳記資料索引》載：「洪羽字鴻父，南昌人，炎弟，黃庭堅甥，
以文詞名世。紹聖四年進士，歷知台州軍。坐元符中上書入黨籍，編管
江州。崇寧五年，於舊資上降兩資收敍。」可參證。

芻、炎皆貴，而芻靖康失節貶廢，

案：芻官至諫議大夫，炎爲中書舍人，皆貴也。芻汴京失守，坐爲金人
括財，流沙門島，卒，以失節貶廢。《文獻通考》卷二百四十四〈經籍考〉
七十一〈集詩集〉「《西渡集》」條後附後村劉氏曰：「三洪與徐師川皆豫章
之甥，龜父警句往往前人所未道，然早卒，惜不多見。駒父詩尤工，初
與龜父遊梅仙觀，龜父有詩，卒章云：『願爲龍鱗嬰，勿學蟬骨蛻。』是
以直節期乃弟矣。駒父後居上坡，晚節不終，不特有愧於舅氏，亦有愧
於長君也。玉父南渡後爲少蓬，〈聞師川召有懷駒父詩〉云：『欣逢白鶴
歸華表，更想黃龍出羽淵。』然師川卒不能返駒父於鯨波之外，玉父愛
兄之道至矣，余讀而悲之。」可參考。

羽詩不傳。

案：羽詩，〈宋志〉亦未收，蓋不傳。

陵陽集四卷

《陵陽集》廣棪案：《文獻通考》作「《韓子蒼集》」。四卷，館臣案：《文獻通攷》
作三卷，《宋史・藝文志》作十五卷。《別集》二卷，韓駒子蒼撰。

廣棪案：《郡齋讀書志》卷第十九〈別集類〉下著錄：「《韓子蒼集》三卷。
右皇朝韓駒字子蒼，仙井人。政和初，詣闕上書，特命以官，累擢中書舍
人，權直學士院。王甫嘗命子蒼詠其家藏〈太乙眞人圖〉，詩盛傳一世。宣
和間，獨以能詩稱云。」《宋史》卷二百八〈志〉第一百六十一〈藝文〉七

〈別集類〉著錄:「韓駒《陵陽集》十五卷,又《別集》三卷。」所著錄卷數均與《解題》不同。韓駒字子蒼,仙井監人。《宋史》卷四百四十五〈列傳〉第二百四〈文苑〉七有傳。

還還集二卷

《還還集》二卷,直龍圖閣江陵高荷子勉撰。

　　廣棪案:此書〈宋志〉未著錄。荷,《宋史》無傳。厲鶚《宋詩紀事》卷三十三「高荷」條載:「荷字子勉,荊南人,自號還還先生。元祐太學生,晚為童貫客,得蘭州通判以終,有《集》。」陸心源《宋詩紀事小傳補正》卷二「高荷」條載:「歷官陝西漕屬,燕山平,獻凱歌,除直龍圖閣,知涿州而終。」可參證。

東湖集三卷

《東湖集》三卷,_{廣棪案:《文獻通考》作「二卷」。}樞密豫章徐俯師川撰。

　　廣棪案:《宋史》卷二百八〈志〉第一百六十一〈藝文〉七〈別集類〉著錄:「《徐俯集》三卷。」即此書。俯字師川,洪州分寧人。紹興三年,簽書樞密院事。《宋史》卷三百七十二〈列傳〉第一百三十一有傳。

禧之子,亦_{廣棪案:《文獻通考》闕「亦」字。}魯直諸甥也,思陵以黃庭堅_{廣棪案:《文獻通考》作「魯直」。}故召用之,丞相呂頤浩作書,具道上旨,而時或言其由中人以進。其初除大坡也,程俱在西掖,繳奏不行,奉祠_{廣棪案:《文獻通考》「祠」作「嗣」,誤。}去,其然乎?否耶?

　　案:《宋史》俯本傳載:「徐俯字師川,洪州分寧人。以父禧死國事,授通直郎,累官至司門郎。靖康中,張邦昌僭位,俯遂致仕。時工部侍郎何昌言與其弟昌辰避邦昌,皆改名。俯買婢名昌奴,遇客至,即呼前驅使之。建炎初,落致仕,奉祠。內侍鄭諶識俯於江西,重其詩,薦于高宗。胡直孺在經筵,汪藻在翰苑,迭薦之,遂以俯為右諫議大夫。中書舍人程俱言:『俯以前任省郎遽除諫議,自元豐更制以來未之有。考之古今,非陽城、种放,則未嘗不循序而進,願姑以所應者命之。昔元稹在長慶間,擢知制誥,真不忝矣。緣其為荊南判司,命從中出,召為省郎,

便知制誥，遂喧朝論，時謂荆南監軍崔潭峻實引之。近亦傳俯與宦寺倡酬，稱其警策，恐或者不知陛下得俯之由。』不報，俱遂罷。」可參證。

然俯在位，亦不聞有所建明也。

案：《宋史》俯本傳載：「紹興二年，賜進士出身，兼侍讀。三年，遷翰林學士，俄擢端明殿學士、簽書樞密院事。四年，兼權參知政事。宰相朱勝非言：『襄陽上流，所當先取。』帝曰：『盍就委岳飛？』參政趙鼎曰：『知上流利害，無如飛者。』俯獨持不可，帝不聽。會劉光世乞入奏，鼎言：「方議出師，大將不宜離軍。」俯欲許之，鼎固爭，俯乃求去，提舉洞霄宮。九年，知信州。中丞王次翁論其不理郡事，予祠。明年，卒。俯才俊，與曾幾、呂本中游，有《詩集》六卷。」是俯在位，殊未有所建明，直齋所言甚當。

東萊集二十卷、外集二卷

《東萊集》二十卷、《外集》二卷，中書舍人呂本中居仁撰。希哲之孫，好問之子，而祖謙之伯祖也，廣棪案：《文獻通考》此句作「伯謙之祖」。撰〈江西宗派〉者。後人亦廣棪案：《文獻通考》闕「亦」字。以其詩入派中。

廣棪案：《郡齋讀書志》卷第十九〈別集類〉下著錄：「《呂居仁集》十卷。右皇朝呂本中字居仁，好問右丞之長子。靖康初，權尚書郎。紹興中，賜進士第，除右史，遷中書舍人，已而落職奉祠。少學山谷爲詩，嘗作〈江西宗派圖〉，行於世。」《宋史》卷二百八〈志〉第一百六十一〈藝文〉七〈別集類〉著錄：「《呂本中詩》二十卷。」同書卷二百九〈志〉第一百六十二〈藝文〉八〈總集類〉著錄：「呂本中《江西宗派詩集》一百十五卷。」《四庫全書總目》卷一百五十八〈集部〉十一〈別集類〉十一著錄：「《東萊詩集》二十卷，兩淮馬裕家藏本。宋呂本中撰。本中有《春秋集解》，已著錄。其詩法出黃庭堅。嘗作〈江西宗派圖〉，列陳師道以下二十五人，而以己殿其末。……此《集》有慶元二年陸游〈序〉，乾道二年曾幾〈後序〉。《文獻通考》別載有《集外詩》二卷，此本無之，蓋已散佚。」均可參證。惟《郡齋讀書志》著錄此《集》作十卷，孫猛《郡齋讀書志校證》云：「《呂居仁集》十卷，原本作『《東萊集》二十卷、《外集》二卷』。按原本據〈經籍考〉卷七十二配補，而〈經籍考〉標題、卷數皆從《書錄解題》卷二十。

今據袁本、《宛委》本改回。《東萊集》二十卷，乃乾道二年居仁通家子沈公雅刻於吳門郡齋（今有《四部叢刊續編》據日本內閣文庫藏本影印本），公武之父沖之與居仁唱酬最劇，是公武未嘗不能獲見乾道刊本。然檢乾道本曾幾〈序〉，止云公雅『裒集公詩，略無遺者，次第歲月，爲二十通』，無一語及《外集》。意者，《外集》當又爲後人附益，公武未必得見。故此條標題、卷數仍從袁本。又，《藏園羣書題記》卷三著錄慶元己未黃汝嘉重刊乾道本《正集》（殘）三卷、《外集》三卷，傅增湘云：『考陳氏《直齋書錄解題》載《東萊詩集》二十卷、《外集》二卷，今目錄宛然具存，知「二」字實「三」字之訛，然而陳氏誤錄於先，馬氏〈經籍考〉遂承訛於後，世人莫知其非者。』原本繼〈經籍考〉後，又襲謬因訛仍作『二卷』，今附糾於此。」是《郡齋讀書志》袁本、《宛委》本亦作十卷。而《外集》，傅增湘《藏園群書題記》則作三卷。本中，《宋史》卷三百七十六〈列傳〉第一百三十五有傳。其〈傳〉載：「呂本中字居仁，元祐宰相公著之曾孫，好問之子。……祖希哲師程頤，本中聞見習熟。……紹興六年，召赴行在，特賜進士出身，擢起居舍人兼權中書舍人。」可參證。同書卷四百三十四〈列傳〉第一百九十三〈儒林〉四〈呂祖謙〉載：「呂祖謙字伯恭，尚書右丞子問之孫也。」據是，則本中乃祖謙之伯父，《解題》作「伯祖」，誤矣。

具茨集十卷

《具茨集》廣棪案：《文獻通考》作「晁氏《具茨集》」。十卷，館臣案：《文獻通攷》作三卷。晁沖之叔用撰。沖之在羣從中亦有才華，而獨不第。紹聖以來，黨禍既作，超然獨往，侍郎公武子止，蓋其子也。

廣棪案：《郡齋讀書志》卷第十九〈別集類〉下著錄：「晁氏《具茨集》三卷。右先君子詩集也。呂本中以爲江西宗派，曾慥亦稱公早受知於陳無己，從兄以道嘗謂公宗族中最才華。喻汝礪序其詩云：『予嘗從叔用商近朝人物，嘉言善行，朝章國典，禮文損益，靡不貫洽。由叔用之學而達諸廊廟，溫厚足以代言，淵博足以顧問，則以詩鳴者，是豈叔用之志也哉？雖然，叔用既已油然棲志於林澗曠遠之中，遇事寫物，形於興屬，淵雅疎亮，未嘗爲悽怨危憤之音。予於是有以見叔用於消長用舍之際，未嘗不安而樂之者也。嗟乎！所謂含章內奧而深於道者，非邪？秦漢以

來，士有抱奇懷能，流落不遇，往往躁心汗筆，有怨誹沈抑之思，氣候急刻，不能閒遠，古之詞人皆是也，所以往往無所建立於天下。唯深於道者，遺於世而不怨，發於辭而不怨，君子是以知其必能有爲於世者也。嗟乎！吾於叔用，豈直以詩人命之哉！』」可參證。惟《郡齋讀書志》作三卷，與《解題》不同。冲之，《宋史》無傳。《宋元學案補遺》卷四〈陳氏門人〉「晁具茨先生冲之」條云：「晁冲之字叔用，一字用道，文莊公宗愨之曾孫也。少有才華，受知于陳后山。呂居仁〈江西詩派圖〉二十五人，先生與焉。紹聖初落黨中籍，超然家于具茨之下，屢薦不應，有《具茨集》。《姓譜》。雲濛謹案《具茨集・過陳無己墓詩》二首，前詩云：『我亦嘗參諸弟子，往來徒步拜公墳。』後詩云：『以我懷公意，知公待我情。五年三過客，九歲一門生。』知先生嘗及后山之門也。」可參考。同書同卷〈晁氏家學〉「晁先生公武」條：「晁公武字子止，具茨子。乾道初知興元府，束吏愛民，百廢具舉，庭無滯訟，稱爲良吏，世號昭德先生。《姓譜》。」是公武乃冲之子。

青溪集一卷

《青溪集》一卷，臨川汪革信民撰。呂居仁序之。

　　廣棪案：此《集》，《宋史・藝文志》未著錄。革，《宋史》無傳。《宋元學案》卷二十三〈榮陽學案・榮陽門人〉「教授汪青溪先生革」條載：「汪革，字信民，臨川人也。紹聖四年進士，官楚州教授。呂侍講原明方居符離，先生從之學，稱高弟。侍講嘗曰：『黃憲、茅容之儔也。』分教長沙，張侍郎舜民在焉，相與講學極契。蔡京當國，召爲宗正博士，力辭不就，曰：『吾不能附名不臣傳！』復爲楚州教授以卒，年止四十。侍講爲志其墓，晁景迁有詞哀之。先生篤實剛直，惜不免墮于禪學，則侍講之所夾雜也。故其詩云：『富貴空中花，文章木上癭。要知眞實地，惟有華嚴境。』不得入聖人之室矣。然其言云：『咬得菜根，則百事可做。』固名言也。學者稱爲青溪先生。雲濛案：青溪一作清溪。有《論語直解》、《青溪集》。謝逸與弟薖皆學于侍講，當事以八行薦，無逸力辭，兄弟終身老死布衣，其高節蓋得侍講之力。信民貽之詩曰：『新年更勵於陵操，妻子同鉏五畝蔬。』蓋不當唯以詞人目之。」《宋詩紀事》卷三十三「汪革」條載：「革字信民，自歙徙臨川。紹聖四年試禮部第一，

分教長沙，又爲宿州教授。蔡氏當國，以周王宮教召，不就。復爲楚州教官，卒。有《青溪集》。」可參考。呂原明，希哲字，呂居仁之祖。居仁〈序〉已佚。

倚松集二卷

《倚松集》二卷，臨川饒節德操撰。後爲僧，號如璧。

　　廣棪案：《郡齋讀書志》卷第十九〈別集類〉下著錄：「《饒德操集》一卷。右皇朝饒節字德操，曾布之客也。性剛峻，晚與布論不合，因棄去，祝髮爲浮屠，在襄、漢間聲望甚重云。」《宋史》卷二百八〈志〉第一百六十一〈藝文〉七〈別集類〉著錄：「饒節《倚松集》十四卷。」所著錄卷數均與《解題》不同。節，《宋史》無傳。《宋元學案》卷二十三〈滎陽學案・滎陽門人〉「饒德操節」條載：「饒節字德操，臨川人，從學呂侍講。以不合于曾布，毅然棄去，亦甚豎風節。及其末路，遂爲緇衣，則可譏矣。甚至貽呂居仁詩，勸以胡牀趺坐，專意學道。何其謬也。」《宋詩紀事》卷九十二「如璧」條載：「如璧，本撫州士人饒節，字德操。後爲僧，詩入江西派，有《倚松老人集》。」《宋人傳記資料索引》載：「饒節字德操，更名如璧，號倚松道人，臨川人。嘗爲曾布客，後與布書論新法不合，乃祝髮爲浮屠。掛錫靈隱，晚主襄陽之天寧寺。嘗作偈云：『問攜經卷倚松立，試問客從何處來。』有《倚松老人集》，陸游稱爲當時詩僧第一。(互見釋如璧)」均可參證。《宋詩紀事》作「如壁」，誤。

遠遊堂集二卷

《遠遊堂集》二卷，知江州蘄春夏倪均父撰。

　　廣棪案：此書〈宋志〉未見著錄。倪，《宋史》無傳。《宋詩紀事》卷三十三「夏倪」條載：「倪字均父，蘄州人，英公之孫。宣和中，自府曹左官祈陽監酒，有《遠遊堂集》。」《宋詩紀事》此條下引〈江西宗派圖錄〉云：「均父文詞富贍，儕輩罕及。嘗以『天寒霜露絫，遊子有所之』爲韻作十詩，留別饒德操，曲盡芊綿之致。赴江守日，張彥寔贈詩云：『未覺朝廷疏汲黯，極知州郡要文翁。』均父朝夕諷誦之。詩文一集，呂紫微

爲之〈序〉。」是倪曾知江州。

歸叟集一卷

《歸叟集》一卷，開封王直方立之撰。其高祖顯事晉邸，至樞密使。直方喜從蘇、黃諸名士廣校案：《文獻通考》「士」作「卿」，盧校本作「勝」。游，家有園池，娶宗女，爲假承奉郎，自號歸叟，年甫四十而死。

廣校案：此集〈宋志〉未著錄。直方，《宋史》無傳。《宋元學案補遺》卷九十九〈蘇氏蜀學略補遺・東坡門人〉「承奉王歸叟先生直方」條載：「王直方字立之，城南人。少知自好，樂從諸丈人行遊。無他嗜好，惟晝夜讀書，手自傳錄，凡未編數千。嘗以假承奉郎監懷州酒稅，尋易冀州糴官，亦僅累月，投劾歸。待而不復出，凡十餘年。處城隅一小園中，而笑傲自適如一日。命其園中之堂曰賦歸，亭曰頓有，亦足以見其志云。彭城陳無己卒于京師，先生賻弔，而割田十頃以周其孤。大觀三年卒。先生病臥久，景迂歸自關中，過其門，則曰：『我有所作詩文，他日無咎序之；死則以道銘我。』《晁迂景集》。雲濠謹案：后山詩註云：『王立之自號歸叟，有園亭在汴京城南，嘗從蘇、黃諸公遊。』」可參證。至其高祖王顯，《宋史》卷二百六十八〈列傳〉第二十七有傳，曰：「王顯字德明，開封人。初爲殿前司小吏，太宗居藩，嘗給事左右。性謹介，不好狎，未嘗踐市肆。即位，補殿直，稍遷供奉官。太平興國三年，授軍器庫副使，遷尚食使。逾年，與郭昭敏並爲東上閣門使。八年春，拜宣徽南院使兼樞密副使。是夏，制授樞密使。上謂之曰：『卿世家本儒，少遭亂失學，今典朕機務，無暇博覽羣書，能熟《軍戒》三篇，亦可免於面牆矣。』因取是書及道德坊宅一區賜之。」可參證。

李希聲集一卷

《李希聲集》一卷，祕書丞李錞希聲撰。廣校案：盧校注：「下九字元本無。」與徐師川、潘邠老同時。館臣案：「與徐師川」二句原本脫漏，今據《文獻通攷》補入。

廣校案：此書〈宋志〉未著錄。錞，《宋史》無傳。《宋詩紀事》卷三十

三「李錞」條載：「錞字希聲，官至秘書丞，有《集》。」徐師川，即徐俯，有《東湖集》；潘邠老，即潘大臨，有《柯山集》。

楊信祖集一卷

《楊信祖集》一卷，楊符信祖撰。未詳出處。

　　廣棪案：此書及撰人均無可考。《文獻通考》卷二百四十五〈經籍考〉七十二〈集詩集〉著錄此書，下引後村劉氏曰：「『吏道官官惡，田家事事賢。』唐人得意語也。」「吏道」二語，應爲《楊信祖集》中詩句。

陳留集一卷

《陳留集》一卷，開封江端本子之撰。館臣案：江端本開封人，原本誤作「開州」，今改正。以上至林子仁，廣棪案：盧校本「林子仁」作「林敏功」。皆入〈詩派〉。

　　廣棪案：此書〈宋志〉未著錄。端本，《宋史》無傳。《宋元學案補遺》卷一〈安定學案補遺・江氏家學〉「江先生端友江先生端本合傳」載：「江端友字子我，端本字子之。子和二弟俱以文行稱，嘗裒子和之遺稾爲集若干卷。先生兄弟一日白其母曰：『幸見聽，敢有言。』其母笑曰：『不欲從科舉乎？是吾素已疑之矣。且汝兄力學能文，屈於有司者二十年，常爲予言有司待士之禮薄，而法益苛，愧之終其身。汝等尚少，而亦能不樂於此乎？第汝安，則吾何有？』以故先生兄弟俱遂優游於圍城數畝之田，人多高之。《晁景迂集》。」可參考。至子仁，林敏功字。《宋史》卷二百八〈志〉第一百六十一〈藝文〉七〈別集類〉著錄：「《林敏功集》十卷。」敏功，《宋史》無傳。《宋詩紀事》卷三十三「林敏功」條載：「敏功字子仁，蘄春人，以《春秋》鄉薦，不第。有《高隱集》。」下引《尚友錄》：「子仁年十六預鄉薦，下第歸，杜門不出者二十年。元符末，詔徵不赴。與弟敏修居比隣終老，以文字相友善。敏修亦終身不舉進士，世號二林。政和中，林震爲郡首，謂吾宗有隱君子，出郊見之。還朝，舉其隱德，賜號高隱處士，旌表其門。子仁〈謝表〉云：『自是難陪，英俊之遊，何敢妄意，高尚之事。臥牛衣而待旦，寒如之何！搔鶴髮以典

懷，老其將至。』」又引〈江西宗派圖錄〉：「山谷云：『林處士詩甚佳，〈碧落碑〉，無贗本也。』」可參考。

七里先生自然集七卷

《七里先生自然集》七卷，江端友子我撰。端本兄也，休復鄰幾之孫。其父戀相有遺澤，子我以遜端本。靖康初，吳敏元中薦子我，召見賜出身，為京官，後至太常少卿。

廣棪案：此書〈宋志〉未著錄。端友，《宋史》無傳。《宋詩紀事》卷三十三「江端友」條載：「端友字子我，陳留人，鄰幾之孫。以元祐黨，隱居封丘門外。靖康初，吳敏薦，召見，以為承務郎，賜進士出身，諸王宮教授。上書辯宣仁誣謗，遭黜。渡江，寓居桐廬之鸕鶿源。後為太常少卿，有《七里先生自然菴集》。」《宋史翼》卷十一〈列傳〉第十一〈江端友〉載：「江端友字子我，開封人，休復孫也。自號七里先生。父戀相有遺澤，以遜其兄端本。端友博學能詩，與呂居仁相唱和，隱居京城東郊封邱門外，迎養所生母，以孝聞。守節自重，躬耕蔬食，素有高行。蔡京欲辟之，不能致。靖康元年，金人圍城，上書論事甚眾，而終不肯一至公卿之門。四月，吳敏薦，賜同進士出身，除承務郎、諸王府贊讀。上書辨宣仁誣謗。……被黜。渡江，寓居桐廬之蘆茨原。建炎元年七月，召為兵部員外郎。八月，為閩浙撫諭使，旋改禮部。紹興二年九月乞祠，主管台州崇道觀。三年五月辛未，主管溫州神主，兼權太常少卿。」均可參證。惟端友所撰書，《宋詩紀事》作《七里先生自然庵集》，與《解題》著錄微異，疑《解題》誤。

臨漢居士集七卷

《臨漢居士集》七卷，南豐曾紘伯容撰。

廣棪案：此書〈宋志〉未著錄。紘，《宋史》無傳。凌迪知《萬姓統譜》卷五十七載：「曾紘，南豐人，家襄陽，博學善屬文，號臨漢居士。子思號懷峴居士，亦能文，俱有《集》行世。」《宋人傳記資料索引》載：「曾紘字伯容，自號臨漢居士，南豐人。宣和特科進士，累官文林郎致仕。放浪江湖，與子恩賦詩為樂。時人稱其五言秀出天然，原委山谷。有《臨

漢居士集》。」可參證。

其父阜子山，於子固為從兄弟。

案：阜，《宋史》無傳。劉攽《彭城集》卷二十二〈制誥〉有〈通判隴
州曾阜可通判邠州潘行可通判隴州制〉云：「朝廷之用人，常使其優裕
樂職，無內顧之患，則能盡其智力。故有嫌者，許其自列，從其所便，
則上無掣肘之慮，而下獲伸眉之幸矣。爾等並倅藩州，克勤民務。惟阜
避茲芥帶，與行易地而處，宜體茂恩，勉圖報効。」是阜嘗通判隴州，
後改邠州。

懷峴居士集六卷

《懷峴居士集》六卷，曾思顯道撰。紘之子也。阜嘗將漕湖南，後家襄
陽。紘父子皆有官，而皆高亢不仕。楊誠齋序其詩，以附〈詩派〉之後。

廣棪案：此書〈宋志〉未著錄。思，《宋史》無傳，生平事蹟無可考。阜
之宦歷，據上條案語所引資料知曾通判隴、邠二州，《解題》此條又載其
「漕湖南」。考《宋會要輯稿》第八十八冊〈職官〉四八之三〇載：「（元
豐六年）四月一日，詔前知鄧州南陽縣曾阜、知穰縣陳知純並勒留在本縣，
同見任官催納積欠。以提舉司言阜任內欠坊場河渡錢五萬緡、常平錢八
百千；知純任內欠坊場錢四萬緡、常平錢九百千也。」是則阜又曾知鄧
州南陽縣。至楊誠齋序思此《集》，《誠齋集》卷八十四〈序〉有〈江西
續派二曾居士詩集序〉，其〈序〉曰：「古之君子，道克乎其中，必施乎
其外。故用於時者，施也；傳於後者，亦施也。然用於時或不傳於後，
傳於後或不用於時，二者皆難并也，是有幸有不幸焉。生而用，沒而傳，
幸之幸也；生而用，沒而不傳，幸之不幸也；生而不用，沒而傳，不幸
之幸也。至有生既不用於時，沒又不傳於後，豈非不幸之不幸也歟？南
豐先生之族子有二詩人焉，曰臨漢居士伯容者，南豐從兄弟，曰子山名
阜之子也。曰懷峴居士顯道者，伯容之子也。子山嘗位於朝，出漕湖南，
後家於襄陽，遂為襄陽人。伯容一世豪俊而能文，其詩源委山谷先生，
然以不肯�齪於世，有官而終身不就列。顯道得其父之句法，亦以氣節
高雅，嘗宰祁陽，小不可其意即棄去，隱於衡之常寧者三十年。此君子
之一不幸也。伯容放浪江湖間，與夏均父諸詩人游從唱和，其題與韻見

於均父《集》中者三十有二篇。予每誦均父之詩，云曾侯第一，又云五言類玄度，又云秀句無一塵想，其詩而恨不見也。行天下五十年，每見士大夫，必問伯容父子詩，皆無能傳之者，此又君子之一不幸也。茲非所謂生不用於時，沒又不傳於後，不幸之不幸者歟？今日忽得故人尚書郎江西漕使雷公朝宗書，寄予以《二曾詩集》二編，屬予序之，欣然盥手披讀三過，蔚乎若玉井之蓮，敷月露之下也；沛乎若雪山之水，瀉灩潏而東也；琅乎若岐山之鳳，鳴梧竹之風也。望山谷之宮庭，益排闥而入，歷階而升者歟？昔人之詩，有詩傳而人逸者矣，二〈南〉是也；有人傳而詩逸者矣，〈祈招〉是也；有人與詩俱傳者矣，〈載馳〉是也。然祭公謀父之作，雖逸於三百篇之外，而『式金式玉』之句，猶罣見於《檮杌》之史者，以子華之誦也。二曾之詩，昔無傳而今有傳，不以朝宗能誦之歟？不曰二曾不幸之幸歟？不曰後學大幸之幸歟？因命之曰江西續派而書其右，以補呂居仁之遺云。伯容名紘，顯道名思。朝宗之於顯道，如李漢之於退之。故二居士之詩，朝宗得之於德曜，德曜得之於懷峴，懷峴得之於臨漢。嘉泰癸亥四月丙辰，通議大夫、寶文閣待制致仕，盧陵楊萬里序。」可參證。

見南山集二十卷

《見南山集》二十卷，祕閣修撰吳興劉燾無言撰。館臣案：劉燾字無言，原本作「劉燾言」，誤，今改正。

廣梭案：《宋史》卷二百八〈志〉第一百六十一〈藝文〉七〈別集類〉著錄：「《劉燾詩集》二十卷。」應同屬一書。燾，《宋史》無傳。《宋詩紀事》卷三十二「劉燾」條載：「燾字無言，長興人，誼之子。元祐三年進士，仕為祕閣修撰，有《見南山集》。」下引《上庠錄》：「元祐間，馬涓、張庭堅等四人擅名太學，時號四俊。劉燾，湖州人，年少亦自負。初補太學生，聞而慕之，以刺謁曰：『不識可當一俊否？』涓等詭計以困之，曰：『每誡當預為一字，限于程試中用之，善者乃預。』既而程試，燾請字，涓等曰：『第一句用將字。』其時策問《神宗實錄》，燾對曰：『秉史筆者權猶將也，雖君命有所不受，而況其他乎？』後果為第一，聞者服之，因目燾曰『挨屍俊』。」均可參考。

灊山集三卷

《灊山集》三卷，中書舍人龍舒朱翌新仲撰。

　　廣棪案：《宋史》卷二百八〈志〉第一百六十一〈藝文〉七〈別集類〉著錄：「《朱翌集》四十五卷，又《詩》三卷。」《解題》所著錄者即「《詩》三卷」也。翌，《宋史翼》卷二十七〈列傳〉第二十七〈文苑〉二有傳。《宋詩紀事》卷三十九「朱翌」條載：「翌字新仲，舒州人，號灊山居士。政和閒進士。南渡後，寓家桐廬，爲中書舍人。忤時宰，謫曲江。晚召還，卜居鄞，自號省事老人，有《集》。」《文獻通考》卷二百四十五〈經籍考〉七十二〈集詩集〉著錄此條下載周平園〈序〉，畧曰：「藝之至者不兩能，故唐之詩人或畧於文。兼之者杜牧之乎？苦心爲詩，自其所長。至於議論，切當世之務；制誥，得王言之體；賦、序、碑、記，未嘗苟作。予每讀其書，愛之，恨不同時。今吾先友桐鄉朱公似之。公世文儒，少年登政和進士第，時人諱言詩，公獨沉涵六義，思繼作者。南渡後，登館閣，掌書命，文章浸顯於朝中。忤時宰，謫居曲江十有四年。昌其詩，放厥詞，蓋斥久窮極，益自刻苦於山水間。迨北歸，則詩益老，文益奇，遂以名家。其子軏等類公遺藁，凡四十四卷，屬余序之。」可參考。

曾文清集十五卷

《曾文清集》廣棪案：盧校注：「聚珍版。」十五卷，禮部侍郎章貢曾幾吉父撰。館臣案：曾幾字吉父，原本作「士父」，誤，今改正。

　　廣棪案：《宋史》卷二百八〈志〉第一百六十一〈藝文〉七〈別集類〉著錄：「《曾幾集》十五卷。」即此書。幾字吉甫，其先贛州人，徙河南府。高宗時權禮部侍郎。《宋史》卷三百八十二〈列傳〉第一百四十一有傳。

本朝曾氏三望，最初溫陵宣靖公公亮明仲；

　　案：公亮字明仲，泉州晉江人。《宋史》卷三百一十二〈列傳〉第七十一有傳。神宗元豐元年卒，年八十一。贈太師、中書令，謚曰宣靖。

次南豐舍人鞏子固兄弟，

　　案：鞏字子固，建昌南豐人。神宗時拜中書舍人。《宋史》卷三百一十九〈列傳〉第七十八有傳。弟布，幼弟肇。

然其祖致堯起家，又在溫陵之先矣；

案：致堯，《宋史》卷四百四十一〈列傳〉第二百〈文苑〉三有傳。其〈傳〉
曰：「曾致堯字正臣，撫州南豐人。太平興國八年進士，解褐符離主簿、
梁州錄事參軍，三遷著作佐郎、直史館，改祕書丞，出爲兩浙轉運使。
嘗上言：『去歲所部秋租，惟湖州一郡督納及期，而蘇、常、潤三州悉有
逋負，請各按賞罰。』太宗以江、淮頻年水災，蘇、常特甚，所言刻薄
不可行，詔戒致堯毋擾。俄徙知壽州，轉太常博士。致堯性剛率，好言
事，前後屢上章奏，辭多激訐。眞宗即位，遷主客員外郎、判鹽鐵勾院。
張齊賢薦其才，任詞職，命翰林試制誥，既而以輿議未允而罷。李繼遷
擾西鄙，靈武危急，命張齊賢爲涇、原、邠、寧、環、慶等州經略使，
選致堯爲判官，仍遷戶部員外郎。既受命，因抗疏自陳，願不受章紱之
賜，詞旨狂躁。詔御史府鞫其罪，黜爲黃州副使，奪金紫。未幾，復舊
官，改吏部員外郎，歷知泰、泉、蘇、揚、鄂五州。大中祥符初，遷禮
部郎中，坐知揚州日冒請一月奉，降掌昇州権酤，轉戶部郎中。五年，
卒，年六十六。」是致堯起家在太宗、眞宗時，確在溫陵之先矣。

其後則幾之族也，自贛徙河南，與其況棨叔夏、開天游皆嘗貳春官。

案：《宋史》幾本傳載：「兄棨、開皆嘗貳春官，幾復爲之，人以爲榮。」
可參證。

棨至尚書，開沮和議得罪，並有名於世。

案：棨，《宋史》無傳。《宋人傳記資料索引》載：「曾棨（懋），字叔夏，
贛州人。元符三年第進士，累官禮部尚書，出知洪、福、澤、信四州，
仕終吏部尚書。有《內外制》及《東宮日記》。」考李正民《大隱集》卷
一〈制〉有〈曾棨禮部尚書制〉云：「勅：文昌兼總六聯，宗伯實典三禮。
禱祠祭祀之事，既繫於司存；學校選舉之文，悉掌其政令。比屬干戈之
擾，靡間典籍之傳，必求其人，俾領厥事。具官風猷莊重，德宇粹溫，
學該六藝之醇，文擅四科之美。早馳聲於庠序，旋任職於詞垣。浸升延
閣之班，出奉名藩之寄。朕遭罹變故，躬總師徒，既垂橐於爾邦，遂駐
蹕於近甸。首修朝貢，深嘆忠勤。念久去於周行，適來還於翰苑。宜陟
春官之長，進聯八座之崇。時屬多虞，朝方右武，軍旅以同邦國，亦惟
爾職之脩，方岳以朝諸侯；更講時巡之制。益殫忠藎，圖濟艱難。可。」

張綱《華陽集》卷三〈外集〉亦有〈曾楙除禮部尚書制〉，云：「周監二代，備庶事于彌文；漢鄙兩生，起朝儀于綿蕝。朕承祖宗積累之德，悼禮樂散亡之餘。名物雖具于有司，制作靡遵于故典。欲振迺職，必惟其人。具官某有厚重長者之風，能通達當世之務，蚤由時望，亟被明揚。浸更二省之嚴，旋實六卿之列。詞章雅健，極代言視草之工；議論宏深，見憂國愛民之志。自違朝著，久逸眞祠。益聞譽處之休，深渴老成之助。屬春官之虛位，惟舊人之是圖；已試曰能，肆今命汝。夫籩豆玉帛，宜兼節于情文；若朝覲會同，必因時而隆殺。庶使威儀復正，姦宄自消，靡聞擊柱之爭，是謂播刑之迪。往服朕訓，無愧古人。」是楙官至禮部尚書。開字天游，《宋史》有傳，附其弟〈曾幾〉。其〈傳〉載：「遷禮部侍郎兼直學士院。時秦檜專主和議，開當草國書，辨視體制非是，論之，不聽，遂請罷，改兼侍讀。檜嘗招開慰以溫言，且曰：『主上虛執政以待。』開曰：『儒者所爭在義，苟爲非義，高爵厚祿弗顧也。願聞所以事敵之禮。』檜曰：『若高麗之於本朝耳。』開曰：『主上以聖德登大位，臣民之所推戴，列聖之所聽聞，公當彊兵富國，尊主庇民，奈可自卑辱至此，非開所敢聞也。』又引古誼以折之。檜大怒曰：『侍郎知故事，檜獨不知耶？』他日，開又至政事堂，問『計果安出』？檜曰：『聖意已定，尚何言！公自取大名而去，如檜，第欲濟國事耳。』然猶以梓宮未還，母后、欽宗未復，詔侍從、臺諫集議以聞。開上疏略曰：『但當修德立政，嚴於爲備，以我之仁敵彼之不仁，以我之義敵彼之不義，以我之戒懼敵彼之驕泰，眞積力久，如元氣固而病自消，大陽升而陰自散，不待屈己，陛下之志成矣。不然，恐非在天之靈與太后、淵聖所望於陛下者也。』檜曰：『此事大係安危。』開曰：『今日不當說安危，只當論存亡。』檜矍然。會樞密編修胡銓上封事，痛詆檜，極稱開，由是罷，以寶文閣待制知婺州。開言：『議論妄發，實緣國事。』力請歸。檜議奪職，同列以爲不可，提舉太平觀、知徽州。以病免，居閒十餘年。黃達如請籍和議同異爲士大夫升黜，即擢達如監察御史，首劾開，褫職。引年請還政，僅復祕閣修撰，卒，年七十一。檜死，始復待制，盡還致仕遺表恩數。」是開沮秦檜和議得罪之證。

又有長兄弸爲湖北提舉學士，<small>廣棪案：《文獻通考》作「學事」。盧校本同。</small>渡江溺死。幾以其遺澤補官，銓試第一，賜上舍出身。

案：《宋史》幾本傳載：「兄弼，提舉京西南路學事，按部溺死，無後，特命幾仕郎。試吏部，考官異其文，置優等，賜上舍出身，擢國子正兼欽慈皇后宅教授。遷辟雍博士，除校書郎。」可參證。

清江二孔之甥也。

案：《宋史》幾本傳載：「幾三仕嶺表，家無南物，人稱其廉。早從舅氏孔文仲、武仲講學。」考《宋史》卷三百四十四〈列傳〉第一百三有〈孔文仲〉附弟武仲、平仲。〈孔文仲〉傳載：「孔文仲字經父，臨江新喻人。……初，文仲與弟武仲、平仲皆以文聲起江西，時號『三孔』。」可參證。

紹興末，幾已老，廣棪案：《文獻通考》「老」作「考」。始擢用。乾道中，年八十三以死，號茶山先生。

案：《宋史》幾本傳載：「幾承平時已爲館職，去三十八年而復至，須鬢皓白，衣冠偉然。每會同舍，多談前輩言行、臺閣典章，薦紳推重焉。詔修《神宗寶訓》，書成，奏薦，帝稱善。權禮部侍郎。兄楙、開皆嘗貳春官，幾復爲之，人以爲榮。吳、越大水、地震，幾舉唐貞元故事反覆論奏，帝韙其言。他日謂幾曰：『前所進陸贄事甚切，已遣漕臣振濟矣。』引年請謝，上曰：『卿氣貌不類老人，姑爲朕留。』謝曰：『臣無補萬一，惟進退有禮，尙不負陛下拔擢。』上閔勞以事，提舉玉隆觀，紹興二十七年也。除集英殿修撰，又三年，升敷文閣待制。金犯塞，中外大震，帝召楊存中偕宰執對便殿，諭以將散百官，浮海避之。左僕射陳康伯持不可。存中言：『敵空國遠來，已闖淮甸，此正賢智馳騖不足之時。臣願率先將士，北首死敵。』帝喜，遂定議親征，下詔進討。有欲遣使詣敵求緩師者，幾疏言：『增幣請和，無小益，有大害，爲朝廷計，正當嘗膽枕戈，專務節儉，經武外一切置之，如是雖北取中原可也。且前日詔諸將傳檄數金君臣，如叱奴隸，何辭可與之和耶？』帝壯之。孝宗受禪，幾又上疏數千言。將召，屢請老，乃遷通奉大夫，致仕，擢其子逮爲浙西提刑以便養。乾道二年卒，年八十二，諡文清。」可參證。《宋元學案》卷三十四〈武夷學案‧武夷門人〉有〈文清曾茶山先生幾傳〉，是幾號茶山。

其子逢、逮皆顯於時。

案：《宋史》幾本傳載：「二子：逢仕至司農卿，逮亦終敷文閣待制，而逢最以學稱。」可參證。

天台集十卷、外集四卷、長短句三卷附

《天台集》十卷、《外集》四卷、《長短句》三卷附，臨海陳克子高撰。

　　廣棪案：《宋史》卷二百八〈志〉第一百六十一〈藝文〉七〈別集類〉著錄：「陳克《天台詩》十卷，又《外集》四卷。」未著錄《長短句》三卷。克，《宋史》無傳，《宋元學案補遺》卷五〈古靈四先生學案補遺‧叔彝家學〉「陳先生克」條載：「陳克字子高，奉議叔彝之子。博學能詩，薦爲刪定官。呂尚書祉帥建康，辟致爲屬。後祉參督府謀議，復從爲淮西之行。建炎間鄧瓊之變，先生奮勇出戰，兵敗就擒，賊叱令屈膝，先生曰：『吾爲宋臣，學忠信之道，寧爲珠碎，不爲瓦全。』賊怒，積薪焚之。先生罵不絕口，聲如震雷，賊懼羅拜，舉酒酹曰：『公，忠臣也，吾輩無知，誤公命爾。』軍民聞先生死，號慟如喪所親。」可知其生平。

李庚廣棪案：《文獻通考》作「李更」。子長跋其後云：「刪定，鄉人也，少時廣棪案：《文獻通考》作「少小」，盧校本同。侍運判公貽序，宦學四方，曾憺《詩選》敘爲金陵人，蓋失其實。今考《集》中首末多在建康，且嘗就試焉，當是僑寓也。《詩選》又言不事科舉，以呂安老薦入幕府得官。按《集》有〈聞榜〉二絕，則嘗應舉矣。又有甲午歲所作詩，云三十四，則其生當在元豐辛酉，得官入幕，蓋已老矣。詩多情致，詞尤工。」

　　案：庚，《宋史》無傳。《宋詩紀事》卷四十七「李庚」條載：「庚字子長，臨海人。紹興十二年進士，歷官監察御史，知袁州。有集號《詅癡符》。」刪定，指陳克，蓋克嘗任刪定官。庚與克同爲臨海人，故稱「鄉人」。克父貽序，《宋史》無傳。《宋元學案補遺》卷五〈古靈四先生學案補遺‧伯模學侶〉「運判陳先生貽序」條載：「陳貽序字叔彝，治平元年進士。性剛介，有才學，以詩名，爲東坡、南豐所知。官終湖南運判，所著有《天台集》。《臨海志》。」呂安老即呂祉，建州建陽人。《宋史》卷三百七十〈列傳〉第一百二十九有傳。甲午，指徽宗政和四年（1114）；元豐辛酉，即神宗元豐四年（1081）。克建炎間（1127～1130）入呂祉幕，年近半百，故《解題》謂其「得官入幕，蓋已老矣」。

簡齋集十卷

《簡齋集》十卷，參政洛陽陳與義去非撰。

　　廣棪案：《宋史》卷二百八〈志〉第一百六十一〈藝文〉七〈別集類〉著
　　錄：「《陳與義詩》十卷。」即此書。與義字去非，紹興七年正月參知政
　　事。《宋史》卷四百四十五〈列傳〉第二百四〈文苑〉七有傳。

其先蓋蜀人，東坡所傳陳希亮公弼者，其曾祖也。

　　案：《宋史》與義本傳載：「陳與義字去非，其先居京兆，自曾祖希亮始
　　遷洛，故爲洛人。」考《蘇軾文集》卷十三〈傳〉有〈陳公弼傳〉，曰：
　　「公諱希亮，字公弼，姓陳氏，眉之青神人。其先京兆人也，唐廣明中
　　始遷于眉。」是與義之先爲京兆人，唐時遷眉爲蜀人，至曾祖希亮又遷
　　洛，故爲洛陽人。

崇、觀間尚王氏經學，風雅幾廢絕，而去非獨以詩鳴，中興後遂顯用。

　　案：崇寧、大觀，徽宗年號。《宋史》與義本傳載：「（紹興）七年正月，參
　　知政事，唯師用道德以輔朝廷，務尊主威而振綱紀。時丞相趙鼎言：『人
　　多謂中原有可圖之勢，宜便進兵，恐他時咎今日之失機。』上曰：『今梓
　　宮與太后、淵聖皆未還，若不與金議和，則無可還之理。』與義曰：『若
　　和議成，豈不賢於用兵，萬一無成，則用兵必不免。』上曰：『然。』三
　　月，從帝如建康。明年，扈蹕還臨安。以疾請，復以資政殿學士知湖州，
　　陛辭，帝勞問甚渥，遂請閒提舉臨安洞霄宮。十一月，卒，年四十九。
　　與義容狀儼恪，不妄笑言，平居雖謙以接物，然內剛不可犯。其薦士於
　　朝，退未嘗以語人，士以是多之。尤長於詩，體物寓興，清邃紆餘，高
　　舉橫厲，上下陶、謝、韋、柳之間。嘗賦〈墨梅〉，徽宗嘉賞之，以是受
　　知于上云。」可參證。

西溪居士集五卷

《西溪居士集》五卷，館臣案：姚寬集號《西溪居士》，原本作「西漢」，誤，今
改正。剡川姚寬令威撰。待制舜明廷輝之子。

　　廣棪案：此書〈宋志〉未著錄。寬，《宋史》無傳。《宋史翼》卷二十八
　　〈列傳〉第二十八〈文苑〉三有傳，載：「姚寬字令威，嵊縣人。以父舜

明任補官。……所著有《西溪集》十卷、《注司馬遷史記》一百三十卷、《補注戰國策》三十一卷、《五行祕記》一卷、《西溪叢語》一卷、《玉璽書》一卷、《注韓文公集》未畢，尚數卷。寬每語人曰：『古稱圖書豈可偏廢。』故其注《史記》、《戰國策》，辭有所不盡，必畫而爲圖。於文最得於詩，葉適云：『寬古樂府流麗哀思，頗雜近體詩，絕去尖巧，乃全造古律，加於作者一等矣。』爲當世推重如此。」可參證。是寬所撰詩文合集凡十卷，此爲詩集，僅五卷。姚舜明，《宋史》亦無傳。《宋詩紀事》卷三十五「姚舜明」條載：「舜明字廷輝，嵊縣人。紹聖四年進士，除直祕閣，提點兩浙刑獄。高宗朝，充江淮荊浙都督府隨軍轉運使，權戶部侍郎，進徽猷閣待制。」可參考。

兄宏令聲為刪定官，得罪秦檜，死大理獄。

案：《宋史翼》寬本傳載：「兄宏字令聲，少有才名。呂頤浩爲相，薦爲刪定官。後忤秦檜，死大理獄。」可參證。

寬為六部監門，逆亮入寇，寬言木德所照，必無虞。言驗，將除郎，召對，得疾仆殿上卒。遂用其弟憲令則，後至執政。

案：《宋史翼》寬本傳載：「少有令望，筮仕之始，一時名流爭禮致之。呂頤浩、李光帥江東，皆招置幕中。傅崧卿繼至，以主管機宜文字辟之，辭不就。崧卿移書交舊，有愧恨之語。秦檜執政，以舊怨抑而不用，寬亦不屈己求進。後以賀允中、徐林、張孝祥等薦，入監進奏院六部門，權尙書戶部員外郎，兼權金倉工部屯田郎，樞密院編修官。寬博學強記，於天文推算尤精。完顏亮入寇，中外皆以爲憂，具云：『虜百萬，何可當？惟有退保爾！』寬獨抗論沮止，且上書執政，言：『今八月歲入翼，明年七月入軫，又其行在己巳者，東南屛蔽也。昔越得歲，而吳伐越，吳卒以亡。晉得歲，而苻堅伐晉，堅隨以滅。今狂虜背盟犯歲，滅亡指日可待。』又推太一熒惑所次，皆賊必滅之兆。未幾，亮果自斃。從上幸金陵，以其言驗，令除郎。召對，上首問歲星之詳。寬敷奏移晷。復論當世要務，奏未畢，疾作，仆於榻前。上面諭令優假將理，俟愈復入對。後一日卒。上甚念之，特官一子，且用其弟憲於朝。王明清《揮塵後錄》參《國史》。」可參證。考姚憲，《宋史》無傳。《宋人傳記資料索引》載：「姚憲（1119～1178）字令則，會稽嵊縣人，寬弟。乾道八年進士，歷權戶工部

侍郎，進端明殿學士簽書樞密院事，淳熙元年四月拜參知政事。六月罷，改端明殿學士在外宮觀，尋責居南康軍。起知江陵，淳熙五年卒，年六十三。」可參考。

集句詩三卷

《集句詩》三卷，江陰葛次仲亞卿撰。勝仲之兄。兄弟皆為大司成。

　　廣棪案：《宋史》卷二百八〈志〉第一百六十一〈藝文〉七〈別集類〉著錄：「葛次仲《集句詩》三卷。」與此同。次仲，《宋史》無傳。《宋詩紀事》卷三十四「葛次仲」條載：「次仲字亞卿，江陰人。勝仲之兄。兄弟皆大司成，有《集句詩》三卷。」可參證。勝仲字魯卿，丹陽人。登紹聖四年進士第，後除國子祭酒。《宋史》卷四百四十五〈列傳〉卷二百四〈文苑〉七有傳。大司成即國子祭酒。

盧溪集七卷

《盧溪集》七卷，直敷文閣廬陵王庭珪民瞻撰。

　　廣棪案：《宋史》卷二百八〈志〉第一百六十一〈藝文〉七〈別集類〉著錄：「王庭珪《盧溪集》十卷。」卷數不同。蓋〈宋志〉所著錄為別集，此為詩集也。庭珪，《宋史翼》卷七〈列傳〉第七有傳，惟字作「民珪」，疑誤。乾道七年除直敷文閣。《宋史翼》謂有《盧溪集》五十卷，與〈宋志〉著錄不同，未悉何據？

政和八年進士。仕不合，棄去，隱居數十年，坐作詩送胡邦衡除名，徙辰州，年已七十矣。阜陵初政，召為國子監主簿，九十餘乃終。寄祿纔承奉郎，澤竟不及後。

　　案：《宋史翼》庭珪本傳載：「王庭珪字民瞻，江西安福人。崇寧癸未三舍法行，一試即為首選。政和八年成進士，調衡州茶陵丞。猾胥文雅者勢傾一邑，前政不能去。庭珪持其宿負，白於郡，黥徒之舉，邑稱快。茶陵田稅不均，富者田多稅寡以規役。庭珪令凡執役者，邑毋得秋毫擾，使安於鄉。民既不病役，田復元稅，由是產與稅不頗矣。丞舊兼造船場，憲臺初與薦，牘久之，欲役船工造家具，庭珪卻其薦。憲怒甚，遂拂衣

歸。年未五十，葺草堂於盧溪之上，執經來者屨滿戶外，人不稱其官，曰盧溪先生。紹興十二年，胡銓以諫議和，謫嶺表，士皆刺舌。庭珪獨以詩送行，有『癡兒不了公家事，男子要爲天下奇』之句。銓鄉人歐陽安永告訐，以爲謗訕朝政，詔下虔、吉兩郡切究。守臣曾愃、王珉，提刑李芝、林大聲，皆寢其事。至十九年，知洪州沈明遠始鞫治以聞。庭珪坐勒停，送昭州編管。檜死，許自便。孝宗即位，改承奉郎，除國子監主簿。庭珪以年老乞祠，主管台州崇道觀。乾道六年，以胡銓薦，復召；固辭不聽。明年始到闕，引對免拜，賜坐問勞。詔曰：『王庭珪年九十餘，而智識未衰，行義益固，賜對便坐，富有嘉言，除直敷文閣，領祠如故。』乾道某年卒，年九十三。」可參證。

周益公在位，欲委曲成就之，卒不可。

案：周必大《文忠集》卷二十九〈行狀・左承奉郎直敷文閣主管台岫崇道觀王公廷珪行狀〉載：「子（王）頎卜以十年正月丙午，葬公本縣清化鄉長賦之原，使來速〈行狀〉，將求〈銘〉于胡公。惜昔伯父暨先君與公同爲政和戊戌進士，故知公詳。其再召也，某適對禁中，坐定，上問：『銓薦詩人朱熹、王某，卿識之乎？』某既奏熹出處，具言：『公年德文章，在今未易多得，且登第五十三年矣。』上曰：『官卑何故？』某曰：『斯人早忤上官，晚復流竄，官薄所以不進。陛下若安窮悼屈，厚加品秩，錫之章服，足以勸善。』上曰：『俟其至議之。』明年公至，上命寓直西清，蓋待以卿監，去朝禮。某嘗白丞相：『濟公王某，百年故老，扶杖造朝，意欲掛其冠神武門，丞相能爲上言，俯聽所請，而官其一子，非美事與？』丞相曰：『君言是也，上必不爲老人惜一子官。』明日又言之。丞相曰：『決矣。』已而乃不報，天其或者欲公子孫自以儒業發聞于世乎！敢具列之，敬俟筆削。謹狀。」可參證

韋齋小集一卷

《韋齋小集》一卷，朱松喬年撰。

廣棪案：《宋史》卷二百八〈志〉第一百六十一〈藝文〉七〈別集類〉著錄：「《朱松《韋齋集》十二卷，又《小集》一卷。》是《小集》爲詩集。松，《宋史》卷四百二十九〈列傳〉第一百八十八〈道學〉三附其子〈朱熹〉，

曰：「朱熹字元晦，一字仲晦，徽州婺源人。父松字喬年，中進士第。胡世將、謝克家薦之，除秘書省正字。趙鼎都督川陝、荊、襄軍馬，招松爲屬，辭。鼎再相，除校書郎，遷著作郎。以御史中丞常同薦，除度支員外郎，兼史館校勘，歷司勳、吏部郎。秦檜決策議和，松與同列上章，極言其不可。檜怒，風御史論松懷異自賢，出知饒州，未上，卒。」可參考。

玉瀾集一卷

《玉瀾集》一卷，朱槔逢年撰。韋齋之弟，晦庵之叔父也。嘗夢爲玉瀾堂之游，甚異，有詩紀之。

　　廣棪案：此書〈宋志〉未著錄。槔，《宋史》無傳。《宋元學案補遺》卷三十九〈豫章學案補遺·朱氏先緒〉「承事朱先生森附子槔」條載：「朱森世居歙之黃墩。先生少務學，不事進取，戒飭諸子諄諄以忠孝和友爲本。且曰：『吾家業儒，積德五世矣，後必有顯者，當勉勵謹飭，無墜先業。』卒，贈承事郎。生三子，長松，季槔，負軼才，不肯俯仰于世。有詩，高遠近道，號《玉瀾集》。蔡氏《九儒書》。」《宋詩紀事》卷三十九「朱槔」條載：「槔字逢年，韋齋之弟，有《玉瀾集》。」韋齋即朱松，朱熹父。《宋人傳記資料索引》載：「朱槔字逢年，婺源人，松弟。少有軼才，自負其長，不肯隨俗俯仰，厄窮蹎踔，有人所難堪，而其節愈厲，其氣愈高。其詩閒暇，略不見悲傷憔悴之態。因夢，名堂曰玉瀾。有《玉瀾集》。」均可參證。

雲壑隱居集三卷

《雲壑隱居集》三卷，廣棪案：《文獻通考》作二卷。南城蔡栰堅老撰。宣和以前人，沒於乾道庚寅。曾公卷、呂居仁輩皆與之倡和。

　　廣棪案：《讀書附志》卷下〈別集類〉四著錄：「《雲壑隱居集》三卷、《浩歌集》一卷。右蔡栰堅老之作也。栰嘗爲宜春別駕云。」《宋史》卷二百八〈志〉第一百六十一〈藝文〉七〈別集類〉僅著錄：「蔡栰《浩歌集》一卷。」栰，《宋史》無傳。《宋詩紀事》卷四十一「蔡栰」條載：「栰字堅老，南城人。嘗爲宜春別駕。宣和以前人，歿于乾道庚寅。曾公卷、

呂居仁輩皆與倡和。有《雲壑隱居集》、《浩歌集》。」可參證。乾道庚寅
爲乾道六年（1170）。曾公卷，即曾紆，字公袞，一作公卷，曾布第四子。
《宋史翼》卷二十六〈列傳〉第二十六〈文苑〉一有傳。呂居仁，即呂
本中，《宋史》卷三百七十六〈列傳〉第一百三十五有傳。

陳正獻集十卷

《陳正獻集》十卷，丞相福正獻公莆田陳俊卿應求撰。

　　廣棪案：此書〈宋志〉未著錄。俊卿字應求，興化人。乾道五年爲左相，
卒賜正獻。《宋史》卷三百八十三〈列傳〉第一百四十二有傳。

紹興八年進士第二人。

　　案：《宋史》俊卿本傳載：「紹興八年，登進士第，授泉州觀察推官。」
可參證。

乾、淳間名相，與虞并父廣棪案：《文獻通考》作「并甫」。虞校注：「《宋史》虞
允文字彬甫。」異論去國。

　　案：《宋史》俊卿本傳載：「虞允文宣撫四川，俊卿薦其才堪相。（乾道）
五年正月，上召允文爲樞密使，至則以爲右相，俊卿爲左相。允文建議
遣使金以陵寢爲請，俊卿面陳，復手疏以爲不可。……曾覿官滿當代，
俊卿預請處以浙東總管。上曰：『覿意似不欲爲此官。』俊卿曰：『前此
陛下去二人，公論甚愜。願捐私恩，伸公議。』覿怏怏而去。樞密承旨
張說爲親戚求官，憚俊卿不敢言，會在告，請於允文，得之。俊卿聞敕
已出，語吏留之。說皇恐來謝，允文亦愧，猶爲之請，俊卿竟不與，說
深憾之。吏部尚書汪應辰與允文議事不合，求去，俊卿數奏應辰剛毅正
直，可爲執政。上初然之，後竟出應辰守平江。自是上意鄉允文，而俊
卿亦數求去。明年，允文復申陵寢之議，上手札論俊卿，俊卿奏：『陛下
痛念祖宗，思復故疆，臣雖疲駑，豈不知激昂仰贊聖謨，然於大事欲計
其萬全，俟一二年間，吾之事力稍充乃可，不敢迎合意指誤國事。』即
杜門請去，以觀文殿大學士帥福州。陛辭，猶勸上遠佞親賢，修政攘敵，
泛使未可輕遣。既去，允文卒遣使，終不得要領。曾覿亦召還，建節鉞，
躋保傅，而士大夫莫敢言。」可參證。

靜泰堂集十卷

《靜泰堂集》十卷，參政莆田龔茂良實之撰。

　　廣棪案：《宋史》卷二百八〈志〉第一百六十一〈藝文〉七〈別集類〉著
　　錄：「龔茂良《靜泰堂集》三十九卷。」是《別集》三十九卷，《詩集》
　　十卷。茂良字實之，興化軍人。孝宗時拜參知政事。《宋史》卷三百八十
　　五〈列傳〉第一百四十四有傳。

黃公度以莆人魁天下，陳正獻次之。故事：拜黃甲，推最老者一人，最
少者一人。是歲茂良年最少，莆人以為盛事。

　　案：黃公度即黃瑊，《宋史》無傳。《宋人傳記資料索引》載：「黃瑊字公
　　度，浦城人。震子。以廕補太廟齋郎，累除國子博士，出知撫州，罷秩。
　　蔡襄知監院，言瑊才器明敏，資性公廉，嘉祐末以薦為廣濟都大輦運司，
　　卒，年六十二。」陳正獻即陳俊卿。茂良，紹興八年進士第，與俊卿同
　　年。黃甲，科舉甲科進士及第者之名單，因用黃紙書寫，故名。明彭大
　　翼《山堂肆考·科第·登第》載：「黃甲由省中降下，唱名畢，以此升甲
　　之人，附于卷末，用黃紙書之，故曰黃甲。是日貢院設香案于庭下，狀
　　元引五甲內士人拜香案，禮部亦遣官來贊導，置黃甲于案中，而望闕引
　　拜。」可悉拜黃甲之一斑。

後參大政，相位久虛，實行相事，坐撻曾覿直省官，忤阜陵意，用謝廓
然賜出身入臺擊罷之，遂謫英州以沒。其風節凜凜，為世名臣。

　　案：《宋史》茂良本傳載：「葉衡罷，上命茂良以首參行相事。……茂良之
　　以首參行相事也，踰再歲，上亦不置相，因諭茂良：『史官近奏三台星不明，
　　蓋實艱其選耳。』淳熙四年正月，召史浩於四明，茂良亦覺眷衰，因疾力
　　求去。上曰：『朕以經筵召史浩，卿不須疑。』時曾覿欲以文資祿其孫，茂
　　良以文武官各隨本色蔭補格法繳進。覿因茂良入堂道間，俾直省官賈光祖
　　等當道不避。街司叱之，曰：『參政能幾時！』茂良奏：『臣固不足道，所
　　惜者朝廷大體。』上諭覿往謝，茂良正色曰：『參知政事者，朝廷參知政事
　　也。』覿慚退。上諭茂良先遣人於覿，衝替而後施行。茂良批旨，取賈光
　　祖輩下臨安府撻之。手詔宣問施行太遽，茂良待罪。上使人宣諭委曲，令
　　繳進手詔，且謂：『卿去雖得美名，置朕何地？』茂良即奉詔。謝廓然賜出
　　身，除殿中侍御史，廓然附曾覿者也。中書舍人林光輔繳奏，不書黃，遂

補外。茂良力求去，上諭曰：『朕極知卿，不敢忘，欲保全卿去，俟議恢復，卿當再來。』是日，除職與郡，令內殿奏事，乃手疏恢復六事，上曰：『卿五年不說恢復，何故今日及此？』退朝甚怒，曰：『福建子不可信如此！』謝廓然因劾之，乃落職放罷，尋又論茂良擅權不公，矯傳上旨，輒斷賈光祖等罪，遂責降，安置英州。父子卒于貶所。」可參證。

寓山集三卷

《寓山集》三卷，館臣案：《文獻通攷》作三十卷。　廣棪案：盧校本同。吳興沈仲喆廣棪案：應作「沈作喆」。《文獻通考》亦誤。明遠撰。丞相該之姪。紹興五年進士，改官為江西運管。嘗為〈悲扇工〉詩，忤魏良臣，陷以深文，奪三官，不得志以卒。

廣棪案：此書〈宋志〉未著錄。作喆，《宋史》無傳。元韋居安《梅磵詩話》卷上載：「沈作喆字明遠，吳興人，守約丞相之姪，自號寓山。登紹興進士第，嘗為江右漕屬。作〈哀扇工〉詩，掇怒洪帥魏道弼，捃深文劾之，坐奪三官。其後從人使虜，南澗韓無咎遺之詩曰：『但如王粲賦〈從軍〉，莫為班姬詠〈團扇〉。』有旨哉！洪有士子與寓山往來相款洽，一日清晨來訪，寓山猶在寢，遂徑造書室，翻篋中紙，詩稿在焉，由是達魏之聽。陳直齋《吳興氏族志》云：『〈哀扇工〉詩，罵而非諷，非言之者罪也。』其詩不傳。」《宋詩紀事》卷四十四「沈作喆」條載：「作喆字明遠，吳興人。丞相該之姪。紹興五年進士，嘗為江右漕屬，作〈哀扇工歌〉忤洪帥魏良臣道弼，据深文劾之，奪三官，有《寓山集》。」《宋詩紀事》「据」字乃「捃」之訛。〈哀扇工歌〉載《宋詩紀事》，曰：「黃州竹扇名字著，織扇供官困追捕。史君開府未浹旬，欲戴綸巾揮白羽。新模巧製旋剪裁，百中無一中程度。犀革鑴柄出蟲魚，麝煤熏紙生煙霧。蘄山老姥羞翰墨，漢宮佳人掩紈素。衙內白取知何名，帳下雄拏不知數。供輸不辦箠楚頻，一朝赴水將誰訴。史君崇重了不聞，嗚呼何以慰黎庶。聞道園家賣菜翁，又說江南打魚戶。號令亟下須所無，官不與錢期限遽。歸來痛哭辭妻兒，宿昔投繯挂枯樹。一雙婉婉良家子，吏兵奪取名為顧。弟兄號叫鄰里驚，兩家吞聲喪其嫗。死者已矣可奈何，冤魂成羣空號呼。去聲。殺人縱欲勢位尊，貪殘無道天所怒。邦人蓄憤不敢言，君其拊馬章

臺路。《清波別志》。」詩後有厲鶚按語曰:「韋居安《梅磵詩話》云:『〈哀
扇工詩〉不傳。』今從《清波別志》檢得無名子〈哀扇工歌〉一首,當
即是沈詩,佚其姓名爾。陳直齋云:『〈哀扇工詩〉,罵而非諷。』今讀之
良然,仍以還沈。」是此詩作喆所撰,未佚。《解題》此條闕「罵而非諷」
四字,《四庫全書》本恐有脫文。

劍南詩藁二十卷、續藁六十七卷

《劍南詩藁》二十卷、《續藁》六十七卷,陸游務觀撰。

　　廣棪案:《解題》卷十八〈別集類〉下著錄:「《渭南集》三十卷、《劍南
詩藁》、《續藁》八十七卷。」所著錄《詩藁》、《續藁》卷數共八十七卷,
與此合。《宋史》卷二百八〈志〉第一百六十一〈藝文〉七〈別集類〉著
錄:「陸游《劍南續藁》二十一卷。」所著錄者應為不完之本。游字務觀,
越州山陰人。孝宗時起知嚴州,過闕,陛辭,上諭曰:「嚴陵山水勝處,
職事之暇,可以賦詠自適。」嘉定二年卒,年八十五。《宋史》卷三百九
十五〈列傳〉第一百五十四有傳。

初為嚴州,刻《前集》藁,廣棪案:《文獻通考》此句作「刻所藁」。盧校本「前」
後無「集」字。止淳熙丁未。自戊申以及其終,當嘉定庚午,二十餘年為
詩益多,其幼子遹復守嚴州,廣棪案:《文獻通考》此句作「其幼子子通後守嚴
州」。盧校本「嚴」下無「州」字。續刻之。篇什之富以萬計,古所無也。

　　案:黃丕烈《士禮居藏書題跋記續編》卷五〈集類〉著錄:「《放翁先生
劍南詩藁》十八卷,殘宋刻本。陳氏《書錄解題‧別集類》下云:「《劍南
詩藁續藁》八十七卷。」〈詩集類〉下云:「《劍南詩藁》二十卷、《續藁》
六十七卷。」蓋兩載之。而初為嚴州,刻《前集》藁,止淳熙丁未;自
戊申以及其終,當嘉定庚午,二十餘年,為詩益多,其幼子遹復守嚴州,
續刻之。則《劍南詩藁》與《續藁》,固判然二刻矣。余家舊藏《新刊
劍南詩藁》殘宋刻,無總目,其卷第之可考者,有一至四、八至十,其
卷第之剜改而猶可約略者,有十四至十六,所謂嚴州刻是也。頃訪書玉
峰吳氏,復得殘宋本《放翁先生劍南詩藁》目錄三冊,為目錄一至十二、
十九至三十、三十一至四十五,《放翁先生劍南詩藁》卷四十二至四十
四、五十八、五十九、六十至六十二,亦三冊,其第一冊板心卷第可攷,

餘二冊俱剗去，約略而得其卷第之次序矣。四十二卷中有〈己未多至〉詩，六十二卷中有〈乙丑重五〉詩，合諸陳氏所云，必在《續藁》中，此皆題曰《劍南詩藁》者，必非幼子遹復守嚴州續刻之本。就乙丑數至庚午，尚隔有五年，惜目錄與詩卷第俱不全，無從得其究竟爲何恨耳。以余搜訪幾三十年，先後獲《渭南》、《渭南集》五十卷，宋刻全。《劍南》宋刻，雖不盡全，何幸而如此耶！復翁記。」又云：「余向從郡故家收得殘宋刻《劍南詩藁》十冊，卷第多剗改，以毛刻勘之，得其原本卷第。而毛刻於各卷下注宋本者，往往與殘宋本合。然此十卷外，尚有注宋本字樣者，余所收中卻無，未解其何謂。及續收此別本宋刻，存卷有八，覆取毛刻證之，與其注宋本字樣者適合，乃歎遇合之奇，無過於是。蓋汲古當日所據以付梓者，本非宋刻，偶得殘本十八卷校勘之，因各記於卷尾，而不明言所得宋刻之全否以示後人，豈知後世有勤於搜訪者，次第得之以重爲印證乎？茲取兩宋刻合之，其標題各異，非一本，前所得十卷，當即《劍南詩藁》二十卷本，後所得八卷，當即《續藁》六十七卷本，雖本各不同，而行款字數，兩刻適合，從此會歸一處，依然延平劍合矣。余前收此書時，未及將毛本一核。毛氏遇之于前，余復遇之于後，其一段因緣，有足爲書林佳話者。甲戌仲春，養疴杜門，日盤桓于樓下西廂，隨檢各書，重加繙閱，甫題于此。書魔書福，余兩兼之，自笑竊自喜也。復翁。」同書同卷者錄：「《新刊劍南詩藁》。《劍南詩藁》二十卷，《續藁》六十七卷，《書錄解題》並載之。而此宋刻殘本《劍南詩藁》，前有淳熙十有四年臘月幾望門人迪功郎監嚴州在城都稅務括蒼鄭師尹〈序〉一通，即陳氏所云初爲嚴州刻《前集》者也。蓋放翁爲新定郡守，始刻淳熙丁未以前藁，其後幼子遹復守嚴州續刻者，又在嘉定庚午。《詩藁》、《續藁》，本非一刻，毛氏合而刻之，面目無可考見。此本有一至四、八至十、十五至十七，雖未能復二十卷之舊，然毛刻所據者，止此殘本，故于宋刻存卷皆注云毛子晉校，餘則不然，此其明驗，惟字句仍不能悉遵宋刻爲異耳！」考《北京圖書館善本書目》卷六〈集部〉著錄：「《新刊劍南詩藁》二十卷。宋陸游撰。宋淳熙十四年嚴州郡齋刻本。十冊。存十卷，一至四，八至十，十四至十六。」同書同卷著錄：「《放翁先生劍南詩藁》六十七卷目錄□卷。宋陸游撰。宋刻本。黃丕烈跋並題詩，李放跋。六冊。存十四卷，四十二至四十四，五十八至

六十二；目錄一至二，四至七。」又考《北京圖書館中國版刻圖錄》著錄：「《新刊劍南詩藁》。宋陸游撰。宋淳熙十四年嚴州郡齋刻本。建德。匡高一九‧四釐米，廣一三‧二釐米。十行，行二十字。白口，左右雙邊。淳熙十四年放翁知嚴州時刻於州治。刻工李忠、張明、金敦、翁祐時，又刻嚴州小字本《通鑑紀事本末》與《古文苑》、《酒經》等書。明末毛氏汲古閣刻本，即據此本翻版。存十卷。」均可參證。是則陸游《劍南詩藁》、《續藁》之殘宋嚴州刻本仍存此霄壤間。陸遄，《宋史》無傳，生平無可考。

雪巢小集二卷

《雪巢小集》二卷，東魯林憲景思撰。

廣棪案：《宋史》卷二百八〈志〉第一百六十一〈藝文〉七〈別集類〉著錄：「林憲《雪巢小集》二卷。」與此同。憲，《宋史》無傳。《宋元學案》卷二十七〈和靖學案‧惇立門人〉「林雪巢先生憲」條載：「林憲，字景思，魯人也。」《宋元學案補遺》卷二十七〈和靖學案補遺‧徐氏門人〉「補 林雪巢先生憲」條云：「雲濠謹案：先生字景思，魯人。《文獻通考》作『東魯林景憲』，舊《浙江通志》又作『林憲章』，未詳孰是。」考《文獻通考》仍作「東魯林憲景思」，雲濠案誤。《浙江通志》作「林憲章」亦誤。《宋史翼》卷三十六〈列傳〉第三十六〈隱逸〉有〈林憲〉，云：「林憲字景思，吳興人。」殆據其寓吳興而言也。東魯與魯同。

初寓吳興，從徐度敦立游，後為參政賀允中子忱孫壻，寓臨海。其人高尚，詩清澹，五言四韻古句尤佳，殆逼陶、謝。梁谿尤延之、誠齋楊廷秀皆為之〈序〉，且為〈雪巢賦〉及〈記〉。

案：《宋元學案》「林雪巢先生憲」條載：「林憲，字景思，魯人也。初寓吳興，後寓臨海。從徐惇立遊。工詩，學韋蘇州。尤延之、楊廷秀嘗極稱之。所著《雪巢小集》二卷。先生貧甚，壻于賀氏，顧辭奩田不受，則有得于和靖之教者矣。補」《宋史翼》林憲本傳載：「林憲字景思，吳興人。少從侍郎徐度遊，度得句法於魏衍，實後山嫡派也。《梅磵詩話》。卓犖有大志，參政賀子忱奇其才，以孫女妻之。臨終，復遺以米數百斛，謝不取。賀既亡，挈其孥居蕭寺，屢瀕於餒而不悔。讀書著文，不改其

樂。喜哦詩，落筆立就，渾然天成，一時名流皆願交之。若徐敦立、芮國器、莫子及、毛平仲，相與為莫逆。尤袤〈雪巢小集序〉。楊誠齋、樓攻媿皆稱其詩似唐人。《誠齋集》參《攻媿集》。其人高尚清談，五言四韻古句，殆逼陶、謝。《書錄解題》。淳熙五年，尤袤為作〈雪巢記〉，又為〈雪巢小集序〉。《瀛奎律髓》。」可參證。尤袤所作〈雪巢小集序〉，載《梁谿遺稿》卷二，云：「余友林憲景思，吳興人。年少時，卓犖有大志。賀參政子忱奇其才，以孫女妻之。臨終復與米數百斛，謝不取。賀既亡，挈其孥居蕭寺，屢瀕于餒而不悔。讀書著文，不改其樂。頃嘗隨賀使北，同行中，後有鼎貴者會赴大比試，來都城，因游西湖上。新貴人于馬上覘識之，使人傳言請見，亟遁去。其操守如此。獨喜哦詩，初不煆煉，而落筆立就，渾然天成，無一語蹈襲。如：『柔櫓晚潮上，寒燈深樹中。』『汲水延晚花，推窗數新竹。』『中夜鵁鶄喧，誰家海船上。』唐人之精于詩者不是過。一時名流皆願交之，若徐敦立、芮國器、莫子及、毛平仲，相與為莫逆。其後諸公彫喪略盡，君亦運蹇不偶，至無屋可居，無田可耕，其貧益甚，其節益固，而其詩益工。嗚呼！士患無才，而有才者困窮類若此，豈發造化之祕，天殆惡此耶？抑嘗謂富與貴，人之所可得；而才者，天之所甚靳。景思取天之所甚靳者多，則不能兼人之所可得，固宜然。則才者實致窮之具，人何用有此，而天亦何用靳此，此未易以理曉也。君所居室名曰雪巢，嘗屬余記之。故其詩若干篇，自號《雪巢小集》云。」楊萬里亦作〈雪巢小集序〉，載《誠齋集》卷八十二〈序〉，云：「《雪巢小集》，天台林憲景思之詩也。梁溪先生尤延之既序之矣，景思復徵余序其後。景思之詩似唐人，信矣，延之之論也。然至如『桃花飛後楊花飛，楊花飛後無花飛』；『天空霜無影』等句，超出詩人準繩之外，其遐不可追，其卓不可跂矣！使李太白在，必一笑領此句也；似唐人而已乎？然延之深愛景思之才，而憫其窮，至謂：『豈發造化之祕，而天惡此耶！』又謂：『富貴者，人之所可得；而才者，天之所甚靳；既取所甚靳，則不兼其所可得。』又謂：『才者，致窮之具；人何用得此，而天亦何用靳此，有未易以理曉者。』予嘗摘此語以啗景思曰：『子何必以才而致窮耶？子何必發天之所祕，而逢天之所怒耶？子何必爭天之所靳，而不即人之所可得者耶？』景思笑曰：『子不見唐人孟郊、賈島乎？郊、島之窮，才之所致固也。然同時之士，如王涯、賈餗，豈不富且貴哉？當郊、島以飢

死寒死,涯、餗未必不憐之也。及甘露之禍,涯、餗雖欲如郊、島之飢死寒死,不可得也。使郊、島見涯、餗之禍,涯、餗憐郊、島乎?郊、島憐涯、餗乎?未可知也。子不見本朝黃、秦乎?魯直貶死宜州,少游貶死藤州,而蔡京、王黼相繼爲宰相,貴震天下。當黃、秦之死,王、蔡必幸其死。及王、蔡之誅,黃、秦不見其誅,亦必不幸之也。然黃、秦不幸王、蔡之誅,而天下萬世幸之;王、蔡幸黃、秦之死,而天下萬世惜之。然則黃、秦之貧賤,王、蔡之富貴,其究何如也?且彼四子之富貴,其得者幾何?而今視之,不啻如糞土;而此四子之貧賤,所得者如此,今與日月爭光可也。然則,孰可願,孰不可願乎?亦未可知也。今吾不才,豈敢擬郊、島、黃、秦,而吾之窮有甚於郊、島、黃、秦,吾何幸得與郊、島、黃、秦同其窮,而不與涯、餗、王、蔡同其達,而子爲我願之乎?且吾與詩人同爭夫天之所靳,是天之橫民,同犯天之所惡,是又天之橫民也。治橫民宜以橫攻,既與詩人同爲橫民,又欲不與詩人同受橫政,可乎?』余賀之曰:『子既無遺力以取所靳,無懼心以犯所惡,無怨言以安所致,然則延之爲君惜,延之爲過也。余舉延之語以唁君,亦過也。然君心欲專享詩人所謂才之所致者,而不顧不悔,以不辭造物之橫政,亦過也。子盍持此語,再見延之,爲余問之。』」至萬里所撰〈雪巢賦〉,載《歷代賦彙》卷八十三〈室宇〉,曰:「天台林君景思之廬,字以雪巢,尤延之爲作〈記〉,廬陵楊某復賦。其辭曰:『赤城兮霞外,天台兮雲表。有美兮先生,相宅兮木杪。厭人寰兮喧卑,薄市門兮囂㳠。鑿谷奧溁,蝸廬褊小。陟彼懸崖,天紳之涯。奇峰日拂,怪松霄排。飛上萬仞之顛,旁無一寸之階。我營我巢,維條伊枚。命黃鵠而衍枝,驅玄鶴而曳柴。斧辛夷以爲柱,刈山桂以爲棟。蘭撩椒其芬芳,荷蓋㟧其不動。將旁招樵夫,朋盍溪友以落之。且有士其善頌矣。夜半風作,頓撼林薄。天駭地愕,山跳海躍。已而寂然,四無人聲。黯天黑而月落,忽八窻之夜明。恍身墮於水谷,羌刮骨其寒生。窮猿嘯嗥,飢鳥獨鳴。先生夙興而視之,但見千里一縞,羣山失碧。翔玉妃以萬舞,飄天葩之六出。皓皓的的,繽繽籍籍。蓋翔雪十丈,乾沒吾巢,而無人迹矣。先生舉酒酬曰:「巢成雪至,雪與巢會。式瑤我室,式珠我廨。空無一埃,點我勝槩。繼自今匪仙客其易近,匪詩友其勿對。」迺檮水漿與雪汁,飲兔鬢於墨瀋。大書其楣曰雪巢,標客子出諸大門之外。』」延

之所撰〈雪巢記〉，載《梁谿遺稿》卷二，曰：「吳興林君景思，寓居天台城西之蕭寺，破屋數椽，不庇風雨，榜其燕坐之室曰雪巢，日哦詩於其間。客有問君所以名巢之意。君曰：『天下四時之佳景，宜莫如雪；而幻化變滅之遠，亦無甚于雪者。方其凝寒立水，夜氣矗矗，紛紛皓皓，萬里一色。瑤臺銀闕，亦現於俄頃間。然朝陽嘻暉，則向之所覩，蕩然滅沒而不留矣。自吾來居天台，時王公貴人，比里而相望；朱門甲第，擊鐘而鼎食；童顏稚齒，羣聚而嬉戲。今未二十年，其昔之貴者則已死，向之宕者則已貧，而往之少者悉已耄，回視二十年，直俄頃爾，其幻化變滅之速，不猶愈於雪乎？知其非堅實也。於其俄頃起滅之中，乃復顛冥於利害，交戰於寵辱，汩汩至於老死而不自知，非惑歟？今吾以是名吾巢，且將視其虛以存吾心，視其白以見吾性，視其清以勵吾節，視其幻以觀吾生，則知少壯之不足恃，富貴之不足慕，貧與賤者不足以為戚；非持以此自警，而且以警夫世之人，使凡游吾之巢者，躁者可使靜，險者可使平，而污者可使之潔，不亦休乎？』余聞而嘆曰：『浩哉斯巢，雖方丈之地，其視廣廈萬間而不與易也。夫樂莫樂於富貴，憂莫憂於貧賤。然有馬千駟，不如西山之餓夫；紆朱懷金，不如陋卷之瓢飲。孰知夫匹夫之樂，有賢於王公大人之憂畏也哉？世之附炎之徒，方思炙手權門，焦頭爛額而不悔；求而不得則躁，得而患失則戚，戚與躁相乘，則心火內焚，日夜焦灼，聞君之風亦可少媿矣。』君少嘗從高僧問祖師西來意，又於方士得養生術，其清玉潔，其眞行烈，其窮不堪忍，而其樂侃侃然。余來天台始識君，一見如平生歡。時方困郡事，卒卒無須臾閒。每從君語，輒爽然自失。顧視鞭朴滿前，牒訴盈几，便欲捨去。今得歸休林泉之下，每一思君，發於夢想，則雪巢之境恍然在吾目圍中矣。因述君之說，使書于其壁，以為之〈記〉。」可參證。

余為南城，其子遊謁至邑，以《家集》見示，愛而錄之，及守天台，則板行久矣，視所錄本稍多。然其暮年詩似不逮其初，往往以貧為累，不能不衰索也。

案：振孫宰南城，約為嘉定十四年（1221）至寶慶三年（1227），可參拙者《陳振孫之生平及其著述研究》第三章〈陳振孫之仕履與行誼〉第四節〈宰南城〉。是則林憲子持《家集》謁振孫約在此數年間。

王季夷北海集二卷

《王季夷北海集》二卷，_{廣棪案：盧校本此條解題為：「北海王昻季夷撰。集賢}
院學士子融之後，沂公之弟，初名皥，著《唐餘錄》者也。寓居吳興，紹淳間知名於
時。三子甲、田、申皆登科。」校注曰：「『初』字衍，『寓』當作『昻』。皥後因元昊
為寇，乃以字行。館本同《通攷》本。」北海王昻季夷撰。紹、淳間名士，寓
居吳興，陸務觀與之厚善。三子甲、田、申皆登科。

廣棪案：此書〈宋志〉未著錄。昻，《宋史》無傳。《全宋詞》「王昻」條
載：「昻字季夷，北海（今山東濰縣）人。紹興、淳熙間名士，寓居吳興，
少與陸游同學。卒於淳熙九年（1182）。有《北海集》，今不傳。」可參證。
昻三子，甲、田不可考。王申，《宋會要輯稿》第一百十六冊〈選舉〉二
二之一三載：「（慶元）二年正月二十五日，命吏部尚書葉翥知貢舉。吏部
侍郎倪思，右諫議大夫劉德秀，同知貢舉左司郎中張濤，國子司業高文
虎，吏部郎中鄭公顯，吏部郎官張貴謨，吏部員外郎官衛涇，監察御史
胡紘、姚愈，著作郎王奭，著作郎兼司封郎官顏拭，著作佐郎兼刑部郎
官李璧，參詳大宗正丞范蓀，大理正羅克開，大理寺丞陳樸、宋思遠，
司農寺丞楊大全，秘書郎費士寅，太常博士劉誠之，樞密院編修官陳廣
壽，秘書省校書郎余復、陳峴，太常寺主簿張經，大理寺主簿陳希點，
主管官告院黃聞，幹辦諸司審計司商飛卿，幹辦諸司粮料院周年，太學
博士沈繼祖，國子正曾漸，武學諭楊寅，國子錄潘友端，太學錄陳晅，
主管戶部架閣文字吳仁傑，主管禮兵部架閣文字王申，主管刑工部架閣
文字鍾必萬，監左藏封椿下庫葉挺，點檢試卷避親別試宗正丞兼倉部郎
官雷孝友，考試太府寺丞傅伯成，國子博士陳宗召，宗正寺主簿楊克忠，
太學正易校點檢試卷。」是申嘗主管禮兵部架閣文字。《宋詩紀事小傳補
正》卷四載：「王申，福建莆田人，慶元二年特奏名，迪功郎監南嶽廟。
又尤溪人，嘉定四年進士。」則恐非此王申。

易足居士自鳴集十五卷

《易足居士自鳴集》十五卷，鄱陽章甫冠之撰。居吳下，自號轉庵，作
易足堂，韓無咎為之〈記〉。

廣棪案：此書〈宋志〉未著錄。甫，《宋史》無傳。《宋元學案補遺》卷

四十一〈衡麓學案補遺・于湖門人〉「章先生甫」條載：「章甫字冠之，鄱陽人。徙居眞州，自號易足居士，著《自鳴集》六卷。張端義《貴耳集》云：『有《文集》十卷，少從于湖交游，豪放飄蕩，不受拘羈云。』《四庫書目提要》。」所言卷數不同。于湖即張孝祥。韓無咎，元吉字。元吉《南澗甲乙稿》卷十六〈記〉有〈易足堂記〉，云：「楚有士好遊躡衡廬之巓，泛洞庭下彭蠡，凡林藪之幽、川澤之奧，無不走也。意未云足，聞有三神山，在東海之中。其上多奇禽異卉，人之壽而仙者居焉。意乃甚慕，庶幾可一至也。殫其產以治舟，竭其力以聚糧，沒歲窮年，莫能見也。恐懼于波濤之淵，既慁而歸。里之父老從而笑之曰：『曩子之志甚銳也，吾未可以言焉；今其倦矣，吾語子遊。子獨不見夫吾之居乎？依于數仞之丘，而闢爲尋丈之室，隱几而臥，屨未始躡乎閾也。瞑目而游于胷中，而四方萬里之遠，子所未至者也，吾皆至焉。何哉？子之游者事乎外，而吾之遊者事乎內也。顧安用僕僕然東西行爲？昔者，秦、漢之侈也，貴爲天子，富有四海，力固已并諸侯，威固已服四夷，而惟以其身之未能升天也，旦旦而求之。有方士者，嘗爲之幻，導之而升，其所見宮室之美，嬪嬙服御之盛，若有以異于人世閒也，恨莫能留。涉筆而志其墉，明日視之，則盡己之宮也。是何哉？由其心之未舒，則縱其耳目之欲者未制，故希于外者無已焉。由是而言，禍莫大于不知足，而富常在於知足，況子以匹夫之賤，規規以好游名天下，亦安往而後足哉？』友人章冠之聞而嘆曰：『吾非好游者也，借是以推天下之事，其不類于游者幾希。彼富與貴，是人之所欲也。今吾有數畝之田可耕，數椽之屋可庇矣，雖萬錢之廚，千閒之廈，不是過也，豈不爲甚富矣乎！邑之士以吾爲可親，賢卿大夫以吾爲可與游，開卷執笲而詠焉。古今事物之情，舉無所遁，俯仰于天地閒，蓋亦無媿，豈不爲甚貴矣乎？故吾嘗自以爲足，而人常恨吾之不足，特未知世之所謂既富且貴者，其心果能如吾之足哉？今吾僅營一堂矣，將以易足名焉，則何如？』夫冠之，詩人也，與予兄弟交最厚且久，其清苦貧窶，予亦常恨其不足者，而聞其說若此，犛然有當于予心，遂書以爲堂之〈記〉。其山川之勝、風景之佳，冠之必能自見于詩爾，予尙何所言哉？淳熙十一年正月，潁川韓元吉記。」可參證。《四庫全書總目》卷一百六十〈集部〉十三〈別集類〉十三著錄：「《自鳴集》六卷，《永樂大典》本。宋章甫撰。考宋有二章甫，一字端叔，

浦城人，熙寧三年進士，官至都官郎中。著有《孟子解義》十四卷。楊時爲作〈墓誌〉，其文今載《龜山集》中。一字冠之，鄱陽人。徙居眞州，自號易足居士。即撰此書者也。甫行事不概見。惟張端義《貴耳集》有云：『張冠之名甫，有《文集》十卷。少從于湖交游，案于湖乃張孝祥之別號。豪放飄蕩，不受拘羈。淳熙閒，淮有三士：舒之張用晦、和之張進卿、眞之張冠之也。』據其所述，可略見其爲人。其以章爲張，蓋刊本字譌耳。又陸游〈入蜀記〉稱：『乾道六年八月一十八日，同章冠之秀才甫登石鏡亭，訪黃鶴樓故址。』則甫蓋舉秀才矣。其《集》不見於《宋史·藝文志》。《文淵閣書目》雖有其名，而傳本久絕。其得見於世者，惟《名賢小集拾遺》所載〈湖上吟〉一首、《詩家鼎臠》所載〈寄荆南故人〉一首而已。今檢《永樂大典》，所收《自鳴集》詩句頗多。其格律雖稍近江湖一派，而骨力蒼秀，亦具有研鍛之功。觀其〈別陸游詩〉，有『人生相知貴知心，道同何必問升沈』之句。〈謝韓元吉寄茶〉，有『別公宛陵今五春，渴心何啻生埃塵』之句。〈次韻呂祖謙見寄詩〉，有『山林舊約都茫茫，憶君著書看屋梁』之句。是其所與酬贈者，皆一時俊傑之士。故耳擩目染，尚能脫化町畦，自成杼軸，頗爲不墜雅音。謹裒次釐訂，析爲六卷。至〈雜說〉三篇，以禪家機鋒論道仁義之旨，援儒入墨，是殆不得志於時者之肆志放言。然其害理已甚，今故附其說於《集》末。而特加糾正，以著其失焉。」錄之以資參考。

屏山七者翁十卷

《屏山七者翁》廣棪案：盧校本作《屏山七者翁集》。是《解題》脫「集」字。十卷，從事郎崇安劉瑋平父撰。子翬彥沖之子也。

　　廣棪案：此書〈宋志〉未著錄。劉瑋，或作劉玶。《宋史》無傳。《宋元學案》卷四十三〈劉胡諸儒學案·屏山家學〉「從事劉七者先生玶」條載：「劉玶，字平甫，屏山之子。仕爲從事郎。自號七者翁，每與朱晦庵諸名賢倡和，有《詩集》十卷。參《姓譜》。梓材謹案：先生，少傅公子羽之幼子也。以公命，爲屏山先生後，娶范直閣如圭之女。」平甫即平父。《宋元學案補遺》卷四十三〈劉胡諸儒學案補遺·屏山家學〉「補從事劉七者先生玶」條載：「梓材謹案：《直齋書錄解題》有《屏山七者翁集》十卷，云：『從事郎崇安

劉璀平父撰。子翬彥仲_{廣棪案：應作彥沖。}之子也。』殆先生一名璀耶？」
子翬字彥沖，贈太師韜之仲子。《宋史》卷四百三十四〈列傳〉第一百九
十三〈儒林〉四有傳。其〈傳〉曰：「子翬始執喪致羸疾，至是以不堪吏
責，辭歸武夷山，不出者凡十七年。間走其父墓下，瞻望徘徊，涕泗鳴
咽，或累日而返。妻死不再娶，事繼母呂氏及兄子羽盡孝友。子羽之子
珙，幼英敏嗜學，子翬教之不懈，珙卒有立。」是珙、玶皆子羽之子，
珙又玶之兄也。《宋史》卷二百八〈志〉第一百六十一〈藝文〉七〈別集
類〉著錄有劉子翬《屏山集》二十卷。

玉雪小集六卷、外集七卷

《玉雪小集》六卷、《外集》七卷，太常博士龍泉何俌德揚撰。隆興初，
在朝言和議，觸時相，去後遂_{廣棪案：《文獻通考》闕「遂」字。}不復召，歷
麾節而卒。

　　廣棪案：此書〈宋志〉未著錄。俌，《宋史》無傳。《宋詩紀事》卷四十
　　六「何俌」條載：「俌字德揚，龍泉人。紹興甲科，為吏部郎官，除福
　　建提舉。有《玉雪堂小集》。」《宋人傳記資料索引》載：「（1121～1178），
　　字德揚，龍泉人。紹興甲科，為吏部郎官，除福建提舉，官至太常博士。
　　卒於淳熙五年，年五十八。有《玉雪堂小集》。」可參證。《續括蒼金石
　　志》有〈贈太師鄭國公何公神道碑〉，是俌卒後，孝宗贈太師、封鄭國
　　公。

雪山集三卷

《雪山集》三卷，富川王質景文撰。質游太學，治《詩》有聲，仕為樞
屬。

　　廣棪案：《宋史》卷二百八〈志〉第一百六十一〈藝文〉七〈別集類〉
　　著錄：「王質《雪山集》三卷。」與此同。質，《宋史》卷三百九十五〈列
　　傳〉第一百五十四有傳。其〈傳〉曰：「王質字景文，其先鄆州人，後
　　徙興國。質博通經史，善屬文。游太學，與九江王阮齊名。阮每云：『聽
　　景文論古，如讀酈道元《水經》，名川支川，貫穿周匝，無有間斷，咳

唾皆成珠璣。』又曰：「天子心知質忠，而忌者共讒質年少好異論，遂罷去。會虞允文宣撫川、陝，辟質偕行。一日令草檄契丹文，援毫立就，辭氣激壯。允文起執其手曰：『景文天才也。』入爲敕令所刪定官，遷樞密院編修官。允文當國，孝宗命擬進諫官，允文以質鯁亮不回，且文學推重於時，可右正言。時中貴人用事，多畏憚質，陰沮之，出通判荊南府，改吉州，皆不行，奉祠山居，絕意祿仕。淳熙十五年卒。」可參證。

嘗著《詩解》三十卷，廣棪案：盧校注：「質所著《詩總聞》實止二十卷。」張宗泰《魯巖所學集》跋云：「《詩總聞》即《詩解》。」**未之見也。**

案：直齋實曾見《詩解》。張宗泰《魯巖所學集》卷六〈再跋書錄解題〉云：「《書錄解題》有岐出未能畫一者，……《雪山集》下云：『富川王質景文，嘗著《詩解》三十卷，未之見也。』按直齋編王氏《詩總聞》於〈詩類〉，而不知其即王氏之《詩解》，轉云未見，亦失之眉睫也。但《詩總聞》二十卷，而〈詩類〉作三卷，不知何以懸殊至此？而此作三十卷，疑亦二十卷之誤也。」考《解題》卷三〈詩類〉著錄《王氏詩總聞》三卷，云「不知名氏及時代」。其實此即王質撰之《詩總聞》，凡二十卷，與《詩解》爲同一書。宗泰所考不誤。

景物類要詩十卷

《景物類要詩》十卷，東陽曹冠宗臣撰。隨物爲題，類事成廣棪案：《文獻通考》脫「成」字。**詩，凡二百餘篇。冠爲秦檜客，與其孫塤**廣棪案：《文獻通考》作「塤」，與「塤」同。**同登甲科。未幾秦亡，奪前名恩數，再赴廷試，仕至知郴州。**廣棪案：《文獻通考》作「彬州」，誤。

廣棪案：此書〈宋志〉未著錄。冠，《宋史》無傳。《宋詩紀事補遺》卷四十六「曹冠」條載：「字宗元，東陽人。以鄉貢入太學，秦檜以諸孫師事之。登紹興中進士，廷唱第二，擢太常博士，兼檢正諸房公事。檜死，□□去官。孝宗時有言許再試，又登乾道己丑進士，知彬州，轉朝奉大夫，賜金紫致仕。著有《寓言》等書。」《宋人傳記資料索引》載：「曹冠字宗臣，一字宗元，號雙溪，東陽人。以鄉貢入太學，秦檜以諸孫師事之。登紹興二十四年進士，擢太常博士，兼檢正諸房公事，檜死去官。

尋被論放科名，孝宗時許再試，復登乾道五年進士，知彬州，轉朝奉大夫賜金紫致仕，年八十卒。有《燕喜詞》、《忠誠堂集》。」可參證。秦塤即秦塤，《宋史》無傳。陳騤《南宋館閣錄》卷八〈官聯〉下載：「實錄院編修，紹興以後九人：秦塤，字伯和，建康人，張孝祥榜進士及第。二十四年四月以敷文閣待制兼，二十五年十月除敷文閣直學士，提舉宮觀。」《宋人傳記資料索引》載：「秦塤（1137～？），字伯和，建康人，熺子。為敷文閣待制。紹興二十四年試進士，省殿試皆為第一，士論不平。及廷試，塤策皆其祖檜及父熺語，遂降第三。歷修撰實錄院，檜病，詔塤提舉江州太平興國宮。」是冠與塤於紹興二十四年同登甲科。熺，秦檜子。

同庵集一卷

《同庵集》一卷，吳興施士衡德求撰。嘗試中教官，為宣州簽幕，坐廢，雖牽復，仕竟不進。

　　廣棪案：此書〈宋志〉未著錄。士衡，《宋史》無傳。《宋詩紀事》卷五十七「施士衡」條載：「士衡字德求，湖州人。嘗為宣州簽幕，有《同庵集》。」可參證。《宋詩紀事》收士衡〈挽張于湖〉一首，云：「十年帥鉞倦馳驅，適意方謀一壑居。賈誼有才終太傅，薛收無壽處中書。傷心風月江山在，過隙光陰夢幻虛。紅紫飄零春色盡，後凋松柏獨蕭疎。《錦繡萬花谷》。」此殆《同庵集》佚詩也。于湖，張孝祥號。

栟山老人集八卷

《栟山老人集》八卷，龍泉季相文成撰。

　　廣棪案：此書及撰人均不可考。

三逕老人硯砆集十三卷

《三逕老人硯砆集》十三卷，福建提舉常平昭武杜坯受言撰。

　　廣棪案：《宋史》卷二百八〈志〉第一百六十一〈藝文〉七〈別集類〉著錄：「杜受言《硯砆集》十三卷。」即此書。坯，《宋史》無傳。《宋元學

案補遺》卷三〈高平學案補遺‧偉長家學〉「杜先生圮」條載：「杜圮字受言，炤次子。以父任，官至朝請大夫，提舉江南西路茶鹽常平事。事母以孝聞，築室邵武，自儀眞徙居之。先生常師事時相，紹興閒以祠官家居者十六年，嘗戒子孫曰：『仕宦當審取舍，汝等勉之！』所著有《砥砆集》十二卷。《姓譜》。」所著錄《砥砆集》作十二卷，誤。

胡憲原仲為之〈序〉。

案：憲字原仲，居建之崇安，從父胡安國學。《宋史》卷四百五十九〈列傳〉第二百一十八〈隱逸〉下有傳。所撰〈砥砆集序〉，已佚。

其上世龍圖閣直學士鎬本常州無錫人，

案：鎬字文周，常州無錫人。眞宗景德四年（1007）拜右諫議大夫、龍圖閣直學士，賜襲衣、金帶，班在樞密院直學士下。時特置此職，儒者榮之。《宋史》卷二百九十六〈列傳〉第五十五有傳。

其孫天章閣待制杷，於圮為曾祖。

案：杷，《宋史》卷三百〈列傳〉第五十九載：「杜杷字偉長。父鎬，蔭補將作監主簿，知建陽縣。」誤。「父鎬」應作「祖鎬」。考《宋史‧杜鎬》載：「（大中祥符）六年冬，卒，年七十六，錄其子渥爲大理寺丞及三孫官。」是知鎬子渥，杷乃渥之子，即鎬之孫。《宋史》杷本傳又云：「明年，徙河北，拜天章閣待制、環慶路經略安撫使，知慶州。」是杷嘗拜天章閣待制。

穀城集五卷

《穀城集》五卷，建安黃銖子厚撰。

廣棪案：此書〈宋志〉未著錄。銖，《宋史》無傳。《宋元學案》卷四十三〈劉胡諸儒學案‧屛山門人〉「隱君黃穀城先生銖附門人陳以莊」條載：「黃銖，字子厚，建安人也。隱居不仕，從劉屛山遊。屛山門下，朱子最爲大儒，而先生亦其眉目也。屛山歿，遺文散落，晦翁與先生讎校以傳。固窮而卒，所著有《穀城集》五卷，朱子序之，謂其文學太史公，詩學屈、宋、曹、劉，隸、古皆得魏晉以前筆意。而西山〈後序〉述其詩曰：『先生有遺訓，憂道不憂貧。』又曰：『私意苟未克，放心何由馴！』此

不媿為屏山之徒矣。」可參證。

晦庵作〈序〉，極稱之。

案：朱熹《晦庵集》卷七十六〈序〉有〈黃子厚詩序〉，曰：「余年十五六時，與子厚相遇於屏山劉氏之齋館，俱事病翁先生。子厚少余一歲，讀書為文略相上下，猶或有時從余切磋，以進其所不及。後三、四年，余猶故也，而子厚一旦忽踴躍驟進，若不可以尋尺計。出語落筆，輒驚坐人，余固歎其超然不可追逐，而流輩中亦鮮有能及之者。自爾二十餘年，子厚之詩文日益工，琴書日益妙，而余日益昏惰，乃不能及常人。亦且自念其所曠闕，又有急於此者，因遂絕意，一以頑鄙自安，固不暇復與子厚度長絜大於文字間矣。既而子厚一再徙家，崇安、浦城，會聚稍希濶，然每得其詩文筆札，必為之把玩賞歎，移日不能去手。蓋子厚之文學太史公，其詩學屈、宋、曹、劉，而下及於韋應物，視柳子厚猶以為雜用，今體不好也。其隸、古尤得魏晉以前筆意，大抵氣韻豪爽，而趣味幽潔，蕭然無一點世俗氣。中年不得志於場屋，遂發憤謝去，杜門讀書，清坐竟日。間輒曳杖行吟田野間，望山臨水以自適。其於騷詞，能以楚聲古韻為之節族，抑揚高下、俛仰疾徐之間，凌厲頓挫，幽眇回鬱，聞者為之感激慨歎，或至泣下。由是其詩日以高古，遂與世亢，至不復可以示人。或者得之，亦不省其為何等語也。獨余猶以舊習未忘之故，頗能識其用意深處，蓋未嘗不三復而深悲之，以為子厚豈真坐此以窮，然亦不意其遂窮以死也。衰莫疾痛，餘日幾何，而交舊零落，無復可與語此者。方將訪其遺藁，櫝而藏之，以為後世必有能好之者。而一日，三山許閎生來訪，袖出子厚手書所為詩若干篇，別抄又若干篇以示余，其間蓋又有余所未見者，然後益知子厚晚歲之詩，其變化開闔，恍惚微妙，又不止余昔日之所知也，為之執卷流涕，而識其後如此。子厚名銖，姓黃氏，世家建之甌寧，中徙潁昌，且再世。母孫讀書能文，昆弟皆有異材，而子厚所立卓然，尤足以自表見，顧乃不遇而阨窮以死，是可悲也。許生嘗學詩子厚，得其戶牖，收拾遺文，其多乃至於此，拳拳綴緝，師死而不忍倍之，是又可嘉也已。慶元己未七月壬子，雲谷老人書。」是朱子於子厚詩，固推崇備至者矣。

松坡集七卷、樂府一卷

《松坡集》七卷、《樂府》一卷，丞相豫章京鏜仲遠撰。

廣棪案：《宋史》卷二百八〈志〉第一百六十一〈藝文〉七〈別集類〉著錄：「《京鏜詩》七卷，又《詞》二卷。」與此同屬一書。惟《樂府》卷數不同。鏜字仲遠，豫章人。寧宗時爲左丞相。〈宋史〉卷三百九十四〈列傳〉第一百五十三有傳。

鏜使金 _{廣棪案：《文獻通考》作「使虜」。} 執節，驟用。

案：《宋史》鏜本傳載：「金遣賀生辰使來，上居高宗喪，不欲引見，鏜爲儐佐，以旨拒之。使者請少留闕下，鏜曰：『信使之來，以誕節也。誕節禮畢，欲留何名乎？』使行，上嘉其稱職。轉中書門下省檢正諸房公事。金人遣使來弔，鏜爲報謝使。金人故事，南使至汴京則賜宴。鏜請免宴，郊勞使康元弼等不從，鏜謂必不免宴，則請徹樂，遺之書曰：『鏜聞鄰喪者舂不相，里殯者不巷歌。今鏜銜命而來，緊北朝之惠弔，是荷是謝。北朝勤其遠而憫其勞，遣郊勞之使，蕆式宴之儀，德莫厚焉，外臣受賜，敢不重拜。若曰而必聽樂，是於聖經爲悖理，於臣節爲悖義，豈惟貽本朝之羞，亦豈昭北朝之懿哉？』相持甚久。鏜即館，相禮者趣就席，鏜曰：『若不徹樂，不敢即席。』金人迫之，鏜弗爲動，徐曰：『吾頭可取，樂不可聞也。』乃帥其屬出館門，甲士露刃向鏜，鏜叱退之。金人知鏜不可奪，馳白其主，主歎曰：『南朝直臣也。』特命免樂。自是恆去樂而後宴鏜。孝宗聞之喜，謂輔臣曰：『士大夫平居孰不以節義自許，有能臨危不變如鏜者乎？』使還，入見，上勞之曰：『卿能執禮爲國家增氣，朕將何以賞卿？』鏜頓首曰：『北人畏陛下威德，非畏臣也。正使臣死於北庭，亦臣子之常分耳，敢言賞乎？』故事，使還當增秩。右相周必大言於上曰：『增秩常典爾，京鏜奇節，今之毛遂也，惟陛下念之。』乃命鏜權工部侍郎。」可參證。

其在相位，當韓佗冑用事，無所立。

案：《宋史》鏜本傳載：「寧宗即位，甚見尊禮，由政府累遷爲左丞相。當是時，韓佗冑權勢震天下，其親幸者由禁從不一二歲至宰輔；而不附佗冑者，往往沉滯不偶。鏜既得位，一變其素守，於國事謾無所可否，但奉行佗冑風旨而已。又薦引劉德秀排擊善類，於是有僞學之禁。」是

鎧在相位無所立之證。

白石道人集三卷

《百石道人集》三卷，鄱陽姜夔堯章撰。

　　廣棪案：《宋史藝文志補・集部・別集類》著錄：「姜夔《白石道人詩集》
　　一卷，字堯章，鄱陽人，流寓吳興。」所著錄卷數不同。《四庫全書總目》卷
　　一百六十二〈集部〉十五〈別集類〉十五著錄：「《白石詩集》一卷、附
　　《詩說》一卷，編修汪如藻家藏本。宋姜夔撰。……陳振孫《書錄解題》載
　　《白石道人集》三卷，今止一卷，殆非完本。」夔字堯章，鄱陽人。《宋
　　史翼》卷二十八〈列傳〉第二十八〈文苑〉三有傳。

千巖蕭東夫識之於年少客游，以其兄之子妻之。石湖范至能尤愛其詩，
楊誠齋亦愛之，嘗稱其〈歲除舟行〉十絕，以為有裁雲縫月之妙思，敲
金戛玉之奇聲。

　　案：《宋史翼》夔本傳載：「姜夔字堯章，鄱陽人。先世出九眞唐中書門
　　下侍郎公輔之裔。八世祖泮，官饒州教授。父噩，紹興進士，以新喻丞
　　知漢陽縣。夔從父宦游，流落古沔，沖淡寡欲，不樂時趨，氣貌若不勝
　　衣。工書法，著《續書譜》，以繼孫過庭，頗造翰墨閫域。詩律高秀，
　　琢句精工，詞亦清虛騷雅，如野雲孤飛，去留無迹。尤嫻音律，初從蕭
　　㙔學詩，㙔攜之苕上，妻以兄子。一時張鎡、楊萬里輩，皆折節與交，
　　而樓鑰、范成大更相友善。」可參證。考蕭東夫乃蕭德藻，《宋史翼》
　　卷二十八〈列傳〉第二十八〈文苑〉三有傳。其〈傳〉曰：「蕭德藻字
　　東夫，福建閩清人，紹興二十一年進士。初調湖州烏程令，遂家焉。歷
　　知峽州，終福建安撫司參議。德藻長於詩，造語苦硬頓挫，而極其工，
　　與范成大、尤袤、陸游齊名。官湖湘時，楊萬里一見獎異，嘗曰：『近
　　世詩人若范石湖之清新、尤梁谿之平淡、陸放翁之敷腴、蕭千巖之工緻，
　　皆余所畏也。』德藻所居屏山，千巖競秀，故自號千巖老人云。著有《千
　　巖擇稿》。《書錄解題》。參楊萬里《薦士錄》、〈千巖擇稿序〉。」近人陳思《白石
　　年譜》云：「《四庫全書總目提要》：『《白石詩集》一卷，附《詩說》一
　　卷，宋姜夔撰。羅大經《鶴林玉露》稱夔學詩於蕭㙔。』案《鶴林玉露》
　　原作學詩於蕭千巖。又案《元史》，蕭㙔字惟斗，其先北海人。父仕秦

中，遂爲奉元人。侯均謂元有天下百年，惟蕭惟斗爲識字人。大德十一年，拜太子右諭德，俄除集賢學士、國子祭酒，卒年七十八。《提要》改蕭千巖爲<s>巘</s>，未知何據？承燾案：蕭千巖遺事及佚詩，清人《有不爲齋隨筆》考之甚詳。《四庫提要》以蕭<s>巘</s>當千巖，大誤。」《宋史翼》夔本傳亦謂夔「初從蕭<s>巘</s>學詩」，或承《四庫全書總目》之訛也。至范、楊所稱之〈歲除舟行〉十絕，《宋詩紀事》卷五十九「姜夔」條載之，詩題作〈除夜自石湖歸苕溪〉，其詩云：「細草穿沙雪半銷，吳官烟冷水迢迢。梅花竹裏無人見，一夜吹香過石橋。其一。美人臺上昔歡娛，今日臺空望五湖。殘雪未融青草死，苦無麋鹿過姑蘇。其二。黃帽傳呼睡不成，投篙細細激流冰。分明舊泊江南岸，舟尾春風颭客燈。其三。千門列炬散林鴉，兒女相思未到家。應是不眠非守歲，小窗春色入燈花。其四。三生定是陸天隨，只向吳淞作客歸。已拚新年舟上過，倩人和雪洗征衣。其五。沙尾風回一櫂寒，椒花今夕不登盤。百年草草都如此，自琢春詞剪燭看。其六。笠澤茫茫雁影微，玉峰重疊護雲衣。長橋寂寞春寒夜，祇有詩人一舸歸。其七。桑閒篝火卻宜蠶，風土相傳我未諳。但得明年少行役，祇裁白苧作春衫。其八。少小知名翰墨場，十年心事祇淒涼。舊時曾作〈梅花賦〉，研墨于今亦自香。其九。環珓隨波冷未銷，古苔囓雪臥牆腰。誰家玉笛吹春怨，看見鵝黃上柳條。其十。」陳思《白石年譜》題作〈雪中訪石湖除夜自石湖歸苕溪〉，繫於紹熙二年辛亥（1191），時白石三十四歲。

夔頗解音律，進樂書免解。不第而卒。

案：《宋史翼》夔本傳載：「嘗患樂典久墜，欲正容臺樂律。甯宗慶元三年詣京師，上《大樂議》一卷、《琴瑟考古圖》一卷，詔付有司收掌，特予免解。時有疾其能者，以議不合而罷，五年，作〈鐃歌鼓吹曲〉一十四章，上於尙書省。書奏，詔付太常。周密以爲言辭峻潔，意度高遠，有超越驊騮之意。非虛譽也。居與白石洞天爲鄰，因號白石道人。時往來西湖館水磨方氏，後以疾卒，葬西馬塍。」可參證。

詞亦工。

案：《宋史翼》夔本傳，陸心源謹案：「夔與西秦張炎齊名，爲南宋詞家正軌，猶唐詩人之有李、杜。」可參證。